GERD ALBERT

Stellung, Funktion und verfassungsrechtliche Problematik der Independent Regulatory Commissions in den Vereinigten Staaten von Amerika

Schriften zum Öffentlichen Recht

Band 175

Stellung, Funktion und verfassungsrechtliche Problematik der Independent Regulatory Commissions in den Vereinigten Staaten von Amerika

Von

Dr. Gerd Albert

DUNCKER & HUMBLOT / BERLIN

Gedruckt 1971 bei Buchdruckerei Bruno Luck, Berlin 65
Printed in Germany
ISBN 3 428 02609 8

Vorwort

Die vorliegende Schrift hat als Dissertation der rechts- und wirtschaftswissenschaftlichen Fakultät der Johannes Gutenberg Universität Mainz vorgelegen. Sie sollte ursprünglich als „allgemeiner Teil" der Untersuchung eines Sonderbereichs der amerikanischen Verwaltung vorangestellt werden, wuchs dann jedoch zu einer selbständigen Abhandlung heran. Bei der Beschäftigung mit besonderen Bereichen der amerikanischen Verwaltung traten — vor dem Hintergrund einer verwirrenden Vielfalt von Behörden und Verwaltungstätigkeiten — immer wieder die komplexen Begriffe der unabhängigen Kommission und ihrer wirtschaftsregulierenden Funktionen in den Vordergrund. Es lag daher nahe, die Untersuchung nicht, wie der ganz überwiegende Teil des einschlägigen Schrifttums, auf einen Sonderbereich und die für ihn jeweils zuständige einzelne independent commission zu spezialisieren, sondern übergreifende Zusammenhänge und Grundstrukturen freizulegen und die allen wirtschaftsregulierenden Kommissionen gemeinsamen Eigenschaften und Probleme aufzuzeigen.

Dem Referenten, Herrn Professor Dr. H. *Armbruster* danke ich für zahlreiche, wertvolle Anregungen und Ratschläge, mit denen er meine Arbeit gefördert hat. Dem Direktor der Bibliothek des Max Planck Instituts für Ausländisches Öffentliches Recht und Völkerrecht in Heidelberg, Herrn *Steiner* verdanke ich viele bibliographische Hinweise und Informationen, die mir die Benutzung der umfangreichen Institutsbibliothek wesentlich erleichtert haben. Mein besonderer Dank gebührt der Fakultät für die Verleihung eines Preises, der Senatskommission zur Förderung des wissenschaftlichen Nachwuchses für die Bewilligung eines Druckkostenzuschusses sowie Herrn Ministerialrat a. D. Dr. J. *Broermann,* der die Veröffentlichung in der Reihe ‚Schriften zum Öffentlichen Recht' des Verlages Duncker & Humblot ermöglicht hat.

Möge dieses Buch einen Beitrag zur vertieften Kenntnis des amerikanischen administrative law leisten und den Anstoß zu weiteren Untersuchungen geben.

15. Juli 1971 G. A.

Inhaltsverzeichnis

2. Kapitel

3. Kapitel

4. Kapitel

5. Kapitel

6. Kapitel

Abkürzungsverzeichnis

A. 2d	Atlantic Reporter. Second Series
a.a.O.	am angeführten Ort
A. B. A. J.	American Bar Association Journal
a. E.	am Ende
AEC	Atomic Energy Commission
A. F. L.	American Federation of Labor
Am. Jur.	American Jurisprudence
AöR	Archiv des öffentlichen Rechts
APA	Administrative Procedure Act
Am. Pol. Sci.	American Political Science
Bd.	Band
C. F. R.	Code of Federal Regulations
Cong.	Congress
Cranch	Cranch
Doc.	Document
DÖV	Die öffentliche Verwaltung
DVBl.	Deutsches Verwaltungsblatt
Ed.	Editor
F. 2d	Federal Reporter. Second Series
FCC	Federal Communications Commission
Fed.	Federal Reporter
FPC	Federal Power Commission
FTC	Federal Trade Commission
GG	Grundgesetz
h. M.	herrschende Meinung
ICC	Interstate Commerce Commission
lat.	lateinisch
L. Ed.	Lawyer's Edition, U. S. Supreme Court Reports
L. J.	Law Journal
L. R.	Law Review
N. E.	Northeastern Reporter

N. J.	New Jersey
N. L. R. B.	National Labor Relations Board
N. M.	New Mexico
N. W.	Northwestern Reporter
N. Y.	New York (state)
P.	Page
P. 2d	Pacific Reporter, Second Series
Rep.	Report
Rev.	Review
Ry.	Railway
S.	Seite
S. Ct.	Supreme Court Reporter (U. S.)
S. E.	Southeastern Reporter
Sec.	Section
SEC	Securities and Exchange Commission
Sen.	Senate
Stat. at. L.	Statutes at Large
u. a.	unter anderem
U. S.	United States Supreme Court Reports
U. S. C.	United States Code
v.	versus (= gegen)
vgl.	vergleiche
vol.	volume

Einleitung

Das Entstehen einer Verwaltung und ihrer Behörden wurde in den Vereinigten Staaten weitgehend von der wirtschaftlichen und sozialen Entwicklung des Landes bestimmt, dessen Anfänge nach Erreichung der Unabhängigkeit durch eine noch unentwickelte, in einfachen und überschaubaren Formen verlaufende Wirtschaft, eine verhältnismäßig dünne Besiedlung und einen überwiegend agrarischen Status gekennzeichnet waren. Die jährlichen Ausgaben des jungen Staates beliefen sich im Jahre 1790, ein Jahr, nachdem George Washington erster Präsident der Vereinigten Staaten geworden war, auf 4 200 000 Dollar. Die Funktionen des Bundes beschränkten sich im wesentlichen auf die auswärtigen Beziehungen, die nationale Verteidigung, Vollziehung der bereits bestehenden Gesetze, Erhebung von Zöllen und Steuern, Post-, Bank- und Münzwesen, Landzuteilungen, Versorgung der Kriegsveteranen und Indianerangelegenheiten[1]. Seit etwa 1850 jedoch machte die Industrialisierung und in ihrem Gefolge die Automatisierung der Werksausrüstung, die Standardisierung der Produkte sowie die Rationalisierung der Betriebsvorgänge immer größere Fortschritte. Das investierte Kapital und der Wert der hergestellten Produkte wuchsen in dem Zeitraum von 1850 bis 1880 um rund 400 Prozent[2]. Diese Entwicklung wurde begünstigt durch den Überfluß an Rohstoffen, wie Kohle, Öl, Eisen, Holz, Blei, Kupfer, Silber und Gold — den Bau von Eisenbahnen, die ihrerseits Kohle und Eisen verbrauchten, der Industrie neue Absatzmärkte erschlossen und die alten vergrößerten —, das durch Einwanderung begünstigte Wachstum der Bevölkerung und damit der potentiellen Arbeitskräfte —, weiter durch die unternehmerische Initiative und das Bestehen von Schutzzöllen. Technologische Fortschritte und wachsende Mechanisierung der Fabrikationsvorgänge machten den Weg frei für Massenproduktion und steigende Arbeitsproduktivität. Hand in Hand hiermit vollzog sich eine Änderung der organisatorischen Wirtschaftsstrukturen. An die Stelle des individuell geleiteten Einzelbetriebes trat in zunehmendem Maße die Form der Gesellschaft. Diese wiederum begünstigte die Entstehung von Großbetrieben, deren Vorteile in der rationelleren, billigeren Herstellung

---

[1] Merle *Fainsod* - Lincoln *Gordon*, Government and the American Economy, S. 3.

[2] *Fainsod* - *Gordon*, S. 5.

größerer Warenquantitäten sowie in einer weitgehenden Arbeitsteilung und Spezialisierung lagen. Die Entstehung großer Gesellschaften führte zu einer erheblichen wirtschaftlichen Konzentration und zu einer verstärkten Kontrolle anderer für die Ergänzung des Produktionsprogrammes wichtiger Industriezweige. So verband Carnegie die Herstellung von Eisen und Stahl mit dem Besitz von Kohlengruben, Eisenerzlagerstätten und Kokereien. Standard Oil kontrollierte Erdölfelder, Ölraffinerien und Pipelines. Es bildeten sich kartellähnliche Interessengemeinschaften mit dem Zweck, bestimmte Preise einzuhalten und Absatzmärkte aufzuteilen (pools). Nach 1880 entstanden die ersten Trusts[3] und Holding Gesellschaften. 1890 wurde jedoch bereits der Sherman Antitrust Act, der sich gegen die Bildung von Trusts, und 1887 der Interstate Commerce Act, der sich gegen Mißbräuche auf dem Gebiet des Transportwesens richtete, erlassen. Beide sollten dem Staat ein regulierendes Eingreifen ermöglichen, konnten jedoch die Konzentrationsbewegung nicht aufhalten. Diese wurde noch gefördert durch den steigenden Einfluß der „investment bankers". Deren Hauptaufgabe war, der Industrie durch den Verkauf von Aktien und Obligationen das für ihre Investitionen benötigte Kapital zu beschaffen, erweiterte sich aber allmählich zu einer Kontrolle der Kreditgewährung überhaupt. Letztere verschaffte den Banken einen wachsenden Einfluß auf die Industrie. So wurde das Bankhaus Morgan nach der finanziellen Sanierung des Eisenbahnwesens ein dominierender Faktor auf diesem Gebiet und spielte eine beherrschende Rolle im Hinblick auf die ebenfalls von ihm finanzierte United States Steel Corporation. Dies ist ein besonders eklatantes Beispiel für die enge Wechselwirkung zwischen der Konzentration im Bereich des Bankwesens und der auf dem industriellen Sektor.

Während der präkapitalistische Gewerbetreibende seine Arbeit selbst ausführte, eigenes Gerät dafür benutzte, eigenes Kapital verwendete und seinen Betrieb selbst managte und kontrollierte, fiel diese Verbindung der Funktionen im Verlauf der späteren Entwicklung auseinander. Der Eigentümer stellte bezahlte Arbeitskräfte an. Der Dualismus Arbeitgeber - Arbeitnehmer, die „separation of labor from ownership" begannen sich auszuwirken. Die ersten lokalen Arbeitervereinigungen und Gewerkschaften entstanden mit dem Ziel, Löhne und Arbeitsbedingungen zu verbessern. Im Jahre 1886 wurde die größte amerikanische Gewerkschaftsvereinigung, welche die Geschichte der Arbeiterbewegung bis zu den Anfängen des New Deal bestimmte, gegründet: die American Federation of Labor (A.F.L.). 1938 folgte mit dem Congress of Industrial Organisations (C.I.O.) ein weiterer Gewerk-

---

[3] 1879 entstand als erster der Standard Oil Trust. Vgl. *Fainsod - Gordon*, S. 8.

schaftsverband. Im Zuge einer Gegenbewegung, des „antiunionism", wurden von den Unternehmern die National Association of Manufacturers und die League for Industrial Rights gegründet, die eine gewerkschaftliche (Pflicht-)Bindung der Arbeitnehmer ablehnten.

Nachdem es zunächst zu einer Trennung von Werkseigentum und Werksarbeit gekommen war, löste sich im weiteren Verlauf der industriellen Entwicklung auch das Management vom Eigentum ab. Während früher der Inhaber sein Unternehmen, dessen Produktion und Absatz selbst gelenkt hatte, wurden diese Funktionen von einer bestimmten Größenordnung ab zunehmend von einer soziologisch neuen Gruppe höherer Angestellter, der Manager, wahrgenommen.

Eine weitere Phase im Wachstum der großen gesellschaftlich strukturierten Betriebe wurde dadurch eingeleitet, daß deren Eigentümer auch ihre Funktion, die Richtlinien der Unternehmenspolitik zu bestimmen, verloren. Diese Funktion ging auf sogenannte „control groups", aus Managern, Banken oder beiden zusammengesetzte Wirtschaftsgruppen über, die einen beherrschenden Einfluß auf den Kurs der großen Gesellschaften auszuüben begannen. Dies wurde durch die Zulässigkeit der Vertretung in Gesellschafterversammlungen und den Handel mit Aktien, die je nach Gattung das Stimmrecht ausschlossen oder aber ihrem Inhaber unverhältnismäßig weitreichende Befugnisse einräumten, ermöglicht. Während der Status des durchschnittlichen Aktienbesitzers lediglich der eines Geld anlegenden Sparers ohne Einfluß auf die wichtigen unternehmerischen Entscheidungen war, konzentrierte sich in den Händen eines verhältnismäßig kleinen Personenkreises eine erhebliche wirtschaftliche Macht. Die Möglichkeit ihres Mißbrauchs lag auf der Hand, nachdem, wie ein Mitglied des Obersten Gerichtshofs es ausdrückte, viele der Sicherungen entfallen waren, die sich aus der Kongruenz von Eigentum, Kontrolle und verantwortungsbewußter Leitung eines Unternehmens ergeben hatten. Zudem bestand die Gefahr, daß weite Bevölkerungskreise, insbesondere Verbraucher, Investoren, Arbeitnehmer und Farmer, jeglichen Einflusses auf die Entwicklung großer Industrien beraubt wurden, an denen sie ein lebenswichtiges und wirtschaftlich gerechtfertigtes Interesse hatten[4]. Dieser Stand der Dinge machte staatliche Schutzmaßnahmen, ein regulierendes Eingreifen in das Wirtschaftsgeschehen zwingend notwendig. Der laissez-faire-Liberalismus der Gründerjahre mußte dem Prinzip der vom Staat geförderten sozialen Sicherheit und volkswirtschaftlichen Stabilität weichen. Die staatliche Aufsicht wurde im öffentlichen Interesse über immer neue Wirtschaftssektoren ausgedehnt. Der Staat trat außerdem als Leistungsträger und öffentlicher Unternehmer auf.

---

[4] *Fainsod - Gordon*, S. 10, 11. Vgl. auch S. 4 und 20.

Die Wirtschaftsregulierung nahm an Ausdehnung und Intensität noch zu, als die Vereinigten Staaten 1929, nach der Prosperität der Zwanziger Jahre, von der schwersten Wirtschaftskrise ihrer Geschichte heimgesucht wurden, als das Nationaleinkommen von 81 auf 40 Milliarden Dollar sank und die Arbeitslosenzahl zeitweise die 15-Millionen-Grenze erreichte. Als erste Gegenmaßnahmen wurden noch während der Amtszeit Präsident Hoovers der Federal Farm Board zur Stabilisierung der Agrarpreise und die Reconstruction Finance Corporation zur Sanierung der von Insolvenz bedrohten Banken, Versicherungen und Unternehmen errichtet. Das von Präsident Roosevelt nach seiner Wahl aufgestellte Programm des New Deal brachte zahlreiche „regulatory controls" und einschneidende Maßnahmen zur Arbeitsbeschaffung, zur Steigerung der Industrieproduktivität und Kaufkraft. Es entstanden eine Reihe weiterer Behörden mit zum Teil außerordentlich weitgehenden Befugnissen[5]. Die Phase der Regeneration erstreckte sich bis zum Beginn des zweiten Weltkrieges. Dieser führte zu einem erneuten Machtzuwachs der Exekutive, der nach Kriegsende nur zum Teil reduziert wurde. Die Möglichkeit der Erzeugung von Energie durch Kernspaltung in Reaktoren hatte aus einem ursprünglich rein militärischen, vom Verteidigungsministerium geleiteten Projekt einen neuen Regulierungssektor entstehen lassen, für den später eine eigene Behörde, die Atomic Energy Commission geschaffen wurde. Der noch von Präsident Roosevelt proklamierte „Fair Deal", der das Recht auf Arbeit, angemessenes Arbeitseinkommen und Sicherheit bei Alter und Invalidität gewährleisten sollte, wurde unter Präsident Truman bis auf geringfügige Ausnahmen nicht verwirklicht und löste auch keine verwaltungsrechtlich bedeutsamen Entwicklungen aus. Im wesentlichen war der Aufbau einer wirtschaftsregulierenden Verwaltung bereits zur Zeit des New Deal zu einem gewissen Abschluß gelangt.

Im Laufe der geschilderten Entwicklung hatten sich verschiedene Grundtypen staatlicher Mitwirkung und Beeinflussung der Wirtschaft herausgebildet. Zu nennen sind hier zunächst staatliche Förderungsmaßnahmen, wie Subventionen, öffentliche Industriekredite, Staatsaufträge für private Unternehmen, Exportbürgschaften, Schutzzölle, Verbesserung der Infrastruktur durch den Bau neuer Verkehrswege u. a. Eine weitere Kategorie staatlicher Aktivität bewegt sich auf der Ebene der Sozial- und Antitrustgesetzgebung und ihrer Verwirklichung. In einer dritten Gruppe lassen sich vom Gesetzgeber aufgestellte

---

[5] Auf einige davon wird später näher einzugehen sein. Vgl. die Aufzählung bei Frank E. *Cooper*, Administrative Agencies and the Courts, S. 12: Securities and Exchange Commission, National Labor Relations Board, Wage and Hour Division of the Department of Labor, Social Security Board, Bituminous Coal Division.

Maßstäbe und Richtlinien, sogen. „standards", zusammenfassen, nach denen sich die betroffenen Wirtschaftsunternehmen zu richten haben[6]. Eine der wichtigsten Formen staatlichen Eingreifens in das Wirtschaftsgeschehen auf dem Wege der behördlichen Kontrolle (inspection), Untersuchung (investigation), Genehmigung bestimmter Tätigkeiten (licensing) sowie der Durchsetzung (enforcement) von Ge- und Verboten stellt die Regulierung bestimmter Industriezweige, etwa des Eisenbahn- und Transportwesens, des Kohleabbaus oder der Erdölgewinnung dar. Die Regulierung geht über bloße Kontrolle, die Aufstellung von standards, die Beseitigung von Mißbräuchen hinaus, wenn letztere auch häufig der Anlaß staatlichen Eingreifens gewesen sind. Sie braucht sich nicht immer auf bestimmte Wirtschaftszweige zu erstrecken, sondern kann auch besondere Wirtschaftsfunktionen zum Gegenstand haben. Ein Beispiel hierfür ist in der Steigerung und Koordinierung der Produktivität durch den War Production Board, die Beschaffung von Arbeitskräften durch die War Manpower Commission, die Kontrolle der Löhne und Preise durch den War Labor Board und das Office of Price Administration während des zweiten Weltkrieges zu sehen. Die letzte hier zu erwähnende Art staatlichen Handelns, in der amerikanischen Literatur „economy management" genannt, ist überwiegend wirtschaftspolitischer Natur. Sie enthält eine planende und eine stabilisierende Komponente, die mäßigend auf die Wellentäler der wirtschaftlichen Entwicklung einwirken und die Vollbeschäftigung sowie ein Maximum an Produktivität und Kaufkraft sichern sollen[7].

Die Form staatlicher Beeinflussung, die die meisten Rechtsprobleme aufgeworfen und bis in die Gegenwart eingehende Diskussionen ausgelöst hat, ist die Wirtschaftsregulierung. Das Instrument, dessen sich der Bund für diese Form seiner Tätigkeit bedient, ist die Behörde (agency)[8]. Zu ihnen werden sowohl solche gerechnet, die einer übergeordneten Stelle, einem Ministerium untergeordnet sind, als auch solche, die in die Hierarchie der Exekutive nicht hineinpassen, da sie unabhängig und keinem Weisungsrecht des Präsidenten unterworfen sind, wie im fol-

---

[6] Hierunter fallen die strengen Vorschriften des Federal Food, Drug and Cosmetic Act sowie das im National Labor Relations Act enthaltene Verbot unfairer Praktiken durch Arbeitgeber oder -nehmer.

[7] Vgl. Emmette S. *Redford*, Administration of National Economic Control, 1952, S. 13—19. Marshall E. *Dimock* bezeichnet die auf die Wirtschaft ausgerichteten staatlichen Funktionen als assistance, regulation, operation of economic services, planning und stabilization (Business and Government, 1949, S. 7). *Fainsod - Gordon* handeln ihr Thema „Government and the American Economy" in drei großen Abschnitten ab: promotion, regulation, public enterprise and conservation.

[8] Gegenstand dieser Untersuchung ist nur die Wirtschaftsregulierung auf Bundesebene durch Bundesbehörden.

genden Kapitel noch näher auszuführen sein wird. Letztere werden daher als „independent agencies" und da ihre über einzelne Regulierungsmaßnahmen endgültig entscheidenden Spitzengremien meist eine sogen. Kommission, d. h. „a group of administrators having essentially equal power" bilden, als „independent regulatory commissions" bezeichnet[9]. So verschieden die Gebiete sind, auf denen die Kommissionen tätig werden — die wichtigsten sind kurz zu erörtern —, so weisen sie doch gemeinsame Merkmale und Probleme auf. Hierher gehören Aufbau und Organisation, die Vor- und Nachteile dieses Behördentyps und die Stellung, welche die Kommissionen innerhalb des Staatsganzen einnehmen. Im Vordergrund steht das Verhältnis zur gesetzgebenden und vollziehenden Gewalt und die Frage, welche Möglichkeiten der Kongreß und der Präsident haben, den unabhängigen Kurs der an sich an Weisungen von keiner Seite gebundenen commissions zu beeinflussen. An diesbezüglichen Versuchen in der Praxis hat es nicht gefehlt und bis heute sind die Meinungen darüber geteilt, ob die independent agencies als „arms of Congress" anzusehen seien, welcher sie ja durch Gesetz geschaffen und mit Funktionen betraut habe, oder ob man sie im Interesse einer Koordination aller Verwaltungsaufgaben dem Präsidenten als Spitze der Exekutive unterordnen müsse.

Das Problem, welcher Staatsgewalt die Kommissionen zuzuordnen sind, wird dadurch erschwert, daß sie Befugnisse jedes der drei Gewaltenträger in einer Behörde vereinen. Sie nehmen rein exekutive Funktionen wahr, wie die Vollziehung und notfalls Erzwingung von Gesetzen und Verordnungen. Sie üben jedoch auch Rechtsetzungsbefugnisse aus, die der Oberste Gerichtshof verschiedentlich als „quasilegislative"[10] bezeichnet hat und die im Erlaß von sogen. rules oder regulations (Verordnungen mit Gesetzeskraft) bestehen. Schließlich erfüllen sie Aufgaben, die — wieder in der Terminologie des Supreme Court — „quasijudicial"[11] sind und die Entscheidung von Einzelfällen durch Tatsachenfeststellung und Gesetzesanwendung unter Einhaltung eines gerichtsähnlichen Verfahrens zum Gegenstand haben[12]. Die Frage, die sich hier erhebt, ist, ob diese Vereinigung gegen das Prinzip der Gewal-

---

[9] Auch die Bezeichnung „board" oder „authority" wird gebraucht. Vgl. *Cushman*, The Independent Regulatory Commissions, 1941, S. 4.

[10] „this means the power to issue rules and regulations of a legislative nature which have the force of law" (*Cushman*, S. 9).

[11] „The term describes the application by administrative officers of a broadly stated legislative policy to concrete cases by a procedure patterned after that used by a court of law" (*Cushman*, S. 8).

[12] Da die Entscheidung von Einzelfällen auch exekutiver Natur sein kann, ist eine Abgrenzung schwierig. Die Durchführung quasijudizieller Tätigkeiten wird daher unter dem beiden übergeordneten Begriff der „Einzelentscheidungsbefugnisse" (so die Kapitelüberschrift) abgehandelt.

tenteilung (separation of powers) verstößt. Dessen Ausformung durch Locke und Montesquieu wird kurz dargestellt, da seine Entwicklung in den USA und sein Einfluß auf die Verfassungen des Bundes und der Einzelstaaten sonst nicht richtig einzuschätzen wäre. Ein common law-Prinzip, das in diesem Zusammenhang eingehender Erörterung bedarf, besagt, daß die vom Volk auf den Gesetzgeber delegierte Legislativgewalt nicht weiterdelegiert werden darf (delegata potestas non potest delegari). Da Art. 1 der Bundesverfassung die Gesetzgebung dem Kongreß, und Art. III die Rechtsprechung den Gerichten einräumt, dürfen diese Befugnisse nicht auf die Exekutive oder die unabhängigen Kommissionen übertragen werden. Das Delegationsproblem ist im Bereich des gesamten amerikanischen Verwaltungsrechts akut. Um hier bestimmte Querverbindungen und Zusammenhänge besser sichtbar machen zu können, wurde die Untersuchung der Übertragbarkeit quasilegislativer und quasijudizieller Funktionen nicht auf die independent regulatory commissions beschränkt, sondern auf einige andere Behörden und den Präsidenten als Spitze der Exekutive ausgedehnt. Dies geschah nicht zuletzt deshalb, weil die Argumentation einer Reihe führender und als Präjudizien zu wertender Urteile des Supreme Court, die im Hinblick auf die Exekutive erlassen wurden, von grundsätzlicher Bedeutung auch für die Kommissionen ist.

Geht man von einer beschränkten Zulässigkeit der Funktionenverbindung und ihrer im Interesse einer effektiven Wirtschaftsregulierung unumgänglichen Notwendigkeit aus, so ist evident, daß zahlreiche Entscheidungen der Kommissionen Eingriffe in die Rechte Dritter mit sich bringen. Eine Beeinträchtigung der Rechtsgüter life, liberty oder property darf aber aufgrund des 5. und 14. Zusatzartikels der Bundesverfassung auch im Bereich des Verwaltungsrechts nicht ohne „due process of law", d. h. nicht ohne Einhaltung eines förmlichen gerichtsähnlichen Verfahrens erfolgen[13]. Dessen Kern ist ein faires hearing[14], das durch einen Beamten mit unabhängigem Status geleitet wird, den Betroffenen rechtliches Gehör gewährt und sie in die Lage setzt, alle ihnen zur Verfügung stehenden Verteidigungs- und Beweismittel geltend zu machen[15]. Problematisch erscheint nach wie vor, wieweit das Verfahren vor einer agency dem vor einem Gericht angenähert werden

---

[13] Constitutional limitations affect the administrative process in two major respects. The doctrine of the separation of powers sets limits to the transfer of legislative and judicial functions into administrative hands. At the same time, procedural requirements of due process condition the mode of administration wherever it affects private rights and duties (*Fainsod - Gordon*, S. 70).

[14] Das Wort ist durch „Verhandlung" oder „Anhörungstermin" nur ungenau zu übersetzen.

[15] Siehe den Überblick bei Edmund H. *Schwenk*, Grundzüge des Amerikanischen Verwaltungsrechts, DVBl. 1958, S. 333.

muß, um die Rechte der Beteiligten so wie im Prozeß zu schützen und inwieweit es im Verhältnis zum Gerichtsverfahren zu vereinfachen ist, um eine Beschleunigung und Kostensenkung zu erreichen und dem Regulierungszweck, der „public policy", möglichst weitgehend gerecht zu werden. Die dem Verfahren vor vielen Kommissionen und executive agencies gemeinsamen Elemente sind bis in die Gegenwart so häufig Gegenstand divergierender Entscheidungen und Auffassungen des Schrifttums gewesen, daß es gerechtfertigt erscheint, die wichtigsten Faktoren des „administrative process" näher zu erörtern.

Der verfahrensrechtliche Schutz derer, die von Verordnungen oder Einzelentscheidungen wirtschaftsregulierender Behörden, insbesondere Kommissionen in ihren Rechten verletzt wurden, wäre ohne die Möglichkeit der gerichtlichen Nachprüfung behördlicher Tätigkeit unvollständig und in vielen Fällen wirkungslos. Die Kontrolle durch die ordentlichen Gerichte[16] beruht in beschränktem Umfang auf den Rechtsbehelfen des common law und im übrigen auf einzelnen Gesetzen. Sec. 10 des Bundesverwaltungsverfahrensgesetzes sieht die richterliche Nachprüfung allen quasilegislativen, quasijudiziellen und exekutiven Verwaltungshandelns, insbesondere der „regulations" und „orders" vor, soweit sie nicht durch Gesetz ausgeschlossen ist oder soweit nicht der Behörde volles Ermessen eingeräumt war. Die Klage kann auf Vornahme unterlassener bzw. verzögerter oder auf Beseitigung rechtswidrig vorgenommener „agency actions" gerichtet werden. Eine Aufhebung kommt insbesondere dann in Betracht, wenn die Behörde unzuständig war, ihr Ermessen mißbraucht, das vorgeschriebene Verfahren nicht eingehalten oder gegen Gesetze oder die Verfassung verstoßen hat. Dem Verfassungsprinzip des due process of law kommt in seiner verfahrensrechtlichen Form (procedural due process) als Aufhebungsgrund große Bedeutung zu. Das gilt in ebensolchem Maße für die von den Gerichten weiterentwickelte substantivierte Form (substantive due process), wonach Gesetze des Bundes oder der Einzelstaaten für aufhebbar erklärt werden konnten, wenn ihre Anwendung einen „unvernünftigen" (unreasonable) diskriminierenden Eingriff in private Rechte darstellte. Erst während des New Deal trat an die Stelle dieser einen extrem liberalen, individualistischen Freiheitsbegriff artikulierenden Rechtsprechung eine Auffassung des Supreme Court, welche die der wirtschaftlichen Bewegungsfreiheit und dem Eigentum gesetzten sozialen Schranken anerkannte und eine den geänderten ökonomischen und sozialen Verhältnissen angepaßte Wirtschaftsregulierung ermöglichte.

[16] Vgl. den Überblick bei Wolfgang *Arendt:* Die Verwaltungsgerichtsbarkeit in den USA. DÖV 1958, S. 67. Die Möglichkeit, Schadensersatzklagen gegen einzelne Beamte oder den Bund zu erheben, dessen grundsätzliche Immunität der Federal Tort Claims Act für bestimmte Bereiche aufhebt, ist nicht Gegenstand der vorliegenden Arbeit.

1. Kapitel

Die Unabhängigkeit der Independent Commissions

I. Die vom Präsidenten abhängigen Behörden

Die amerikanische Verwaltung auf Bundesebene stellt kein straff zentralisiertes, hierarchisch aufgebautes System dar. Sie besteht vielmehr aus einer großen Anzahl verschieden organisierter Behörden[1], deren Entstehung durch die jeweiligen Notwendigkeiten bedingt war. Diese Behörden lassen sich ungeachtet sonstiger Unterschiede in zwei Hauptgruppen zusammenfassen. Die eine besteht aus den Ministerien und sonstigen Sonderbehörden, die dem Präsidenten der Vereinigten Staaten als Chief Executive unterstehen und an seine Weisungen gebunden sind[2]. Von den Ministerien existierten das für Verteidigung (War Department)[3], Finanzen (Treasury) und auswärtige Angelegenheiten (State Department) von Anfang an. Das Innenministerium (Department of the Interior) wurde erst 1849 geschaffen. Es besitzt einen mit kontinentaleuropäischen Behörden gleichen Namens kaum zu vergleichenden Kompetenzbereich, der im wesentlichen die Verwaltung des Bundeslandbesitzes, die „Bewahrung der Naturschätze" und Indianerangelegenheiten umfaßt[4]. Im Jahre 1862 wurden das Landwirtschaftsministerium (Department of Agriculture), 1870 das Justizministerium (Department of Justice) mit dem Attorney General und 1872 das Postministerium (Post Office Department) mit dem Postmaster General an der Spitze errichtet. 1903 folgte das Department of Com-

---

[1] Für den Geltungsbereich des Bundesverwaltungsverfahrensgesetzes (Federal Administrative Procedure Act, 60 Stat. at L. 237/1946, abgekürzt APA) wird der Begriff „Behörde" (agency) definiert als jede Hoheitsbefugnisse ausübende Stelle (authority), ausgenommen Kongreß, Gerichte und Träger der Regierungsgewalt in auswärtigen Besitzungen sowie dem District of Columbia: Sec. 2 (a) APA. Auch die unabhängigen Kommissionen sind, da mit Hoheitsbefugnissen ausgestattet, zu den Behörden zu rechnen und werden auch außerhalb des Anwendungsbereichs des APA häufig als „independent agencies" bezeichnet.

[2] Vgl. die Übersicht bei *Benson*, Administrative Regulation Within Federal Departments, 221 Annals 64.

[3] Seit 1949 Department of Defense mit drei Unterministerien für die drei Waffengattungen Army, Navy und Air Force.

[4] *Morstein - Marx*, Amerikanische Verwaltung, Hauptgesichtspunkte und Probleme, 1963, S. 94; *Parker*, Das Öffentliche Recht — Verfassungsrecht und Allgemeines Verwaltungsrecht — der Vereinigten Staaten von Amerika, 1963, S. 87, 88.

merce, aus dem 1913 das Department of Labor abgesondert wurde. Im Jahre 1953 entstand als letztes das Department of Health, Education and Welfare. Alle Ministerien unterstehen dem Präsidenten als Chef der Exekutivgewalt[5].

II. Die wichtigsten unabhängigen Kommissionen und ihre Kompetenzbereiche

Nicht alle Gebiete der Bundesverwaltung fallen jedoch in die Ressorts der genannten Bundesministerien oder der diesen nachgeordneten Behörden[6]. Vielmehr wurde die Regelung und Beaufsichtigung einer stetig wachsenden Anzahl von Sonderbereichen des Wirtschaftslebens einer zweiten Gruppe mehr oder weniger selbständiger Bundesbehörden übertragen. Schwerpunkte sind dabei die „public service industry" (Transport, Energieversorgung, Nachrichtenübermittlung), die durch die Antitrustgesetze geschützte freie Wettbewerbswirtschaft, die „financial and exchange institutions" (Banken, Börsen, Versicherungen), die „extractive industry" (Kohle, Öl) sowie bestimmte Gebiete des Arbeitsrechts und der Sozialversicherung. Regulierung durch die Verwaltung ist insoweit überwiegend identisch mit staatlicher Kontrolle der Wirtschaft[7]. Diese Kontrolle muß aber nicht in jedem Fall durch Regulierungsbehörden, sondern kann auch durch staatliche, an bestimmte Bedingungen geknüpfte finanzielle Zuschüsse oder durch staatseigene Betriebe (insbesondere Energieversorgungsunternehmen) ausgeübt werden[8].

Eine Reihe der mit der Regulierung von Wirtschaftsbereichen befaßten Bundesbehörden sind, wie bereits erwähnt, weder den Ministerien unter- oder nachgeordnet, noch an Weisungen des Präsidenten gebunden, besitzen also ein großes Maß an Selbständigkeit. Sie werden daher im allgemeinen als „independent regulatory commissions" bezeichnet. Damit sind ihr Status und ihre Funktionen im Kern bereits angedeutet. Auch die Atomenergiekommission ist trotz einiger noch näher zu untersuchender Besonderheiten[9] zu diesem Typ zu rechnen[10]. Seine Wesens-

---

[5] Umgekehrt ist der Präsident an Beschlüsse des Kabinetts nicht gebunden (*Parker*, a.a.O., S. 89).

[6] Siehe die Übersicht bei *Schwenk*, Grundzüge des Amerikanischen Verwaltungsrechts, DVBl. 1958, S. 333. *Morstein - Marx*, S. 95.

[7] *Koontz*, Extent of Administrative Regulation in Economic Affairs, 221 Annals 9, 12—14.

[8] *Koontz*, a.a.O., S. 15, 16. Vgl. dagegen *Fraenkel*, Das Amerikanische Regierungssystem, 1960, S. 209.

[9] *Jaffe - Nathanson*, Administrative Law, Cases and Materials, 2. Aufl. 1961, S. 173.

[10] Vgl. *Redford*, Administration of National Economic Control, 1952, S. 274 (vgl. auch S. 273).

merkmale und Kompetenzen bedürfen daher vor dem Hintergrund amerikanischen Verwaltungs- und Verfassungsrechts näherer durch einige „Modellkommissionen“ induzierter Erläuterung. Zu diesen nach herrschender Auffassung als independent commissions zu klassifizierenden[11] Behörden sind zu rechnen:

a) Die Interstate Commerce Commission (ICC)[12]

Die Zuständigkeit für interstate commerce erstreckt sich auf den Handel und Verkehr, der über die Grenzen der Einzelstaaten hinausgeht. Im Gegensatz hierzu steht intrastate commerce, der lediglich den Handel und Verkehr innerhalb eines Gliedstaates umfaßt und für den der jeweilige einzelstaatliche Gesetzgeber zuständig ist. So bilden die railway commissions in vielen Staaten der USA die Vorläufer für die spätere bundesstaatliche Regelung. Diese wurde nötig, nachdem der Supreme Court 1886 im sogenannten Wabash-Fall entschieden hatte, daß die Einzelstaaten das über ihre Grenzen hinausgehende Eisenbahnwesen nicht regeln dürften[13]. Die Befugnis des Bundesgesetzgebers, auf dem Gebiet von interstate commerce Gesetze, wie etwa das zur Errichtung der Interstate Commerce Commission, zu erlassen, beruht auf der sogen. commerce clause der Bundesverfassung[14]. Diese wurde durch die Rechtsprechung auch als Ermächtigung für die Errichtung der übrigen im folgenden noch anzuführenden Kommissionen angesehen[15]. Die ICC regelt das über die Grenzen der Einzelstaaten hinausgehende Transportwesen auf Schiene, Straße und Binnenwasserwegen, insbesondere den Eisenbahn-, Omnibus- und Lastkraftwagenverkehr zwischen den Einzelstaaten. Sie hat angemessene, nicht diskriminierende Tarife festzusetzen, über Einstellung des Betriebs auf bestimmten Strecken zu entscheiden und allgemein die Betriebssicherheit, Koordination und Entwicklung des gesamten Transportwesens zu fördern.

---

[11] *Cushman*, The Independent Regulatory Commissions, 1941, S. 760—761.

[12] Errichtet aufgrund des Interstate Commerce Act von 1887 (24 Stat. at L. 379). Die Zuständigkeit der ICC wurde durch spätere Gesetze noch beträchtlich erweitert; so durch den Hepburn Act von 1906, den Mann - Elkins Act von 1910, den Transportation Act von 1920, den Emergency Transportation Act von 1933 und den Transportation Act von 1940.

[13] St. L. & P. Ry. Co. v. State of Illinois, 118 U.S. 557; 7 S. Ct. 4.

[14] Art. I, § 8, Klausel 3.

[15] Die Abgrenzung von interstate und intrastate commerce bereitete den Gerichten im Einzelfall große Schwierigkeiten und führte zu einer umfangreichen, hier nicht näher zu erörternden Rechtsprechung, durch welche die commerce clause und damit die Gesetzgebungszuständigkeit des Bundes immer weiter ausgedehnt wurde. Vgl. den Überblick in dem den Beziehungen zwischen Kongreß und Kommissionen gewidmeten Kapitel.

b) Der Board of Governors innerhalb des Federal Reserve System (früher Federal Reserve Board)[16]

Er kontrolliert die Tätigkeit der zwölf in ebenso vielen verschiedenen Bezirken der USA als Diskont- und Notenbanken fungierenden Federal Reserve Banks, überwacht die Einhaltung des vorgeschriebenen Mindestbestands an Liquiditätsreserven und setzt den Diskontsatz fest. Dem Federal Reserve System müssen alle National Banks als Mitglieder angehören. Die Mitgliedschaft der State Banks ist freiwillig.

c) Die Federal Trade Commission (FTC)[17]

Sie hat die Aufgabe, den freien Wettbewerb zu fördern und unlautere Wettbewerbsmethoden, Kartell- und Monopolbildungen, Preisabsprachen, Boykott, irreführende Werbung zu verhindern, die Öffentlichkeit insbesondere vor falschen Angaben im Bereich von „foods, drugs and cosmetics“ zu schützen sowie wirtschaftliche Daten und Informationen im Hinblick auf erforderliche Änderungen der Antitrust gesetze zu sammeln.

d) Die Federal Power Commission (FPC)[18]

In ihre Zuständigkeit fällt die Erteilung von Lizenzen[19] für die Erzeugung und Weiterleitung hydroelektrischer Energie, die Festsetzung der Tarife von im interstate commerce tätigen Elektrizitätsversorgungsunternehmen, die Kontrolle des Verkaufs und Transports von Erdgas, die Aufsicht über Kraftwerke und Staudämme des Bundes[20] sowie die Befugnis, den Energienotstand zu erklären und die Energieversorgung entsprechend zu kürzen.

e) Die Federal Communications Commission (FCC)[21]

Sie ist zuständig für das gesamte Sende-, Telegrafen- und Fernsprechwesen, für die Festsetzung angemessener, nicht diskriminieren-

---

[16] Gesetzliche Grundlage: Federal Reserve Act von 1913 (38 Stat. at L. 251) und Banking Act von 1935 (49 Stat. at L. 684).

[17] Errichtet durch den Federal Trade Commission Act von 1914 (38 Stat. at L. 717).

[18] Federal Water Power Act von 1920 (41 Stat. at L. 1063). Später wurde die Zuständigkeit der FPC auf die Regelung der zwischenstaatlichen Elektrizitäts- (1935) und Gasversorgung (Natural Gas Act von 1938) ausgedehnt.

[19] Dabei handelt es sich um die behördliche Genehmigung, einen Beruf oder eine bestimmte Beschäftigung auszuüben. Eine nähere Erörterung dieses Begriffs ist an dieser Stelle nicht erforderlich. Sie folgt unten (6. Kap. V d).

[20] Der auf Wasserkraft beruhenden Energiegewinnung im Tennessee-Flußtalgebiet, das sich auf sieben Einzelstaaten erstreckt, widmet sich eine beson-

der Tarife im Rahmen von dessen Benutzung, für die Genehmigung von Radio-, Fernseh- und Funkstationen, u. a. auch zu Zwecken der Flug- und Schiffssicherung, schließlich für die Aufstellung bestimmter Sendekategorien und die Zuteilung von Wellenbereichen.

f) Die Securities and Exchange Commission (SEC)[22]

In ihren Kompetenzbereich fällt hauptsächlich die Kontrolle der Wertpapierbörsen. Alle Wertpapiere, deren Zulassung bei einer Börse in Verbindung mit der Aufnahme in eine entsprechende Liste beantragt wird, sind unter Angabe der für die Prüfung der Börsenfähigkeit wichtigen Tatsachen bei dieser Behörde anzumelden und werden von ihr registriert[23].

g) Der National Labor Relations Board (NLRB)[24]

Er kontrolliert — im Zusammenhang mit dem den Arbeitnehmern eingeräumten Recht, sich zu organisieren und Kollektivverträge durch selbstgewählte Vertreter abzuschließen — die Auswahl der die Interessen der Arbeiter bei Tarifverhandlungen wahrnehmenden Ausschüsse und kann Arbeitgebern und -nehmern „unfaire Praktiken" im Bereich des Arbeitsverhältnisses untersagen[25].

---

dere Bundesbehörde, die Tennessee Valley Authority. Hierzu siehe *Morstein - Marx*, a.a.O., S. 96, 97.

[21] Federal Communications Act von 1934 (48 Stat. at L. 1064). Er erweiterte die der alten Federal Radio Commission durch den gleichnamigen Act von 1927 übertragenen Befugnisse.

[22] Securities Exchange Act von 1934 (48 Stat. at L. 881). Die Zuständigkeit der SEC wurde später durch Holding- und Investmentgesellschaften betreffende Gesetze erweitert.

[23] Enthält die Anmeldung nicht alle erforderlichen oder falsche Angaben, so haften alle Unterzeichner des Registrierungsantrags, insbesondere das die Wertpapiere ausgebende Unternehmen, beteiligte Notare und Investment-Banken den Wertpapiererwerbern für jeden Schaden, welchen letztere aufgrund der lückenhaften, falschen oder sonst irreführenden Angaben erlitten haben. Zu den strengen Publizitätspflichten für Aktien von US-Gesellschaften siehe *Rosenstiel* in FAZ v. 6. 12. 1965, S. 19.

[24] Aufgrund des National Labor Relations Act von 1935 (49 Stat. at L. 449). Bereits der wegen Verfassungswidrigkeit 1935 aufgehobene National Industrial Recovery Act von 1933 enthielt Regelungen auf dem arbeitsrechtlichen Sektor, deren Wegfall ein neues Gesetz erforderlich machte. Zur Entstehungsgeschichte beider Gesetze und zum Kompetenzbereich des NLRB siehe *Greza*, Independent Regulatory Commissions — Anzeichen einer neuen Staatsentwicklung in den USA. Kritische Betrachtung ihrer rechtlichen und sozialen Problematik, dargestellt am National Labor Relations Board, 1953, S. 5—23.

[25] Für andere arbeitsrechtliche Probleme ist das Department of Labor zuständig. Es hat jedoch keinerlei Weisungsbefugnis gegenüber dem selbständigen NLRB und nimmt diesem gegenüber auch nicht die Funktion einer Beschwerde- oder Berufungsinstanz wahr (*Parker*, a.a.O., S. 88, 89).

h) Der Civil Aeronautics Board (CAB)[26]

Zu seinen Funktionen gehören die Bekämpfung unlauteren Wettbewerbs und diskriminierender Geschäftsmethoden der Fluggesellschaften, die Kontrolle der Tarife für die Personen- und Frachtbeförderung, die Genehmigung der Zusammenschlüsse mehrerer Luftfahrtunternehmen, der Eröffnung innerstaatlicher Flugrouten sowie der über die Beteiligung am Flugnetz zwischen den Gesellschaften geschlossenen Abkommen, die Mitwirkung beim Austausch von Flug- und Landerechten in Luftfahrtabkommen zwischen den USA und anderen Staaten, die Überwachung der Betriebssicherheit sowie die Untersuchung aller Flugzeugunfälle im zivilen Luftverkehr[27].

i) Der Federal Maritime Board

Als Beispiel eines interessanten und für die flexible amerikanische Technik der Behördenorganisation zeugenden Kompromisses zwischen abhängiger und unabhängiger Behörde, zwischen Kommissions- und Ministerialverwaltung, sei schließlich noch der Federal Maritime Board erwähnt. Er ist zusammen mit der Maritime Administration, die eine Abteilung des Department of Commerce darstellt, für Angelegenheiten der Handelsmarine, insbesondere die Entscheidung über Subventionen zu Unterhaltung und Neubau von Handelsschiffen zuständig[28]. Der Vorsitzende des Board ist gleichzeitig Leiter der genannten Ministerialabteilung (Maritime Administrator)[29].

Die Reihe dieser mit Ausnahme der letzten unabhängigen Kommissionen und Boards zeigt, in einem wie großen Teil der amerikanischen Wirtschaft der Staat regulierend eingreift. Sie zeigt aber auch, wie große Bereiche der Wirtschaftsverwaltung der Kompetenz der Ministerien und der zentralen und koordinierenden Exekutivbefugnis des Präsidenten entzogen und selbständigen, um eigene wirtschaftspoli-

---

[26] Aufbau und Kompetenzen dieser Behörde werden bestimmt durch den Civil Aeronautics Act von 1938 und zwei Reorganization Orders von 1940. Der CAB übt einen Teil der Funktionen der früheren Civil Aeronautics Authority aus. Vgl. *Redford*, a.a.O., S. 307.

[27] Dagegen ist die nicht selbständige Federal Aviation Agency (Fed. Av. Act von 1958) hauptsächlich mit Fragen der Forschung, Technik und Ausbildung innerhalb des Zivilluftverkehrs befaßt.

[28] Vorher war mit Fragen der Handelsmarine allein die durch den Merchant Marine Act von 1936 geschaffene, 1950 aufgelöste U.S. Maritime Commission, eine völlig unabhängige Kommission, befaßt.

[29] Vgl. hierzu *Redford*, S. 312. Einen Überblick über die Kompetenzen der hier genannten Kommissionen geben *Gosnell - Lancaster - Rankin*, Fundamentals of American National Government, New York 1955, S. 370—377, abgedruckt bei *Salomon*, Independent Federal Regulatory Agencies, 1959, S. 22 ff., sowie *Lavery*, Federal Administrative Law, 1952, Kap. 10, 14, 15, 16. Vgl. auch Tesauro, Teil I.

tische Mittel und Wege bemühten Behörden des Bundes zur Aufsicht und Regelung übertragen sind. Die Auseinandersetzung um die Vor- und Nachteile ihres unabhängigen Status, um Fortgeltung oder Wegfall der für ihre Errichtung maßgeblich gewesenen Gründe hält bis heute an. Letztere bedürfen — da diese Fragen mit der Schaffung der Atomenergiekommission keineswegs zugunsten des unabhängigen Behördentyps entschieden waren, die AEC[30] vielmehr selbst in die Reformdebatte einbezogen wurde — näherer Erörterung.

III. Vorteile und Gründe für die Errichtung der unabhängigen Kommissionen

Die Ursachen für eine zunehmende staatliche Kontrolle der Wirtschaft sind teilweise historischen Charakters[31]. Sie liegen einmal allgemein in der Vergrößerung des ökonomischen Potentials, der wachsenden Industrialisierung und Technisierung sowie der wirtschaftlichen Depression zu Anfang der Dreißiger Jahre, die eine Wendung vom Prinzip des Laissez faire zu den sozialstaatlichen und wirtschaftslenkenden Maßnahmen des New Deal brachten[32]. Sie liegen andererseits in der Eigenart und besonderen Entwicklung der regulierten Wirtschaftsbereiche. Dort war es besonders der Mißbrauch wirtschaftlicher Macht, der wiederholt Anlaß zu staatlichem Eingreifen gegeben hat.

In diesem Zusammenhang sind die überhöhten und diskriminierenden Tarife für verschiedene Güter und Dienstleistungen zu erwähnen, insbesondere die Fracht- und Beförderungstarife der ursprünglich keiner staatlichen Kontrolle unterworfenen, privaten Eisenbahngesellschaften. Letztere waren bei der verkehrstechnischen Erschließung des Landes in vielen Gebieten zunächst ohne Konkurrenz und nutzten diesen Umstand zu Lasten der Bevölkerung, vor allem der auf den Transport ihrer Agrarprodukte angewiesenen Farmer aus. Als später doch ein immer schärferer Wettbewerb einsetzte, griffen die Unternehmer zu allen erdenklichen Mitteln, um die Konkurrenten aus dem Transportgeschäft zu drängen[33]. Die wachsende Machtkonzentration

---

[30] Atomic Energy Commission.

[31] „Upon this point a page of history is worth a volume of logic." Zitiert bei *Forkosch*, Treatise on Administrative Law, 1956, S. 6, 7.

[32] Vgl. die Bezeichnung „New Deal Regulatory Commissions" (SEC, NLRB) bei *Cushman*, S. 327.

[33] *Landis*, The Administrative Process, S. 9, 10. *Gellhorn*, Federal Administrative Proceedings, 1941, S. 8.

Davis, Administrative Law, Text, 1959, S. 13, 14. *Cushman*, S. 37, 38. *Morstein - Marx*, S. 103 führt hierzu aus: „Als man sich einer so kitzligen Aufgabe wie der Regelung der privaten Eisenbahnbetriebe zuwandte, glaubte man weder hinreichenden Sachverstand noch genügende Sachlichkeit

der großen Trusts, zunehmender Monopolmißbrauch und unlauterer Wettbewerb führten zum Erlaß der Antitrustgesetze und zur Schaffung der für ihre Durchsetzung verantwortlichen Federal Trade Commission, nachdem sich herausgestellt hatte, daß weder die Gerichte noch die Antitrustabteilung des Justizministeriums allein der komplizierten Materie gewachsen waren[34]. Mißbrauch wirtschaftlicher Macht und unfaire Methoden vor allem auf seiten der Arbeitgeber[35] waren auf dem Gebiet des Arbeitsrechts die Ursachen für die Schaffung des National Labor Relations Board, insbesondere für die dieser Behörde übertragene Befugnis, Handlungen, welche die Arbeitnehmer in unangemessener Weise benachteiligen, durch eine gegen den Arbeitgeber gerichtete Anordnung zu untersagen[36]. Ebenso waren dunkle Geschäfte an den Börsen, die zu großen Vermögensverlusten der gutgläubigen Erwerber von Wertpapieren führten, der Hauptanlaß für die Errichtung der Security and Exchange Commission[37].

Neben Ursachen für staatliches Eingreifen, die auf Besonderheiten des jeweils zu regelnden Wirtschaftssektors beruhten, stehen Gründe, die für die Errichtung der meisten Kommissionen in gleicher Weise maßgebend waren. Sie können auch für die Atomic Energy Commission Geltung beanspruchen, bei deren Schaffung man sich einen großen Teil der bisher gesammelten Erfahrungen zunutze machte.

1. *Organisationsrechtliche Gründe*

Sie sind in der amerikanischen Regierungstechnik zu sehen, „für neu auftauchende Gebiete der Staatstätigkeit eine Sonderbehörde zu schaf-

---

in den vorhandenen Organen der Bundesverwaltung voraussetzen zu können. Der Rückzug des Patronagewesens war erst am Anfang. Das Bundesbeamtengesetz von 1883 war ein erster und zunächst nur kurzer Schritt zur Eignungsauslese. Die beginnende Wirtschaftsregelung durch den Bund greift also der beruflichen Entwicklung in der amerikanischen Verwaltung zeitlich vor. Damals war der Geschäftsgang in den Ministerien noch so wenig vom Leistungsprinzip beherrscht, daß es unratsam erschien, einem Ministerium so komplizierte Aufgaben wie die Überwachung des Eisenbahnwesens zuzuteilen."

[34] *Cushman*, S. 177—181, 182—193; *Davis*, a.a.O., S. 14; *Gellhorn*, a.a.O., S. 9; *Landis*, a.a.O., S. 16. Ein weiterer wichtiger Grund für die Errichtung der FTC war, daß diese im Gegensatz zu den Gerichten von Amts wegen Ermittlungen anstellen und von sich aus ein Verfahren wegen Verstoßes gegen Antitrustgesetze einleiten konnte (*Landis*, S. 35—36, 40—41).

[35] Zum Beispiel Diskriminierung von Gewerkschaftsmitgliedern, Einmischung in die Arbeit der Gewerkschaften.

[36] *Landis*, S. 16 (letzter Abs.); *Cushman*, S. 359; *Gellhorn*, S. 9; *Davis*, Text, S. 14.

[37] *Landis*, S. 146, 147; *Cushman*, S. 327, 328. Vgl. auch die „blue-sky laws" („Luftschloßgesetze") der Einzelstaaten.

fen"[38]. Diese Tendenz wurde bei der ständig wachsenden Ausdehnung der staatlichen Aufsicht auf neue Industriezweige durch die Überlastung der Departments begünstigt, denen man nicht noch weitere Kompetenzen übertragen wollte. Viele der neuen Aufgaben paßten nicht in den Geschäftsbereich eines Ministeriums oder erstreckten sich über mehrere solche Bereiche[39].

Als weiterer Vorzug wurde das Kollegialsystem angesehen. Hierbei werden die wichtigeren Entscheidungen von gleichrangigen, an keine Weisungen eines Vorgesetzten gebundenen Kommissionsmitgliedern (commissioners) getroffen und beruhen daher nicht auf einsamen, vielleicht willkürlichen Entschlüssen eines einzelnen, sondern auf eingehender, das gesamte Für und Wider berücksichtigender Beratung[40]. Außerdem erleichtert die kollegial organisierte Behörde die Einarbeitung neu ernannter commissioners, denen die Dienstälteren aufgrund ihrer Erfahrungen mit Rat und Tat zur Seite stehen können[41].

Hinzu kommt, daß der Prozeß der Wirtschaftsregulierung vielfach Entscheidungen erforderlich macht, die „quasijudiziellen" Charakter haben. Diese sollten daher einem Gremium übertragen werden, dessen Status der richterlichen Unabhängigkeit weitgehend gleichkam. Hiermit wären jedoch Unterordnung und Weisungsbefugnis im Rahmen der Exekutive unvereinbar gewesen[42].

2. *Ausschaltung der Einflüsse von Parteien und Interessengruppen*

Nach den schlechten Erfahrungen, die man in der Vergangenheit mit der Integrität verschiedener Staatsorgane gemacht hatte, sollten die

---

[38] Diese Methode wird von *Pinney*, The Case for Independence of Administrative Agencies, 221 Annals 40, 47, wie folgt formuliert: „The case for independence ... is premised on the fundamental unity of the problems faced by a particular industry or a functional segment of industry; it holds that this inherent unity in the industrial situation to be controlled requires a corresponding unity in the government's handling of the problem."

[39] *Loewenstein*, Verfassungsrecht und Verfassungspraxis der Vereinigten Staaten, 1959, S. 247. So auch *Stene* im Hinblick auf die Errichtung der ICC: „there was no place within the existing administrative organization into which the new function of railroad regulation would logically fit" (Legislative Considerations in Organizing Regulatory Agencies, 221 Annals 49, 51). Ebenso *Redford*, S. 285.

[40] So schon *Needham*, Judicial Determinations by Administrative Commissions, 10 American Political Science Review 235, 240—241 (1916). W. F. *Willoughby*, Principles of Public Administration, 1927, S. 122. W. K. *Doyle*, Independent Commissions in the Federal Government, 1939, S. 58.

[41] *Gellhorn - Byse*, Administrative Law, Cases and Comments, 1954, S. 51—53.

[42] *White*, Introduction to the Study of Public Administration, 3. Aufl. 1949, S. 106. Näheres über die quasijudiziellen Funktionen siehe unten (6. Kap.).

Kommissionen dem Einfluß der politischen Parteien und den so schädlichen Einwirkungen des Patronage- und Spoilsystems weitgehend entzogen werden. Bei letzterem handelt es sich um die Verteilung von Ämtern in allen Bereichen der Administration an die aktivsten Anhänger oder Förderer einer siegreich aus Wahlen hervorgegangenen Partei[43]. Die Parteien, Republikaner wie Demokraten, haben besonders über den Kongreß eine Ämterpatronage immer wieder durchsetzen können, während sie bei der Entwicklung innenpolitischer Programme, welche die Verwaltungspraxis nicht von der Person, sondern von der Sache her hätten bestimmen können, weniger erfolgreich waren. Sie rechtfertigten insoweit den oft zitierten Ausspruch James Bryce's „zwei Weinflaschen mit verschiedenen Etiketten zu gleichen, die beide leer seien"[44].

Auch die Beeinflussungsversuche bestimmter Wirtschaftskreise und Interessentengruppen (pressure groups) glaubte man durch den unabhängigen Status der Kommissionen ausschalten oder wenigstens erschweren zu können[45]. In der Vergangenheit hatten sich weder der Kongreß noch einzelne Ministerien diesen pressure groups gegenüber als genügend widerstandsfähig erwiesen. Vielfach war es der Lobby gelungen, Gesetzesvorlagen zu Fall zu bringen oder den Inhalt von Gesetzen in ihrem Sinne zu beeinflussen. Das gleiche gilt für die von manchen Ministerien, insbesondere den „Interest Departments" Commerce, Labor und Agriculture erlassenen Verordnungen. Die Einflußnahme folgte dem Prinzip, „seine Freunde zu belohnen und seine Feinde zu bestrafen". Sie reichte von der gesteuerten Besetzung von Schlüsselpositionen bis zur gesteuerten Vergabe von Staatsaufträgen an bestimmte Industrieunternehmen (contract letting)[46]. Man befürchtete nun, daß die Möglichkeiten solcher Einwirkungen sich vervielfacht, der Druck der Interessengruppen samt der damit verbundenen Korruption sich vergrößert hätten und die Durchschlagskraft der Wirtschaftsregulierung ernstlich beeinträchtigt worden wäre — wenn man die Kontrolle ganzer Sektoren der Wirtschaft den Ministerien übertragen hätte. Das glaubte man um so mehr annehmen zu müssen, als bei der

---

[43] Vgl. *Fraenkel*, a.a.O., S. 46 ff., 47—51.

[44] Vgl. *Schattschneider*, Partisan Politics and Administrative Agencies, 221 Annals 29, 31. Dieser Autor bezweifelt die größere Immunität der independent commissions gegenüber parteipolitischem Einfluß, da sie zwar vom Präsidenten, aber in geringerem Maße vom Kongreß, der Hauptquelle dieses Übels, unabhängig seien.

[45] *Leiserson*, Interest Representation in Administrative Regulation, 221 Annals 78, 81. *Herring*, Public Administration and the Public Interest, 1936, S. 120, 121. *White*, a.a.O., S. 105, 106.

[46] Siehe die bei *Foster*, Pressure Groups and Administrative Agencies, 221 Annals 21—22, 25—26 aufgeführten Fälle. Vgl. zu dem komplexen Erscheinungsbild der Interessengruppen auch *Fraenkel*, S. 71 ff., 74—75, 78 und *Redford*, Kap. IX.

Regulierung des Transport-, Energie-, Nachrichten-, Bank- und Börsenwesens politische und wirtschaftliche Interessen in besonders hohem Maße berührt werden und zum Beispiel bei der Gewährung oder Entziehung von Lizenzen große Vermögenswerte auf dem Spiel stehen[47]. Die Befürworter der Kommissionen waren der Ansicht, daß demgegenüber die Mitglieder unabhängiger Behörden mit einer durchschnittlich zwischen fünf und sieben Jahren liegenden, das vierjährige officium des Präsidenten und „seiner" Administration also überdauernden Amtszeit eher in der Lage seien, „schädliche Einflüsse von außen" abzuwehren[48], zumal die commissioners in der Regel keinen anderen Beruf ausüben, keine persönlichen finanziellen Interessen in dem von „ihrer" Behörde geregelten Wirtschaftsbereich haben dürfen und im allgemeinen nicht mehr als drei von fünf Mitgliedern einer Kommission der gleichen politischen Partei angehören können[49].

Das Problem liegt hier jedoch nicht allein darin, welchen Status eine Kommission gegenüber Legislative und Exekutive haben muß, um parteipolitische und privatwirtschaftliche Sonderinteressen, wie sie auf diese beiden Staatsgewalten einwirken, möglichst fernzuhalten, — sondern auch darin, wie im Spannungsfeld zwischen Allgemeinwohl und Einzelegoismus, zwischen Staat und Privatwirtschaft, zwischen Herstellern und Verbrauchern unerwünschte und daher auszuschaltende Interessen von solchen getrennt werden können, die in einer demokratisch regierten, pluralistisch strukturierten Gesellschaft legitim und mitwirkungsberechtigt sind[50].

---

[47] Die Zuteilung eines Fernsehkanals durch die FCC ist für die Gesellschaft, welche die Lizenz erhält, etwa 10 Millionen Dollar wert (*Lewis*, Conflicts Cited in FCC Awards, New York Times v. 3. 3. 1958, S. 17; abgedruckt bei *Salomon*, a.a.O., S. 42.

[48] *Cushman*, S. 668, 669. Task Force Report on Regulatory Commissions, prepared for the Commission on Organization of the Executive Branch of the Government, Januar 1949, Appendix N, S. 20 (im folgenden als Task Force Report zitiert).

[49] Siehe die Übersichtstabelle bei *Cushman*, S. 760; Task Force Report, App. N., S. 13; *Redford*, S. 276; *Fesler* in Elements of Public Administration (Ed. F. Morstein - Marx), 2. Aufl. 1959, S. 192, 193.

[50] Diese Mitwirkung kann erfolgen durch eine informelle, konsultative oder formale, d. h. dem Status eines Parteivertreters im Prozeß nahekommende Beteiligung an Verfahren, die zum Erlaß von Verwaltungsakten oder Verwaltungsverordnungen führen. Sie kann weiter erfolgen durch die Zuziehung beratender Komitees (advisory committees), die aus Fachleuten und Vertretern bestimmter Gruppenorganisationen zusammengesetzt sind. Ein dritter Weg ist die Übertragung bestimmter administrativer Funktionen auf private Organisationen (z. B. die district producer boards, farmer's cooperatives, stockmen's associations, usw.). Vgl. zu den drei genannten Möglichkeiten *Leiserson*, a.a.O., S. 79, 83, 84. Ähnlich *Foster*, a.a.O., S. 27. Siehe auch *Herring*, S. 350 und *Fraenkel*, S. 82—84. Die Funktion der Gruppen innerhalb des Staatswesens ist Gegenstand verschiedener Theorien. Danach beruhen alle Erscheinungsformen staatlicher Tätigkeit einschließlich des Rechts

3. *Der Vorteil spezialisierter Fachbehörden*

Einer der Hauptgründe, selbständige Sonderbehörden zu schaffen, ist in der Tatsache zu sehen, daß die zu regelnden Wirtschaftsbereiche, bedingt durch wirtschaftliche Expansion und technische Entwicklung, immer komplexer und komplizierter wurden und von den zuständigen Stellen ein immer größeres Ausmaß von Fachkenntnissen verlangten. Das gilt in besonderem Maße für Luftfahrt und Kernenergie. Man glaubte genügend Grund zu der Annahme zu haben, daß unabhängige Kommissionen mit einem Unterbau von Expertenstäben für alle Teilgebiete besser als die Ministerien für die mit so vielen Sach- und Detailfragen verbundene Regelung der neuen Bereiche, für die Umsetzung des öffentlichen Interesses in konkrete Maßnahmen geeignet seien[51]. Die Departments verfügten von Anfang an nicht über hinreichend spezialisierte Fachkräfte[52] und ihre Struktur stand einer Eingliederung umfangreicher expert-staffs im Wege. Im übrigen sollten auch die Fachleute nicht der Weisungsbefugnis der Exekutive unterworfen sein. Nur die ungestörte Arbeit neutraler Experten in Verbindung mit der durch die lange Amtszeit geförderten Sammlung praktischer Erfahrung seitens der Kommissionsmitglieder konnte nach Auffassung der geistigen Väter der independent commissions zu einer Entwicklung langfristiger Programme und zu einer kontinuierlichen, durch plötzliche Kursänderungen oder einen Wechsel der Administration nicht berührten Wirtschaftspolitik (continuity of policy)[53] führen. Diese Wirtschaftspolitik muß sowohl den Bedürfnissen der regulierten Wirtschaftsbereiche, etwa der Reaktorindustrie, als auch dem öffentlichen Interesse, dem Wohl der Allgemeinheit, also im Beispielsfalle ihrem

---

auf dem Widerstreit einander beeinflussender Gruppen (*Bentley*, The Process of Government, 1908, S. 269). Dagegen ist es nach anderen die Aufgabe des Staates, Gruppeninteressen im Rahmen einer übergeordneten Gesamtkonzeption des öffentlichen Interesses miteinander zu harmonisieren (*Herring*, S. 6—9, 24—26). Als Kriterium für das Vorliegen eines solchen öffentlichen Interesses wird jedoch von *Leiserson* die überwiegend widerstandslose, auf Revision der einschlägigen Vorschriften verzichtende Hinnahme administrativer Maßnahmen seitens der politisch einflußreichen Gruppen angesehen (Administrative Regulation: A Study in Representation of Interests, 1942, S. 16). Näheres über die Gruppentheorien bei *Redford*, S. 222—225.

[51] *Redford*, S. 230—231. *Landis*, S. 23, 24. Report of the Attorney General's Committee on Administrative Procedure, Sen. Doc. No. 8, 77th Cong., 1st Sess., 18—24 (1941), auszugsweise abgedruckt bei *Gellhorn - Byse*, Administrative Law, S. 22, 23.

[52] Vgl. die oben in Anm. 33 zitierten Ausführungen von *Morstein-Marx*.

[53] *Freund*, The Substitution of Rule for Discretion in Public Law, 9 American Political Science Review 666, 668, 669 (1915). *Gellhorn - Byse*, Administrative Law, S. 4, 5 („... need for continuous expert supervision, specialization, national uniformity of treatment"). *Pfiffner*, The Development of Administrative Regulation, 221 Annals 1, 4, 5. *Landis*, S. 111. Task Force Report, App. N., S. 24, 25.

Schutz vor radioaktiven Reaktorabfällen gerecht werden. In der Abwägung der Interessen der Gesamtheit gegen diejenigen der kontrollierten Wirtschaftssektoren müssen sich „impartiality“ und „continuity“ der unabhängigen Kommissionen bewähren, ohne daß ihre Aktivität durch Parteien und pressure-groups gehemmt wird[54].

IV. Nachteile und Kritik an der Tätigkeit der unabhängigen Wirtschaftsverwaltungsbehörden

Angesichts der Vielfalt und Schwierigkeit der Wirtschaftsregulierungsprobleme und angesichts der hohen, aber nur teilweise erfüllten Erwartungen, die man in die unabhängigen Kommissionen und Boards gesetzt hatte, konnte es nicht ausbleiben, daß diese Behörden und ihre Tätigkeit in das Kreuzfeuer einer teilweise heftigen Kritik gerieten, dem sie noch heute ausgesetzt sind. Dabei ist aufschlußreich, wie sehr die Argumente durch wirtschaftspolitische Vorstellungen und berufliche Praxis des jeweiligen Kritikers bestimmt sind. Sieht man von zu sehr in die Einzelheiten führenden Details und von der oft unsachlichen Polemik[55] angeblich geschädigter Wirtschaftskreise ab, so lassen sich die meisten Einwände auf den gemeinsamen Nenner bringen, daß die Vorzüge der Kommissionen mehr theoretischer Art, jedoch in der Praxis nicht restlos zu verwirklichen und oft „in ihr Gegenteil umgeschlagen seien“. So sah man Unabhängigkeit zur Isolierung, Regulierung der Wirtschaft zu deren einseitiger Begünstigung, Mitwirkung von Fachleuten zur Überspezialisierung und Kontinuität zu einem Mangel an Flexibilität führen.

1. *Bedenken gegen Gewaltenverbindung und Kollegialsystem*

Der grundsätzlichste aller Einwände richtet sich gegen die Stellung der Kommissionen innerhalb des Staatsganzen. Die Ausübung quasijudizieller, quasilegislativer und exekutiver Funktionen durch ein und dieselbe Behörde wird als Verstoß gegen das Prinzip der Gewaltenteilung angesehen. Aufgrund der Verbindung dieser verschiedenen

---

[54] *Bernstein*, Regulating Business by Independent Commission, 1955, S. 24, 137—142 mit Hinweis auf die positive Beurteilung der Kommissionen durch den Board of Investigation and Research, Practices and Procedure of Governmental Control, House Document No. 678, 1944, 78th Congr., 2nd Sess., p. 21. Vgl. auch *Schwenk*, DVBl. 1958, S. 331. *Florian*, S. 14—21. *Redford*, S. 284, 285.

[55] Ein Kongreßmitglied äußerte in diesem Zusammenhang: „Ich habe kaum jemals ein Schimpfwort der englischen Sprache gehört, das nicht auf jedes einzelne Mitglied der Federal Trade Commission angewendet worden wäre.“ Zitiert nach *Florian*, S. 22.

Staatstätigkeiten könnten die independent commissions keiner der drei klassischen Staatsgewalten zugeordnet werden und bildeten daher eine Art vierter Gewalt. Letztere sei aufgrund ihrer Unabhängigkeit niemandem politisch verantwortlich und damit ein Fremdkörper in einem demokratischen Staatswesen[56]. Das Problem muß an anderer Stelle noch näher erörtert werden (vgl. 4. Kapitel).

Der kollegiale Aufbau der Kommissionen hat die oben bereits erwähnten Vorzüge. Er hat jedoch auch Nachteile. Letztere bestehen nach Auffassung Herrings darin, daß Meinungsverschiedenheiten grundsätzlicher Art zwischen Kommissionsmitgliedern zur Verzögerung wichtiger Entscheidungen und zu ungerechtfertigten Kompromissen und „halben Lösungen" in der Sache selbst führen können[57]. Ein weiterer gegen das Kollegialsystem verschiedentlich erhobener Einwand ist der, daß sich die Verantwortung bei einer Mehrzahl von Kommissionsmitgliedern weniger genau fixieren lasse als bei einem Minister oder einem allein an der Spitze einer Kommission stehenden Administrator[58].

2. *Regulated Regulators*

Der wider Erwarten große Einfluß der regulierten Wirtschaftsgruppen auf die regulierende Tätigkeit der Kommissionen macht deren Unabhängigkeit nach Ansicht der meisten Kritiker illusorisch und gefährdet die Objektivität ihrer Entscheidungen. Dieser Einwand der „regulated regulators", der „industry orientation", zieht sich wie ein roter Faden durch alle Veröffentlichungen, die sich kritisch mit den

---

[56] Dieser Vorwurf wurde am nachdrücklichsten in dem Report of President's Committee on Administrative Management, 1937, S. 36 erhoben: „... they are in reality miniature independent governments ... They constitute a headless fourth branch of the Government, a haphazard deposit of irresponsible agencies and uncoordinated powers. They do violence to the basic theory of the American Constitution that there should be three major branches of the Government, and only three. The Congress has found no effective way of supervising them, they cannot be controlled by the President, and they are answerable to the courts only in respect to the legality of their activities." (Auszug in *Gellhorn - Byse*, S. 54.) *Beck*, Our Wonderland of Bureaucracy, 1932, hält die gewaltenverbindenden Kommissionen für verfassungswidrig.

[57] *Herring*, S. 114, 133.

[58] *Lewis* bei *Salomon*, S. 151. *Doyle*, S. 60. Bernstein, S. 149, 150. Siehe auch *Redford*, S. 323, 324. *Landis* hält diesen Nachteil für gering im Vergleich zu dem Vorteil einer auf einen bestimmten Bereich spezialisierten sachlichen Zuständigkeit der selbständigen Behörden, deren Funktionen bei Einbeziehung in die Kompetenzen eines mit noch zahllosen anderen Aufgaben betrauten Ministeriums in der Anonymität untergehen würden (The Administrative Process, S. 28, 29; ähnlich Board of Investigation and Research, a.a.O., S. 14).

Kommissionen auseinandersetzen[59]. So wird der NLRB als gewerkschaftsfreundlich, die ICC als „railway-minded" bezeichnet. In der Tat ergab die Einsetzung eines Untersuchungsausschusses[60] im Jahr 1958 zahlreiche Fälle allzu enger „Zusammenarbeit" zwischen Vertretern der Wirtschaft und Kommissionsmitgliedern[61].

Die Kommissionen waren aber auch dem Druck des Kongresses ausgesetzt. Dessen Abgeordnete richteten, um nur ein Beispiel zu nennen, innerhalb eines halben Jahres neunhundert Schreiben mit Wünschen und „Empfehlungen" an den Vorsitzenden einer einzigen Kommission, der Federal Communications Commission. Ebenso wurden Versuche des Weißen Hauses bekannt, Entscheidungen und Verordnungen einzelner Kommissionen und Boards in bestimmtem Sinne zu beeinflussen. So intervenierte Sherman Adams, der Assistent Präsident Eisenhowers, beim Civil Aeronautics Board zugunsten einer Luftfahrtgesellschaft, die auf Anordnung der genannten Behörde den Flugdienst auf einer bestimmten Flugroute einstellen sollte[62]. Im Grunde besagen diese Fälle nichts gegen den unabhängigen Status der Kommissionen[63], sondern sprechen eher gegen die persönliche Integrität ihrer Mitglieder[64]. Die Beispiele beweisen aber, daß auch unabhängige Behörden Pressionen — von welcher Seite auch immer — ausgesetzt sind. Diese wären jedoch wesentlich gefährlicher, wenn sie im Wege einer dem Kongreß

[59] *Lewis*, Our Ailing Regulatory Agencies, New Republic, 138: 13—15 (1958) und *Koenig*, Regulating the Regulators, Challenge, 6: 8—12 (1958), beide gekürzt bei *Salomon*, S. 147, 149 und S. 47, 49 wiedergegeben; *Parker*, Why Do Administrative Agencies Exist? A Reappraisal, 45 Georgetown Law Journal 331, 339—341 (1957); *Bernstein*, S. 157, 270; *Davis*, Administrative Law, Treatise, Bd. 1, S. 16, 17; *Herring*, S. 139—140, 171—172, 214; *Fesler*, S. 211; *Morstein - Marx*, S. 104; Loewenstein, S. 248.

[60] Report of the Special Subcommittee on Legislative Oversight; House Rep. No. 2711, 85th Congr., 2nd sess., 1959.

[61] Es wären noch mehr Fälle dieser Art aufgedeckt und dem Kongreß zugeleitet worden, wenn man nicht den Chefrechtsberater des Ausschusses, Professor Schwartz, wegen seines allzu reinigenden Eifers abgewählt und durch einen Verwaltungsfachmann ersetzt hätte, der die Untersuchung mehr auf organisationsrechtliche als auf personelle Fragen konzentrierte. Schwartz ließ sich jedoch nicht davon abhalten, eine Art privaten Untersuchungsbericht in Buchform herauszugeben, dessen hier nicht zu erörternde Details den Vorwurf der regulated regulators erhärteten (*Schwartz*, The Professor and the Commissions, 1959, insbes. Kap. 7: „Influence and Independence").

[62] *McIntyre*, Pressures on Federal Regulatory Commissions, Editorial Research Reports, 1 No. 13: 241—260 (1958), auszugsweise abgedruckt bei *Salomon*, S. 32 ff. Siehe dort auch S. 38: A Commissioner Resigns.

[63] Vgl. *Jaffe*, The Independent Agency — A new Scapegoat (eine Besprechung des oben zitierten Buches von *Bernstein* über die Kommissionen) in 65 Yale Law Journal 1068—1076 (1956).

[64] Ob diese durch einen „Code of Ethics" für das Verhalten der höheren Beamten gewährleistet wird, wie er vom House Subcommittee on Legislative Oversight vorgeschlagen wurde (s. *Salomon*, S. 175), erscheint allerdings zweifelhaft.

oder dem Präsidenten zustehenden Weisungsbefugnis durchgesetzt werden könnten.

3. *Nachteile der Überspezialisierung*

Ein Einwand, der teilweise auf den komplizierter werdenden Problemen und den wachsenden bei der Errichtung der Kommissionen nicht in voller Tragweite erkannten Aufgaben beruhte, teilweise auf der bis ins Extrem getriebenen Vervollkommnung des Instrumentariums zu ihrer Bewältigung begründet war, richtet sich gegen die Überspezialisierung der independent commissions. Man warf den unabhängigen Behörden vor, daß sie aufgrund ihrer Tätigkeit innerhalb eng begrenzter Teilbereiche den Blick für das Ganze, für das zu fördernde Allgemeinwohl verloren hätten („commissions tend to know more and more about less and less"). Die Folgen seien eine in täglicher Routinearbeit erstarrte Verwaltung, ein Mangel an Flexibilität und neuen, von außen kommenden Ideen. Andererseits wurde auf die Gefahr einer unangemessenen Verabsolutierung und Verallgemeinerung von Spezial- und Detailkenntnissen hingewiesen, die insofern bestehe, als die Experten der einzelnen Abteilungen in zunehmendem Ausmaß für die Entwicklung allgemeiner wirtschaftspolitischer Grundsätze und damit für Aufgaben herangezogen würden, denen sie aufgrund ihres eingeengten beruflichen Horizonts nicht gewachsen seien. Die Kritik gipfelt in der Aufforderung, die demokratische Gesellschaft niemals der Diktatur der Experten auszuliefern („we must ceaselessly remember that no body of experts is wise enough, or good enough to be charged with the destiny of mankind")[65].

---

[65] Hauptsächlich *Bernstein* hat sich mit dem „problem of expertness in regulatory commissions" (a.a.O., S. 113 f.) und den „limitations of the expert" (a.a.O., S. 120 f.) befaßt und unter Hinweis auf A. D. *Lindsay*, „The Modern Democratic State", Bd. 1, 1943, S. 267—281, und H. *Laski*, „The Limitations of the Expert", Fabian Trakt No. 235, 1931, diesem Thema aufschlußreiche Ausführungen gewidmet. Auf eines der damit zusammenhängenden Probleme sei hier besonders hingewiesen. Es besteht darin, aufgrund divergierender Gutachten zahlreicher Experten vieler Fachrichtungen eine sachgerechte, dem Wohl des Ganzen dienende Entscheidung zu treffen. David *Lilienthal*, der frühere Leiter der Tennessee Valley Authority (TVA) und spätere erste Vorsitzende der Atomenergiekommission, erläutert in seinem Buch, „TVA, Democracy on the March", 1944, diese Schwierigkeit (S. 66 ff.) am Beispiel der genannten Staudammbehörde, wenn diese einen Damm bauen und Land für den entstehenden Stausee erwerben will: „How much land should the TVA purchase? The engineer indicates what land will actually be under water when the dam is closed. But should the land along the shoreline be purchased? The agricultural experts argue that farmland should not be flooded but used for growing crops. The recreation expert wants a strip of land along the entire shoreline to be used for parks and playgrounds. The malaria-control expert wants water kept out of low areas to reduce mosquito breeding. The highway engineer wants to purchase lands which contain

Obwohl keiner der oben genannten Einwände bisher zur Auflösung einer unabhängigen Kommission geführt hat, folgte auf den Optimismus der „Gründerjahre“ die ernüchternde Erkenntnis, daß der administrativen Durchschlagskraft der independent commissions Grenzen gesetzt sind. Sie bestehen in

a) dem Druck, der insbesondere durch die regulierten Wirtschaftsgruppen auf die Regulierungsbehörden ausgeübt wird,

b) Eigengewicht und Dynamik industrieller Entwicklung, die spezifischen, wirtschaftlichen „Naturgesetzen“ folgt und administrativer Regelung bis zu einem gewissen Grad unzugänglich ist,

c) Nachlassen und Abnutzung behördlicher Aktivität[66] nach Beseitigung der wichtigsten für die Errichtung der Behörde ausschlaggebenden Mißstände und schließlich

d) den Vorbehalten des Amerikaners gegen mehr Regulierung als unbedingt nötig ist[67].

---

important access highways to the new dam and lake area. The power experts urge economy to protect the investment in electric power. The navigation expert wants land areas reserved for terminal and harbor facilities. And sometimes the archeologist wants to preserve prehistoric remains in reservoir areas, and the finance expert is concerned about removing land parcels from the tax lists of local government units.“

[66] Vgl. die bei *Bernstein*, Kap. 3, erwähnten „life-cycles“ der Kommissionen, die beim jugendlichen Tatendrang der Gründerjahre beginnen und bei „administrativer Arteriosklerose“ enden.

[67] *Jaffe*, The Effective Limits of the Administrative Process: A Re-evaluation, 67 Harvard Law Review 1105, 1107, 1113, 1119, 1127, 1129 (1954). Eine zusammenfassende Kritik an den Kommissionen findet sich bei *Bernstein*, S. 24—25, 100—101, 144—145, 268; *Salomon*, S. 59—62, 147—151; *Fesler*, a.a.O., S. 208—211 („The Price for Independence“); *Redford*, S. 286—291.

2. Kapitel

Das Verhältnis der unabhängigen Kommissionen zum Präsidenten

Die Kritik an der nur begrenzten Wirksamkeit der Kommissionen mündet überwiegend in den Vorschlag, ihre Stellung gegenüber der Exekutive zu modifizieren. Diese ist im wesentlichen bestimmt durch das Verhältnis zum Präsidenten. Seine Rechte als Chef der Exekutive schränken die Unabhängigkeit der independent commissions in einigen wichtigen Punkten ein. Hierzu zählt die präsidentielle Befugnis, Kommissionsmitglieder zu ernennen und zu entlassen.

I. Das Ernennungsrecht des Präsidenten

Das Recht des Präsidenten, alle die Beamten der Vereinigten Staaten zu ernennen, deren Berufung in ein Staatsamt konstitutionell nicht anders geregelt ist, ergibt sich unmittelbar aus der Verfassung[1]. Die Mitglieder des meist fünf- oder siebenköpfigen Führungsgremiums der Kommissionen, die commissioners, sind Beamte im Sinne der genannten Verfassungsbestimmung. Ihre Ernennung erfolgt durch den Präsidenten[2]. Letzterer erhält auf diese Weise die Möglichkeit, Männer seiner Wahl, die mit seinen Ideen und Programmen übereinstimmen[3], in die Kommissionen zu bringen oder ihm unerwünschte Kommissionsmitglieder nach Ablauf ihrer Amtszeit nicht wiederzuernennen[4]. Die Wahrnehmung dieser Möglichkeiten durch den Präsidenten wird geradezu als ein „act of policy" angesehen[5]. Das gilt um so mehr, als er nicht nur die Mitglieder der commissions, sondern auch deren jeweili-

---

[1] Art. II, § 2, Abs. 2 der Bundesverfassung bestimmt, daß der Präsident „shall nominate, and by and with the advice and consent of the Senate, shall appoint ... all other officers of the United States, whose appointments are not herein otherwise provided for, and which shall be established by law."

[2] Zu Fragen der Ernennung von Kommissionsmitgliedern siehe *Cushman*, S. 461, 462, 682—685 und *Bernstein*, S. 109, 112.

[3] Wie z. B. in der Vergangenheit mit dem New Deal Roosevelts.

[4] *Doyle* schlägt vor, diese Möglichkeit der Beeinflussung zu beseitigen und die Ernennungsbefugnis einem neutralen Regierungsorgan oder dem Supreme Court zu übertragen (a.a.O., S. 35, 36). Vgl. auch *Bernstein*, S. 109.

[5] *Herring*, Federal Commissioners — A Study of their Careers and Qualifications, S. 77 (zitiert nach *Doyle*, S. 36).

gen Vorsitzenden ernennt[6]. Bis 1948 wurden die chairmen von fünf Kommissionen durch den Präsidenten ernannt und von weiteren vier durch deren Mitglieder gewählt oder turnusmäßig bestimmt. Dann wurde die Ernennung dem Vorschlag der Forschungsgruppe des ersten Hoover-Ausschusses entsprechend durch eine aufgrund des Reorganization Act von 1949 ergangene Reorganization-Order einheitlich im Sinne des Ernennungsrechts des Präsidenten geregelt[7], um dessen Vorstellungen von einer nationalen Wirtschaftspolitik bei den Kommissionen eine stärkere Resonanz zu verschaffen, ohne ihre Entscheidungen jedoch unmittelbar zu beeinflussen. Eine derartige Regelung wurde neuerdings von einem Unterausschuß des Repräsentantenhauses doch als eine bereits zu starke Beeinträchtigung der Unabhängigkeit der commissions abgelehnt und die Wahl der Vorsitzenden durch die Kommissionsmitglieder gefordert[8]. Dieser Vorschlag wurde bisher nicht verwirklicht.

Dem Einfluß des Präsidenten sind jedoch Grenzen gesetzt. So kann er nicht eine ganze Kommission aus Personen seines Vertrauens bilden[9], da die Amtszeiten der commissioners durchweg länger[10] als die des Präsidenten[11] laufen und so gestaffelt sind, daß nur eine Stelle pro Jahr vakant wird. Dieser Zweck der gestaffelten Amtszeiten wird allerdings nicht erreicht, wenn ein Präsident für weitere vier Jahre gewählt wird, vielfach auch dann nicht, wenn sein Nachfolger der gleichen politischen Partei angehört[12]. Die wohl wirksamste Kontrolle des dem Präsidenten zustehenden Ernennungsrechts liegt in der Mitwirkung des Senats, einem klaren Anwendungsfall des dem amerikanischen Regierungssystem eigentümlichen Prinzips der gegenseitigen Gewaltenkontrolle und der balance of powers. Der Senat muß einer vom Präsidenten verfügten Ernennung eines Beamten der in der Verfassung festgelegten Kategorie zugestimmt haben[13]. Er hat diese Zustimmung

---

[6] Eine Ausnahme gilt nur für die ICC.

[7] *Redford*, S. 311, 312.

[8] *Fesler*, S. 206. Vgl. Independent Regulatory Commissions, Report of Special Subcommittee on Legislative Oversight, House Committee on Interstate and Foreign Commerce, 85th Cong., 2nd sess., House Report No. 2711, 1959, S. 11, auszugsweise abgedruckt bei *Salomon*, S. 175, 179.

[9] *Redford*, S. 275 unten.

[10] Sie betragen durchschnittlich zwischen 5 und 7 Jahren, bei dem Federal Reserve Board sogar 14 Jahre.

[11] 4 Jahre (Art. II, § 1 der Verfassung).

[12] Zur Ausnutzung dieser Möglichkeiten: *Cole*, Presidential Influence on Administrative Agencies, 221 Annals 72, 74; *Fesler*, S. 193.

[13] Der Präsident soll die Ernennung nach Art. II, § 2, Abs. 2 „with the advice and consent of the Senate" vornehmen.

verschiedentlich verweigert[14]. Ja die Praxis war zeitweise so, daß der Präsident nur die Empfehlungen anderer ratifizierte und seinerseits einer Nominierung des Senats zustimmte[15]. Einen gewissen Einfluß kann der Kongreß auch über die gesetzliche Festlegung der Ernennungsvoraussetzungen ausüben. Problematisch wurde die Mitwirkung der Legislative im Hinblick auf das Entlassungsrecht des Präsidenten.

II. Das Entlassungsrecht des Präsidenten

Ein Recht des Präsidenten, Beamte zu entlassen, ist in der Verfassung im Gegensatz zum Ernennungsrecht nicht erwähnt. Das Problem und seine Lösungsmöglichkeiten waren bereits in der ersten Sitzungsperiode des Kongresses nach Inkrafttreten der Verfassung Gegenstand eingehender Erörterungen[16]. Ausgangspunkt der Debatte war eine Gesetzesvorlage, welche die Schaffung eines Außenministeriums vorsah, dessen Leiter „was to be removable from office by the President of the U. S.“. Bei der Beratung der Bill war umstritten, ob allein der Präsident, der Kongreß oder nur beide zusammen zur Entlassung höherer Beamter befugt seien. Es wurden vier Auffassungen vertreten:

1. Die Entlassung ist Teil der dem Präsidenten durch die Verfassung eingeräumten executive power und obliegt ihm folglich allein.
2. Das Entlassungsrecht ist ein Bestandteil des Ernennungsrechts. Es kann, wie dieses, nur im Einvernehmen mit dem Senat ausgeübt werden.
3. Die einzige Möglichkeit einer Entlassung bildet das sogen. „Impeachment“, d. h. die Amtsenthebung durch den Senat nach Erhebung der Anklage gegen den Beamten durch das Repräsentantenhaus aufgrund der in der Verfassung angeführten schweren Delikte.
4. Da die Verfassung das Entlassungsrecht nicht erwähnt, ist es im Zweifel dem Kongreß zur Regelung überlassen und fällt in dessen Befugnis, die für die Ausübung der Staatsgewalt notwendigen Gesetze zu geben[17].

Madison hatte sich bei den Beratungen für die Lösung Nr. 1 ausgesprochen. Die Mehrheit im Kongreß einigte sich jedoch auf eine Ände-

---

[14] Der eklatanteste Fall dieser Art war die Ablehnung von Leland Olds als Federal Power Commissioner.

[15] *Stoke*, Presidential Coordination of Policy, 221 Annals 101, 102. Eingehend zur Praxis des Senats auch *Harris*, The Advice and Consent of the Senate, 1953, S. 267—279.

[16] Sogen. Legislative Decision von 1789.

[17] Siehe *Harris*, a.a.O., S. 30—33. *White*, S. 20—21. *Corwin*, The President, Office and Powers, S. 103—104.

rung der Gesetzesvorlage, die wiederum mehrere Deutungen offenließ[18]. Die Gerichte billigten in der Folgezeit dem Präsidenten ein Entlassungsrecht ohne Mitwirkung des Senats zu, werteten diese alleinige Entlassungsbefugnis aber im Gegensatz zu Madison als Ausfluß des Rechts der Ernennung[19], die der Präsident ebenfalls allein vornehme, während der Senat nur seine Zustimmung gebe[20]. Offen blieb die Frage, ob das Entlassungsrecht durch den Kongreß beschränkt werden konnte und inwieweit hierfür eine Klassifizierung in superior[21] und inferior[22] officers ausschlaggebend war.

Im Falle Myers v. United States[23] (1926) hat der oberste Gerichtshof dann die Möglichkeit einer Beschränkung des präsidentiellen Entlassungsrechts durch den Kongreß für beide Arten von Exekutivbeamten verneint. Dieser Rechtsstreit hatte den Anspruch auf Nachzahlung des Gehalts eines vor Ablauf seiner Dienstzeit vom Präsidenten ohne Zustimmung des Senats entlassenen Postbeamten[24] zum Gegenstand. Der Supreme Court wies die Klage ab und stellte die Rechtmäßigkeit der Entlassung fest, obwohl ein Gesetz die Zustimmung des Senats sowohl für die Ernennung als auch für die Entlassung von Beamten dieser Rangstufe vorschrieb[25]. Zur Begründung führte das Gericht aus, daß das Recht des Präsidenten, Exekutivbeamte gleich welchen Ranges zu entlassen, vom Kongreß nicht durch Gesetz von der Zustimmung des Senats abhängig gemacht werden könne. Das konstitutionelle Erfordernis der Mitwirkung des Senats sei restriktiv auszulegen und auf die Ernennung zu beschränken, da das Prinzip der Gewaltenteilung eine Trennung von Exekutive und Legislative in allen Fällen erfordere, in denen die Verfassung eine Gewaltenverbindung nicht ausdrücklich zulasse. Das Entlassungsrecht sei Bestandteil der dem Präsidenten durch Artikel II, § 2 der Verfassung eingeräumten umfassenden Exekutivbefugnis einschließlich des Ernennungsrechts und könne auch auf den ihm in Artikel II, § 3 (a. E.) erteilten Auftrag gestützt werden, dafür zu

---

[18] „whenever the said principal officer shall be removed from office by the President of the U.S."

[19] Vgl. hierzu eingehend *Corwin*, Tenure of Office and the Removal Power under the Constitution, 27 Columbia Law Review 353, 389 (1927).

[20] Siehe *Doyle*, S. 19, 20.

[21] unbeschränkbar.

[22] beschränkbar (wohl im Hinblick auf Art. II, § 2, Abs. 2, Satz 2 der Bundesverfassung). Vgl. *Doyle*, S. 20.

[23] 272 U.S. 52; 47 S. Ct. 21 (1926).

[24] Es handelte sich um einen first class postmaster.

[25] „Postmasters of the first, second and third classes shall be appointed and may be removed by the President with the advice and consent of the Senate and shall hold their offices for four years unless sooner removed or suspended according to law." (19 Stat. 80, 91)

sorgen, „that the laws be faithfully executed". Ein Entlassungsrecht, das sich aus diesen Bestimmungen der Verfassung selbst ableiten lasse, dürfe vom Kongreß nicht — auch nicht unter Berufung auf seine allgemeine Gesetzgebungsbefugnis nach Art. I, § 8 — eingeschränkt werden. Der Präsident könne daher jeden mit Zustimmung des Senats ernannten Beamten der Exekutive nach freiem Ermessen entlassen[26].

Wegen des in dieser Entscheidung enthaltenen Hinweises darauf, daß die konstitutionelle Verpflichtung des Präsidenten, „für die treue Erfüllung bzw. Durchführung der Gesetze zu sorgen", unter Umständen auch die Entlassung eines mit quasijudiziellen Funktionen im Bereich der Verwaltung ausgestatteten Beamten rechtfertige[27], blieb in der Folgezeit umstritten, ob sich das auf die Exekutivbestimmungen der Verfassung gestützte Entlassungsrecht nur auf reine Exekutivorgane oder auch auf Beamte mit quasirichterlichen und quasilegislativen, also ihrer Natur nach nicht in den Bereich der Exekutive gehörenden Befugnissen erstrecke[28]. Eine nur teilweise Klärung dieser Zweifelsfragen brachte das Urteil im Prozeß Rathbun (Humphrey's Executor) v. United States[29]. William Humphrey[30] war im Jahre 1931 von Präsident Hoover mit Zustimmung des Senats für einen Zeitraum von 7 Jahren zum Mitglied der Federal Trade Commission (FTC) ernannt worden. Präsident Roosevelt forderte Humphrey jedoch schon bald nach seinem Amtsantritt mit dem Hinweis auf beiderseitige Meinungsverschiedenheiten über die im Kompetenzbereich der FTC zu treffenden Verwaltungsmaßnahmen wiederholt, aber erfolglos zum Rücktritt auf[31] und teilte ihm schließlich 1933 seine sofortige Entlassung mit[32]. Humphrey betrachtete sich trotz dieses Schreibens nach wie vor als Mitglied der Kommission mit allen Pflichten und Rechten und klagte auf Weiterzahlung seines Gehalts. Der Federal Trade Commission Act sieht vor, daß die Mitglieder der FTC für eine bestimmte Amtszeit ernannt und vor deren Ablauf nur wegen Unfähigkeit, Pflichtversäumnis und

[26] Vgl. zu diesem Urteil die eingehenden, teilweise abweichenden Ausführungen von *Corwin* in 27 Col. L. Rev. 358, 359 und passim sowie *Corwin*, The President, Office and Powers, S. 103—107. Siehe auch *Doyle*, S. 22, 23.

[27] 272 U.S. 135; 47 S. Ct. 31 („on the ground that the discretion entrusted to that officer by statute has not been on the whole intelligently or wisely executed").

[28] *Doyle*, S. 23—25. 272 U.S. 163, 164. *McBain*, 41 Pol.Sci.Quart. 596, 602, 603.

[29] 295 U.S. 602; 55 S. Ct. 869 (1935).

[30] Nach dessen Tode führte sein Testamentsvollstrecker Rathbun den Prozeß fort.

[31] „You will, I know, realize that I do not feel that your mind and my mind go along together on either the policies or the administering of the Federal Trade Commission, and, frankly, I think it is best for the people of this country that I should have a full confidence", (siehe 55 S. Ct. 870).

[32] „Effective as of this date you are hereby removed from the office of Commissioner of the Federal Trade Commission."

Dienstvergehen vom Präsidenten entlassen werden können[33]. Der Oberste Gerichtshof hielt die Entlassung für rechtswidrig und gab der Klage statt. Er begründete diese Entscheidung damit, daß es die Absicht des Gesetzgebers gewesen sei, die Befugnis des Präsidenten, ein Mitglied der FTC zu entlassen, auf die oben genannten, in Abschnitt 1 des FTC-Act festgelegten Gründe zu beschränken, um ein kontinuierliches, nicht von der jederzeitigen Entlassungsmöglichkeit durch einen in Sachfragen anders denkenden Präsidenten beeinträchtigtes Arbeiten der Kommissionsmitglieder zu ermöglichen und deren Entscheidungen von jedem Einfluß der Exekutive frei zu halten[34]. Die Beschränkung des Entlassungsrechts des Präsidenten durch den Kongreß verstoße in diesen Fällen auch nicht gegen die Verfassung[35]. Die FTC habe im wesentlichen quasijudizielle und quasilegislative Funktionen. Diese dürften durch den Präsidenten oder die Ministerien als Vertreter der ausführenden Gewalt grundsätzlich weder direkt noch indirekt kontrolliert oder beeinflußt werden. Soweit die FTC selbst Exekutivfunktionen ausübe, geschehe dies nur in Erfüllung ihrer quasijudiziellen und quasilegislativen Pflichten, ändere daher nichts am Erfordernis ihrer Unabhängigkeit. Lediglich die Entlassung ausschließlich mit Exekutivbefugnissen ausgestatteter und daher der Aufsicht und Weisung des Chefs der Exekutive vorbehaltslos unterworfener Beamter, wie des Postmeisters im Falle Myers, könne durch den Kongreß nicht beschränkt werden. Dagegen sei der Kongreß ermächtigt, quasirichterliche und quasigesetzgeberische von der Exekutive unabhängige Behörden zu schaffen. Diese Ermächtigung beinhalte auch das Recht, die Amtszeiten der Bediensteten dieser Behörden festzulegen und deren vorzeitige Entfernung aus dem Amt auf bestimmte Fälle zu beschränken[36]. Ob die Befugnis des Präsidenten, einen Beamten aus welchen Gründen auch immer zu entlassen, oder die Befugnis des Kongresses, dieses Entlassungsrecht in der oben angegebenen Weise gesetzlich einzuschränken, den Vorrang habe, richte sich nach der Art des in Frage stehenden Amtes. Soweit zwischen dem auf reine Exekutivorgane begrenzten Myers Case und dem vorliegenden Urteil im Falle Humphrey Raum für Zweifelsfragen sei, müßten diese einer zukünftigen Entscheidung im Einzelfalle vorbehalten bleiben[37].

---

[33] „Any Commissioner may be removed by the President for inefficiency, neglect of duty, or malfeasance in office." Der Präsident hatte die Entlassung auf keinen dieser Gründe gestützt.

[34] 55 S. Ct. 872, 873, insbes. 873 linke Spalte.

[35] So schon *Corwin*, 27 Col. L. Rev. 391, 392, 394, 395.

[36] 55 S. Ct. 874; vgl. *Corwin*, The President, S. 109—112, 114: „1) as to agents of his own powers, the President's removal power is illimitable; 2) as to agents of Congress's constitutional powers, Congress may confine it to removal for cause ...".

[37] 55 S. Ct. 875. *Doyle*, S. 25—27.

Es ist unbefriedigend, daß der Supreme Court am Grundsatz der Gewaltenteilung partiell u. zw. insoweit festhält, als er einen unbeschränkten Einfluß der Exekutivorgane, insbes. des Präsidenten auf vorwiegend mit quasijudiziellen und quasilegislativen Aufgaben befaßte Behörden als verfassungswidrig ablehnt, während der gleiche Grundsatz die Ausübung mehrerer Gewalten durch ein und dieselbe Kommission nach Auffassung des Gerichts offenbar nicht verbietet. Geht man von der Zulässigkeit dieser Gewaltenverbindung innerhalb der independent commissions aus (s. unten), so läßt das Urteil nach wie vor die Frage offen, wie weit die Entlassungsbefugnis des Präsidenten bei Behörden geht, die im Gegensatz zur FTC nicht nur untergeordnete, sondern gleichrangige, wichtige Exekutivfunktionen neben ihren quasijudiziellen und quasilegislativen Aufgaben haben[38]. Vergegenwärtigt man sich die oben erörterten für die Unabhängigkeit der Kommissionen sprechenden Gründe, so ist ein in der Einschränkung des Entlassungsrechts bestehender Schutz dieser Unabhängigkeit auch in solchen Fällen gerechtfertigt. Andernfalls würde die Ausübung der nicht exekutiven Befugnisse entscheidend beeinträchtigt[39]. Überwiegende Exekutivfunktionen rechtfertigen dagegen, dem Präsidenten ein unbeschränkbares Entlassungsrecht zuzubilligen. Hätten alle nicht ausschließlich exekutiv tätigen Behörden aufgrund einzelner quasijudizieller oder quasilegislativer Funktionen einen unabhängigen Status, so käme dies einer völligen Aushöhlung des dem Präsidenten gegenüber der Exekutive zustehenden Kontroll- und Weisungsrechtes gleich[40]. Diese Auffassung wird durch eine spätere Gerichtsentscheidung bestätigt, die dem Präsidenten das Recht einräumte, ein Mitglied der nach den Ausführungen des Urteils überwiegend mit Exekutivaufgaben betrauten Tennessee Valley Behörde vor Ablauf der festgesetzten Amtszeit aus einem anderen als dem im Gesetz vorgesehenen Grunde zu entlassen[41].

Stützt der Präsident die Entlassung eines Kommissionsmitgliedes auf Unfähigkeit, Pflichtversäumnis oder Dienstvergehen[42], so erfordert der

---

[38] Zu den vielen von dem Urteil nicht beseitigten Unklarheiten, insbes. im Hinblick darauf, ob Organisation oder Funktion der Behörde für die Beschränkbarkeit des Entlassungsrechts ausschlaggebender sei, vgl. *Hyneman*, Bureaucracy in a Democracy, S. 293—295.

[39] *Denovan* und *Irvine*, The President's Power to Remove Members of Administrative Agencies, 21 Cornell Law Quarterly 215, 224 (1936).

[40] *Cushman*, S. 458. Ähnlich *Herring*, Public Administration and the Public Interest, S. 223—224. Vgl. auch *Parker*, S. 91.

[41] Morgan v. Tennessee Valley Authority, 115 F. 2 d 990, 992, 994 (6th Cir. 1940), Cert. denied, 312 U.S. 701; 61 S. Ct. 806 (1941). Kritisch zu diesem Fall: Arthur *Larson*, Has the President an Inherent Power of Removal of his Non-executive Appointees? 16 Tennessee Law Review 259, 275—279 (1940). Vgl. auch *Parker*, The Removal Power of the President, 36 Indiana Law Journal 63, 70, 72 (1960).

Grundsatz von „due process of law", dies dem Commissioner ordnungsgemäß mitzuteilen und ihn hierzu in einem entsprechenden Termin zu hören[43]. Liegt die Entlassung wie bei reinen Exekutivorganen dagegen im freien Ermessen des Präsidenten, so wird dies Verfahren nicht für erforderlich gehalten[44].

Die Entscheidung im Falle Humphrey läßt auch die Frage offen, wie weit das Entlassungsrecht des Präsidenten und das Recht des Kongresses, es einzuschränken, bei Mitgliedern der (im Zeitraum zwischen dem Myers- und dem Humphrey-Urteil) geschaffenen Kommissionen reicht, die zwar neben ihren exekutiven auch quasilegislative und quasijudizielle Funktionen wahrnehmen, für deren Mitglieder das Gesetz aber keine Beschränkung der Entlassung auf bestimmte Gründe, sondern lediglich bestimmte Amtszeiten vorgeschrieben hat[45].

Das Fehlen gesetzlicher Entlassungsgründe kann dahin gedeutet werden, daß der Präsident freie Hand haben und Kommissionsmitglieder nicht nur aus einigen bestimmten Gründen X, Y, Z[46], sondern auch aus anderen Gründen entlassen können sollte. Rechtsgrundlage hierfür bleibt die dem Präsidenten eingeräumte umfassende Exekutivbefugnis des Artikels II der Verfassung. Das Schweigen des Gesetzgebers läßt jedoch auch den Schluß zu, daß der Kongreß dem Präsidenten das Entlassungsrecht hier gänzlich nehmen und ihm weder eine Berufung auf die Gründe X, Y oder Z noch auf andere Gründe zugestehen wollte. Selbst wenn man einen so weitgehenden Eingriff in die Rechte des Präsidenten für zulässig hält[47], hätte es hierzu einer klaren, gesetzlichen Regelung bedurft. Aus der Festlegung der Amtszeiten allein läßt sich jedoch die Absicht des Kongresses, eine vom Präsidenten auf andere Gründe gestützte Entlassung solcher Kommissionsmitglieder vor

---

[42] Auf diese Gründe ist die Entlassungsbefugnis in den Gesetzen über die FTC, ICC, NLRB (außer inefficiency), CAB und AEC beschränkt.

[43] Wie weit eine gerichtliche Nachprüfung — und sei es auch nur auf dem Umweg einer Entscheidung über die Klage auf Weiterzahlung des Gehalts entlassener Kommissionsmitglieder —, angesichts der Tatsache möglich ist, daß diese begrifflich nicht näher umschriebenen und durch Beispiele nicht erläuterten Entlassungsgründe dem Präsidenten bei seiner Entscheidung einen verhältnismäßig weiten Bewertungsspielraum lassen, ist zweifelhaft, braucht hier jedoch nicht näher erörtert zu werden. Siehe dazu *Doyle*, S. 30, 31 und *Jaffee - Nathanson*, S. 171.

[44] *Cushman*, S. 466.

[45] Es handelt sich hierbei um die FPC (1930), die SEC (1934) und die FCC (1934). Der Fall Myers wurde, wie bereits erwähnt, 1926, der Fall Humphrey 1935 entschieden.

[46] z. B. wie oben Unfähigkeit, Pflichtversäumnis oder Dienstvergehen.

[47] Siehe hierzu *Cushman*, S. 460.

Ablauf ihrer Amtszeit völlig unmöglich zu machen, nicht folgern[48]. Inwieweit die Amtszeiten der Commissioners in Verbindung mit den ihnen zur selbständigen Erledigung übertragenen Aufgaben ein ausreichendes Indiz für diese Absicht des Kongresses darstellen, kann nur eine eingehende Prüfung und Abwägung der exekutiven gegenüber den quasilegislativen und quasirichterlichen Funktionen solcher Kommissionen ergeben. Ausgangsbasis dieser ganzen Argumentation ist, daß das Entlassungsrecht des Präsidenten sich sowohl auf reine Exekutivorgane — insoweit unantastbar — als grundsätzlich auch auf die Mitglieder der Kommissionen erstreckt, im Hinblick auf die es aber vom Kongreß eingeschränkt werden kann. Diese Einschränkung bedarf jedoch einer klaren gesetzlichen Regelung, deren Fehlen im Zweifel das Entlassungsrecht des Präsidenten in vollem Umfang bestehen läßt. Man hat aber auch die Auffassung vertreten, daß das Entlassungsrecht des Präsidenten nur für reine Exekutivbeamte gelte, dagegen a priori nicht die Kommissionen umfasse[49]. Es könne, weil soweit nicht reichend, auch nicht eingeschränkt, sondern dem Präsidenten allenfalls vom Kongreß durch Gesetz zusätzlich verliehen werden. Ohne eine solche ausdrückliche[50] Regelung kann es nach dieser Auffassung nur bei dem ursprünglichen Rechtszustand bleiben, nämlich dem Fehlen jeglichen Rechts des Präsidenten, Mitglieder solcher Kommissionen aus welchen Gründen auch immer zu entlassen. Diese von Larson a.a.O. vertretene Ansicht steht, soweit es sich um Behörden mit gemischten Funktionen handelt, im Widerspruch zu den Ausführungen des Supreme Court im Humphrey-Urteil, der von der Beschränkung des Entlassungsrechts ausgeht und prüft, ob sie vom Kongreß gewollt und ob sie verfassungskonform ist. Allerdings ist der Supreme Court bei der Prüfung des dem Präsidenten etwa zustehenden Rechts der Entlassung von Mitgliedern einer ausschließlich mit quasirichterlichen Aufgaben betrauten Behörde der Ansicht Larsons gefolgt. Es handelte sich dabei um die War Claims Commission, die über die Ansprüche bestimmter Gruppen von Kriegsgeschädigten zu entscheiden hatte und sich aus drei vom Präsidenten ernannten Mitgliedern zusammensetzte. Die Entlassung war gesetzlich nicht geregelt. Die Behörde sollte jedoch nach Erreichung des für ihre

---

[48] So *Cushman*, S. 463, 464; Doyle, S. 32—35; Redford, S. 277. Unklar *Donovan* und *Irvine*, a.a.O., S. 241, Anm. 106 (B) und S. 242, Anm. 107, S. 1 u. letzter Absatz. Ablehnend *Larson*, a.a.O., S. 283—285, 287. Auch vorher wurde die Festsetzung einer Amtszeit nicht als ein Hinderungsgrund für vorzeitige Entlassung angesehen (vgl. Howard Lee *McBain*, Consequences of the President's Unlimited Power of Removal, 41 Political Science Quarterly 596, 597 (1926).

[49] *Larson*, a.a.O., S. 262—265. Das Recht der Entlassung bedeute gleichzeitig ein Recht auf Kontrolle. Eine Kontrolle der independent commissions verstoße aber gegen die Gewaltenteilung.

[50] *Larson*, a.a.O., S. 274.

Errichtung ausschlaggebenden Zwecks, nämlich der Abwicklung der Entschädigungsansprüche, aufgelöst werden. Das geschah auch. Der oberste Gerichtshof bezeichnete diese Kommission als „adjudicating body“, dessen Entscheidungen vom Präsidenten nicht beeinflußt und dessen Mitglieder von ihm nicht entlassen werden könnten, da weder die Verfassung noch der Gesetzgeber durch eine entsprechende ausdrückliche Regelung dem Staatsoberhaupt ein solches Recht eingeräumt habe[51]. Diese Entscheidung dürfte wegen der spezifischen organisatorischen Merkmale der genannten Behörde einen Sonderfall[52] darstellen, bei dessen Beurteilung sich das Gericht wegen der ausschließlich quasijudiziellen Aufgaben auf eine analoge Heranziehung des Prinzips der richterlichen Unabsetzbarkeit stützen konnte. Eine Anwendung dieser Entscheidung auf die oben bezeichneten Kommissionen mit gemischten Funktionen ohne gesetzlich geregelte Entlassungsgründe ist daher zu verneinen. Auch eine Ausdehnung der Wiener Entscheidung dahingehend, daß jeder Beamte ohne gesetzlich festgelegte Dienstzeit aufgrund der von ihm bzw. seiner Behörde wahrgenommenen quasijudiziellen Funktionen zu einem vom Präsidenten nicht mehr entfernbaren Bediensteten auf Lebenszeit (life time tenure) wird, erscheint zweifelhaft[53].

III. Andere Einwirkungsmöglichkeiten

Der Präsident hat, wie bereits erwähnt, grundsätzlich nicht das Recht, den Kommissionen Weisungen zu erteilen. In besonderen Fällen kann ihm jedoch der Kongreß ein solches Recht einräumen[54]. Er kann die Wirksamkeit regulierender Maßnahmen auch von Zustimmung, Abänderung oder Veto des Präsidenten abhängig machen[55]. Nur die

---

[51] Wiener v. United States, 357 U.S. 349; 78 S. Ct. 1275, 1279.

[52] a. M.: *Fesler*, S. 204, 205.

[53] Verneinend *Parker*, The Removal Power of the President and Independent Administrative Agencies, 36 Indiana Law Journal 63, 67 (1960), mit der Begründung, daß die quasijudiziellen Befugnisse vom Kongreß auch einem dem Entlassungsrecht des Präsidenten unstreitig unterliegenden Ministerialbeamten hätten übertragen werden können, ein Schutz des Bediensteten gegenüber solchen organisationsrechtlichen Entscheidungen des Gesetzgebers aber nicht anzuerkennen sei.

[54] Vgl. die Beispiele bei *Jaffe - Nathanson*, S. 179. Redford schlägt vor, diese schriftlichen auf gesetzlicher Ermächtigung beruhenden Direktiven im Interesse einer größeren Vereinheitlichung der Wirtschaftsregulierung zu einem regulären Instrument des Präsidenten gegenüber den Kommissionen zu machen (S. 317—320).

[55] *Gellhorn - Byse*, S. 165—167. *Redford*, S. 278. *Hyneman* befürwortet aufgrund der schon vorliegenden gesetzlichen Präzedenzfälle, diese Interventionsrechte des Präsidenten zu erweitern, falls die vorangehenden Beratungen (conferences) kein freiwilliges Einschwenken der Kommissionen auf den Kurs des Präsidenten ergeben haben sollten (Bureaucracy in a Democracy, S. 315—319).

Weigerung, einer solchen vom Kongreß gesetzlich statuierten Weisung oder Intervention Folge zu leisten, könnte den Präsidenten berechtigen, ein Kommissionsmitglied wegen Pflichtversäumnis zu entlassen[56]. Eine indirekte Einflußmöglichkeit hat der Präsident insofern, als die auf Bewilligung von Etatmitteln gerichteten Anträge der Kommissionen das ihm unterstehende Bureau of the Budget durchlaufen müssen, wo sie im Zusammenhang mit der Verwaltungspraxis der jeweiligen Kommission in der gleichen Weise wie die entsprechenden Anträge der Ministerien geprüft werden[57]. Der Präsident kann weiterhin die Kommissionen auffordern, ihm regelmäßig Bericht zu erstatten[58], bei Mißständen ihrerseits Untersuchungen anzustellen und Verbesserungsvorschläge zu machen, oder er kann selbst Untersuchungsausschüsse einsetzen[59]. Durch diese Möglichkeiten der Beeinflussung wird jedoch das Kernstück der Unabhängigkeit der independent commissions, nämlich die selbständige, von Einzelfällen abgesehen an keine Weisungen des Weißen Hauses gebundene Entscheidungsbefugnis[60] nicht berührt.

IV. Versuche einer Reform des Verhältnisses zwischen Kommissionen und Exekutive

Die Kehrseite der Unabhängigkeit der Kommissionen besteht in einer Schwächung der zentralen Exekutivgewalt, aus deren Bereich die wichtigen Wirtschaftsregulierungskompetenzen ausgeklammert sind und in der Isolierung der Kommissionen. Ihnen fehlt die Unterstützung durch den Präsidenten, die vielfach für erforderlich gehalten wird, um

---

[56] *Cushman*, S. 685—687. *Redford*, S. 278. Viele Präsidenten versuchten dagegen, den Kommissionen Weisungen auch ohne gesetzliche Ermächtigung zu erteilen und Kommissionsmitglieder zu entlassen, ohne die gesetzlich vorgesehenen Gründe dafür zu haben. Vgl. die Beispiele bei *Cushman*, S. 681, 682, 685, 686, *Herring*, S. 222, 223 und *Bernstein*, S. 110, 111, 132. Über sonstige Beziehungen zwischen verschiedenen Präsidenten und Kommissionen berichtet *Redford*, S. 279—282. — Über die Möglichkeit des gesetzlich nicht vorgesehenen Erlasses von „executive orders of general application", welche „relate to a multitude of matters which affect the general efficiency of the government", siehe *Cushman*, S. 465.

[57] *Bernstein*, S. 131.

[58] *Corwin*, S. 120.

[59] Beispiele hierfür sind: National Power Survey, National Rate Survey, Special Board of Inquiry on Air Safety (1947) und Air Policy Committee (1947). Vgl. *Redford*, S. 278.

[60] Vgl. *White*, Introduction to the Study of Public Administration, S. 104: „... the decisions of the independent regulatory commissions are final as far as the Chief Executive is concerned. Decisions are not submitted to the White House, they are not discussed with the White House, they are not subject to review or to veto or to suspension by the President. Immediately upon action by the commission they are complete acts of a competent authority in full force and vigor."

gemeinsame Planungen und Richtlinien zu entwickeln, die Tätigkeiten der abhängigen und nicht abhängigen Behörden zu koordinieren sowie dem Druck der kontrollierten Wirtschaftsgruppen standzuhalten[61]. Der Präsident als Chef der Exekutive und seiner Partei ist nach dieser Auffassung eher in der Lage, übergeordnete, dem Gemeinwohl dienende policies festzulegen. Diese Funktion wird darüber hinaus als eine Komponente des ihm zustehenden Rechts angesehen, innenpolitische Entscheidungen zu treffen. Nach anderen sollen die Prinzipien der Subordination und der Einmann-Verwaltungsspitze allgemein die wirksamste Ausübung administrativer Befugnisse mit den Vorteilen zentralisierter Kontrolle, eines genau fixierbaren Verantwortungsbereichs sowie größerer Schnelligkeit und Sparsamkeit der Verwaltung gewährleisten[62]. Gewisse Reformbestrebungen[63] bezwecken daher, eine engere Bindung der Kommissionen an den Präsidenten herbeizuführen, einige ihrer Funktionen den Ministerien zu übertragen oder sie gänzlich in diese einzugliedern[64]. Schon 1937 schlug das President's Committee on

---

[61] Siehe *Bernstein*, S. 147, 154—158. „The theory of the commission assumes that the public interest can be discovered best in an office detached from the executive branch. Independence from the political strength and support of the president provides for maximum exposure of a regulatory commission to the most effectively organized parties in interest. Cut off from continuing presidential support and forced to reach a working agreement with the regulated parties, a commission develops a passive outlook with respect to the nature of the public interest. It gradually permits the private parties to define the public interest for it, and its own search gives way to indolence and passivity" (S. 157). Ebenso *Morstein-Marx*, S. 104, 105: „Die Loslösung von der programmatischen Initiative des Exekutivhauptes, ursprünglich als Grundlage für ein sachliches Eingehen auf die Probleme der Wirtschaft gedacht, kommt hier einer Abdrosselung der Durchschlagskraft gleich. Die großen Gebiete der Wirtschaftsregelung, soweit ihre Verwaltung in der Form der unabhängigen Kommission organisiert ist, fallen so aus dem Rahmen der programmatischen Planung in der Exekutive hinaus. Sie stellen Gehege der funktionellen Selbstgenügsamkeit dar. Vgl. auch *Rogers*, The Independent Regulatory Commissions, 52 Political Science Quarterly 1, 3 (1937). *Stene*, Legislative Considerations in Organizing Regulatory Agencies, 221 Annals 49, 53. *Pfiffner - Presthus*, Public Administration, New York, 3. Aufl. 1953, S. 480—483 (Auszüge bei *Salomon*, S. 165—167). *Fraenkel*, S. 271—275. *König*, *Lewis* und *Jaffe*, alle bei *Salomon*, S. 50—51, 152—153, 161. *Davis*, Treatise, § 1.03, S. 18, 19. *Cole*, Presidential Influence on Independent Agencies, 221 Annals 76. *Doyle*, S. 58. *Redford*, S. 286—289.

[62] *Doyle*, S. 43, 44, der in dem „Independence and Board Control" überschriebenen 3. Kapitel seines Buches über die unabhängigen Kommissionen nachzuweisen versucht, daß die diesen zugeschriebenen Vorzüge besser durch abhängige, der Exekutive eingegliederte Behörden verwirklicht würden. Vgl. dagegen *Benson*, 221 Annals 64, 71.

[63] Vgl. zur Geschichte der Reformvorschläge auch Anthony F. *Arpaia*, The Independent Agency, a Necessary Instrument of Democratic Government, 69 Harvard Law Review 483, 488—490.

[64] Wohl am weitesten in dieser Richtung geht *Gaus*, der die Errichtung unabhängiger Kommissionen ablehnt und die Eingliederung aller Behörden in die Exekutive, sei es als Abteilung eines Ministeriums, sei es als dessen

Administrative Management[65] vor, die administrativen und quasilegislativen Aufgaben der independent commissions durch eine dem Minister und damit dem Präsidenten unterstehende Ministerialabteilung wahrnehmen zu lassen, während eine quasijudizielle Abteilung unabhängig sein und dem Ministerium nur unter haushaltsrechtlichen Gesichtspunkten angehören sollte[66]. Diese Vorschläge beruhten weitgehend auf einer eingehenden Untersuchung Cushmans[67]. Sie wurden jedoch überwiegend abgelehnt. So stellte der dem Kongreß noch im gleichen Jahr vorgelegte Bericht der Brookings-Institution eine so enge Verknüpfung der den unabhängigen Behörden übertragenen Funktionen fest, daß eine Trennung in einen administrativen und einen quasijudiziellen Sektor nicht durchführbar sei[68]. Auch der Verwaltungsverfahrensausschuß des Justizministeriums betonte, daß die Kommissionen „interrelated powers“ ausübten und daß ihre Entscheidungsbefugnisse ein integrierender Bestandteil des administrative process seien, deren Abspaltung zu Reibungen zwischen den einzelnen Abteilungen, zu einer unübersichtlichen Verteilung der Verantwortung und zu einem Anwachsen der Verfahren führen müsse[69]. Ein anderes Argument gegen eine Unterordnung der Kommissionen unter die Exekutive besteht darin, daß der Kongreß die von der Verwaltung zu vollziehenden Gesetze schaffe, damit die von ihr zu befolgenden policies festlege[70] und daher auch zu deren Koordinierung am ehesten in der Lage sei. Die Regulierungsfunktionen hätten im wesentlichen quasilegislativen —

---

nachgeordnete Behörde oder in der Weise befürwortet, daß „agencies related to the same function were brought together in a major functional department“ (The Case for Integration of Administrative Agencies, 221 Annals 33—35). Als wirksame Instrumente zur Vereinheitlichung der Verwaltungsorganisation werden auch von *Redford* (S. 321) „unitary departments“, „holding company departments“ oder, wie im 2. Weltkrieg, „federal coordinators“ angesehen (für letztere auch *Herring*, S. 222—225).

[65] Nach einem seiner Mitglieder auch Brownlow-Committee genannt.

[66] Report of the President's Committee on Administrative Management, S. 39—42. Siehe *Redford*, S. 292. *White*, S. 107. Auszüge bei *Jaffe - Nathanson*, S. 174—175.

[67] Report with Special Studies, S. 203—243. Siehe darüber auch bei *Cushman*, Independent Regulatory Commissions, S. 709, 710 und *Pfiffner*, Public Administration, New York 1946, S. 462. Zustimmend White, S. 111, 112 und *Rogers*, The Independent Regulatory Commissions, 52 Political Science Quarterly 1, 3—5, 13, 14 (1937).

[68] Senate Report No. 1275, 75th Cong., 1st sess., Investigation of Executive Agencies of the Government (1937), S. 799—800, zitiert bei *Redford*, S. 296. Ebenso schon 1928 *Eastman*, The Place of the Independent Commission, 12 Constitutional Review 95, 101 (1928).

[69] Report of the Attorney General's Committee on Administrative Procedure, Final Report 1941, S. 57—59; siehe hierzu *Redford*, S. 297, 298 und *Cushman*, S. 711, 712.

[70] Vgl. *Corwin* bei Jaffe - Nathanson, S. 175 und *Gellhorn - Byse*, S. 164. *Landis*, S. 116.

weil das Verhalten der Regulierten durch Rechtssätze, Präzedenzentscheidungen oder Modellizenzen festlegenden — Charakter, die damit befaßten regulatory commissions seien also unmittelbar dem Kongreß verantwortlich und dürften von der Exekutive nicht kontrolliert werden[71]. Für eine grundsätzliche Beibehaltung der unabhängigen Behörden und ihrer Selbständigkeit gegenüber der Exekutive sprach sich die erste Hoover-Kommission[72] und ihr Forschungsausschuß[73] im Jahre 1949 aus. Eine Koordination der verschiedenen policies und Verwaltungstätigkeiten könne bereits durch eine Übertragung der wichtigsten administrativen Aufgaben auf die Kommissionsvorsitzenden[74] und deren Zusammenarbeit mit dem White House Office sowie durch Verbindungsausschüsse und Konsultationen erreicht werden[75]. Dagegen seien die vielfach von den Kommissionen durchgeführten Betriebsfunktionen (operating functions), etwa Bau und Betrieb von Handelsschiffen, Unterhaltung von Flugplätzen, mit den eigentlichen Aufgaben der Wirtschaftsregulierung unvereinbar und auf die Ministerien zu übertragen[76]. Die Hoover-Kommission unterbreitete eine Reihe detaillierter, hier nicht näher zu erörternder Vorschläge, die, abgesehen von wenigen Ausnahmen, wie der Ernennung der Kommissionsvorsitzenden durch den Präsidenten und der Auflösung der überwiegend mit Betriebsaufgaben befaßten U. S.-Maritime Commission, nicht verwirklicht wurden[77]. Die zweite Hoover-Kommission empfahl dagegen erneut die Abtrennung der quasijudiziellen Funktionen und ihre Übertragung auf einen Administrative Court[78]. Auf diesen Vorschlag wird später noch näher einzugehen sein.

---

[71] *Blachly - Oatman*, Federal Regulatory Action and Control, S. 170, 182.

[72] Commission on Organization of the Executive Branch of the Government, Regulatory Commissions, 1949.

[73] Task Force of the Commission, Regulatory Commissions, 1949.

[74] Kritisch hierzu *Hyneman*, S. 315—318.

[75] *Redford*, S. 311. *Jaffe - Nathanson*, S. 175, 176.

[76] So vor allem der Task Force Report, App. N., S. 30: „Ordinarily, we believe, such operating functions should be placed in the regular departments where they may be carried out under direct executive supervision and responsibility. This is more consistent with the structure of our Government and with the position of the President as Chief Executive." Ebenso *Hyneman*, S. 319.

[77] Siehe *Redford*, S. 309—310, 312.

[78] *Jaffe - Nathanson*, S. 177.

3. Kapitel

Das Verhältnis der unabhängigen Kommissionen zum Kongreß[1]

Der Einfluß des Kongresses auf die Kommissionen wurde bereits in Verbindung mit der Beschränkbarkeit des Entlassungsrechts des Präsidenten erwähnt. Die Versuche des Parlaments, dieses Recht des Staatsoberhauptes einzuschränken, die independent commissions mehr und mehr in den eigenen Einwirkungsbereich einzubeziehen und sich ihrer als Hilfsorgane („arms of Congress") zu bedienen, kennzeichnet die Überschneidung der Kompetenzen von Exekutive und Legislative auf dem Gebiet der Wirtschaftsregulierung und die Rivalität dieser beiden Gewalten bei der Kontrolle der Administration überhaupt. Dabei wurde die Erweiterung der Kontrollbefugnisse des Kongresses durch das traditionelle amerikanische Mißtrauen gegenüber einer zu starken Exekutivgewalt begünstigt, die man durch Gegengewichte auszubalancieren bestrebt war. Besonders während der beiden Weltkriege hatte sich das Gleichgewicht zugunsten des Präsidenten verschoben, während die Wiederanpassung an mehr oder minder friedliche Verhältnisse eine Neigung der Waagschale zugunsten des Kongresses bewirkte. Die Folge ist, daß wichtige, im Spannungsfeld des politischen Einflusses stehende Behörden, wie etwa der Bundespersonalausschuß oder die Bundesrechnungsbehörde Diener zweier Herren sind. Die Exekutivbehörden sind dabei einmal einer vertikalen — vom Präsidenten an der Spitze bis hinab zu den untersten Abteilungen der Behördenhierarchie verlaufenden — und einer horizontalen — durch Querverbindungen zum Kongreß gekennzeichneten — Kontrolle unterworfen. So entsteht zwischen dem Präsidenten und dem Kongreß einerseits sowie den Departments und sonstigen Behörden[2] andererseits ein System sich überschneidender Beziehungen, das in seiner Gesamtheit das Federal Establishment ausmacht[3]. Die Verfassung gewährt dem Kongreß eine Reihe

---

[1] Die Übertragung quasilegislativer und quasijudizieller Befugnisse wird hier ausgeklammert und in einem späteren Kapitel gesondert erörtert.

[2] Bei den unabhängigen Kommissionen kann man allerdings nur in beschränktem Maße von einer durch Ernennungs- und bedingte Entlassungsbefugnisse des Präsidenten gekennzeichneten vertikalen Kontrolle sprechen.

[3] Vgl. zum Ganzen *Bernstein*, S. 133 und *Herring*, Executive Legislative Responsibilities aus „The American Road from War to Peace: A Sym-

von Befugnissen, die ihm die Möglichkeit geben, auf die Exekutive einzuwirken und sie zu kontrollieren: Das Gesetzgebungsrecht (legislative power) einschließlich des Rechts der Bewilligung von Etatmitteln (appropriations power), die bereits erwähnte für Beamtenernennungen durch den Präsidenten erforderliche Zustimmung des Senats (Senate's power of confirmation of appointments) und die Möglichkeit der Staatsanklage (impeachment).

I. Wirtschaftsregulierende, organisationsrechtliche und haushaltsrechtliche Gesetzgebungsbefugnisse des Kongresses und ihre Auswirkungen auf Exekutive und independent commissions

Die Gesetzgebungsbefugnisse des Kongresses sind in 17 Klauseln der Bundesverfassung enthalten[4]. Davon ist die dritte Klausel, die sogen. commerce clause, für das Gebiet der Wirtschaftsregulierung von entscheidender Bedeutung.

1. Die commerce clause

Sie ermächtigt den Kongreß, „den Handel mit fremden Ländern, zwischen den einzelnen Bundesstaaten und mit den Indianerstämmen zu regeln"[5].

Der Begriff „Handel" im Sinne der genannten Bestimmung war ursprünglich auf den Austausch von Gütern im Wege des Kaufs oder Verkaufs (traffic) beschränkt. Er wurde durch die Rechtsprechung auf den zwischenstaatlichen Güterverkehr (intercourse)[6] und -transport zu Lande, zu Wasser und in der Luft, auf den Personenverkehr, auf die über die Grenzen eines Gliedstaates hinausgehende Übermittlung nicht körperlicher Güter, wie Dienstleistungen und Informationen ausgedehnt[7]. Schließlich wurde auch die Herstellung der Güter (manufactur-

---

posium", Kap. IV, in 38 American Political Science Review 1153, 1155, 1158, 1159 (1944). Herring tritt im Interesse einer besseren Koordination der Verwaltung für einen Abbau der horizontalen und für eine Verstärkung der vertikalen Kontrollen ein (a.a.O., S. 1164, 1165). Vgl. auch oben, Kap. 2, III und IV.

[4] Art. I, § 8, Klauseln 1—17.

[5] Art. I, § 8, Klausel 3: „The Congress shall have power ...... to regulate commerce with foreign nations, and among the several states and with the Indian tribes."

[6] Ausgangspunkt einer immer extensiveren Interpretation der 3. Klausel durch die Gerichte war die Entscheidung *Gibbons v. Odgen,* 9 Wheat. 1 (1824).

[7] Edward S. *Corwin,* Norman J. *Small,* and Lester S. *Jayson,* The Constitution of the United States of America, 6. Aufl. 1964, S. 152. *Corwin,* The Constitution, and what it means today, 11. Aufl. 1954, S. 31—32. *Burdick,* The Law of the Constitution, 1922, § 86.

ing) und die damit zusammenhängenden Arbeitsverhältnisse der Grundindustrien (Stahl) und ihrer, sei es auch auf regionaler Ebene arbeitenden Zulieferer (Elektrizität) in die commerce clause einbezogen. Es war damit nicht mehr nötig, „daß der betreffende Geschäftszweig interstaatlichen Handel treibt (engaged in interstate commerce), sondern bloß, daß die Tätigkeit der betreffenden Industrie einen Einfluß auf diesen Handel haben mag (to affect interstate commerce)“[8]. Die wichtigsten Wirtschaftsbereiche waren durch diese extensive Verfassungsinterpretation in die Zuständigkeit des Kongresses einbezogen worden. Sie umfaßt heute im wesentlichen folgende Gebiete:

> „Das Transportwesen betreffend die Eisenbahnen, den Binnen-, Küsten- und Überseeverkehr zu Wasser, der Verkehr mit Kraftfahrzeugen, das Flugwesen, die Überland-, Erdgas- und Ölleitungen, das Nachrichten- und Nachrichtenübermittlungswesen durch Post, Telegraf, Telefon, Kabel, Presse, Rundfunk, Fernsehen, die Kartelle und Trusts durch die Kartell(Antitrust)-Gesetzgebung seit den Neunziger Jahren, Bank- und Börsenwesen, das Gesamtgebiet des Verhältnisses zwischen Arbeitern und Unternehmern einschließlich der Befugnis, Mindestlöhne und Arbeitshöchstzeiten festzusetzen und die Gewerkschaftsbewegung, auf dem Gebiet der Landwirtschaft die Urerzeugung..., die Regelung des landwirtschaftlichen Marktverkehrs,... die Erhaltung und Verbesserung der nationalen Rohstoffquellen und des Bodens (soil conservation) wie des Petroleumvorkommens, die Waldbewirtschaftung, die Energiewirtschaft, das Bergwerkswesen, die öffentliche Gesundheitspflege und das... System der Sozialversicherung und Sozialpolitik...“[9].

Die Entwicklung ist also durch eine so weite Ausdehnung der commerce clause gekennzeichnet, daß die Tätigkeitsbereiche aller zu Anfang erwähnten unabhängigen Kommissionen einschließlich der friedlichen Verwendung der Atomenergie[10] vom Kongreß gesetzlich geregelt werden können. Diese Befugnis umfaßt nicht nur die Regelung der Ausübung der mit dem zwischenstaatlichen Handel zusammenhängenden Tätigkeiten, sondern auch deren Einschränkung oder Verbot[11].

---

[8] *Parker*, S. 22; *Loewenstein*, S. 235—237.

[9] Zitiert nach *Loewenstein*, S. 238. Siehe auch *Ehmke*, S. 115 ff.; Greza, S. 26, 29. *Corwin - Small - Jayson*, S. 157, 158. *Corwin*, The Constitution, and what it means today, S. 32—42.

[10] Hier ist aber trotz der Möglichkeit friedlicher Nutzung auch die „war-power“ der Verfassung zu beachten.

[11] *Corwin - Small - Jayson*, a.a.O., S. 157. *Corwin*, The Constitution, and what it means today, kennzeichnet den Begriff „Regelung“ des zwischenstaatlichen Handels wie folgt: „The power to regulate, is the power to govern, that is the power to restrain, to prohibit, to protect, to encourage, to promote, in the furtherance of any public purpose whatsoever, provided the constitutional rights of persons be not transgressed“ (S. 32).

Vielfach wird in der commerce clause primär eine Beschränkung der einzelstaatlichen Gesetzgebungsbefugnisse gesehen[12]. Soweit die Klausel dagegen als Grundlage für eine nationale, bundesstaatliche Regelung dienen sollte, wurde sie in Verbindung mit einer anderen Verfassungsbestimmung, nämlich der sogen. „necessary and proper clause" angewendet[13].

2. *Die necessary and proper clause*[14]

Diese Klausel steht am Ende des legislativen, in Art. I, § 8 enthaltenen Kompetenzkataloges. Sie ermächtigt den Kongreß zusammenfassend und ergänzend zur Schaffung der Gesetze, die zur Durchführung aller Befugnisse erforderlich und geeignet sind, welche

a) in den vorangehenden 17 Klauseln ausdrücklich aufgezählt werden (enumerated powers),

b) sich stillschweigend aus diesen ergeben (incidental powers)[15] oder

c) von der Verfassung der Regierung, einem Ministerium oder einem Beamten übertragen worden sind.

Aus dieser Verfassungsbestimmung läßt sich das Recht des Kongresses ableiten, für die genannten Bereiche Behörden zu errichten, aufzulösen, sie in ihrer organisatorischen Struktur zu ändern, ihre Funktionen festzulegen und den Status ihrer Beamten zu regeln[16]. Im Gegensatz zu diesen organisationsrechtlichen Befugnissen des Kongresses besitzt der Präsident grundsätzlich keine eigene Organisationshoheit, außer derjenigen, die sich aus den ihm selbst von der Verfassung zugewiesenen Zuständigkeiten ableiten läßt[17]. Seit dem ersten Weltkrieg

---

[12] *Corwin - Small - Jayson*, S. 205—209, 252—255.

[13] *Corwin - Small - Jayson*, S. 153.

[14] Art. I, § 8, Klausel 18: „The Congress shall have power ... To make all laws which shall be necessary and proper for carrying into execution the foregoing powers, and all other powers vested by this constitution in the government of the United States, or in any department or officer thereof."

[15] *Parker*, S. 30.

[16] W. F. *Willoughby*, Principles of Legislative Organization and Administration, Kap. XI, insbes. S. 133—135; *Cushman*, S. 452; *Corwin*, The President, Office and Powers, S. 117, 118; *Redford*, S. 351; *Gosnell, Lancaster, Rankin*, S. 370, 371 (abgedruckt bei Salomon, S. 22, 23); *Donovan - Irvine*, 21 Cornell Law Quarterly 215, 217. *Fairlie*, The Legislature and the Administration, 30 American Political Science Review 241, 245, 246. Nach Fairlie läßt sich dieses Organisationsrecht des Kongresses auch aus der ihm durch Art. I, § 8, Kl. 9 und Art. III, § 1 der Verfassung gewährten Befugnis ableiten, Gerichte kraft Gesetzes einzusetzen. Siehe auch *Fraenkel*, S. 231, 232. Vgl. dagegen Art. 86 des Grundgesetzes, wonach die Bundesregierung es ist, welche die Einrichtung von Behörden im Bereich der bundeseigenen Verwaltung regelt.

[17] *Loewenstein*, S. 245.

sind dem Präsidenten vom Kongreß jedoch in zunehmendem Ausmaß organisationsrechtliche Initiativbefugnisse durch jeweils befristete Gesetze (Organization Acts) übertragen worden. Aufgrund dieser Gesetze war der Präsident ermächtigt, dem Kongreß bestimmte, die Errichtung, Umwandlung oder Auflösung von Behörden bezweckende Organisationspläne vorzulegen, die wirksam wurden, falls eine Mehrheit im Repräsentantenhaus und (oder) im Senat sie nicht binnen einer bestimmten Frist ablehnte[18]. Die Regel ist jedoch der organisationsrechtliche Gesetzgebungsakt des Kongresses. Ministerien und Kommissionen wurden durch Gesetz geschaffen. Die den independent commissions zugrundeliegenden Gesetze enthalten gleichzeitig Vorschriften über Anzahl, Qualifikation, Rang, Laufbahn, Gehalt und Entlassung der in ihnen tätigen Beamten. Auch nachträgliche Eingriffe und organisationsrechtliche Änderungen erfolgen auf gesetzlichem Wege. So beseitigte der Kongreß im Jahre 1930 die United States Tariff Commission und ersetzte diese Behörde durch eine neue[19]. Die Amtszeit der Mitglieder der Federal Communications Commission wurde im Zeitraum von 1927 bis 1930 gesetzlich auf ein Jahr reduziert, um durch die jährlich fälligen Neuernennungen eine der Parteienkonstellation im Kongreß entsprechende Mehrheit in dieser Kommission schneller zu erreichen[20]. Die Ermächtigung der Legislative, Behörden zu errichten, beinhaltet auch das Recht, ihnen im Rahmen der Verfassung — durch Übertragung vor allem quasijudizieller Funktionen und durch Beschränkung der dem Präsidenten im Hinblick auf ihre Mitglieder zustehenden Entlassungsbefugnis auf wenige Gründe — einen mehr oder minder unabhängigen Status zu verleihen. Eine solche oben bereits näher erörterte Möglichkeit wurde durch den obersten Gerichtshof im Falle Humphrey ausdrücklich anerkannt[21]. Mit dieser Unabhängigkeit stünde eine allgemeine Befugnis des Kongresses, den Kommissionen Weisungen zu er-

---

[18] *Hyneman*, Bureaucracy in a Democracy, S. 108—114; dieser Autor bejaht die grundsätzliche Befugnis des Kongresses, Verwaltungsaufgaben auf Ministerien und sonstige gegebenenfalls neu von ihm zu schaffende Behörden zu übertragen, tritt aber für erweiterte Organisationsbefugnisse des Präsidenten bei der Gestaltung der internen Behördenstruktur und der Reorganisation der Verwaltung ein (S. 94 ff., 102—105). Über das administrative Initiativrecht zur Einbringung von Gesetzentwürfen hauptsächlich organisationsrechtlichen Inhalts siehe *Stoke*, Presidential Co-ordination of Policy, 221 Annals 101, 104—105 sowie die dort zitierten Autoren.

[19] Dies ermöglichte dem Präsidenten, sich der meisten alten Kommissionsmitglieder, auf die sich keiner der gesetzlich vorgesehenen Entlassungsgründe anwenden ließ, zu entledigen und eine Reihe neuer Commissioners zu ernennen. Vgl. *Cushman*, S. 450, 677.

[20] *Cushman*, S. 676.

[21] „The authority of Congress, in creating quasilegislative or quasijudicial agencies, to require them to act in discharge of their duties independently of executive control cannot well be doubted.“ Vgl. auch *Key* in Elements of Public Administration, S. 320, 321, und *Cushman*, S. 451 f.

teilen, im Widerspruch. Nach Cushman[22] soll sich ein solches Weisungsrecht aber a majore ad minus aus der Gesetzgebungskompetenz ergeben, aufgrund deren ja die Aufgaben der IRC's überhaupt erst festgelegt würden. Die generelle gesetzliche Bestimmung behördlicher Aufgaben kann jedoch einer für den Einzelfall erteilten Weisung nicht gleichgesetzt und u. a. auch nicht als eine Art übergeordneter Befugnis angesehen werden, aus der sich die nachgeordnete, rangmindere des Weisungsrechts ableiten ließe. Zumindest ist die Ausübung quasirichterlicher Funktionen durch eine Behörde nicht mit einer Bindung an Weisungen durch Exekutive oder Legislative vereinbar. Der Kongreß hat die Grenzlinie zwischen den beiden Möglichkeiten verschiedentlich nicht eingehalten. So wies er z. B. durch die sogen. Hoch-Smith-Resolution von 1925 die Interstate Commerce Commission an, bei der Festsetzung ihrer Tarife die Verhältnisse bestimmter Industriezweige zu berücksichtigen und für den Transport von Agrarprodukten das niederste gesetzlich zulässige Tarifniveau einzuhalten[23].

Eine ähnliche Situation ergibt sich, wenn der Kongreß auf die Kommissionen dahin einwirkt, bestimmte Maßnahmen nicht zu ergreifen, etwa die Schiffahrtsbehörde auffordert, gewisse Schiffe nicht zu verkaufen, bis er die Sachlage geprüft und eine Entscheidung getroffen habe. Die Billigung oder Ablehnung behördlicher Maßnahmen, Entscheidungen und Verordnungen[24] durch die Legislative ist in Großbritannien eine seit langem geübte Rechtspraxis. Dort müssen die von bestimmten mehr oder minder selbständigen Boards erlassenen Verfügungen und Rechtsvorschriften dem Parlament vorgelegt werden. Dadurch wird eine wirksame Kontrolle der von diesen Behörden ausgeübten exekutiven und quasilegislativen Befugnisse erreicht. Der Nachteil dieses Verfahrens liegt in der Überlastung der Legislative mit administrativen Detailfragen oft minderer Bedeutung, was zu einer mechanischen, routinemäßigen Handhabung der parlamentarischen

---

[22] a.a.O., S. 449, 677. Von *Hyneman* wird die „day to day direction and control by Congress" im Interesse einer besseren Koordination (S. 166) und der Entlastung des Präsidenten (S. 171) befürwortet (S. 170—172).

[23] Der Supreme Court äußerte schwere verfassungsrechtliche Bedenken für den Fall, daß die Resolution im Sinne einer Vorschrift auszulegen sei, welche die Herabsetzung der Tarife unter den von der ICC festgelegten standard fordere und damit auf deren Tarifgestaltung einwirke (Ann Arbor R. Co. v. United States, 281 U.S. 658, 668, 669; 50 S. Ct. 444, 446, 447 (1930). Kritisch zu dieser Entscheidung: *Jaffe,* Delegation of Legislative Power, 47 Columbia Law Rev. 359, 367, 368 (1947). Zur „concurrent resolution" allgemein *Ehmke,* Wirtschaft und Verfassung, 1961, S. 566, Anm. 404 und die dort zitierten Autoren. *Hyneman* sieht dagegen in der „joint or concurrent resolution" ein wirksames Mittel, das Ermessen der Verwaltung einzuschränken (S. 172).

[24] Es handelt sich hierbei um die abgeleiteten Rechtsetzungsbefugnisse der Ministerien und unabhängigen Kommissionen (s. u.).

Überwachungsfunktion (rubber-stamping) führen kann[25]. Dies gilt wegen des erheblich größeren Umfangs anfallender Verwaltungsarbeit in verstärktem Maße für die Vereinigten Staaten und dürfte einer der Gründe dafür sein, daß die englische Praxis sich dort von Einzelfällen abgesehen nicht durchgesetzt hat. Zu diesen Ausnahmen zählen vier Pläne des Präsidenten zur Reorganisation der Verwaltung, die kraft Gesetzes einem auf gemeinsamen oder getrennten Entschließungen beider Häuser des Kongresses beruhenden Veto unterworfen wurden[26]. Ein weiteres Beispiel für die genannte Technik findet sich im amerikanischen Atomenergiegesetz von 1946. Danach mußte die Atomenergiekommission, wenn sie annehmen konnte, daß irgendeine industrielle, wirtschaftliche oder sonstige nicht-militärische Verwendung spaltbaren Materials technisch genügend ausgereift war, um von „praktischem Wert" zu sein, dem Präsidenten einen entsprechenden Bericht erstatten. Der Präsident leitete den Bericht an den Kongreß weiter. Letzterer hatte neunzig Tage Zeit zur Prüfung. Vor Ablauf dieser Frist durfte die Atomenergiekommission keine Lizenz für die Herstellung, Verwendung oder Ausfuhr spaltbarer Stoffe erteilen[27]. Diese Lizenzvoraussetzung wurde jedoch im Zuge der Liberalisierung durch das Atomgesetz von 1954 beseitigt[28].

3. *Das Budgetbewilligungsrecht*

Eine äußerst wirksame, umfassende Kontroll- und Einflußmöglichkeit ist dem Kongreß durch die ihm eingeräumte Befugnis der Bewilligung finanzieller Mittel für alle Tätigkeiten und Maßnahmen des Präsidenten, der Ministerien, Kommissionen und sonstigen Behörden gegeben. Die Verfassung bestimmt, daß der Staatskasse Gelder nur aufgrund gesetzlicher Bewilligung entnommen werden dürfen[29]. Hieraus und aus den später ergangenen haushaltsrechtlichen Gesetzen entwikkelte sich die Praxis des Kongresses, von der Regierung eine detaillierte Begründung der Ausgaben der Exekutive und Rechenschaft über die Verwendung der beantragten Mittel zu verlangen. Gegenstand der

[25] *Redford*, S. 357, 358; *Cushman*, S. 645, 678; Leonard D. *White*, Congressional Control of the Public Service, 39 American Political Science Review 1, 5 (1945); *Landis*, S. 77—80. Positive Bewertung durch *Hyneman*, S. 173.

[26] Vgl. John D. *Millet* and Lindsay *Rogers:* The Legislative Veto and the Reorganization Act of 1939, Public Administration Review, Bd. I, Nr. 3, 1941, S. 176—189. Siehe auch *Key*, Legislative Control, S. 315, mit weiteren Beispielen.

[27] Sec. 7 (b) des Atomic Energy Act von 1946. Siehe auch *Redford*, S. 358.

[28] Sec. 102 des Atomic Energy Act von 1954 sieht nur noch die Feststellung des praktischen Wertes vor.

[29] Art. I, § 9, Kl. 7: „No money shall be drawn from the treasury, but in consequence of appropriations made by law."

Prüfung ist der gesamte vom Präsidenten vorgelegte Etat, der zuvor durch das dem White House Office zugehörige Bureau of the Budget ausgearbeitet wurde (s. o.) und eine Zusammenfassung der Voranschläge der Ministerien und sonstigen Behörden enthält. Die Etatposten werden von den Appropriations-Committees und Subcommittees beider Häuser in oft langwierigen hearings, in denen die Behördenvertreter über Umfang und Zweck der zu bewilligenden Ausgaben Rede und Antwort stehen müssen, beraten. Die dabei beschlossenen Haushaltsgesetzesvorlagen (Appropriations Bills) enthalten eine Anweisung an das Schatzamt auf Auszahlung der genehmigten Summen und bedürfen zu ihrer Wirksamkeit der Annahme durch den Kongreß und der Unterzeichnung seitens des Präsidenten[30]. Die im Rahmen des Haushaltsgesetzgebungsverfahrens von der Legislative ausgeübte Kontrolle hindert die Behörden nicht nur daran, „sich in den Nebeln der Amtlichkeit zu verbergen", sondern ist auch geeignet, Maßnahmen der Exekutive eine bestimmte Richtung zu geben oder dem Kongreß unerwünschte Vorhaben durch entsprechende Kürzungen beziehungsweise Streichungen einzelner Etatposten, sei es einzuschränken, sei es ganz zu unterbinden[31]. Auf diese Weise vermögen Repräsentantenhaus und Senat auch Maßnahmen und Programme der independent commissions zu beeinflussen, wobei beide Häuser oft genug dem Druck gerade der Unternehmergruppen ausgesetzt sind, deren Interessen durch die wirtschaftsregelnde Tätigkeit der Kommissionen berührt werden[32]. Diese Zusammenhänge zeigen sich besonders deutlich bei der Federal Trade Commission. Zu deren Hauptaufgaben gehört, wie bereits erwähnt, die Bildung von Trusts zu unterbinden sowie eingehende Untersuchungen über angewendete Methoden unlauteren Wettbewerbs anzustellen und Berichte darüber dem Kongreß zuzuleiten. Es ist bemerkenswert, daß die für die Erfüllung dieser Aufgaben der FTC bewilligten Mittel meist nicht ausreichen oder zuweilen nur unter dem ausdrücklichen Vorbehalt genehmigt werden, sie für bestimmte Untersuchungen nicht zu verwenden[33].

Der Versuch des Kongresses, über die Beeinflussung administrativer Maßnahmen hinaus personelle Veränderungen aus politischen Grün-

[30] Vgl. hierzu die sehr instruktiven Ausführungen von *Loewenstein*, S. 249, 250, 252. Siehe weiter *Parker*, S. 33, 34. *Morstein - Marx*, Amerikanische Verwaltung, S. 58; *Key* in Elements of Public Administration (Ed. Morstein - Marx), S. 312, 314; *Chamberlain*, Dowling, *Hays*, The Judicial Functions of Administrative Agencies, S. 72.

[31] John A. *Fairlie*, The Legislature and the Administration, 30 American Political Science Review 241, 249, 251 (1936).

[32] Vgl. schon oben, Kap. 2, IV, 2 und *Hyneman*, S. 158 ff., insbes. S. 162, 163. *Herring*, Executive-Legislative Responsibilities, 38 American Political Science Rev. 1163.

[33] Vgl. *Cushman*, S. 220, 449, 674—675.

den herbeizuführen, wurde vom Supreme Court zurückgewiesen. Der Kongreß hatte 1946 im Anhang eines Budgetgesetzes bestimmt, die Gehaltszahlungen an drei mit dem Kommunismus sympathisierende Beamte des Innenministeriums nach einem angegebenen Zeitpunkt einzustellen. Das Haushaltsgesetz wurde vom obersten Gerichtshof für eine verbotene „bill of attainder" gehalten[34] und für verfassungswidrig erklärt[35].

Abgesehen von solchen Mißbräuchen ist jedoch grundsätzlich anzuerkennen, daß das Budgetbewilligungsverfahren neben seinem Hauptzweck, der sachgerechten Zuweisung von Mitteln für den öffentlichen Bedarf, ein notwendiges und wirksames Instrument zur Kontrolle der Exekutive und der independent commissions darstellt.

II. Die Kontrolle durch Untersuchungsausschüsse der Legislative

Weitreichende Möglichkeiten der Verwaltungskontrolle hat der Kongreß insofern, als er berechtigt ist, besondere oder ständige Ausschüsse einzusetzen und sie bestimmte Untersuchungen durchführen zu lassen. Dieses Recht ist nicht ausdrücklich in der Verfassung enthalten, wird aber vom Supreme Court aus dem Gesetzgebungsrecht abgeleitet[36]. Der Grund hierfür liegt darin, daß solche Untersuchungen in erster Linie der Sammlung des für die Ausarbeitung neuer oder die Änderung alter Gesetze erforderlichen Tatsachenmaterials zu dienen bestimmt sind. Die Auswertung der gesammelten Informationen führte in der Praxis jedoch häufig nicht zu neuen Gesetzen oder Gesetzesänderungen. Im gleichen Maße wie sich solche konkreten Ergebnisse legislativer Tätigkeit zum bloßen Motiv der durch den Kongreß angestellten Untersuchungen verflüchtigten, gewann die Kontrolle der Verwaltung als solcher, die Beseitigung administrativer Mißstände an Bedeutung[37]. Dies

[34] Art. I, § 9, Kl. 3: „No bill of attainder or ex post facto law shall be passed." Der Begriff entstammt der Rechtsgeschichte Englands. Dort konnte eine Person durch Akt des Parlaments eines Verbrechens (meist Hochverrats) für schuldig befunden werden, womit ein Verlust der bürgerlichen Ehrenrechte und Vermögenseinziehung (attainder) verbunden war.

[35] United States v. Lovett, Watson and Dodd, 328 U.S. 303; 66 S. Ct. 1073 (1946).

[36] McGrain v. Daugherty, 273 U.S. 135, 177, 178; 47 S. Ct. 319, 329, 330 (1927). Siehe *Loewenstein*, S. 258; *Parker*, S. 15; *Redford*, S. 349.

[37] Vgl. Marshall E. *Dimock*, Forms of Control over Administration Action, in: Essays on the Law and Practice of Governmental Administration, edited by Charles G. Haines and Marshall E. Dimock, 1935, S. 287, 290 („Legislative Investigations of Administrative Conduct"), 291: „In reality most important investigations are definitely for the purpose of examining the conduct of some officer or department; in many cases the immediate purpose is to correct an abuse or to examine situations which excite suspicion. Alteration of the law or the passage of a new one is frequently never accomplished, nor

machte die kontinuierliche Überwachung wichtiger Verwaltungs- und Wirtschaftsbereiche, aber auch einmalige, plötzliche einem neu entstandenen Problem gewidmete Nachprüfungen erforderlich. Solche Aufgaben wurden daher entweder ständigen oder von Fall zu Fall eingesetzten Komitees übertragen. Repräsentantenhaus und Senat haben ständige Ausschüsse (standing committees) mit Prüfungskompetenzen für Handel, Bank- und Schiffahrtswesen u. a.[38]. Da auf diesen Gebieten auch die independent commissions tätig sind, besteht die Möglichkeit, sie ebenfalls zu kontrollieren und die erforderlichen Informationen und Berichte von ihnen zu erhalten[39]. Die Kommissionen ihrerseits haben davon den Vorteil einer direkten Verbindung zum Kongreß, welche sie in die Lage versetzt, sich dort in allen ihre Tätigkeit betreffenden Fragen und Problemen Gehör zu verschaffen. In vielen Fällen führte dies zu einer engen Zusammenarbeit zwischen einzelnen Komitees und Kommissionen. Das gilt insbesondere für die Atomenergiekommission und den gemeinsamen ständigen Atomenergieausschuß beider Häuser des Kongresses.

Vielfach hat der Kongreß auch Sonderausschüsse (special investigating committees) mit der Aufgabe eingesetzt, bestimmte Probleme, meist akute Mißstände auf irgendeinem Sektor der Verwaltung, insbesondere auch innerhalb des Kompetenzbereichs einer einzelnen Kommission, zu untersuchen[40]. Der Vorteil dieser Spezialkomitees liegt darin, daß sie ihre ungeteilte Aufmerksamkeit und Arbeitskraft ausschließlich einer bestimmten Aufgabe widmen können. Die Untersuchungstätigkeit ist in solchen Fällen zeitlich und sachlich begrenzt, im Gegensatz zu den standing committees, deren Nachforschungen die Behörden zwingen, stets zur Rechtfertigung ihrer Tätigkeit bereit und in der Lage zu sein, und die sie einer kontinuierlichen Überwachung durch die Legislative aussetzen[41].

---

really intended. Usually the idea appears to be the one suggested by John Stewart Mill as the most important function of a legislative body, i.e. to watch and control the Government; to throw the light of publicity on its acts; to compel a full exposition and justification of all of them which anyone considers questionable; to censure them if found condemnable ...".

[38] *Cushman*, S. 671, 672. Auch die bereits oben erwähnten Ausschüsse für die Bewilligung öffentlicher Mittel sind standing committees.

[39] Der Plan ist noch nicht aufgegeben, ein für alle Kommissionen zuständiges permanentes „Committee on Administrative Procedure and Practice" zu errichten, das die Entscheidungen, Verordnungen und Verfahren der commissions auf ihre Vereinbarkeit mit den vom Kongreß festgelegten standards und policies sowie mit dem Prinzip von due process of law kontrollieren soll. Zustimmend *Schwartz*, Legislative Oversight, Control of Administrative Agencies, 43 A.B.A.J. 19, 21, 22 (1957).

[40] *Cushman*, S. 673. *Key*, S. 314.

[41] Vgl. *Morstein - Marx*, Verwaltung, S. 61, 62. — Über die Beschränkung der Auskunftspflicht der Administration im Hinblick auf vertraulich zu be-

Die Ausschüsse haben das Recht, hearings anzuberaumen, Zeugen unter Eid zu vernehmen und sie bei Nichterscheinen oder gesetzlich nicht erlaubter Aussageverweigerung wegen „contempt of Congress" strafgerichtlich verfolgen zu lassen[42].

Die Nachteile der Untersuchungsausschüsse bestehen darin, daß

1. ihrer Einsetzung und ihren Maßnahmen oft parteipolitische Erwägungen zugrundeliegen,
2. die Rivalität der auf Erhaltung ihrer Einflußbereiche bedachten Gewalten von Legislative und Exekutive begünstigt wird,
3. viel Macht in den Händen weniger Personen konzentriert ist und
4. Möglichkeiten des Mißbrauchs, wie etwa der Diskreditierung einzelner Persönlichkeiten, Richtungen oder Programme, nicht auszuschließen sind[43].

Hinzu kommt der Mangel einer Koordinierung aller vom Kongreß durchgeführten Untersuchungen. Die Folge ist eine Zersplitterung der Kontrolle[44], welche zum Teil durch die „Individualisierung der Interessen in der Volksvertretung" bedingt ist und welche durch die außerhalb der Ausschüsse von einzelnen Abgeordneten und Senatoren über eigene „unmarkierte Informationstunnel" angestellten Nachforschungen noch verstärkt wird[45]. Um eine gewisse Vereinheitlichung der legislativen Kontrolle zu erreichen, wurde vorgeschlagen, den Schwerpunkt auf die Untersuchung von Problemen übergeordneter Bedeutung (programs, policies) zu verlegen, enger mit dem Präsidenten und

---

handelnde Verwaltungsinterna aufgrund des sogen. Exekutivprivilegs, siehe William P. *Rogers*, Constitutional Law: The Papers of the Executive Branch, 44 A.B.A.J. 941—944 (1958) und Monopoly Problems in Regulated Industries: Airlines; hearings, 27. Febr.—15. June 1956, before the Antitrust Subcommittee of the House Judiciary Committee, 84th Congr., 2d sess., part I, vol. 2, p. 1205—1209; auszugsweise bei *Salomon*, S. 128, 130.

[42] Näheres über das Verfahren vor den Ausschüssen bei *Loewenstein*, S. 259, 260 und *Parker*, S. 14, 15.

[43] *Dimock*, a.a.O., S. 295, 296; *Key*, S. 314, 316.

[44] *White*, Congressional Control of the Public Service, 39 American Political Science Review 2, 3 (1945): „It is basically control over details, not over essentials. It is negative and repressive rather than positive and constructive. It reflects fear rather than confidence. It is sometimes irresponsible. It is based on no rational plan, but is an accumulation of particulars, whose consequences are seldom seen in perspective." Ähnlich *Key*, S. 315—318: „Congress in its relations with the executive branch, tends to atomize rather than integrate the administrative structure and public policy. Factors of prime importance in this tendency are the feeble sense of collective responsibility within the administration and the complementary dispersion of power within the legislative body" (S. 317). Siehe auch *Morstein - Marx*, S. 60.

[45] Vgl. *Redford*, S. 352; *Key*, S. 315.

dessen Exekutivkomitees zusammenzuarbeiten und zentrale Kontrollbehörden der Legislative nach dem Muster des Bureau of the Budget, des General Accounting Office, des Executive Office of the President oder des Committee on Administrative Management zu errichten[46]. Zu einer Beseitigung der Ausschüsse hat man sich bisher nicht entschließen können. Sie käme einem tiefgreifenden Eingriff in das gegenwärtige, auf gegenseitiger Kontrolle der drei Gewalten beruhende System gleich und würde eine Lücke hinterlassen, die durch eine aequivalente staatliche Institution kaum auszufüllen ist[47].

III. Die Mitwirkung des Senats bei der Ernennung höherer Beamter

Von großer Wichtigkeit ist das oben bereits erwähnte Recht des Senats, der durch den Präsidenten vorzunehmenden Ernennung von Botschaftern, Ministern, Konsuln, Richtern des Supreme Court und anderer höherer Beamter der Vereinigten Staaten zuzustimmen, soweit die Verfassung nichts anderes vorsieht[48]. Da diese für Mitglieder der independent commissions keine abweichende Regelung enthält, können die commissioners nur „with the advice and consent of the Senate", und zwar mit einfacher Mehrheit in dieser Körperschaft, ernannt werden. Für die Entlassung von Kommissionsmitgliedern ist dagegen die Zustimmung des Senats nach herrschender Auffassung nicht erforderlich[49].

IV. Amtsenthebung im Wege der Staatsanklage

Diese Art der Anklage kann gegen den Präsidenten, den Vizepräsidenten und die ranghöheren Beamten, insbesondere Kabinettsmitglieder und Bundesrichter, wegen Landesverrats, Bestechung, Kapitalverbrechen oder schwerer Amtspflichtverletzungen erhoben werden. Die Anklage wird vom Repräsentantenhaus nach entsprechender Beratung und Annahme im Wege der Abstimmung vor dem Senat erhoben, der als Gericht fungiert und nach öffentlicher Verhandlung in geheimer Abstimmung über sie entscheidet. Eine Verurteilung erfordert $^{2}/_{3}$-Mehrheit und hat die Amtsenthebung sowie die Un-

---

[46] So *Redford*, S. 354, 355. Vgl. auch die bereits im 2. Kap. erwähnten Vorschläge der Brookings Institution; siehe auch *White*, a.a.O., S. 5—7, 9, 10.

[47] Zur Überwachung und Kontrolle der „Administration" durch die Legislative siehe auch W. F. *Willoughby*, Principles of Legislative Organization and Administration, Kap. XII.

[48] Art. II, § 2, Abs. 2.

[49] Siehe die obigen Ausführungen in Kap. 2, II. Vgl. auch *Parker*, S. 42 unten.

fähigkeit zur Bekleidung öffentlicher Ämter zur Folge[50]. Dieses Verfahren ist für eine kontinuierliche und flexible Kontrolle von geringer praktischer Bedeutung.

[50] Art. I, § 2, letzter Abs., Art. I, § 3, Abs. 6 und 7, Art. II, § 4 der Bundesverfassung. Vgl. auch *Parker*, S. 12, 13, und *Loewenstein*, S. 243, 244.

4. Kapitel

Die Regulierungsbefugnisse der Kommissionen unter dem Blickwinkel der Gewaltenteilung

Die Haupttätigkeit der unabhängigen Kommissionen besteht nach dem bisher Gesagten in der Regelung[1] der oben beschriebenen Wirtschaftssektoren. Geregelt werden etwa die Tarife durch Festsetzung von Höchst- und Mindestgrenzen sowie durch Diskriminierungs- und Präferenzverbote, — Dienstleistungen durch Aufstellung der von den Unternehmen einzuhaltenden Betriebs- und Sicherheitsvorschriften, — die Zulassung zu einer gewerblichen Tätigkeit durch die Gewährung oder Verweigerung von Erlaubnissen und Lizenzen, — Kredit- und Effektengeschäfte durch Genehmigungs-, Registrierungs-, Auskunfts- und Bilanzvorschriften. Den regulatory functions aller Kommissionen ist gemeinsam, daß es sich um eine Beeinflussung menschlicher Tätigkeiten in einer bestimmten, durch wirtschaftspolitische Programme und Wahrung des öffentlichen Interesses gekennzeichneten Richtung handelt, wobei die dem Wirtschaftsliberalismus der Jahrhundertwende eigene Auffassung von der uneingeschränkten Benutzung privaten Eigentums in verschiedener Hinsicht modifiziert wird, ohne jedoch die kapitalistische Gesellschaftsform zu beseitigen. Die regulierenden Kommissionen und die regulierten Wirtschaftsgruppen beeinflussen sich gegenseitig. Dabei sorgen die ersteren für ein ihren Verfügungen, Entscheidungen und Verordnungen entsprechendes Verhalten, die letzteren suchen sich staatlichen Schutzes und staatlicher Förderung zu versichern[2].

Die Regelung der verschiedenen Wirtschaftsbereiche erfolgt dem Umfang und der Vielfalt der Aufgaben entsprechend auf verschiedenen Wegen und mit verschiedenen Mitteln. In zunehmendem Maße haben die Verwaltungsbehörden auch Funktionen der Betriebsführung (operation), Unternehmensförderung (promotion) und des Managements übernommen, wobei nicht die Einhaltung von Vorschriften und Anordnungen überwacht wird, sondern die betriebliche „effectiveness" durch

---

[1] Wie der überwiegend für diese Behörden verwendete Terminus technicus independent „regulatory" Commissions andeutet.

[2] Vgl. die grundlegenden Ausführungen *Bernsteins* zum „regulatory process", S. 250 ff., insbes. S. 251—253, 271—272 und 278—279.

gezielte Maßnahmen gesteigert werden soll[3]. Diese Entwicklung hat sich besonders bei der Bundesluftfahrt- und Schiffahrtbehörde sowie bei der Atomenergiekommission mit ihren riesigen Anlagen zur Herstellung und Aufbereitung spaltbarer Stoffe gezeigt.

Entscheidend und für die Kommissionen ebenso charakteristisch wie problematisch ist jedoch die Vereinigung exekutiver, quasijudizieller und quasilegislativer Befugnisse innerhalb einer Behörde. Das ist wiederholt als Verstoß gegen die Lehre von der erforderlichen Trennung der Gewalten aufgefaßt worden.

Dieser Widerspruch und die damit zusammenhängende Problematik war und ist bis heute Gegenstand intensiver Erörterungen in der amerikanischen Literatur. Ein Eingehen auf die Gewaltenteilung, ihre Ursprünge und ihre Entwicklung in den Vereinigten Staaten ist daher unumgänglich.

I. Die Ursprünge der Gewaltenteilungslehre

Bereits Aristoteles (384—322 v. Chr.) unterscheidet in seiner Staatslehre drei Bestandteile (tria mória) einer Verfassung:

a) eine über die gemeinsamen Angelegenheiten beratende Instanz (to bouleuómenon). Sie entscheidet nicht nur über den Erlaß von Gesetzen, sondern auch über Krieg und Frieden, Abschluß und Auflösung von Bündnissen, über Tod, Verbannung und Vermögenseinziehung sowie über Wahl und Rechenschaftsablegung der Beamten, ist also von einem Legislativorgan im eigentlichen Sinne recht weit entfernt.

b) die Behörden (to peri tas archás). Sie können — ohne scharfe Abgrenzung von oben a) — ebenfalls Beratungsbefugnisse haben, sind aber vor allem Träger der Entscheidungs- und Befehlsgewalt. Art, Zahl, Kompetenzbereich und Besetzung der Ämter empfiehlt Aristoteles der besonderen Aufmerksamkeit des Gesetzgebers und gibt verschiedene Möglichkeiten hierfür an, je nachdem es sich um eine Demokratie, Oligarchie, Aristokratie oder Monarchie handelt.

c) die Rechtsprechung (to dikázon). Als entscheidend wird hier angesehen, aus welchem Personenkreis und in welcher Weise (Los oder Wahl) die Richter bestellt werden, worüber und wie sie richten sollen.

---

[3] Siehe James C. *Charlesworth*, The Regulatory Agency: Detached Tribunal or Positive Administrator? 221 Annals 17: „... change the regulator from judge to manager. Regulation of operation no longer describes the real state of affairs. At this time, regulation is operation." Ebenso *Dickinson*, Administrative Management, Administrative Regulation and the Judicial Process, 89,[2] University of Pennsylvania Law Review 1052, 1060—1062 (1941): „not to police business conduct but to direct the management of business". Vgl. auch *Pinney*, 221 Annals 43, 44.

Die aristotelische Dreiteilung ist deskriptiv. Es handelt sich nicht um eine im Interesse gegenseitiger Kontrolle erforderliche Trennung der Gewalten. Organ und Funktion, Gesetzgebung und Gesetzesvollziehung sind nicht scharf voneinander geschieden[4].

Elemente eines gewaltenteilenden Staates finden sich in der Folgezeit in den Schriften von Polybios (Historiae VI), Marsilius von Padua (Defensor Pacis, 1324) und bei den englischen Vorläufern und Zeitgenossen Lockes, wie George Buchanan, Isaac Pennington, Marchamount Needham, Algernon Sidney, Richard Temple und James Harrington (Oceana 1656)[5].

II. Die Gewaltentrennung bei John Locke

John Locke (1632—1704) unterscheidet im zweiten seiner 1690 veröffentlichten „Two Treatises of Government", dem Essay „concerning the true original, extent and end of civil government", drei Gewalten: die legislative, exekutive und föderative.

Die Legislative (legislative power) ist bei Locke die höchste Gewalt im Staat, da, wer einem anderen Gesetze geben könne, notwendigerweise höher stehen müsse als dieser. Die anderen Gewalten sind von der Legislative abgeleitet und ihr untergeordnet[6]. Sie bestimmt, „wie die Macht des Staates zur Erhaltung der Gemeinschaft und ihrer Glieder gebraucht werden soll"[7], geht also über die eigentliche Gesetz-

---

[4] Die entscheidende Stelle im Politikon des Aristoteles ist vielen Deutungen ausgesetzt und soll daher im Wortlaut wiedergegeben werden:
„ἔστι δὴ τρία μόρια τῶν πολιτειῶν πασῶν, περὶ ὧν δεῖ θεωρεῖν τὸν σπουδαῖον νομοθέτην ἑκάστῃ τὸ συμφέρον. ὧν ἐχόντων καλῶς ἀνάγκη τὴν πολιτείαν ἔχειν καλῶς, καὶ τὰς πολιτείας ἀλλήλων διαφέρειν ἕκαστον τούτων. ἔστι δὲ τῶν τριῶν τούτων ἓν μὲν τί τὸ βουλευόμενον περὶ τῶν κοινῶν, δεύτερον δὲ τὸ περὶ τὰς ἀρχάς (τοῦτο δ' ἐστὶν ἅς δεῖ καὶ τίνων εἶναι κυρίας, καὶ ποίαν τινὰ δεῖ γίνεσθαι τὴν αἵρεσιν αὐτῶν), τρίτον δὲ τί τὸ δικάζον. κύριον δ' ἐστὶ τὸ βουλευόμενον περὶ πολέμου καὶ εἰρήνης καὶ συμμαχίας καὶ διαλύσεως, καὶ περὶ νόμων, καὶ περὶ θανάτου καὶ φυγῆς καὶ δημεύσεως, καὶ περὶ ἀρχῶν αἱρέσεως καὶ τῶν εὐθυνῶν" (ΠΟΛΙΤΙΚΟΝ, IZ(Δ) 14.1297 b 37—1298 a 7, Ed. Susemihl, Teubner, Leipzig 1897). Vgl. hierzu *Möbus*, Die politischen Theorien von den Anfängen bis zu Machiavelli, Teil I, S. 54 ff. u. 138—140. Arthur T. *Vanderbilt*, The Doctrine of the Separation of Powers and its Present-Day Significance, 1953, S. 38, 39. Reginald *Parker*, Separation of Powers Revisited, 49,[2] Michigan Law Review 1009, 1011—1012 (1951).

[5] Vgl. hierzu Ernst *Klimowski*, Die englische Gewaltenteilungslehre bis zu Montesquieu.

[6] John Locke, Two Treatises of Government, a critical Edition with an Introduction and Apparatus criticus by Peter Laslett, Cambridge, University Press, 1960, Chap. XIII: Of the Subordination of the Powers of the Commonwealth, § 150, 1—9.

[7] *Locke*, a.a.O., Chap. XII, Of the Legislative, Executive, and Federative Power, § 143, 1—3: „The Legislative Power is that which has a right to direct how the Force of the Commonwealth shall be imploy'd for preserving the Community and the Members of it."

gebungstätigkeit noch hinaus und umfaßt im Gegensatz zu Aristoteles offenbar auch die Rechtsprechung, die zwar durch unabhängige Organe ausgeübt wird, bei Locke aber keine selbständige Gewalt verkörpert[8]. Das resultiert auch aus dem Passus, wonach sich die Legislative keine Macht anmaßen dürfe, „Regelungen nach willkürlichen Beschlüssen des Augenblicks zu treffen, sondern verpflichtet sei, nach öffentlich bekannt gemachten, für die Dauer geltenden Gesetzen und durch anerkannte, autorisierte Richter Recht zu sprechen und über die Rechte der Untertanen zu entscheiden"[9].

Da die Gesetze zwar „in kurzer Zeit erlassen werden, aber dauernde Wirksamkeit haben", bedarf es nach Locke einer ständigen Gewalt, welche auf die Vollziehung dieser Gesetze achtet, der Exekutive. „Und so geschieht es oft, daß die legislative und die exekutive Gewalt getrennt werden"[10]. Auch hier wird also noch nicht die Forderung nach einer solchen Trennung erhoben[11]. Dies hätte nahegelegen, da Locke durchaus die Gefahr erkannte, daß bei der „Schwäche der immer zum Griff nach der Macht bereiten menschlichen Natur" die mit der Gesetzgebung beauftragten Personen schließlich der Versuchung erliegen könnten, auch die Gesetzesvollziehung in die Hand zu bekommen. Um diese Möglichkeit auszuschließen, schlägt er vor, die legislative Gewalt in die Hände mehrerer Personen zu legen, die sich gehörig versammeln, durch sich selbst oder im Verein mit anderen die Gesetze geben, sich danach wieder trennen und als gewöhnliche Untertanen denselben Ge-

---

[8] Dies ist um so bemerkenswerter, als Locke die Schriften von Lawson kannte. Letzterer teilte in seinem bereits 1657 erschienenen Buch „Examination of Political Part of Leviathan" die Gewalten in eine legislative, exekutive und judizielle ein (siehe die oben zitierte, kritische Locke-Ausgabe von Peter *Laslett,* S. 140 u. 383, Anm. zu § 146). Der Verfasser von Leviathan (1651) und Elementa philosophica de Cive (1642), *Hobbes,* lehnte die Gewaltenteilung ab. Er befürwortete die Vereinigung von Rechtsprechung, Gesetzgebung und Verwaltung in den Händen einer höchsten, absoluten Staatsgewalt (*Möbus,* a.a.O., II, S. 92, 310).

[9] *Locke,* a.a.O., Chap. XI, Of the Extent of the Legislative Power, § 136, 1—4: „The Legislative, or Supream Authority, cannot assume to its self a power to Rule by extemporary Arbitrary Decrees, but is bound to dispense Justice and decide the Rights of the Subject by promulgated standing Laws, and known Authoris'd Judges."

[10] *Locke,* a.a.O., Chap. XII, § 144, 1—6: „But because the Laws, that are at once, and in a short time made, have a constant and lasting force, and need a perpetual Execution or an attendance thereunto: Therefore 'tis necessary there should be a Power always in being, which should see to the Execution of the Laws that are made, and remain in force. And thus the Legislative and Executive Power come often to be separated." Eine Trennung von gesetzgebender und vollziehender Gewalt befürworteten u.a. James *Harrington* und Marchamount *Needham* (vgl. Vanderbilt, S. 41, 42).

[11] An anderer Stelle (Chap. XIV, § 159, 1—3) sagt *Locke* allerdings, daß Legislative und Exekutive in allen gemäßigten Monarchien und wohleingerichteten Staaten in verschiedenen Händen liegen.

setzen unterworfen sind, die sie geschaffen haben[12]. Das äußerste Mittel, einem mißbräuchlichen Vorgehen der Legislative Einhalt zu gebieten, ist deren Entfernung oder Änderung durch das Volk, welches von dieser ihm zur Sicherheit vorbehaltenen höchsten Gewalt Gebrauch machen kann, wenn die Gesetzgeber das in sie gesetzte Vertrauen auf die Erreichung der dem Staatswesen förderlichen Zwecke durch die Vernachlässigung dieser Zwecke verwirkt und damit die Legitimation für ihre Gesetzgebungsbefugnisse verloren haben[13].

Die dritte im Staat existierende Gewalt bezeichnet Locke als Federative Power. Er kennzeichnet sie als eine natürliche Gewalt, die derjenigen entspreche, die jeder Mensch von Natur gehabt habe, bevor er in die Gesellschaft eingetreten sei. Sie enthält die Befugnisse über Krieg und Frieden, über Bündnisse[14] und Abmachungen mit allen Personen und Gemeinschaften außerhalb des Staates[15].

Während die Exekutive die Vollziehung der Gesetze innerhalb des Staates zum Gegenstand hat und an diese gebunden ist[16], befaßt sich die Föderative mit der Wahrung der Sicherheit und der Interessen nach außen, wobei sie sich Locke zufolge wegen der damit verbundenen Imponderabilien weniger von positivrechtlichen Vorschriften als von der Klugheit und Weisheit der Personen leiten lassen muß, in deren Händen diese dritte Gewalt liegt. Obwohl Exekutive und Föderative begrifflich voneinander verschieden sind, lassen sie sich nach Locke in der Praxis kaum voneinander trennen. Denn beide erfordern die Ausübung der Staatsmacht („force of the Publick"). Diese könne jedoch nicht verschiedenen getrennt handelnden, einander nicht untergeordneten Stellen übertragen werden, ohne in einem Staatswesen Verwirrung anzustiften oder es sogar zugrundezurichten[17]. Der Schwerpunkt dieser dem Civil Government gewidmeten Abhandlung liegt also nicht auf der Trennung der Gewalten, sondern auf ihrem kontrollierten Zusammenwirken, wie es in England die Glorreiche Revolution von 1688 nach langem Kampf zwischen Parlament und Krone herzustellen ver-

---

[12] *Locke*, a.a.O., Chap. XII, § 143, 7—23.

[13] *Locke*, a.a.O., Chap. XIII, § 149.

[14] Entscheidungen über Krieg, Frieden und Bündnisse fallen bei Aristoteles, wie erinnerlich, in die Zuständigkeit der Legislative.

[15] *Locke*, a.a.O., Chap. XII, §§ 145, 146.

[16] Die Exekutive hat nach Locke jedoch das Recht der Prärogative, d. h. die Befugnis, nach eigenem Ermessen und im Interesse des Gemeinwohls ohne oder selbst gegen gesetzliche Vorschriften zu handeln, da der Gesetzgeber nicht alle Eventualitäten vorhersehen, nicht alle Einzelheiten regeln könne und eine allzu buchstabengetreue Gesetzesvollziehung oft schädlich sei (Chap. XIV, „Of Prerogative", insbes. § 160).

[17] *Locke*, a.a.O., Chap. XII, §§ 147, 148.

suchte[18]. Im Falle des Mißbrauchs einer der drei Gewalten sollte das Volk nach Locke die Legislative abberufen oder die Legislative als höchste Macht im Staat der untergeordneten Exekutive und Föderative ihre Befugnisse entziehen können[19]. Dies mochte in den Augen Locke's eine wirksamere Sicherung sein als eine scharfe Trennung aller Gewalten. Es klingt jedoch bereits hier die pragmatische, besonders später in der amerikanischen Verfassungsgeschichte und Staatsrechtslehre immer wieder betonte Überlegung an, daß die völlige Trennung der Gewalten voneinander nur in der Theorie, nicht jedoch in der Praxis möglich sei[20].

III. Montesquieu und die Dreiteilung der Gewalten

In ihr entscheidendes Stadium trat die Lehre von der Gewaltenteilung durch Montesquieu (1689—1755). Dieser behandelt im 11. Buch seines 1748 erschienenen Werkes „De l'esprit des lois" die „Gesetze, welche die politische Freiheit in ihrer Beziehung zur Verfassung bilden". Im 3. Kapitel dieses Buches wird die Freiheit als die Fähigkeit definiert, „das tun zu können, was man wollen darf, und nicht gezwungen zu sein, zu tun, was man nicht wollen darf". Die Freiheit als das Recht, alles zu tun, was die Gesetze erlauben, als die aus dem Vertrauen jedermanns zu seiner Sicherheit erwachsene Ruhe des Gemüts[21], findet sich, wie Montesquieu im 4. Kapitel des 11. Buches ausführt, in den gemäßigten Regierungsformen und auch dort nur dann, wenn man die Macht nicht mißbraucht. Um einen solchen Mißbrauch zu verhindern, muß die Macht der Macht Schranken setzen[22]. Dieses Ziel wird durch die Teilung und gegenseitige Kontrolle der Gewalten erreicht. Das wird in dem berühmten der Verfassung Englands gewidmeten 6. Kapitel des 11. Buches näher dargelegt[23]. Montesquieu unterscheidet dort drei Gewalten: Die gesetzgebende (puissance législative), welche zu Erlaß, Änderung oder Aufhebung von Gesetzen ermächtigt; die vollziehende (puissance exécutrice), welche mit Angelegenheiten des Völ-

[18] Carl J. *Friedrich*, Der Verfassungsstaat der Neuzeit (dt. Übers. von Constitutional Government and Democracy), S. 199; vgl. auch S. 201.

[19] *Locke*, a.a.O., Chap. XIII, § 153, 1—11.

[20] Vgl. zum Ganzen auch *Möbus*, Die Politischen Theorien im Zeitalter der absoluten Monarchie bis zur französischen Revolution, Teil II, S. 123 ff., 125—128, 338 ff., 342—344.

[21] Um zwei weitere Definitionen der Freiheit aus dem 3. und 6. Kapitel des 11. Buches zu zitieren.

[22] *Montesquieu*, De l'esprit des lois, Classiques Garnier, Paris 1961, Tome 1, Livre XI, Chap. 4, p. 162: „Pour qu'on ne puisse abuser du pouvoir, il faut que, par la disposition des choses, le pouvoir arrête le pouvoir."

[23] Aus diesem 6. Kapitel stammen alle folgenden Zitate, die daher nur mit der Seitenzahl der oben genannten Ausgabe angegeben werden.

kerrechts, der Entscheidung über Krieg und Frieden[24], Festigung der Sicherheit und Abwehr von Angriffen befaßt ist; schließlich die für das Straf- und Privatrecht zuständige richterliche Gewalt (puissance de juger)[25].

Die legislative Gewalt wird durch einen gesetzgebenden Körper (corps législatif) ausgeübt. Dieser besteht aus einer Volks- und einer Adelskammer. Die erste besteht aus Vertretern, die das Volk wählt, da es die Gesetze in großen Staaten überhaupt nicht und in kleinen nur unter vielen Mißhelligkeiten selbst geben könne[26]. Die zweite Kammer

---

[24] Hierfür war bei Aristoteles die legislative, bei Locke die föderative Gewalt kompetent. Vgl. *Friedrich,* a.a.O., S. 202: „... daß Locke's föderative Gewalt nun bei Montesquieu zur Exekutivgewalt wird. Montesquieu kommt zu diesem Ergebnis dadurch, daß er die Wichtigkeit der Aufrechterhaltung des inneren Friedens neben der äußeren Sicherheit hervorhebt und damit die polizeilichen Funktionen mit denen der Landesverteidigung und Außenpolitik verband."

[25] *Montesquieu,* a.a.O., S. 163, 164: „Il y a dans chaque État trois sortes de pouvoirs: la puissance législative, la puissance exécutrice des choses qui dépendent du droit des gens, et la puissance exécutrice (sic!) de celles qui dépendent du droit civil. Par la première, le prince ou le magistrat fait des lois pour un temps ou pour toujours, et corrige ou abroge celles qui sont faites. Par la seconde, il fait la paix ou la guerre, envoie ou reçoit des ambassades, établit la sûreté, prévient les invasions. Par la troisième, il punit les crimes, ou juge les différends des particuliers. On appellera cette dernière la puissance de juger, et l'autre simplement la puissance exécutrice de l'Etat." *Rousseau's* (1712—1778) Polemik gegen diese Stelle findet sich in seinem Contrat Social (1762), 2. Buch, 2. Kap., am Anfang: „Die Souveränität ist aus demselben Grund unteilbar, aus dem sie unveräußerlich ist. Denn der Gemeinwille ist allgemein oder er ist es nicht. Er ist der Ausfluß der Gesamtheit des Volkes oder lediglich eines Teils. Im ersten Fall ist der Ausdruck dieses Willens ein Akt der Souveränität und hat Gesetzeskraft; im zweiten ist er nur Privat-, bzw. Sonderwille oder ein Akt der Verwaltung; er kann höchstens als eine Verordnung gelten." Rousseau gelangt aber insofern zu einer Trennung der Befugnisse, als bei ihm das im kollektiven Staatswesen verkörperte souveräne Volk seinem Willen durch Gesetze Ausdruck gibt, also die legislative Gewalt innehat, während die Regierung diese Gesetze ausführt. Die Regierung wird sogar mit der gesetzmäßigen Ausübung der exekutiven Gewalt begrifflich gleichgesetzt, während unter Regierungsführung oder Magistrat der Mann oder die Körperschaft verstanden wird, die mit dieser Ausübung beauftragt ist (siehe Buch III, Kap. 1). Eine Trennung von Legislative und Exekutive wird auch in Buch III, Kap. 4, am Anfang und Kap. 16 am Anfang befürwortet, da beide Gewalten ihrem Wesen und ihrer Bedeutung nach voneinander verschieden seien, die Vereinigung beider zur Rechtsunsicherheit führen würde, und da es nicht gut sei, wenn der Volkskörper seine Aufmerksamkeit von den allgemeinen (also legislativen) Absichten abwende, um sie auf Sonderfälle zu richten.

[26] *Montesquieu,* a.a.O., S. 166, 167. *Rousseau* lehnt die Gesetzgebung durch Repräsentanten des Volkes ab, da die Souveränität nicht stellvertretend ausgeübt werden könne: „Die Souveränität besteht wesensmäßig in dem Gemeinwillen, und dieser Wille ist unvertretbar. Er ist er selbst oder er ist ein anderer. Ein Mittleres gibt es nicht. Die Abgeordneten des Volkes sind also weder seine Stellvertreter noch können sie es sein. Sie sind nur seine Beauftragten; sie können nichts endgültig beschließen. Jedes Gesetz, welches das Volk nicht selbst ratifiziert hat, ist nichtig; es ist kein Gesetz. Das eng-

ist dem Adel vorbehalten, der seine Interessen, wenn er mit dem einfachen Volk vermischt abstimmen müßte, nach Montesquieu nicht durchsetzen könnte, weil sich die meisten Entschließungen gegen ihn richten und seine Freiheit in Sklaverei verwandeln würden. Beide Kammern führen getrennte Versammlungen und Beratungen und kontrollieren sich durch ein wechselseitiges Vetorecht[27].

Die exekutive Gewalt muß nach Auffassung Montesquieus in den Händen eines Monarchen liegen, da sie schnelles Handeln erfordert und daher besser durch einen als durch mehrere ausgeübt wird. Der Monarch muß an der Gesetzgebung beteiligt sein, „um sich verteidigen zu können". Da ein eigenes Recht, Gesetze zu beschließen (faculté de statuer), einer Gewaltenverbindung gleichkäme und die Freiheit beseitigte, billigt Montesquieu dem Träger der Exekutive ein Vetorecht (faculté d'empêcher) gegenüber der Legislative zu. Dies bezweckt also die Selbstverteidigung des Monarchen und soll eine Übermacht der Legislative verhindern[28]. Dagegen wird der gesetzgebenden Körperschaft zwar ein Aufsichtsrecht, jedoch kein Veto gegenüber der vollziehenden Gewalt eingeräumt, da die Vollziehung ihre natürlichen Grenzen habe und an die Gesetze gebunden sei[29]. Dem Ziel, die Legislative in ihren Schranken zu halten, dient neben dem wechselseitigen Vetorecht ihrer beiden Kammern und dem Veto der Exekutive schließlich noch das Fehlen des Rechts, sich selbst zu versammeln oder sich zu vertagen. Die Bestimmung von Beginn und Dauer der Legislativperiode ist der Initiative der vollziehenden Gewalt überlassen[30].

Die richterliche Gewalt darf weder mit der Legislative noch mit der Exekutive vereinigt werden. Sie soll weder an einen bestimmten Stand oder Beruf, noch an eine ständige Körperschaft gebunden sein. Sie ist politisch gewichtslos und gewissermaßen gar nicht vorhanden (en

---

lische Volk glaubt frei zu sein; es täuscht sich sehr. Es ist nur während der Wahlen der Parlamentsmitglieder frei; sobald sie gewählt sind, ist es Sklave, ist es nichts" (Contrat Social, Buch III, Kap. XV).

[27] *Montesquieu,* a.a.O., S. 168, 172.

[28] *Montesquieu,* a.a.O., S. 171, 172: „La puissance exécutrice, comme nous avons dit, doit prendre part à la législation par sa faculté d'émpêcher; sans quoi elle sera bientôt dépouillée de ses prérogatives. Mais si la puissance législative prend part à l'exécution, la puissance exécutrice sera égelement perdue. Si le monarque prenait part à la législation par la faculté de statuer, il n'y aurait plus de liberté. Mais, comme il faut pourtant qu'il ait part à la législation pour se défendre, il faut qu'il y prenne part par sa faculté d'empêcher.

[29] *Montesquieu,* a.a.O., S. 170.

[30] *Montesquieu,* a.a.O., S. 169. Hier ergibt sich eine Parallele zu Locke, bei dem die Einberufung des Parlaments durch den König das wohl wichtigste Beispiel für die Prärogativrechte der Exekutive darstellt. Wie das Veto- und Initiativrecht der Exekutive zeigt, wird das Prinzip der Gewaltentrennung nicht extrem durchgeführt.

quelque façon nulle). Drei Ausnahmen vom Prinzip der Trennung der richterlichen von den beiden anderen Gewalten sind bemerkenswert: Erstens darf der Adel nur von seinesgleichen, also der Adelskammer der Legislative abgeurteilt werden[31], zweitens kann die gesetzgebende Versammlung die Strenge des Gesetzes mäßigen und mildere Urteilssprüche fällen als die der Milderung nicht fähigen, nur als Mund des Gesetzes fungierenden Richter. Drittens kann der Bürger, „der die Rechte des Volkes bei der Wahrnehmung öffentlicher Angelegenheiten verletzt und Verbrechen begeht, welche die bestehenden Behörden nicht bestrafen können oder wollen", durch die Volkskammer vor der Adelskammer angeklagt werden[32].

Die verfassungsmäßige Grundordnung, welche nach Montesquieu den Mißbrauch der Macht ausschließt und die Freiheit in vollem Umfang sichert, hat also ihren Schwerpunkt in dem Zusammenwirken von Legislative und Exekutive: „einer gesetzgebenden Körperschaft, die aus zwei Kammern zusammengesetzt ist, welche sich durch wechselseitiges Vetorecht binden. Beide gebunden durch die vollziehende Gewalt, die es ihrerseits wieder durch die Gesetzgebung ist"[33].

IV. Der Einfluß des Prinzips in den Vereinigten Staaten

Das System der Gewaltenteilung, wie es Montesquieu und die Nachfolger Lockes in England, insbesondere Bolingbroke und Blackstone ausgebildet hatten, wurde auch in den Vereinigten Staaten in seiner Bedeutung erkannt und allmählich ein fester Bestandteil des amerikanischen Staatsbewußtseins. Insbesondere dem Prinzip der gegenseitigen Kontrolle und des Gleichgewichts der Gewalten (balance of

---

31 Die Legislative darf jedoch nicht über Person und Verhalten des Trägers der Exekutive, also des für Montesquieu unantastbaren Monarchen, richterlich urteilen, da sonst die Freiheit nicht mehr gewährleistet sei und „der Staat dann keine Monarchie mehr, sondern eine unfreie Republik" (!) wäre.

32 Diese Regelung beeinflußte die amerikanische Bundesverfassung. Danach kann das Repräsentantenhaus die Ministeranklage vor dem Senat erheben (Impeachment).

33 *Montesquieu,* a.a.O., S. 172: „Voici donc la constitution fondamentale du gouvernement dont nous parlons. Le corps législatif y étant composé de deux parties, l'une enchaînera l'autre par sa faculté mutuelle d'empêcher. Toutes les deux seront liées par la puissance exécutrice, qui le sera elle même par la législative. Ces trois puissances devraient former un repos ou une inaction. Mais comme, par le mouvement nécessaire des choses, elles sont contraintes d'aller, elles seront forcées d'aller de concert." Unversehens scheint hier die Dreiteilung der Gewalten unter Außerachtlassung der politisch irrelevanten Gerichte die Form zweier gesetzgebender Kammern und einer gesetzesvollziehenden Exekutive angenommen zu haben; ein System, in dem der Monarch als Haupt der Exekutive und die Vertreter des Adels als erbliche Mitglieder einer Kammer der Legislative eine unüberwindliche Schlüsselstellung innehaben.

powers), der durch die Trennung gleichzeitig erreichten, in einem modernen Staat unerläßlichen Arbeitsteilung[34] und schließlich der institutionellen Sicherung politischer Freiheit wurde von den Vätern der amerikanischen Verfassung, aber auch von den Siedlern, die mit den Kolonialgouverneuren König Georgs III. so schlechte Erfahrungen gemacht hatten[35], größtes Gewicht beigemessen.

1. Die Auffassungen der „founding fathers"

Diese waren zunächst durchaus nicht einhellig. Das geht hervor aus den sich teilweise an Bodin und Turgot als den Verfechtern einer unbeschränkten, ungeteilten Staatsmacht orientierenden Äußerungen und Schriften Thomas Paine's und Benjamin Franklin's[36]. Gerade an dieser kritischen Opposition entzündete sich jedoch das Bestreben der Anhänger der Gewaltenteilung, sie gegen alle möglichen Einwände abzusichern, theoretisch gut zu fundieren und weiter auszubauen. Das gilt für die Ausführungen Thomas Jefferson's, des späteren dritten Präsidenten der Vereinigten Staaten, in seinen Notes on Virginia[37] und ganz besonders für das Werk von John Adams, des zweiten amerikanischen Präsidenten, vorzugsweise für seine „Defence of the Constitutions of Government of the United States of America against the Attack of M. Turgot", einer dreibändigen, in den Jahren 1787 und 1788 erschienenen systematischen Untersuchung und Apologie der Gewaltenteilung[38]. Danach hat das souveräne Volk zum Schutz gegen die Tyrannei legislative, exekutive und judizielle Befugnisse auf entsprechende Körperschaften zu übertragen. Die Notwendigkeit einer teilweisen Mischung (blending) der drei Funktionen wird auch von Adams bejaht. Dieser Gedanke wurde von James Madison — Mitglied des Bundesverfassungskonvents und des ersten Repräsentantenhauses, Außenminister unter Jefferson und späterer vierter Präsident der USA — aufgenommen. Er unterzog sich in den Federalist Papers[39] zusammen mit Jay und Hamilton der Aufgabe, den Entwurf der Bundesverfas-

[34] *Pound,* Justice According to Law, 14 Columbia Law Review 1, 5—6.

[35] *Vanderbilt,* a.a.O., S. 46, 47.

[36] Vgl. Malcolm P. *Sharp,* The Classical American Doctrine of „the Separation of Powers", 2 University of Chicago Law Review 385, 394—396 (1935). Siehe auch *Wright,* The Origins of the Separation of Powers in America, 13 Economica 169—170 (1933).

[37] *Jefferson's* Works (Ford ed. 1892), Bd. 3, S. 223—224, zitiert nach Sharp, a.a.O., 396, 397.

[38] Siehe Works of John *Adams* (C. F. Adams ed. 1851), Bd. 4. Ausführliche Zitate bei Sharp, a.a.O., S. 398—406. Vgl. auch *Parker,* 49,[2] Michigan Law Review 1017.

[39] Insbesondere in den 1787 und 1788 erscheinenden Nummern 47 bis 51 des „Federalist" (zitiert nach Sharp, a.a.O., S. 406, Anm. 53).

sung im Hinblick auf einige Fälle darin enthaltener Gewaltenverbindung zu erläutern und zu verteidigen. Nur eine solche teilweise Verbindung ermögliche eine praktisch durchführbare Trennung der Gewalten im übrigen. Montesquieus Lehre verbiete lediglich, daß alle Befugnisse, welche eine der drei Gewalten verleihe, mit allen Befugnissen, welche eine andere der drei Gewalten verleihe, in der Hand ein und desselben Trägers vereinigt würden[40]. Von dieser Einschränkung wurde die spätere Verfassungs- und Verwaltungspraxis wesentlich bestimmt. Madison sieht die Hauptgefahr in einem Despotismus der Legislative, dem er mit einem Zweikammersystem und einer starken unabhängigen Exekutive zu begegnen sucht. Die Furcht vor einer allgewaltigen, tyrannischen gesetzgebenden Gewalt wird von James Wilson, einem der einflußreichsten Mitglieder des Bundesverfassungskonvents und des obersten Gerichtshofes, geteilt. Daher setzte er sich in seinen am Philadelphia-College gehaltenen, später veröffentlichten Vorlesungen für eine geteilte Legislative, eine starke, straff zentralisierte Exekutive und eine unabhängige, eigenständige — entgegen vereinzelten anderen Auffassungen keinesfalls als Unterfall der Exekutive zu wertende — richterliche Gewalt ein. Die drei Gewaltenträger üben ihre Befugnisse selbständig aus, sind aber in der Weise voneinander abhängig, daß ein mit der Verfassung nicht vereinbarer Machtzuwachs des einen durch die anderen korrigiert werden kann. So halten sich die Gewalten durch gegenseitige Beeinflussung im Gleichgewicht, was bei einer völligen Trennung voneinander nicht möglich wäre[41].

---

[40] „From these facts, by which Montesquieu was guided, it may clearly be inferred, that in saying, ‚there can be no liberty, where the legislative and executive powers are united in the same person, or body of magistrates', or, ‚if the power of judging be not separated from the legislative and executive powers', he did not mean that these departments ought to have no partial agency in, or no control over, the acts of each other. His meaning, as his own words import, and still more conclusively as illustrated by the example in his eye, can amount to no more than this, that where the whole power of one department is exercised by the same hands which possess the whole power of another department, the fundamental principles of a free constitution are subverted." *Sharp*, a.a.O., S. 408. Ebenso *Story*, Commentaries on the Constitution, Ed. 5, §§ 525—527, zitiert nach John A. *Fairlie*, The Separation of Powers, 21 Michigan Law Review 393, 399 (1922/23). Vgl. auch H. *Knust*, Montesquieu und die Verfassungen der Vereinigten Staaten von Amerika, 1922, S. 99; O. W. *Kägi*, Zur Entstehung, Wandlung und Problematik des Gewaltenteilungsprinzipes, 1937, S. 95, 96; H. *Finer*, Der Moderne Staat, Theorie und Praxis, deutsche Übersetzung von Theory and Practice of Modern Government, 1958, Bd. I, S. 191—194.

[41] „The total disjunction of these powers would, in the end, produce that very union, against which it seems to provide. The legislature would soon become tyrannical, and would assume to itself the rights of the executive and judicial powers. ... The important conclusion to be drawn from the premises, which we have established, is, that, in government, the perfection of the whole depends on the balance of the parts, and the balance of the parts consists in the independent exercise of their separate powers, and,

2. *Die Verfassung von Massachusetts als extremste Ausprägung der separation of powers*

Das Prinzip der separation of powers, um dessen konkrete Ausformung in den Verfassungskonventen von Bund und Einzelstaaten teilweise erbittert gerungen wurde, fand seine konsequenteste Verwirklichung in der von Jefferson und George Mason beeinflußten, im Jahre 1776 in Kraft getretenen Verfassung von Virginia[42] und in der von Adams stark geprägten Verfassung von Massachusetts aus dem Jahre 1780. Die letztere formuliert die Maxime in abstrakter Symmetrie:

„In diesem Staat soll die Legislative niemals vollziehende und richterliche Befugnisse zusammen oder einzeln ausüben; die Exekutive soll niemals gesetzgebende und richterliche Befugnisse zusammen oder einzeln ausüben; die Jurisdiktion soll niemals gesetzgebende und vollziehende Befugnisse zusammen oder einzeln ausüben: denn Gesetze, nicht Menschen sollen herrschen[43].

Diese Verfassung entspricht in ihrem Aufbau der Teilung der drei Gewalten und widmet jeder ein eigenes Kapitel. Die Legislative besteht aus zwei gleichberechtigten Kammern. Der Gouverneur als Haupt der Exekutive wird vom Volk gewählt. Er hat ein Veto gegenüber der gesetzgebenden Gewalt, ist aber in entscheidenden Fragen von einem ihn beratenden Council abhängig (der aus einer indirekten Volkswahl

---

when their powers are separately exercised, then in their mutual influence and operation on one another. Each part acts and is acted upon, supports and is supported, regulates and is regulated by the rest. Zitiert nach *Sharp*, a.a.O., S. 415. Der Einfluß Montesquieus ist hier unverkennbar und teilweise sogar einzelnen Formulierungen Wilsons anzumerken. Vgl. zum Einfluß der „founding fathers“ auch *Vanderbilt*, a.a.O., S. 4, 47.

[42] Siehe *Knust*, Montesquieu und die Verfassungen der Vereinigten Staaten von Amerika, S. 59—62, 76, 77, 83 ff.

[43] „... to the end it may be a government of laws and not of men.“ Hier klingt in Anlehnung an Montesquieu, der England als ein Land bewunderte, „où les lois gouvernent plutôt que les hommes“, bereits der Gedanke einer Suprematie des Gesetzes unter Ausschaltung menschlicher Willkür an. Dieses Prinzip ist bereits in James *Harrington's* „Oceana“ enthalten: „Government, to define it de jure, or according to ancient prudence, is an art whereby a civil society of men is instituted and preserved upon the foundation of common right or interest; or, to follow Aristotle and Livy, it is the empire of laws and not of men. Aristoteles hatte im Politikon gefordert, daß das Gesetz über allem stehen müsse, während die Behörden nur über Dinge zu bestimmen hätten, zu denen sich die Gesetze wegen der Schwierigkeit, alle Einzelheiten zu regeln, nicht genau äußerten (Politikon, Z (Δ) 4.1292a/32—33:
„ὅπου γὰρ μὴ νόμοι ἄρχουσιν, οὐκ ἔστιν πολιτεία. δεῖ γὰρ τὸν μὲν νόμον ʺαρχειν πάντων ...“
und Politikon Γ.11.1282b/2—6:
„δεῖ τοὺς νόμους εἶναι κυρίους ὀρθῶς κειμένους τὸν ʺαρχοντα δὲ, ἄν τε εἷς τε πλείους ὦσιν, περὶ τούτων εἶναι κυρίους περὶ ὅσων ἐξαδυνατοῦσιν οἱ νόμοι λέγειν ἀκριβῶς διὰ τὶ μὴ ῥᾴδιον εἶναι καθόλου διορίσαι περὶ πάντων“).

hervorgeht). Die Richter werden durch die Exekutive auf Lebenszeit gewählt[44], sind jedoch dieser und der Legislative gegenüber zur Auskunft über wichtige Fragen verpflichtet. Kennzeichnend für die amerikanische Staatsauffassung ist die Bestimmung, daß alle drei Gewalten ihren Ursprung im Volke haben, von ihm abgeleitet werden und daß die Gewaltenträger als Vertreter des Volkes diesem unmittelbar verantwortlich sind[45].

Madison sieht in dem oben wiedergegebenen Artikel 30 die Doktrin Montesquieus exakt verwirklicht und durch die Grundkonzeption dieser Verfassung bestätigt[46].

3. Die Bundesverfassung von 1787

Nicht ausdrücklich, sondern nur implicite erscheint das Prinzip der separation of powers in der Bundesverfassung, obwohl die meisten Delegierten auf dem 1787 in Philadelphia einberufenen, unter dem Vorsitz George Washingtons tagenden Nationalkonvent mit den Grundzügen der Montesquieu'schen Doktrin ungeachtet sonstiger Gegensätze weitgehend übereinstimmten[47]. Der Einfluß Madisons war unverkennbar. Die drei Gewalten wurden je einem bestimmten Träger zugeordnet und in drei aufeinanderfolgenden Artikeln getrennt dargestellt:

Art. I, § 1: „All legislative powers herein granted shall be vested in a Congress of the United States, which shall consist of a Senate and House of Representatives."

Art. II, §1: „The executive power shall be vested in a President...";

Art. III, § 1: „The judicial power of the United States shall be vested in one Supreme Court, and in ... inferior courts ...".

---

[44] Dagegen beträgt die Amtsdauer aller Mitglieder der Exekutive ein Jahr. Vgl. hierzu Montesquieu: „Dans toute magistrature, il faut compenser la grandeur de la puissance par la brièveté de sa durée (2. Buch, 4. Kap., S. 19).

[45] „... all powers residing originally in the people and being derived from them, the several magistrates and officers of government, whether legislative, executive or judicial, are the substitutes and agents and are at all times accountable to them." (Art. 5 der der eigentlichen Constitution vorangehenden Declaration of Rights).

[46] Vgl. zur Verfassung von Massachusetts *Knust*, a.a.O., S. 71—74; *Friedrich*, Der Verfassungsstaat der Neuzeit, S. 202, 203; siehe insbes. den bemerkenswerten Hinweis, daß einige erprobte und von der Verfassungspraxis des englischen Mutterlandes beeinflußte Bestimmungen der alten (bereits im Jahre 1691, also rund 50 Jahre vor dem Erscheinen des Montesquieu'schen Hauptwerkes erlassenen) Kolonial-Charter in die neue Verfassung von 1776 übernommen wurden, ebenso wie in Virginia (S. 76, 79, 83 ff. bei Knust).

[47] Vgl. die ausführliche Würdigung der Debatten des Bundesverfassungskonvents bei *Sharp*, a.a.O., S. 419—427, und *Knust*, a.a.O., S. 90—98.

Ungeachtet dieser Dreiteilung enthält die Bundesverfassung mehrere Fälle teilweiser Gewaltenverbindung. So hat das Repräsentantenhaus, wie bereits erwähnt, in bestimmten Fällen das Recht, Anklage gegen den Präsidenten, hohe Beamte und Bundesrichter zu erheben, über die der Senat zu Gericht sitzt[48]. Von der Zustimmung des Senats hängt die Wirksamkeit der Ernennung höherer Beamter durch den Präsidenten sowie die bindende Wirkung von diesem abgeschlossener völkerrechtlicher Verträge ab[49]. Der Präsident kann in einem Notfalle (extraordinary occasion) beide Häuser des Kongresses oder eines einberufen oder sie nach seinem Gutdünken vertagen, falls sie sich hierüber nicht selbst einigen können[50]. Er hat, ohne selbst Gesetze einbringen zu können, ein qualifiziertes Veto gegen Gesetzesvorlagen des Kongresses, die jedoch bei Wiederannahme durch eine Zweidrittelmehrheit beider Häuser auch ohne Zustimmung des Präsidenten Gesetzeskraft erlangen[51]. Eine weitere Überschneidung der Befugnisse ist darin zu sehen, daß der Vizepräsident der Vereinigten Staaten automatisch Präsident des Senats ist[52]. Ein Berührungspunkt mit der richterlichen Gewalt ergibt sich aus dem Recht des Präsidenten, Strafaufschub oder Begnadigung im Zusammenhang mit Delikten gegen die Vereinigten Staaten zu gewähren[53]. Selbst die Gerichte, im System der Gewaltenteilung nach Hamilton als Bollwerk gegen Übergriffe der Legislative (bulwark of a limited Constitution against legislative encroachments) und als Garanten der Verfassungsmäßigkeit der Gesetze eingesetzt, weichen vom Prinzip der separation of powers insoweit ab, als sie gewisse legislative und exekutive Befugnisse[54], z. B. den Erlaß bestimmter Verfahrensvorschriften, die Ernennung verschiedener Beamter, wie Sheriffs und Gerichtsvollzieher, selbst ausüben[55].

---

[48] „Impeachment Power", Art. I, § 3 (6). Schon Montesquieu sah, wie oben ausgeführt, die Möglichkeit einer Anklage durch die Volkskammer vor der Adelskammer vor.

[49] Art. II, § 2 (2).

[50] Art. II, § 3. Er kann sie aber nicht auflösen, *Kaegi*, a.a.O., S. 99.

[51] Art. I, § 7 (2). Das Veto wurde dem Präsidenten mit gleicher Begründung wie bei Montesquieu dem Monarchen eingeräumt, nämlich als „constitutional power of self-defence" (Hamilton) gegen die „natural tendency (der Legislative) to swallow up the Executive". Das absolute Veto als „complete negative" wurde abgelehnt, „da ein Mann nicht mehr Wissen haben könne, als beide Häuser der Legislative". (Zitiert nach *Kaegi*, a.a.O., S. 100). Vgl. auch *Knust*, a.a.O., S. 109, 110. Eine Ausnahme bildet das sogenannte „pocket-veto", das absolute Wirkung hat.

[52] Allerdings nur mit einem Stimmrecht bei Stimmengleichheit: Art. I, § 3 (4).

[53] Art. II, § 2.

[54] Die Beteiligung der richterlichen Gewalt am Veto gegenüber der Legislative nach dem Vorbild des Staates New York wurde dagegen zugunsten des rein präsidentiellen Vetos abgelehnt.

[55] Siehe zur teilweisen Gewaltenverbindung in der Bundesverfassung auch

4. Der Bedeutungswandel der Gewaltenteilungsdoktrin und seine Spiegelung im amerikanischen Schrifttum

Die Verfassung selbst enthält also zahlreiche Fälle von Gewaltenverbindung[56]. Diese werden als notwendig angesehen, um eine gegenseitige Kontrolle zu gewährleisten. Dennoch konnte dieses konstitutionelle System der „checks and balances" ein Übergewicht jeweils einer der drei Gewalten während bestimmter Zeiträume nicht verhindern. Nach anfänglicher Vorherrschaft geriet der Kongreß zunehmend unter die Vormundschaft der die Verfassungsmäßigkeit der Gesetze in weitestem Umfang nachprüfenden Gerichte („government of judges"), während die Zeit seit dem ersten Weltkrieg ein Übergewicht der Exekutive brachte[57]. Letzteres war durch den Machtzuwachs des Präsidenten, und zwar ebenso die durch extensive Verfassungsinterpretation erweiterten konstitutionellen wie die durch zunehmende Delegationen vergrößerten quasilegislativen Befugnisse[58] gekennzeichnet[59].

Parallel zu dieser durch die Prädominanz einer einzelnen Gewalt hervorgerufenen Erschütterung der „balance of powers" verlief eine durch das „Parteiensystem als verfassungswandelnder Faktor"[60] geförderte wechselseitige Beeinflussung (interaction, organic connexion) von Exekutive und Legislative[61]. Eine verstärkte Zusammenarbeit dieser beiden Kräfte wurde von Staatswissenschaftlern wie Henry Jones Ford und von Politikern wie Woodrow Wilson, dem späteren Präsidenten,

---

Finer, S. 194, 195. Ex parte *Grossman* 267 U.S. 87, 119, 120; 45 S. Ct. 332, 336, 337 (1925). William *Bondy*, Separation of Governmental Powers, Columbia Studies in History, Economics, and Public Law, Vol. V, No. 2, p. 74, auszugsweise zitiert bei *Cheadle*, The Delegation of Legislative Functions, 27,[2] Yale Law Journal 892, 894, Anm. 8, 1917/18.

[56] W. F. *Willoughby* spricht in diesem Zusammenhang, wohl zu weitgehend, von einer „union of powers organically and separation of powers personally", während für Großbritannien das Umgekehrte zutreffe (Principles of Legislative Organization and Administration, S. 16, 12).

[57] „As the eighteenth century and the fore part of the nineteenth century relied upon the legislative and the last half of the nineteenth century relied upon the courts, the twentieth century is no less clearly relying upon administration" (R. *Pound*, Administrative Application of Legal Standards, 44 Rep. of Am. Bar Assoc. 445, 446).

[58] Auch als abgeleitete Rechtsetzungsbefugnisse bezeichnet.

[59] Vgl. die Schilderung dieser Entwicklung bei *Vanderbilt*, The Doctrine of the Separation of Powers, S. 53 ff. Zur Vermeidung eines Übergewichts der Bundesexekutive schlägt der Autor die Übertragung einiger ihrer Funktionen auf die Einzelstaaten oder Lokalbehörden vor (S. 66). Siehe auch *Fairlie*, Separation of Powers, S. 436.

[60] *Finer I*, S. 199, 200. H. J. *Ford*, Rise and Growth of American Politics, S. 215, 356.

[61] *Kägi*, S. 136. *Friedrich*, a.a.O., S. 211, 212.

gefordert[62]. Vielfach wurden die gesetzgebende und vollziehende Gewalt als die beiden einzigen Säulen der Staatstätigkeit, die Gerichte lediglich als Unterfall der Exekutive angesehen. Frank J. Goodnow unterschied schon 1900 im ersten Kapitel seines Werkes „Politics and Administration" zwei Formen staatlicher Tätigkeit: Die erste, „politics", bestehe darin, den Willen des Staates zum Ausdruck zu bringen und ihm die Form einer Rechtsnorm zu geben. Hierzu gehören die verfassunggebende und gesetzgebende Tätigkeit sowie die rechtsschöpferische Funktion der Gerichte und die Überwachung der Verwaltung. Die zweite, „administration", bestehe in der Vollziehung und Anwendung des Gesetz gewordenen Staatswillens durch Verwaltungsbehörden und Gerichte. Andere Staatsrechtler wie Dealey, Gettel und Willoughby unterscheiden fünf Staatstätigkeiten: die deliberative (general policies betreffende) oder electorale sowie die legislative, exekutive (Präsident), administrative (Behörden) und judizielle[63]. Wählerschaft und Parteien werden als neue selbständige Elemente aufgefaßt. Die Dreiteilung wird angesichts der Unmöglichkeit, die Gewalten aus der Natur der Sache heraus zu definieren und sie entsprechend voneinander abzugrenzen[64], als willkürlich, als eine dem christlichen Trinitätsdogma verwandte Mystifikation" empfunden[65]. Eine weitere Auflösung der ursprünglichen Konzeption bringt die an biologischen Vorstellungen orientierte Auffassung eines organischen Zusammenhangs zwischen einem staatlichen Verstandes- und Willenszentrum einerseits und dem der Vollstreckung dieses Willens dienenden Organkomplex andererseits[66]. Mehr objektbezogen stellt Herman Finer in seinem Werk „Theory and Prac-

---

[62] Vgl. die Nachweise bei *Fairlie,* Separation of Powers, S. 424, 425. Fairlie selbst tritt ebenfalls für eine enge Zusammenarbeit von Legislative und Exekutive ein, a.a.O., S. 433. Ebenso *Herring,* Public Administration and the Public Interest, 1936, S. 383.

[63] *Dealey,* The Development of the State (1909), S. 144; Ders., The State and Government (1921), S. 159, 169; *Gettel,* Problems of Political Evolution (1914), S. 248 (alle auszugsweise zitiert bei *Fairlie,* 21 Michigan L. R. 429, 430/1922). *Willoughby,* W. F., Principles of Legislative Organization and Administration, S. 6. *Waldo,* The Administrative State, Kap. 7, insbes. S. 106, 108—109 und 111, 112.

[64] *Davis,* Treatise, § 1.09, S. 72, 73. *Eastman,* The Place of the Independent Commission, 12 Constitutional Review 95, 97 (1928).

[65] *Fairlie,* a.a.O., S. 435, in Übereinstimmung mit *Duguit* (zitiert mit anderen französischen Staatsrechtlern, welche die Dreiteilung ablehnen, auf S. 420). Vgl. auch *Landis,* The Administrative Process, S. 47.

[66] Vgl. Harvey *Walker,* Public Administration in the United States, New York 1937, S. 15—16: „... there are only two phases to any business, public or private. One is to make the decision as to what is to be done. That is legislation. The other is to see that the decision is carried out. That is administration." Vgl. bei *Waldo,* a.a.O., S. 115. Sämtliche Unterscheidungen werden hinfällig, wenn man wie *Powell* die Ausübung aller Gewalten auf „identical mental processes" zurückführt (27 Political Science Quarterly 237).

tice of Modern Government" (1932) auf eine enge Zusammenarbeit zwischen den Organen staatlicher Willensbildung und Willensvollziehung ab. Die Staatstätigkeit orientiere sich nicht mehr an einer innerkonstitutionellen balance of powers, sondern an einem auf cooperation und interaction beruhenden „consolidated government". Dem Zustandekommen eines vollständigen Staatsakts durch Beschlußfassung und Ausführung (to resolve and to execute) entspreche eine „resolving branch" (innerhalb deren Wählerschaft, politische Parteien, Parlament, Kabinett und Staatsoberhaupt zusammenwirken) und eine „executive branch" (an der ebenfalls Kabinett und Staatsoberhaupt, sowie darüber hinaus Beamtenschaft und Gerichte beteiligt sind)[67].

Wurde die Doktrin von der Dreiteilung der Gewalten schon durch diese im Schrifttum vertretenen Theorien in Frage gestellt und umgeformt, so ist auch die tatsächliche Entwicklung vielfach über die Gewaltenteilungsmaxime hinweggegangen. Die zunehmende Staatstätigkeit auf vielen Gebieten und die durch die Ausdehnung der commerce clause auf immer weitere Bereiche der Wirtschaft bedingte Entstehung neuer Behörden erforderten eine Anpassung des Gewaltenteilungsprinzips an praktische Notwendigkeiten[68], z. B. die Koordination aller auf einem Sektor der Wirtschaftsverwaltung erforderlichen Tätigkeiten unter dem Dach einer hierfür insgesamt zuständigen Bundesbehörde. Den einzelnen Gewalten wuchsen dabei neben ihrem „Hausgut", ihren Hauptfunktionen, aus anderen Funktionsbereichen „Leihgut", Komplementärfunktionen zu[69]. Die Grenzen zwischen materiellem Funktionsinhalt[70], formeller Kompetenzverteilung und organisationstechnischer Differenzierung wurden verwischt[71]. Die Zuordnung

---

[67] *Finer* I, S. 211 ff.; *Kägi*, S. 177. Nach *Waldo* (S. 128) unterliegt auch das Prinzip der Gewaltenteilung der Entwicklung vom „competitive" zum „cooperative" federalism.

[68] Vgl. B. *Schwartz*, An Introduction to American Administrative Law, 1958, S. 30: „... in actuality, such a rigorous application of the constitutional doctrine is neither desirable nor feasible; the only absolute separation that has ever been possible was that in the theoretical writings of a Montesquieu, who looked across at foggy England from his sunny Gascon vineyards, and completely misconstrued what he saw. Sir Carleton Allen has asserted that, if the separation-of-powers-doctrine had been applied in the United States in all its rigidity, the Constitution have proved unworkable. „Only a series of timely adaptations by the Supreme Court", says he, „have prevented a principle sound in essence from becoming a kind of chronic lockjaw"." (Allen, Law and Orders, 12, 2d. ed. 1957).

[69] *Kägi*, S. 213, 214.

[70] Zum Unterschied von „power" und „function", siehe *Swenson*, S. 37. Vgl. auch Howard L. *Bevis*, Administrative Commissions and the Administration of Justice, 2 Cincinnati Law Review 1, 16—20 (1928), insbes. S. 19.

[71] Hiergegen wendet sich mit der Forderung einer Rückbesinnung auf Montesquieu George *Rossman*, Chief Justice of the Supreme Court of Oregon, in seinem Artikel „The Spirit of Laws: The Doctrine of Separation of Powers" (35 A.B.A.J. 93, 95, 96, 1949).

von Befugnissen begann weniger dem Schema der Dreiteilung als historischen, traditionsbedingten, pragmatischen[72] oder politischen[73] Erwägungen zu folgen. Ein Ergebnis dieser Entwicklung ist darin zu sehen, daß das Prinzip der Gewaltenteilung nicht mehr über oder neben der Verfassung steht, sondern nur noch gilt, soweit es in der Constitution selbst positiv zum Ausdruck kommt und soweit die Erfordernisse einer arbeitsfähigen Verwaltung seine Durchführung zulassen. Ob eine bestimmte Befugnis durch Legislative, Exekutive oder Jurisdiktion ausgeübt werden kann, hängt somit in vielen Fällen nicht davon ab, ob diese Befugnis ihrem Wesen nach legislativ, exekutiv oder judiziell ist[74], sondern davon, ob sie durch die Verfassung jenem Gewalträger ausdrücklich eingeräumt wurde oder ob sie einen bei der Durchführung seiner „Stammfunktionen" „inzidenten" Faktor darstellt[75]. Soweit letzteres der Fall ist, kann insbesondere die Verwaltung durch Gesetz mit der Durchführung auch „artfremder" Funktionen beauftragt werden. Von dieser Möglichkeit hat der Kongreß insbesondere bei einer Reihe von independent regulatory commissions Gebrauch gemacht. Die Frage, ob die Wendung vom verfassungspolitischen Apriorismus zum verfassungspolitischen Pragmatismus mehr auf die zwingenden Notwendigkeiten der Praxis, „die Überlegenheit des Existentiellen über die bloße Normativität" oder mehr auf die erkenntniskritische Einsicht zurückgeht, daß das Gewaltenteilungsprinzip „keine a priori bestehende Kategorie, sondern lediglich eine empirische Koordinationsform" (Kägi) sei, ist eindeutig nicht zu beantworten[76].

---

[72] Vgl. *Bondy*, a.a.O., S. 74: „Man stellte keine philosophischen Erörterungen mehr darüber an, ob eine Befugnis ihrer Natur nach legislativ, exekutiv oder judiziell war, sondern überlegte, „in which one or more of the departments already established ... the given power could with greatest propriety and safety be vested"." Ebenso *Cooper*, S. 31: „The exercise of powers by one agency or department of government which logically should be exercised by another is accordingly countenanced as a matter of practical necessity."

[73] „Ob wir eine Gewaltenteilung erstreben und in welcher besonderen institutionellen Form sie verwirklicht werden soll, hängt davon ab, welche allgemeinen politischen Bedürfnisse wir für wirklich dringend halten." (*Finer* I, S. 207, 209, 210). Siehe auch *Swenson*, S. 39: „A realistic distribution of powers among governmental departments ... should be governed by political expediency rather than constitutional mandate."

[74] *Powell*, Separation of Powers: Administrative Exercise of Legislative and Judicial Power, 27 Political Science Quarterly 215, 237 (1912).

[75] Westel Woodbury *Willoughby*, The Constitutional Law of the United States, 2. Aufl. 1929 (New York), Bd. III, S. 1616 ff., 1619, 1620 (§§ 1061 und 1062). Ebenso Edward E. *Martin*, The Lines of Demarcation Between Legislative, Executive, and Judicial Functions, with Special Reference to the Acts of an Administrative Board or Commission, 47 American Law Review 715, 721 (1913). Vorher ähnlich schon *Cooley* in Constitutional Limitations, 5. Aufl. 1883, S. 105, 106, letzterer zitiert nach *Fairlie*, Separation of Powers, a.a.O., S. 400. Auf S. 406 ebenda weitere Nachweise für dieses Problem betreffende Entscheidungen der Gerichte der Einzelstaaten.

[76] In der deutschen Staatsrechtslehre finden sich bemerkenswerte Paral-

5. *Die Rechtsprechung des Supreme Court*

Der Oberste Gerichtshof der Vereinigten Staaten hat in seinen Entscheidungen nicht so oft zum Prinzip der Gewaltenteilung Stellung genommen, wie man bei der Bedeutung dieser Maxime in den Anfängen des amerikanischen Verfassungslebens und dem Ausmaß der an ihr geübten Kritik vermuten würde. Keines der Urteile enthält, soweit ersichtlich, eine grundsätzliche Auseinandersetzung mit der Doktrin als solcher, ihrem Anwendungsbereich oder ihrer gewandelten Bedeutung. Die Maxime wird unter bestimmten Aspekten und mit partiellen Auswirkungen herangezogen, „um eine Anmaßung gesetzgeberischer Be-

---

lelen zu den Versuchen des amerikanischen Schrifttums, das Prinzip der Gewaltenteilung den geänderten Realitäten anzupassen. Ulrich *Scheuner* sieht den Sinn dieses Prinzips entsprechend der angelsächsischen und französischen Auffassung in der „Forderung der Verteilung und Mäßigung der Staatsmacht zum Schutze der individuellen Freiheit als ein politisches Mittel des freiheitlichen Staates“ (aus: Der Bereich der Regierung, in: Rechtsprobleme in Staat und Kirche, Festschrift für Rudolf Smend zum 70. Geburtstag, 1952, S. 253, 267). Hans *Peters* weist, wie viele amerikanische Autoren, auf die Durchbrechungen des Gewaltenteilungsprinzips hin, die er in der deutschen Staats- und Verfassungspraxis zu erkennen glaubt in der parlamentarischen Regierungsform, die wesensgemäß die Exekutive in ständige Abhängigkeit von der Legislative bringe, in der Institution des Bundesrats, der Gesetzgebungs- und Verwaltungsaufgaben in sich vereinige, in den Rechtsetzungsbefugnissen der Exekutive und den Exekutivbefugnissen der Gerichte. Er schließt daraus, daß die Maxime der Gewaltentrennung im deutschen Staatsrecht kein absolut grundlegendes verfassungsrechtliches Gebot sei und daß aus seiner Verletzung nicht die Nichtigkeit einer Vorschrift der Rechtsordnung gefolgert werden könne. Es komme darauf an, den wahren Kern von Montesquieus Lehre — nämlich, daß die Ausübung der Staatsgewalt in der Hand verschiedener, voneinander unabhängiger Organe liegen müsse — von der zeitgebundenen Verteilung der Gesetzgebungs-, Verwaltungs- und Rechtsprechungsfunktion auf entsprechende Staatsorgane zu lösen und auf der Basis einer andersgearteten Gewaltenaufteilung, etwa der des Föderalismus oder der Trennung in politische und fachliche Funktionen, in die Wirklichkeit umzusetzen (Die Gewaltentrennung in moderner Sicht, Arbeitsgemeinschaft für Forschung des Landes Nordrhein-Westfalen, Heft 25, S. 10, 11, 14—18, 23, 24). Ernst *von Hippel* fordert, daß die Gewaltenteilung nicht wie bei Montesquieu auf dem einzelnen, isolierten Staat aufbauen dürfe, sondern daß die Staatsverfassung von der einen Menschheit als Ganzem auszugehen und eine objektive Wertordnung anzuerkennen habe, innerhalb deren ein dreistufiges Recht — göttliches, natürliches und positives Recht — an die Stelle leerer Legalität und barbarischer Quantität zu setzen sei. Die Qualität der kulturell Reifen müsse durch einen aus entsprechenden Vertretern bestehenden Senat friedlich mit der Quantität der politisch Mündigen verbunden werden (Gewaltenteilung im modernen Staate, 1949, S. 41 ff.). Peter *Schneiders* Vorschlag geht dahin, das Prinzip der Gewaltenteilung nicht mehr unter dem überholten Begriffspaar von Rechtsetzung und Rechtsanwendung zu werten, sondern unter dem der Gestaltung und Bewahrung, welches Legislative und Exekutive der Judikative gegenüberstellt (Zur Problematik der Gewaltenteilung im Rechtsstaat der Gegenwart, AöR, Bd. 82 (1957), Heft 1, S. 12 ff.). Die Notwendigkeit einer Durchbrechung des Gewaltenteilungsgrundsatzes wird auch vom Bundesverfassungsgericht anerkannt; vgl. die in NJW 1971, S. 275, 279 (II 3) veröffentlichte Entscheidung.

fugnisse durch die Gerichte oder eine Anmaßung richterlicher Befugnisse durch den Gesetzgeber, eine Anmaßung gesetzgeberischer Befugnisse durch die Exekutive oder eine Anmaßung von Befugnissen der Exekutive durch den Gesetzgeber für unzulässig zu erklären"[77]. Die Ausführungen in den Urteilsgründen bewegen sich dabei zwischen Regel und Ausnahme, zwischen einem grundsätzlichen Festhalten an der Doktrin und den als notwendig erkannten Abweichungen von ihr.

In der Entscheidung Kilbourn v. Thompson aus dem Jahre 1881 forderte der Supreme Court eine klare Abgrenzung der drei Gewalten voneinander, insbesondere die Nichtausübung richterlicher Befugnisse durch den Kongreß, weist aber ausdrücklich auf die in der Verfassung vorgesehenen Fälle teilweiser Gewaltenverbindung hin[78]. In dem bereits erörterten Fall Myers v. United States (1926) stellt der Oberste Gerichtshof fest, daß das dem Präsidenten als Haupt der Exekutive zustehende Recht, bestimmte Beamte zu entlassen, nicht durch die Legislative geschmälert, d. h. nicht von der Zustimmung des Senats abhängig gemacht werden dürfe. Die drei Regierungsgewalten sollten getrennt bleiben, soweit die Verfassung nicht ausdrücklich eine Verbindung vorsehe[79]. Die strikteste, dem bereits oben wiedergegebenen Artikel 30 der Verfassung von Massachusetts sehr ähnelnde Formulierung der Dreiteilung findet sich in dem höchstrichterlichen Urteil Springer v. Philippine Islands (1928). An dem Prinzip ist nach dieser Entscheidung jedoch nur festzuhalten, soweit die in Frage stehende Tätigkeit der Hauptfunktion des jeweiligen Gewaltenträgers nicht inzident oder soweit etwas anderes nicht ausdrücklich vorgesehen (sic!) ist[80]. Obwohl das Gericht diese Ausnahme zuließ, sah sich der Richter Holms zu der abweichenden Stellungnahme veranlaßt, daß eine Trennung der Staatstätigkeiten „durch wasserdichte Schotten" nicht möglich sei. Dies zeige die Praxis, insbesondere die Schaffung der ICC mit ihren „nur durch ein quasi abgeschwächten" legislativen und judiziellen Funktionen[81]. Ähnlich wie im zuletzt genannten Fall betonte der Supreme Court auch in dem Verfahren Hampton Jr. & Co. v. United States (1928) zunächst das Trennungsprinzip. Es sei ein Bruch fundamentaler, nationaler

---

[77] Horst *Ehmke*, Wirtschaft und Verfassung, die Verfassungsrechtsprechung des Supreme Court zur Wirtschaftsregulierung, 1961, S. 491. Felix *Frankfurter*/James *Landis*, Power of Congress over Procedure in Criminal Contempts in ‚Inferior' Federal Courts: a Study in Separation of Powers, 37 Harvard Law Review, 1010, 1012—1016 (1924).

[78] 103 U.S. 168, 190; 26 L. Ed. 377, 387. Vgl. auch *Swenson*, S. 35, 46, Anm. 41.

[79] 272 U.S. 52, 116, 293; 47 S. Ct. 21, 25.

[80] 277 U.S. 189, 201, 202; 48 S. Ct. 480, 482: „. . . unless otherwise expressly provided or incidental to the powers conferred." Ebenso *Willoughby*, a.a.O., § 1062 („properly incidental").

[81] 277 U.S. 189, 209, 210; 48 S. Ct. 480, 485.

Rechtsgrundsätze, wenn der Kongreß seine Gesetzgebungsbefugnisse aufgebe und sie dem Präsidenten oder den Gerichten übertrage oder wenn er sich oder seine Mitglieder durch Gesetz mit exekutiven oder judiziellen Befugnissen auszustatten versuche. Gewaltentrennung schließe jedoch nicht aus, daß einer der drei klassischen Gewaltenträger zu seiner Unterstützung die Befugnisse der anderen für sich in Anspruch nehme, solange damit keine Anmaßung fremder verfassungsrechtlicher Kompetenzen als solcher verbunden sei. Ausmaß und Art derartiger Hilfstätigkeiten hätten sich nach dem gesunden Menschenverstand und den der Natur der Sache angepaßten Erfordernissen koordinierter Staatstätigkeit zu richten[82]. Einer wesentlichen Einschränkung des Gewaltenteilungsprinzips, die, wie bereits erwähnt, zuerst von Madison im Federalist No. 47 gemacht und von Story in seinem Kommentar zur Bundesverfassung übernommen wurde[83], ist der Supreme Court im Urteil Dreyer v. Illinois gefolgt: danach verstößt nur die Übernahme aller Machtbefugnisse eines Gewaltenträgers durch einen anderen, also die Vereinigung der gesamten Funktionen zweier Gewalten in einer Hand, gegen die Verfassung[84].

Trotz zahlreicher Angriffe, die gegen den gewaltenverbindenden Charakter einzelner Kommissionen gerichtet wurden, hat der Oberste Gerichtshof bisher kein Gesetz für nichtig erklärt, weil es einer independent regulatory commission legislative, exekutive und judizielle Funktionen zugleich einräumte[85]. Er hat allerdings auch die Zulässigkeit einer solchen Gewaltenverbindung bei bestimmten unabhängigen Bundesbehörden nicht näher begründet, sondern ist von deren Verfassungsmäßigkeit ohne grundsätzliche Erörterungen ausgegangen[86]. Die Ursachen für das Fehlen einer solchen Grundsatzentscheidung sind nach Cushman darin zu sehen, daß der Supreme Court, nachdem sich ein zentralisiertes Bundesverkehrswesen bereits gegen Ende des 19. Jahrhunderts durchgesetzt hatte, die spätere Entwicklung der Wirtschaftsregulierung durch administrative Zentralbehörden nicht mehr

---

[82] 276 U.S. 394, 406; 48 S. Ct. 348, 351.

[83] 5. Aufl., S. 393.

[84] 187 U.S. 71, 84 (1902); 23 S. Ct. 28, 32. Ebenso: Court of Appeals of New York in Trustees of Village of Saratoga Springs v. Saratoga Gas, Electric, Light and Power Co., 191 N.Y. 123 (1908); 83 N.E. 693, 695. Siehe auch *Forkosch*, Administrative Law, S. 34—36 (§ 36), S. 46, 47 (§ 47).

[85] *Cushman*, S. 423. Soweit ersichtlich, auch nicht seit dem Erscheinen dieses Werkes (1941) bis zum gegenwärtigen Zeitpunkt. Etwas anderes gilt für Einzeldelegationen (s. u. Kap. 5).

[86] Das gilt auch für die unteren Gerichte. Vgl. u. a. Sears, Roebuck and Co. v. Federal Trade Commission, 258 Fed. 307, 311 (1919): „... grants of similar authority to administrative officers and bodies have not been found repugnant to the Constitution.“ Siehe auch K. C. *Davis*, Administrative Law, Text, S. 28, 29.

rückgängig machen konnte und wollte, zumal er durch seine extensive Interpretation der commerce clause selbst dazu beigetragen hatte. Ein weiterer Grund liegt darin, daß er die Maschen des Netzes der Gewaltenteilungsdoktrin durch Betonung der oben erwähnten Einschränkungen und Ausnahmen weit genug gehalten hatte, um die Kommissionen, von deren Notwendigkeit er im übrigen überzeugt war, mehr oder minder stillschweigend hindurchzulassen. Hinzu kommt, daß die Teilung der Gewalten die Freiheit des Bürgers gegen willkürliche Akte der Staatsgewalt schützen soll. Dieser Schutz wird jedoch schon durch die grundsätzliche Nachprüfbarkeit von Maßnahmen der Behörden und Kommissionen durch die Gerichte gewährleistet. Damit tritt das Prinzip der Gewaltenkontrolle mehr und mehr an die Stelle des Prinzips der Gewaltentrennung[87]. Der im 5. und 14. Amendment der Bundesverfassung verankerte Rechtsgrundsatz des „due process of law" — der jeden Eingriff des Staates und seiner Behörden in Freiheits- und Vermögensrechte des Bürgers ohne Gewährung rechtlichen Gehörs in einem justizförmigen Verfahren verbietet — wird als ein Maßstab angesehen, der besser als das Gebot der Gewaltentrennung geeignet ist, die Rechtmäßigkeit solcher behördlichen Maßnahmen zu gewährleisten[88].

Die Problematik der Gewaltenverbindung muß noch unter einem anderen Aspekt untersucht werden, der die Gerichte in weitaus höherem Maß als die Gewaltenteilung beschäftigt hat, nämlich unter dem des Delegationsverbots.

---

[87] *Davis*, Administrative Law, Text, S. 29, 30 („principle of check"). *Adam*, Die Administrative Agencies in USA, DVBl. 1959, Nr. 18, S. 641, 642. Nach C. J. *Friedrich* handelt es sich bei der Ausübung legislativer, exekutiver und judizieller Befugnisse durch die unabhängigen Kommissionen nicht um eine Aufhebung der Gewaltenteilung, sondern um eine auf einer tieferen Ebene sich vollziehende Staatstätigkeit technischer Natur, die im Sinne der Gewaltenteilung arbeite. Diese technischen Staatstätigkeiten stimmten nämlich insofern mit dem Trennungsgebot überein, als sie in ihrer gesetzgeberischen Funktion dem Kongreß, in ihrer verwaltenden Funktion dem Präsidenten (!) und in ihrer richterlichen Funktion den Gerichten unterworfen seien (*Friedrich*, Die Entwicklung des amerikanischen öffentlichen Rechts nach dem Kriege, Jahrbuch des öffentl. Rechts, Bd. 20/1932, S. 393, 407, 408 und in: Der Verfassungsstaat der Neuzeit, S. 210). Siehe auch Ernst *Freund*, Administrative Powers over Persons and Property, 1928, § 184, S. 170.

[88] *Cushman*, S. 424—427. Kritisch zur Auffassung Cushman's: G. *Wiechens*, S. 67 ff., 77, 82. Wie Cushman: *G. Greza*, S. 43. *Powell*, a.a.O., S. 216—218. Frederick *Green*, Separation of Governmental Powers, 29 Yale Law Journal 369, 373 (1920).

5. Kapitel

Die Übertragung von Rechtsetzungsbefugnissen auf die Kommissionen und die Exekutive

I. Die Entwicklung des Grundsatzes der Nichtübertragbarkeit von Legislativbefugnissen

Das einem Gewaltenträger auferlegte Verbot, die ihm eingeräumte Befugnis nicht weiter zu übertragen, ergibt sich schon aus dem Gewaltenteilungsprinzip. Denn die Trennung der Gewalten wäre illusorisch, wenn jeder Gewaltenträger seine Befugnisse auf einen der anderen beliebig übertragen dürfte. Insofern unterliegt das Delegationsverbot den gleichen oben erörterten Einschränkungen wie die Doktrin der separation of powers[1]. Andererseits geht der Grundsatz der Nichtübertragbarkeit einmal übertragener Gewalt auf Rechtsinstitute zurück, die selbständig neben dem der Gewaltenteilung stehen und historisch eine eigene Entwicklung durchlaufen haben.

Bereits in den Digesten findet sich ein Passus, wonach eine Person die auf sie übertragenen Befugnisse nicht weiterübertragen darf[2]. Eine mittelalterliche Glosse zu der erstzitierten Digestenstelle enthält die Fassung „delegatus non potest delegare“. Dies Prinzip hatte ursprünglich jedoch nur zivilrechtliche und prozeßrechtliche Bedeutung. Das Delegationsproblem wird dann — im Zusammenhang mit der Übertragung von richterlichen Befugnissen und bestimmten Vorrechten durch den König — von dem englischen Rechtsgelehrten Bracton in der Mitte des 13. Jahrhunderts aufgegriffen und in seiner[3] Schrift „De legibus et consuetudinibus Angliae“ im Rahmen des common law näher erörtert. Nach den bisher erschienenen Fassungen dieses Textes konnte iurisdictio delegata nicht weiterdelegiert werden, während die neueste wissenschaftliche Ausgabe den Schluß auf ein absolutes Delegationsverbot nicht mehr zuläßt[4]. In seiner der Haltbarkeit dieser Maxime

---

[1] Vgl. *Cooper*, S. 27, 31.

[2] „Mandatam sibi iurisdictionem mandare alteri non posse manifestum est“ (D. 1.21.5).

[3] 1569 zum ersten Mal erschienen.

[4] Bisherige Fassung der Stelle in Bractons „De Legibus“, folio 556: „Est enim corona regis facere iustitiam et iudicium, et tenere pacem, et sine

gewidmeten Untersuchung hält Duff die neueste Fassung für die richtige[5] und kommt zu dem Ergebnis, daß das Prinzip in seiner bekannten Form auf die mittelalterlichen Kommentatoren der Digesten und Dekretalen zurückgeht, sein Eingehen in das common law jedoch dem Versehen eines Druckers aus dem 16. Jahrhundert verdankt[6]. Auf die Schlüssigkeit dieser Beweisführung kann hier nicht näher eingegangen werden. Jedenfalls ist die Annahme gerechtfertigt, daß die alte Fassung späteren Autoren als Vorbild gedient hat. So wurde das Delegationsverbot von Coke in die Institutes of the Law of England (1642) aufgenommen[7], gelangte von dort in Branch's „Maxims" (1753)[8], wo es zum ersten Mal als „delegata potestas non potest delegari" erscheint, und wird schließlich auch von amerikanischen Autoren wie Kent[9] und Story[10] übernommen. Die beiden letzteren behandeln das Prinzip jedoch nur im Rahmen des law of agency, wo es besagt, daß ein agent grundsätzlich keinen subagent bestellen kann, weil das zwischen Auftraggeber und agent bestehende persönliche Vertrauensverhältnis eine Ersetzung des agent durch einen dem Auftraggeber unbekannten Dritten nicht duldet[11]. Dieses in den Beauftragten gesetzte Vertrauen, der Trust-Gedanke, ist jedoch auch die Grundlage für das Delegationsverbot in seiner verfassungsrechtlichen Ausformung, wie es von John

---

quibus corona consistere non potest, nec tenere. Huius modi autem iura sive iurisdictiones ad personas vel tenementa transferri non poterunt, nec a privata persona possideri, nec usus nec executio iuris, nisi hoc datum fuerit ei de super, sicut iurisdictio delegata non delegari poterit, quin ordinaria remaneat cum ipso rege." Zitiert nach *Duff - Whiteside,* Delegata potestas non potest delegari: A Maxim of American Constitutional Law, 14 Cornell Law Quarterly 168, 172 (1928/29).

In der neuen, von Professor Woodbine herausgegebenen Fassung der Schrift Bractons lautet die entscheidende Stelle: „... nisi hoc datum esset ei desuper, sicut iurisdictio delegata, nec delegari poterit, quin ordinaria remaneat cum ipso rege."

[5] Ebenso *Ehmke,* S. 498, Anm. 91. Für die Richtigkeit der alten Fassung dagegen *Corwin,* The President, Office and Powers, 3. Aufl. 1948, S. 442, Anm. 11.

[6] *Duff - Whiteside,* a.a.O., S. 173.

[7] 2 Inst. 597.

[8] T. *Branch,* Principia legis et aequitatis, S. 38.

[9] Commentaries on American Law, 1827, Bd. 2, S. 495.

[10] Commentaries on the Law of Agency, 1839, §§ 13, 14. Die in den letzten vier Anmerkungen angegebenen Quellen werden zitiert nach *Ehmke,* S. 496, Anm. 76—79.

[11] *Kent* sagt: „An agent ordinarily, and without express authority, ... has not power to employ a sub-agent to do the business, without the knowledge or consent of his principal. The maxim is, that delegatus non potest delegare, and the agency is generally a personal trust and confidence which cannot be delegated; for the principal employs the agent from the opinion which he has of his personal skill and integrity, and the latter has no right to turn his principal over to another, of whom he knows nothing." Zitiert nach *Duff - Whiteside,* a.a.O., S. 169.

Locke im Second Treatise entwickelt und von Cooley in den Constitutional Limitations (1868) übernommen wurde. Ausgangspunkt ist die für Locke höchste Gewalt im Staat, nämlich die gesetzgebende. Sie wird vom Volke der gesetzgebenden Körperschaft übertragen und anvertraut[12], kann von letzterer als dem allein vertrauenswürdigen Delegatar daher nicht weiterübertragen werden. Einzig das Volk kann bestimmen, in wessen Händen die Legislative sein soll. Ihr Auftrag ist es, Gesetze zu machen und nicht, neue Gesetzgeber zu schaffen. Die Mitwirkung des Volkes bei der Gesetzgebung, welche durch die Zusammensetzung der Legislative aus Volksvertretern gewährleistet ist, darf durch die Übertragung auf Delegatare, die dieser Mitwirkung ermangeln, nicht ausgeschaltet werden[13]. Treuhänderschaft und Mitbestimmung werden somit zu Stützen des öffentlich-rechtlichen Delegationsverbots[14]. Dieses hat, ebenso wie Locke's Ausführungen zur Gewaltenteilung, auch die amerikanische verfassunggebende Versammlung beeinflußt. Es wurde zwar nicht expressis verbis in die Verfassung übernommen, wird jedoch aus der bindenden Zuweisung der Gesetzgebungsbefugnisse an den Kongreß abgeleitet. Dieser übt seine Funktionen ebenso wie Judikative und Exekutive lediglich als ihm vom Volk durch die Verfassung übertragene aus[15]. Obwohl die oben erörterten öffentlichrechtlichen und zivilrechtlichen Wurzeln in Rechtsprechung und Schrifttum nicht immer auseinandergehalten werden, gilt die Nichtübertragbarkeit von Gesetzgebungsbefugnissen als im Grundsatz gesicherte Maxime des amerikanischen Verfassungsrechts[16]. Sie wurde

---

[12] „delegated power" ist für Locke gleichbedeutend mit „entrusted" and „fiduciary power".

[13] *Locke*, Second Treatise, Chap. XI, § 141: „Fourthly, The Legislative cannot transfer the Power of Making Laws to any other hands. For it being but a delegated Power from the People, they who have it, cannot pass it over to others. The People alone can appoint the Form of the Commonwealth, which is by Constituting the Legislative, and appointing in whose hands that shall be. And when the People have said, We will submit to rules, and be govern'd by Laws made by such Men and in such Forms, no Body else can say other men shall make Laws for them; nor can the People be bound by any Laws but such as are Enacted by those, whom they have Chosen, and Authorised to make Laws for them. The Power of the Legislative being derived from the People by a positive voluntary Grant and Institution, can be no other, than what that positive Grant conveyed, which being only to make Laws, and not to make Legislators, the Legislative can have no Power to transfer their Authority of making Laws, and place it in other hands."

[14] Über die Weiterentwicklung des Delegationsprinzips in England siehe die rechtsvergleichende Darstellung von Sidney B. *Jacobi*, Delegation of Powers and Judicial Review: A Study in Comparative Law, 36 Columbia Law Review 871, 881 ff. (1936).

[15] B. *Schwartz*, S. 30, 31. *Duff - Whiteside*, S. 174, 175. *Forkosch*, S. 37, Anm. 72. *Landis*, S. 48.

[16] T. M. *Cooley*, A Treatise on the Constitutional Limitations which rest

durch die Rechtsprechung jedoch in wesentlichen Punkten modifiziert, da ihre strikte Durchführung auf unüberwindliche Schwierigkeiten gestoßen wäre. So hätte man sich dem Problem gegenüber gesehen, daß die bei strenger Anwendung der Gewaltentrennung einzige Befugnis, welche der Gesetzgeber besaß und über welche dieser folglich auch im Wege der Übertragung hätte verfügen können, nämlich die legislative, aufgrund des Delegationsverbots nicht delegierbar gewesen wäre. Umgekehrt hätte die Exekutive wiederum nur gesetzesvollziehende, nicht jedoch rechtsetzende Funktionen ausüben können und wäre damit nicht in der Lage gewesen, irgendwelche Befugnisse von der Legislative zu übernehmen. Andernfalls müßten sich die Gesetzgebungsfunktionen beim Übergang auf die Exekutive in Gesetzesvollziehungsbefugnisse umwandeln[17], oder die Delegation könnte nicht als Gewährung einer Befugnis, sondern nur als deklaratorische Bestimmung aufgefaßt werden, daß die der Exekutive zur Regelung überlassene Materie nichtlegislativer Natur sei[18].

Außerdem sind es staatspolitische Notwendigkeiten, welche die Entlastung des Gesetzgebers erforderlich machten. Der Kongreß hatte im Gegensatz zur Administration weder die Zeit und das Spezialwissen, um alle Details auf den sich rasch ausdehnenden Gebieten des Außenhandels und der Binnenwirtschaft in Form von Export-, Import- und Zollbestimmungen sowie von Markt-, Preis-, Lohn-, Arbeitszeit- und Sicherheitsvorschriften selbst zu regeln, noch besaß er die Schnelligkeit und Flexibilität, um nachteiligen Entwicklungen begegnen oder sich einer Änderung der Sachlage durch ein entsprechendes Gesetz rechtzeitig anpassen zu können[19].

Als Hauptschwierigkeit erwies sich die Abgrenzung des Bereichs legislativer Tätigkeit, der dem Gesetzgeber verbleiben mußte, von den

---

upon the Legislative Power of the States of the American Union, (1. Aufl. 1868), 8. Aufl. 1927, S. 224, zit. in 14 Cornell L. Qu. 171. C. K. *Burdick*, The Law of the American Constitution, 1922, § 60, S. 149, 150. James *Hart*, The Ordinance Making Powers of the President of the United States, in: Johns Hopkins University Studies in Historical and Political Science, Bd. 43, Nr. 3, S. 128, 129 und Limits of Delegated Legislation, in: 221 Annals 87, 88—90. Zu den Ursprüngen auch R. *Pound*, Jurisprudence, Bd. III, Teil V, Kap. 18, § 110, S. 628—631. W. W. *Willoughby*, The Constitutional Law of the United States, Bd. III, § 1075, S. 1636. *Corwin*, The President: Office and Powers, S. 149, 150. Field v. Clark 143 U.S. 649; 12 S. Ct. 495.

[17] *Corwin*, a.a.O., S. 150. Vgl. auch Cuthbert W. *Pound*, Constitutional Aspects of American Administrative Law, 9 A. B. A. J. 409, 413 (1923).

[18] *Fairlie*, Administrative Legislation, 18 Michigan Law Review 181, 189 (1920).

[19] Grundlegend hierzu *Luce*, S. 478 ff. mit zahlreichen Nachweisen und Zitaten, z. B. von E. *Root*: „When a legislative body has more business to do than it can properly consider, there is only one avenue of relief, and that is a continual increase of delegation of power" (S. 479).

Vgl. auch *Landis*, S. 69: „The administrative is always in session."

Rechtsetzungsbefugnissen, die auf die Exekutive übertragen werden konnten, ohne Artikel I, § 1 der Verfassung und das Delegationsverbot gegenstandslos zu machen.

II. Das Problem der Abgrenzung der dem Kongreß vorbehaltenen Gesetzgebungsbefugnisse von den auf Exekutive und Kommissionen delegierbaren Rechtsetzungsbefugnissen

Die Grenzziehung wird dadurch erschwert, daß eine scharfe begriffliche Formulierung von der Legislative zuzuordnenden Gesetzen und der Exekutive zuzuordnenden Verordnungen nicht möglich ist[20].

1. Der Begriff des Gesetzes

Der angloamerikanische Gesetzesbegriff läßt sich nur schwer umreißen[21]. Es ist zunächst auf den Einfluß englischen Rechtsdenkens hinzuweisen. Francis Bacon gründet, worauf Radbruch (S. 54) besonders eingeht, in seinem Werk „De dignitate et augmentis scientiarum" (1605) die Verbindlichkeit des Gesetzes unter Berufung auf Senecas Worte „lex iubeat non disputet" auf die Autorität und betont den Befehlscharakter des Gesetzes: „lex incipiat a iussione." Auch nach Hobbes beruht die Geltung eines Gesetzes nicht wie bei Coke auf seinem vernünftigen Inhalt, sondern auf seinem Ursprung, der Autorität der souveränen Macht: „It is not wisdom but authority that makes a law." Eine ähnliche Auffassung vertritt insoweit Bentham[22], der, wie Radbruch (S. 64) betont, das englische „judge made law" durch eine „codification" nach kontinentalem Vorbild ersetzen wollte. Benthams Schüler war Austin, der Begründer der analytischen Theorie. Er rückt den Gesetzesbefehl ganz in den Vordergrund. Letzterer ist bei ihm durch die äußere staatliche Autorität bedingt[23]. Diese führt zur Bindung an

---

[20] „It must be admitted that it is difficult to define the line which separates legislative power to make laws, from administrative authority to make regulations." (United States v. Grimaud 220 U.S. 506, 517; 31 S. Ct. 480, 483).

[21] Nach *Weeks* ist dies in seiner historischen Entwicklung und in einem Mangel an Logik im Bereich englischer Rechtsinstitutionen begründet: „In fact, a gift of logic is not a noteworthy trait of the English or the Americans, nor is it by any means the outstanding characteristic of their legal and political institutions and ideas" (Legislative Power versus Delegated Legislative Power, 25 Georgetown Law Journal 314, 317/1937; siehe auch S. 320).

[22] „A law is either a command or the revocation of one"; *Bentham*, Principles of Moral and Legislation, 1787, p. 330; zitiert nach R. *Pound*, Jurisprudence, Bd. II, Teil III, Kap. 9, § 54, S. 69.

[23] „rules set by men as politically superior to men as politically subject"; „laws are commands set by sovereign to subject;" *Austin*, 1 Jurisprudence (5 ed. 1885) 86—87; zitiert nach *Pound*, a.a.O., S. 71—72, 137—138.

das Gesetz, da der Staat die Befugnis hat, es zu erzwingen und für den Fall seiner Nichtbefolgung ein Übel anzudrohen. Damit wird die ausdrückliche oder stillschweigende Sanktionsmöglichkeit zum Charakteristikum des Gesetzes als eines Produkts, das auf staatlicher Rechtsetzung beruht und nicht wie die Regeln der Moral oder des Naturrechts aus der Vernunft oder den ethischen Vorstellungen der Gesellschaft abzuleiten ist[24]. Das Gesetz stellt eine Vorschrift für menschliches Verhalten (external human action) dar, eine Regel (rule), die an einen Tatbestand eine bestimmte Rechtsfolge knüpft und allgemein anwendbar ist (of general application)[25]. Die allgemeine Geltung schließt Ausnahmen und Beschränkungen auf bestimmte Personenkategorien nicht aus.

Holland, der in seinem Werk Elements of Jurisprudence die zweite Stufe der analytischen Doktrin entwickelt, verlagert den Schwerpunkt von der Aufstellung von Rechtssätzen durch den Staat bzw. durch eine „souveräne politische Autorität" gänzlich auf die Erzwingung durch den Staat. Gesetz ist, was durch diejenigen, welche die Autorität in einer politisch organisierten Gesellschaft ausüben, erzwungen werden kann[26].

In der dritten angloamerikanischen, analytischen Phase, repräsentiert durch Dicey und Salmond, wird die obige Formel zunächst auf die Durchsetzbarkeit im Gerichtswege verengt[27], von Clark aber dann durch Einbeziehung der Exekutivbehörden als Erzwingungsorgane erweitert.

Eine neue Komponente erhält der Gesetzesbegriff durch die Vorherbestimmbarkeit. Das Gesetz ermöglicht danach die Vorhersage, wie die Gerichte in einem zukünftigen Fall entscheiden werden[28]. Das zukunftsbezogene Eelement wird, wiewohl in weniger spezifischem Sinne, auch in einer Entscheidung des Supreme Court als Merkmal der Gesetzgebung betont und der auf die Gegenwart oder Vergangenheit gerichteten Rechtsprechung gegenübergestellt[29]. Der Wert der zukünftigen

[24] *Pound,* a.a.O., S. 151, 154.

[25] *Pound,* a.a.O., S. 135, 152, 158.

[26] „A general rule of external human action enforced by a sovereign political authority"; *Holland,* Elements of Jurisprudence (1 ed. 1880), Kap. 3: zitiert nach *Pound,* a.a.O., S. 73, 74.

[27] *Dicey,* Private International Law as a Branch of the Law of England (1890), 6 Law Quart. Rev. 3. *Salmond,* Jurisprudence (1902), § 5. Zitiert nach *Pound,* a.a.O., S. 74—76.

[28] Justice *Holmes,* The Path of Law, 10 Harvard Law Rev. 457, 460, 461. Vgl. *Pound,* a.a.O., S. 165, 166. Die analytische Theorie geht von dem Begriff „law" aus, dessen Bedeutungen „Recht" und „Gesetz" oft nicht scharf genug auseinandergehalten werden.

[29] Prentis v. Atlantic Coast Line Co., 211 U.S. 210, 218; 29 S. Ct. 67, 69 (1908). Justice *Holmes* führte für das Gericht aus: „A judicial inquiry inves-

Wirkung als Abgrenzungsmerkmal ist jedoch fraglich. Andere gerichtliche Entscheidungen haben auf die Legalisierung von „passed acts" durch Rechtsvorschriften und umgekehrt auf die Zukunftsbezogenheit von Leistungsurteilen aus Dauerverträgen, von richterlichen Anordnungen über das Personensorgerecht und von Abänderungsurteilen hingewiesen[30]. Die Abgrenzung der legislativen von der judiziellen Tätigkeit begegnet um so größeren Schwierigkeiten, als den Gerichten im angloamerikanischen Rechtsbereich eine wichtige rechtsschöpferische Funktion zuerkannt wird, die weit über bloße Rechtsanwendung hinausgeht[31].

Dickinson verneint die zukünftige Wirkung als Abgrenzungskriterium und modifiziert das schon von Austin als Charakteristikum des Gesetzes angesehene Merkmal der Allgemeinheit dahin, daß die Gesetzgebung die Rechte der Bürger „in abstracto" berühre, während die richterliche Entscheidung in concreto und unmittelbar den Einzelnen betreffe[32]. Für die Allgemeinheit und Abstraktheit des Gesetzes spricht, daß zwischen ihr und dem Gleichheitssatz ein enger Zusammenhang besteht. Letzterer ist als Bestandteil von due process in der equal protection clause des 14. Verfassungsamendments verankert und besagt, daß alle gleichgelagerten Fälle rechtlich grundsätzlich gleich behandelt werden müssen. Der Supreme Court hat in einer frühen Entscheidung diesen Zusammenhang dahingehend charakterisiert, daß durch die allgemeine Wirkung eines Gesetzes den Anforderungen von due process Genüge getan werde[33]. Das hat indessen eine Entwicklung nicht verhindert, in deren Verlauf eine große Anzahl von Spezialgesetzen, von Einzelakten in Gesetzesform (special, private or local laws)

---

tigates, declares, and enforces liabilities as they stand on present or past facts and under laws supposed already to exist. That is it's purpose and end. Legislation on the other hand, looks to the future and changes existing conditions by making a new rule, to be applied thereafter to all or some part of those subject to its power." Siehe auch 1 Am. Jur. § 163 u. ebenda *Cooley; J. Friedman,* A Word about Commissions, 25 Harvard Law Rev. 704, 706, 707 (1911—1912). *Swenson,* Federal Administrative Law, S. 39, 40.

[30] Siehe *Ehmke,* S. 554, Anm. 349. *Schwartz,* S. 106, 107.

[31] *Fraenkel,* S. 204. A. *Kocourek,* Legislative, Judicial and Executive Powers — Their Distinction — Delegation of Powers, 15 Illinois Law Rev. 108—110 (1920/21). Bereits *Hoadley* stellte 1717 fest: „Wahrlich, wer immer die absolute Autorität besitzt, irgend ein schriftlich festgelegtes oder mündlich überliefertes Recht auszulegen, der ist in jeder Hinsicht der Schöpfer des Rechts („the law giver") und nicht die Person, die es zuerst niedergeschrieben oder ausgesprochen hat."

[32] *Dickinson,* Administrative Justice and the Supremacy of Law, S. 20, 21. Ebenso 1 Am. Jur. § 164.

[33] Dent v. State of West Virginia, 129 U.S. 114; 9 S. Ct. 231, 234 (1889): „... legislation is not open to the charge of depriving one of his rights without due process of law, if it be general in its operation upon the subjects to which it relates."

erlassen wurden[34]. Beispiele hierfür sind die Einsetzung von Etatposten in staatliche Haushalte, die Verleihung von Körperschaftsrechten an bestimmte Gesellschaften, die Zuerkennung der Befugnis, gegen den Staat zu klagen, usw. Viele Einzelstaaten haben in ihren Verfassungen diese „special or class legislation", soweit sie es für notwendig hielten, auf bestimmte Bereiche beschränkt und auch diesbezügliche Verbote weniger generell als speziell gefaßt, so daß nach wie vor von einer Zulässigkeit von special laws auf vielen Gebieten auszugehen ist[35]. Deren Anzahl wird sich noch vergrößern, da die moderne industrielle Entwicklung eine Spezialisierung der Gesetzgebung begünstigt. Die Rechtsprechung ist uneinheitlich[36]. Angesichts dieser Sachlage kommt der Allgemeinheit und Abstraktheit des Gesetzes allenfalls die Bedeutung eines trotz vieler Ausnahmen nach wie vor anzuerkennenden Gesetzesmerkmals, nicht jedoch die eines Abgrenzungskriteriums gegenüber anderen Staatstätigkeiten zu[37]. Eine Definition des Gesetzes im nicht formellen Sinne ist damit schwerlich geeignet, die Gesetzgebung, welche dem Kongreß vorbehalten bleiben muß, von anderen Rechtsetzungsfunktionen zuverlässig abzugrenzen, die der Exekutive zugeordnet werden können.

[34] Siehe Robert *Luce*, Legislative Problems, 1935, S. 528, 544 f., 567 f., der diese Tendenz ebenso kategorisch wie polemisch kritisiert: „When is a law not a law? When it is private, local or special." (s. S. 532; vgl. auch 535, 536, 540 ff. und Kap. 22). Siehe auch *Weeks*, a.a.O., S. 317—322.

[35] Einen Überblick über die entsprechenden Bestimmungen der einzelnen Verfassungen gibt *Pound*, a.a.O., S. 153. Vgl. zu dem ganzen Problem Hermann von *Mangoldt*, Rechtsstaatsgedanke und Regierungsformen in den Vereinigten Staaten von Amerika, 1938, S. 313, 315—318.

[36] Vgl. die kurze Übersicht bei *Ehmke*, S. 404, Anm. 907.

[37] Nach *Weyer* bedeutet Allgemeinheit des Gesetzes im amerikanischen Rechtsbereich Höherwertigkeit, größere Wichtigkeit. Weyer glaubt hier Parallelen zu den Thesen Hellers zum „Begriff des Gesetzes in der Reichsverfassung" (in Veröffentlichungen der Vereinigung der Deutschen Staatsrechtslehrer, 1927, Heft 4, S. 116) ziehen zu können, wo ausgeführt wird, daß sich das Gesetz von einer Verwaltungsvorschrift oder einem Rechtsspruch keineswegs durch seine Rechtssatzeigenschaft, auch nicht durch seine Eigenschaft als allgemeine oder eine in Freiheit und Eigentum eingreifende Norm unterscheide, sondern lediglich durch seine erhöhte, alle andere Staatstätigkeit determinierende, materielle Geltungskraft. Gesetzgebung sei die verbindliche Aufstellung von policies zu dem Zwecke, die öffentlichen Zustände zu verändern (Heinrich *Weyer*, Das Verordnungsrecht der Exekutive als Gewaltenproblem, 1956, S. 117—122). Über den Begriff policy siehe unten (Kap. 5, III). Zum Gesetzesbegriff siehe ferner noch *Green*, 29 Yale Law Journal 369, 374 (1920) und *Hart*, der sich ebenfalls als Vertreter einer „analytical jurisprudence" bezeichnet, aber anders als die oben genannten Autoren z. T. in Anlehnung an deutsche Vorbilder einen formellen Gesetzes- und Verordnungsbegriff dem Begriff des Gesetzes und der Verordnung im materiellen Sinne gegenüberstellt.

2. *Der Begriff der Verordnung*

Eine solche Abgrenzung kann auch nicht vom Begriff der Verordnung her erfolgen. Diese wird ihrer Substanz nach im amerikanischen Schrifttum nicht klar vom Gesetz geschieden[38], und der Erlaß von Verordnungen (rule making) wird von einem unteren Gericht geradezu als „legislation on the administrative level" bezeichnet[39]. Auf der anderen Seite besteht wie beim Gesetz das Problem der Abgrenzung von Einzelfällen. Eine solche Abgrenzung wird durch die Definition einer rule, die § 2 (c) des Federal Administrative Procedure Act (APA) gibt, insofern erschwert, als diese Legaldefinition die Regelung von Einzelfällen ausdrücklich einbezieht. Danach stellt eine Verwaltungsverordnung „das Ganze oder den Teil einer behördlichen Verlautbarung dar, die allgemein oder in besonderen Fällen anwendbar, für die Zukunft wirksam und dazu bestimmt ist, Rechtssätze oder Richtlinien durchzuführen, auszulegen oder vorzuschreiben oder Organisation, Verfahren bzw. Voraussetzungen behördlicher Tätigkeit festzulegen"[40].

Diese Legaldefinition trägt der Tatsache Rechnung, daß es in der amerikanischen Praxis zahlreiche Grenzfälle zwischen Verordnung und Einzelentscheidung gibt, z. B. Tarif- und Sicherheitsvorschriften für die einzige in einem Territorium befindliche Autobuslinie[41]. Die Unmöglichkeit, einzelne Formen der Regelung immer voneinander zu trennen, wird jedoch in Kauf genommen, da den Betroffenen im rulemaking-Verfahren ebenso wie in dem zum Erlaß von Einzelmaßnahmen und -entscheidungen führenden Verfahren rechtliches Gehör nach Maßgabe der durch den APA hierfür festgelegten Bestimmungen gewährt und die gerichtliche Nachprüfung der getroffenen Regelung ermöglicht wird[42].

---

[38] Vgl. *Davis*, Treatise, § 5.01, S. 285: „A rule — (or a regulation — a term used interchangeably with rule) — is the product of rulemaking and rulemaking is the part of the administrative process that resembles a legislature's enactment of a statute." *Fairlie* erwähnt „Fälle aus der Praxis, in denen einander sehr ähnliche Materien einmal durch Gesetz, ein anderes Mal dagegen durch Verordnung geregelt werden (18 Michigan Law Rev. 188, 189). Siehe auch *Weeks*, a.a.O., S. 326.

[39] Zitat bei *Davis*, a.a.O., S. 288, Anm. 9.

[40] § 2 (c) APA lautet: „Rule means the whole or any part of any agency statement of general or particular applicability and future effect designed to implement, interprete or prescribe law or policy or to describe the organization, procedure or practice requirements of any agency."

[41] *Parker*, S. 98. *Weeks*, a.a.O., S. 327. *Hart*, S. 35: „uniformity is possible only where there are uniformities in the phenomena to be regulated."

[42] So *Parker*, der darauf hinweist, daß der den Betroffenen gegen Einzelentscheidungen, nicht aber gegen generelle Normen zustehende verfassungsmäßige Rechtsschutz (due process of law) aufgrund der nunmehr bestehenden Verfahrensbestimmungen des APA nicht mehr dadurch umgangen wer-

Nach der amtlichen Begründung sollte die spätere Einfügung der Worte „or particular" in die Legaldefinition der rule die Entstehung von Streitfragen vermeiden und die Anwendbarkeit des Verordnungsbegriffs auf „rulemaking addressed to named persons" sichern[43]. Bei den in die Definition einbezogenen, auf namentlich bestimmte Personen anwendbaren Verordnungen handelt es sich im wesentlichen um die Regelung von Preisen, Tarifen und Organisationsstrukturen einzelner Unternehmen. Die Formulierung wurde stark durch pragmatische Erwägungen bestimmt und ist als „Werkzeug, nicht als Selbstzweck aufzufassen"[44]. Sie weicht von dem bisher vorherrschenden „klassischen" Begriff der „general regulation as distinguished from orders that apply to named persons or to specific situations" gerade in dem Punkt der Anwendbarkeit auf Einzelfälle ab und unterscheidet sich auch von der späteren Entwicklungen angepaßten, auf „indizierte" Personen und Fälle ausgedehnten Definition von Fuchs („the issuance of regulations or the making of determinations which are addressed to indicated but unnamed and unspecified persons or situations")[45]. Davis vertritt die Auffassung, daß sich an dem traditionellen Begriff der rule durch die neue Legaldefinition bis auf die Klärung einiger Zweifelsfälle nichts geändert habe. Der Rechtssatzcharakter einer Verordnung solle durch ihre Anwendbarkeit auf „named persons" nicht beseitigt werden. Der Zusatz „or particular" solle nicht in rule making verwandeln, was vor Inkrafttreten des APA als adjudication angesehen worden sei. Andererseits solle aus rule making nicht schon deshalb adjudication werden, weil es sich auf bestimmte Beteiligte oder bestimmte Situationen beziehe[46].

Die Unmöglichkeit einer aus der Natur der Sache heraus vorzunehmenden Trennung von Gesetzen, die dem Kongreß, Verordnungen, die

---

den könne, daß eine Behörde eine Einzelentscheidung in Form einer Verordnung erlasse (*Parker*, Individuelle Verwaltungsentscheidung oder generelle Verordnung? Die Amerikanische Lösung. Österreichische Zeitschrift für öffentliches Recht, Bd. 11, S. 438, 442—446/1961).

[43] H. Rep. No. 1980, 79th Cong., 2d sess., 1945, S. 49.

[44] *Nathanson*, Some Comments on the Administrative Procedure Act, 41 Illinois Law Rev. 368, 372 (1946).

[45] *Fuchs*, Procedure in Administrative Rule Making, 52 Harvard Law Rev. 259, 265 (1938); siehe hierzu auch *Reich*, Rule Making under the Administrative Procedure Act, in: Federal Administrative Procedure Act and the Administrative Agencies, ed. by George Warren, New York University School of Law, 1947, S. 492—494.

[46] *Davis*, Treatise, § 5.02, S. 296. Kritisch hierzu *Ehmke*, S. 517, Anm. 174. Vgl. zum Ganzen auch R. W. *Ginnane*, Rule Making, Adjudication and Exemptions under the Administrative Procedure Act, 95 University of Pennsylvania Law Review 621, 622, 624—627, 632 (1947), hauptsächlich die Gesetzesgeschichte und Gesetzesmaterialien betreffend. Ebenso U. A. *Lavery*, Federal Administrative Law, 1952, § 27, S. 19, 20. Siehe auch *Comer*, S. 27, 28.

der Exekutive, und Einzelentscheidungen, die teilweise der Exekutive, teilweise der Judikative zuzuordnen sind, zwingt dazu, sowohl die Übertragung von Rechtsetzungs-, als auch die von Einzelentscheidungsbefugnissen unter dem Gesichtspunkt der Delegation zu prüfen und als gemeinsamen Nenner das übertragene Ermessen und seine notwendigen Grenzen zugrundezulegen[47]. Sie zwingt andererseits dazu, die Übertragung von Funktionen nicht nach Kriterien vorzunehmen, die an einer reinen, auf die drei klassischen Staatstätigkeiten bezogenen Begriffslogik orientiert sind.

Die Verordnungsbefugnisse der Exekutive müssen nicht alle auf einer gesetzlichen Delegation beruhen. Sie können sich unmittelbar aus der Verfassung ergeben. Aufgrund der durch Artikel II, § 2 der Bundesverfassung ihm eingeräumten, aber auch insoweit als vom Volk anvertraut anzusehenden[48] Befugnisse kann der Präsident „verfassungsmäßige" (constitutional)[49] Verordnungen auf dem Gebiet des Wehr-, Verteidigungs-[50] und Begnadigungswesens (Amnestie)[51] erlassen. Außerdem wird die „faithful execution clause" des Artikels II, § 3 als Grundlage für „Verwaltungsverordnungen"[52] des Präsidenten im Bereich der inneren Administration angesehen[53]. Inwieweit die Interna regelnden Verordnungen von Verwaltungsbehörden auf „constitutional custom"

---

[47] Ralph F. *Fuchs*, Concepts and Policies in Anglo-American Administrative Law Theory, 47 Yale Law Journal 538, 545, 546 (1938). Ebenso Robert M. *Cooper*, Administrative Justice and the Role of Discretion, 47 Yale Law Journal 577, 583, 584 (1938) und *Pfiffner*, The Development of Administrative Regulation, 221 Annals 1, 7.

[48] Siehe *Hart*, S. 112: „A fundamental principle is that the President has no inherent powers, but is a mere agent to whom is delegated in the Constitution all the authority which he possesses. In this respect his position is exactly opposite to that of the Prussian monarchy in the period before 1918. Prussia had a constitution and the rule of law; but the theory was that the king was sovereign, and that the constitution was only an emanation of the will of the king, a self-imposed limitation ..."

[49] Im Gegensatz zu „gesetzmäßigen" (statutory) Verordnungen (*Hart*, S. 51).

[50] *Hart*, S. 238 ff., 242.

[51] *Hart*, S. 216.

[52] *Hart*, S. 53, verwendet in Anlehnung an deutsche Vorbilder die Begriffe „Verwaltungsverordnungen" (die Beziehungen des Staates zu seinen Organen betreffend) und „Rechtsverordnungen" (die Beziehungen des Staates zu privaten Dritten betreffend). Vgl. auch W. W. *Willoughby*, Bd. III, § 1084, S. 1645.

[53] *Hart*, S. 122, 226, 228. Zu den „constitutional ordinance making powers" des Präsidenten grundlegend *Hart*, Teil III, Kap. V und IX. Vgl. auch *Comer*, S. 22, 23. Für Verordnungen auf allen anderen Gebieten, insbesondere dem hier interessierenden der Wirtschaftsregulierung bedarf der Präsident dagegen der Ermächtigung durch Kongreßgesetz. Die Ministerien erlassen Verordnungen teilweise in Ausführung der dem Präsidenten zustehenden Befugnisse, teilweise aufgrund eigener Ermächtigung durch Gesetz (*Hart*, Teil III, Kap. VIII und Nathan D. *Grundstein*, Subdelegation of Administrative Authority, 13 George Washington Law Rev. 144, 146, 152, 168, 182/1944).

oder „inherent power" beruhen und wann sie keiner „constitutional or statutory authority" bedürfen, braucht nicht im einzelnen erörtert zu werden[54]. Es genügt der Hinweis, daß Vorschriften, welche das Verfahren und die Reorganisation von Behörden betreffen oder die Gesetze lediglich interpretieren[55], grundsätzlich keine besondere Delegation erfordern. Diese Vorschriften unterliegen auch nicht den Verfahrensbestimmungen nach § 4 des Administrative Procedure Act. § 4 (a) APA nimmt „interpretative rules, — general statements of policy, rules of agency organization, procedure or practice" von der Verpflichtung zur Benachrichtigung und Anhörung der Betroffenen aus[56]. Die hier interessierenden Rechtsetzungsbefugnisse auf dem Gebiet der Wirtschaftsregulierung betreffen jedoch nicht Verwaltungsinterna und die Auslegung von Rechtsvorschriften, sondern die nach außen wirkende, positive Regelung des Verhältnisses zwischen dem Staat und privaten Dritten. Diese bedarf grundsätzlich einer gesetzlichen Ermächtigung.

3. *Die verfassungskonforme Interpretation der legislative power als Aufstellung ausfüllungsbedürftiger policies, im Schrifttum*

Wenn, wie auf dem genannten Gebiet der Wirtschaftsregulierung, die Übertragung von Rechtsetzungsbefugnissen auf einem Delegationsgesetz beruhen muß, so stellt sich das bereits oben angeschnittene, durch den Gesetzes- und Verordnungsbegriff als solchen nicht zu lösende Problem, inwieweit der Kongreß selbst eine Regelung zu treffen hat und inwieweit er Rechtsetzungsbefugnisse auf die Exekutive und die Kommissionen übertragen kann. Für diese Abgrenzung könnte maßgebend sein, daß auf Bundesebene[57] bestimmte Materien dem Gesetzgeber ausschließlich vorbehalten, andere dagegen delegierbar sein

---

[54] Vgl. die Aufzählung der nicht auf gesetzlicher Delegation beruhenden Arten behördlicher Verordnungen bei *Weeks*, a.a.O., S. 325.

[55] Sogen. „interpretative rules". Hierunter fallen insbesondere „Erklärungen" der Verwaltung, wie sie ein Gesetz anwenden werde (so *Ehmke*, S. 527, Anm. 216). Nach *Davis*, Text, § 5.03, S. 89 kann durch eine interpretative rule interpretiert werden: „... 1) a statute, 2) a legislative rule, 3) another interpretative rule, 4) judicial decisions, 5) administrative decisions, 6) administrative rulings, 7) any other law or interpretation, 8) any combination of items on this list, or 9) nothing." Obwohl interpretative rules keiner besonderen gesetzlichen Ermächtigung bedürfen, können sie Gesetzeskraft erlangen. Ihre Abgrenzung gegen „legislative" bzw. „substantive" rules ist daher schwierig. Siehe auch *Schwartz*, S. 53, 54, 62, 63. *Comer*, S. 28, 29 und Kap. 5.

[56] Vgl. hierzu *Geck*, Die Übertragung rechtsetzender Gewalt und die Ausübung delegierter Legislativbefugnisse in den Vereinigten Staaten von Amerika, S. 57.

[57] Die Gesetzgebungszuständigkeit der Einzelstaaten kann in diesem Zusammenhang außer Betracht bleiben.

sollen. Es könnte jedoch auch entscheidend sein, daß die Legislative, auf welchem Gebiet auch immer, nur die Grundsätze, den gesetzespolitischen Rahmen, die „policy", festlegt, die Regelung der Einzelheiten dagegen der Exekutive oder den Kommissionen überläßt, welche diesen Rahmen durch Verordnungen ausfüllen.

An die zuerst genannte Lösung läßt eine Entscheidung des Supreme Court denken, welche „wichtige" Materien der ausschließlichen Regelung durch den Gesetzgeber vorbehält („important subjects which must be entirely regulated by the legislature itself"), während die Regelung derjenigen Gebiete, welche von „geringerem Interesse" sind, delegierbar sein soll[58]. Indessen ist der Terminus „Wichtigkeit" begrifflich so dehnbar, daß er eine Abgrenzung nicht erlaubt. Er ermöglicht im Grunde beide Lösungen. Im einen Fall verläuft die Grenze zwischen wichtigen Materien einerseits und weniger wichtigen, also delegierbaren andererseits. Im zweiten Falle verläuft die Grenzlinie durch jede einzelne Materie und trennt sie in einen wichtigen und einen weniger wichtigen Teil. Die letztere Möglichkeit wird fast immer gegeben sein, insbesondere auch auf Gebieten, die wegen ihrer besonderen Bedeutung eine Regelung ausschließlich durch den Gesetzgeber zu erfordern scheinen, wie etwa Rechtssätze, welche die Rechte von Personen betreffen oder Haftung und Verbindlichkeiten regeln. Da es auch hier, innerhalb ein und desselben rechtssatzmäßig zu regelnden Gegenstandes Teile untergeordneten, „administrativen", also delegierbaren Charakters gibt, erscheint die Lösung Nr. 1 kaum vertretbar[59].

Die administrativen Teile von untergeordneter Bedeutung macht Cheadle zum Ansatzpunkt eines Lösungsversuches[60]. Er geht zunächst von Art. I, § 1 der Bundesverfassung aus, wonach alle „legislative powers" vom Kongreß wahrgenommen werden müssen. Eine sprachliche mit Hilfe von Webster's New International Dictionary vorgenommene Analyse des Begriffs „power" ergibt als dessen Essentiale die Kontroll- und Einflußmöglichkeit. Nur diese muß daher nach der ge-

---

[58] Wayman v. Southard 10 Wheat. 1, 42, 43; 6 L. Ed. 253, 263 (1825).

[59] Hans *Kopp* unterscheidet dagegen in seiner Abhandlung „Inhalt und Form der Gesetze als ein Problem der Rechtstheorie" (Zürich 1958) drei Materienblöcke: Die zum ersten Block gehörenden Materien sind für Freiheit und Eigentum des Bürgers von derartiger Bedeutung, daß der amerikanische Gesetzgeber sie gänzlich selbst regeln muß. Bei der Regelung der Materien des zweiten Blocks kann der Kongreß sich dagegen „auf das wertmäßig Grundlegende beschränken". Die Materien des dritten Blockes bedürfen dagegen keinerlei Mitwirkung der Legislative (Bd. I, S. 243 ff., 290, 291). Vgl. zum ganzen Problem: *Ehmke,* S. 555—558. *Comer,* Legislative Functions of National Administrative Authorities, S. 132. *Hart,* S. 152, 153.

[60] John B. *Cheadle,* The Delegation of Legislative Functions, 27,[2] Yale Law Journal 892 ff. (1918). Im folgenden werden nur die Seitenzahlen dieses Aufsatzes angegeben.

nannten Verfassungsbestimmung beim Kongreß verbleiben. Solange das der Fall ist, liegt keine verfassungswidrige Delegation vor[61]. Die Ausübung der Kontrolle verpflichtet den Kongreß jedoch nicht zur Regelung aller Details[62], sondern nur zur Auswahl und Festlegung von „policies"[63]. Die nähere, detaillierte Ausgestaltung dieser policies ist nach Cheadle eine ihrem Wesen nach administrative Funktion[64], die der Gesetzgeber nach seinem Ermessen selbst ausüben oder aber delegieren kann[65], soweit das im Hinblick auf die Wahrnehmung seiner sonstigen Legislativbefugnisse erforderlich ist. Dieses Ergebnis wird nach Auffassung des genannten Autors auch durch Art. I, § 8, Ziff. 18 der Bundesverfassung getragen, wonach der Kongreß die Befugnis hat, „to make all laws which shall be necessary and proper for carrying into execution the foregoing powers". Die Schaffung von „law" im Sinne dieser „necessary and proper"-Klausel schließt der Untersuchung zufolge auch den Erlaß von Delegationsgesetzen ein[66].

Die Richtigkeit einer solchen Argumentation hängt davon ab, ob der Begriff der legislative power, wie sie dem Kongreß durch die Verfassung eingeräumt wurde, einer Interpretation zugänglich ist, die Raum für eine Übertragung untergeordneter Rechtsetzungsbefugnisse läßt. Die Verfassung schließt, wie oben angedeutet, eine teilweise Gewaltenverbindung und damit auch Teildelegationen nicht aus. Sie läßt zum Beispiel einen Einfluß der Exekutive auf die Gesetzgebung durch das Veto des Präsidenten zu. Hart hat darüber hinaus anhand der Protokolle der verfassunggebenden Versammlung nachgewiesen, daß die Übertragung begrenzter Rechtsetzungsbefugnisse auf die Exekutive nach dem Willen der Verfassungsgeber nicht gänzlich ausgeschlossen sein sollte[67], daß einige der maßgeblich am Zustandekommen der Constitution beteiligten „founding fathers", die schon bald nach Inkraft-

---

[61] S. 897.

[62] Andernfalls wäre er praktisch funktionsunfähig; siehe S. 898: „the conferring of power or control or authority does not of itself imply a duty personally to perform the detailed act."

[63] S. 898: „the power of ultimately choosing the policy to be adopted — is the heart and essence of legislative power; and this is the legislative power given to Congress ...".

[64] Ähnlich hat *Brownlow* Administration als „the process of translating the general into the particular" bezeichnet (zitiert bei *Dickinson*, 89,[2] University of Pennsylvania Law Review 1052).

[65] S. 899.

[66] S. 900.

[67] Ein Antrag Madisons, die Verfassung in diesem Sinne zu ändern, wurde „als überflüssig" abgelehnt. Die Befugnisse, die offenbar auch ohne Verfassungsänderung sollten übertragen werden können, waren zwar weder legislativer noch judizieller Natur, umfaßten aber u. a. auch „limited rule making powers" (*Hart*, S. 135, 136; zustimmend *Comer*, Legislative Functions of National Administrative Authorities, S. 118).

treten der Verfassung vereinzelt einsetzende Delegationspraxis durch ihre Mitwirkung als Kongreßabgeordnete oder als Präsidenten[68] in einem beschränkten Rahmen billigten und die Verfassung damit selbst im obigen Sinne interpretierten. Die Beweiskraft eines solchen „government in action“ erscheint Hart größer als die des „government in books“[69]. Auf der Basis dieser Verfassungsinterpretation gelangt er ähnlich wie Cheadle zu dem Ergebnis, daß die dem Kongreß eingeräumte Gesetzgebungsgewalt das Recht einschließt, Verordnungsbefugnisse auf die Exekutive zu übertragen, wenn das erforderlich (necessary) und geeignet (proper) ist, um die ihm durch die Verfassung auferlegten Gesetzgebungspflichten[70] zu erfüllen. Die Delegation von Rechtsetzungsbefugnissen ist insoweit durch die necessary and proper clause des Art. I, § 8, Ziff. 18 der Bundesverfassung gedeckt[71]. Durch diese Interpretation des Gesetzgebungsbegriffs wird ebenso wie bei der Gewaltenteilung vermieden, das Delegationsverbot im Sinne einer ins Extrem getriebenen Logik zu befolgen und es dadurch in der Praxis wegen der unübersehbaren, mit einer doktrinären Anwendung verbundenen Folgen ad absurdum zu führen. Eine solche Interpretation bewirkt andererseits eine Anpassung an die durch ständiges Wachstum von Wirtschaft, Wissenschaft und Technik sich erweiternden oder ändernden Erfordernisse der Staatstätigkeit[72]. Ohne eine flexible Verfassungsinterpretation wäre weder die „sachliche“ Regelung immer neuer Materien aufgrund der commerce clause noch die „formale“, kooperative Regelung durch Kongreßgesetz und Verwaltungsverordnung möglich gewesen.

Geht man von der Teilbarkeit der gesetzgeberischen Kompetenzen in eine dem Kongreß allein vorbehaltene legislative, policy-bestimmende Grundsatzregelung und eine notfalls delegierbare, „administrative“, policy-ausfüllende Detailregelung aus, so bleibt noch immer die Frage offen, durch welche konkreten Faktoren die beiden Bereiche bestimmt und abgegrenzt werden. Diese Frage wird nicht einheitlich beantwor-

---

[68] z. B. durch Unterzeichnung von Delegationsgesetzen, deren Anwendung und Vollziehung.

[69] *Hart*, S. 137, 138. Ebenso *Comer*, S. 118, 119.

[70] Aufgeführt in Art. I, § 8 der Bundesverfassung.

[71] *Hart*, S. 132, 144, 155.

[72] Vgl. auch Woodrow *Wilson:* „The Constitution of the United States is not a mere lawyers' document: it is a vehicle of life, and its spirit is always the spirit of the age ... As the life of the nation changes so must the interpretation of the document which contains it change, by a nice adjustment, determined ... by the exigencies and the new aspect of life itself“ (Constitutional Government in the United States, S. 69, 70). Ähnlich schon McCulloch v. Maryland, 4 Wheat. 316, 407, 415; 4 L. Ed. 579 (1819). Zurückhaltender: R. *Pound*, The Constitution: Its Development, Adaptability, and Future, 23 A.B.A.J. 739, 743, 744 (1937).

tet. Während Hart nur die Entscheidung über Zweck und Zweckmäßigkeit einer Regelung dem Gesetzgeber vorbehält, — die Bestimmung der zu normierenden Rechte und Pflichten, der Zeitpunkte und Bedingungen ihres Wirksamwerdens, der Normadressaten sowie der zur Normdurchsetzung erforderlichen Zwangsmaßnahmen wohl zu weitgehend dem „co-legislativen" Ermessen der Exekutive überläßt[73] —, engt Freund den Bereich einer möglichen Rechtsetzungstätigkeit der vollziehenden Gewalt durch Beschränkung auf Vorschriften rein technischen Charakters[74] allzu sehr ein. Eine allgemeingültige Formel läßt sich nicht aufstellen[75]. Die Abgrenzung im einzelnen hängt teilweise von politischen Erwägungen des Gesetzgebers und weitgehend von der Beschaffenheit der zu regelnden Materie selbst ab[76].

4. Die Abgrenzungskriterien der Rechtsprechung

Auch die Judikatur hat in zahlreichen Entscheidungen, welche durch die ebenso zahlreichen Streitfragen auf diesem Gebiet bedingt waren, versucht, die beiden Bereiche voneinander abzugrenzen. Dabei wurde, was der Gesetzgeber selbst festlegen muß, in den einzelnen Urteilen wie folgt umschrieben: „purpose", „criterion", „general provisions", „general rules", „terms of the statute", „theory of the act", „congressional intention", „purely legislative power", „legal principles that control", „policy of the law", „objects of the law", „vital provisions", „general scheme", „primary standard"[77]. Dagegen wurde als Gegenstand delegierter Rechtsetzungsbefugnis „filling up the details", „minor regulations", „administration", „supplementary rules", „rules fulfilling the objects of the statute", „subordinate and supplemental details", „aids or adjuncts" bezeichnet[78]. Die beschränkte Zulässigkeit von Delegationen wurde in den meisten Fällen mit pragmatischen Erwägungen begründet. Der Kongreß sollte das Grundsätzliche festlegen, soweit dies „practicable" war, er sollte Delegationen vornehmen,

---

[73] *Hart*, S. 34. *Comer*, S. 33, 34. Siehe auch J. B. *Whitfield*, Legislative Powers that may not be delegated, 20 Yale Law Journal 87, 91—93 (1910).

[74] Ernst *Freund*, Administrative Powers over Persons and Property, a Comparative Survey, 1928, S. 218 (z. B. Sicherheitsvorschriften).

[75] Aus diesem Grund hält *Cooper* die Aufteilung in principle und detail für keine Lösung des Problems (S. 39, 40).

[76] Diese Feststellung steht nicht in Widerspruch dazu, daß die Möglichkeit einer Abgrenzung nach Sachgebieten, die allein der Kongreß durch Gesetz regelt, und anderen Sachgebieten, die ausschließlich die Exekutive durch Verordnung regelt, oben in Frage gestellt wurde.

[77] Zitiert nach *Comer*, S. 124, der sämtliche Termini mit Entscheidungen belegt, ganz überwiegend solche des Supreme Court. Vgl. auch die Fälle bei *Fairlie*, 18 Michigan Law Review 181, 190—194.

[78] *Comer*, S. 125. *Schwartz*, S. 42, 43.

soweit eine eigene abschließende Regelung „impracticable" gewesen wäre[79]. So gelangte der Gesetzgeber zu der Überzeugung, daß ohne die Übertragung der Tarifregelungsbefugnisse auf die Interstate Commerce Commission eine Neuordnung dieses Bereichs nicht erreicht werden konnte. Die gesetzliche Delegation dieser rate-making-functions auf die ICC durch den Hepburn Act von 1906 wurde daher durch den Supreme Court gebilligt, obwohl das Gericht ihnen legislativen Charakter beimaß[80]. In anderen Entscheidungen wurde festgestellt, daß der Kongreß seine Gesetzgebungsbefugnis nicht abgebe, wenn er die Ausführung der von ihm festgelegten policy durch administrative rules der Exekutive überlasse[81]. Hier erhält die Rechtsetzungs- bzw. Detailregelungsbefugnis der Exekutive zumindest teilweise die Bedeutung von Gesetzesausführung oder Gesetzesanwendung[82]. Wesentlich für die dem Kongreß vorbehaltene Gesetzgebung im konstitutionellen Sinne ist demgegenüber die Festlegung des Grundsätzlichen, einer als Richtlinie zu formulierenden policy[83], die Bestimmung, wer was tun müsse[84].

---

[79] Vgl. Buttfield v. Stranahan, 192 U.S. 470; 24 S. Ct. 349 einerseits und United States v. Grimaud, 220 U.S. 506; 31 S. Ct. 480 andererseits.

[80] Vgl. die ausführliche Besprechung dieser rate-making cases bei *Cheadle*, a.a.O., S. 911—916, 921. Vgl. auch *Comer*, S. 46, 47. *Forkosch*, § 91, S. 121—123. *Geck*, S. 21. Die Gerichte in den Einzelstaaten haben die Übertragung von Tarifregulierungsbefugnissen auf einzelstaatliche commissions und boards ebenfalls für zulässig erklärt, obwohl z. B. die Verfassungen von Missouri und Georgia ausdrücklich bestimmen, daß die Tarife vom „Landesparlament" (General Assembly) durch Gesetz geregelt werden müssen. Nach Carl H. *Baesler* handelt es sich in all diesen Fällen in Wahrheit um die Zuweisung staatlicher Funktionen („allocation or distribution of undistributed governmental functions") durch die Legislative, die auch von *Cheadle* (S. 896) als „duty-assigning-body" bezeichnet wird (*Baesler*, A Suggested Classification of the Decisions on Delegation of Legislative Power, 15 Boston University Law Review 507, 513—516/1935). Auch *Duff - Whiteside* kommen in ihrer oben schon erwähnten Untersuchung des Delegationsverbots zu dem Ergebnis, daß diese Maxime kaum, wenn überhaupt, eine Einwirkung auf die Verteilung staatlicher Funktionen durch die Legislative haben könne (14 Cornell Law Quarterly 168, 196/1929). Auch nach *Willoughby* hat der Kongreß als „source of all administrative authority" die ihrer Natur nach administrative Befugnis, endgültig zu bestimmen, „how the administrative branch of the government shall be organized, how duties shall be distributed" (Principles of Legislative Organization and Administration, S. 116).

[81] United States v. Grimaud, 220 U.S. 506, 514—517; 31 S. Ct. 480, 482—484.

[82] Vgl. oben 31 S. Ct. 483 und Kansas City R. Co. v. United States, 231 U.S. 423, 443 (1913), auszugsweise zitiert bei *Fairlie*, 18 Michigan L.R. 181, 194 und bei *Baesler*, a.a.O., S. 536, der davon ausgeht, daß die auf Kompetenzzuweisung oder conditional legislation (s. darüber unten) beruhende Verpflichtung einer Behörde, ein Gesetz auszuführen, letztere zum Erlaß der hierzu erforderlichen Verordnungen berechtige, ohne daß sich das Problem übertragener Rechtsetzungsbefugnisse stelle (S. 539, 545).

[83] United States v. Shreveport Grain & Elevator Co. (1932), 287 U.S. 77, 85; 53 S. Ct. 42, 44, 45. Vgl. bei *Gellhorn - Byse*, S. 120.

[84] Bowles v. Willingham (1944). 321 U.S. 503, 515; 64 S. Ct. 641, 647: „Congress does not abdicate its functions, when it describes what job must be

Eine so verstandene „legislative power“ schließt die „power of delegation“ ein[85]. Hiermit nähert sich die Rechtsprechung des Supreme Court der Argumentation des Schrifttums (s. o.) an. Das gilt auch für eine den dringendsten staatspolitischen Erfordernissen angepaßte Auslegung der Verfassung. Sie fordere als ein dynamisch und flexibel zu interpretierendes Dokument nicht das Unmögliche oder Undurchführbare[86], sondern müsse dem Kongreß gestatten, sich seiner Pflichten durch Übertragung beschränkter Rechtsetzungsbefugnisse zu entledigen. In diesem Zusammenhang wird ausdrücklich auf die in diesem Sinne zu interpretierenden Vorschriften des Art. I, § 1 und I, § 8, Ziff. 18 der Bundesverfassung verwiesen[87].

III. Policies und Standards als notwendige Beschränkungen administrativer Rechtsetzungsbefugnisse

Während die Zulässigkeit der Übertragung von Rechtsetzungsfunktionen aufgrund vieler Präzedenzfälle als gesichert gelten konnte, obwohl die Gerichte ihren diesbezüglichen Erörterungen häufig die im Grundsatz nach wie vor aufrechterhaltene Maxime des Verbots der Übertragung gesetzgebender Gewalt voranstellten, wurde in zunehmendem Maße, besonders in der Zeit des New Deal, das Problem der Beschränkung der delegierten Befugnisse durch sogenannte „standards“ akut. Diese sollten einerseits der Exekutive und den Kommissionen als Anleitung für den Erlaß von Verordnungen dienen, welche dem in Form einer policy gesetzlich niedergelegten Willen des Gesetzgebers entsprachen, andererseits der Öffentlichkeit, dem Kongreß und den Gerichten die Nachprüfung ermöglichen, ob und inwieweit die mit Rechtsetzungsbefugnissen beauftragte Behörde von der gesetzlichen Ermächtigung abgewichen war. Einige dieser gesetzlichen Ermächtigungen gingen so weit, die Behörden ihrerseits zur Festlegung von standards zu autorisieren. So verbot der Tea Importation Act von

---

done, who must do it, and what is the scope of his authority.“ Vgl. *Gellhorn - Byse*, S. 100, 101.

[85] Lichter v. United States (1948), 334 U.S. 742, 778; 68 S. Ct. 1294, 1313: „A constitutional power implies a power of delegation of authority under it sufficient to effect its purposes.“ Vgl. *Gellhorn - Byse*, S. 103.

[86] OPP Cotton Mills, Inc., et al. v. Administrator of Wage and Hour Division of Department of Labor (1941), 312 U.S. 126, 144, 145; 61 S. Ct. 524, 532, 533: „The Constitution, viewed as a continuously operative charter of government, is not to be interpreted as demanding the impossible or the impracticable“, unter Bezugnahme auf die bereits oben zitierte Entscheidung McCulloch v. Maryland.

[87] Panama Refining Co. v. Ryan (1935), 293 U.S. 388, 421; 55 S. Ct. 241, 248, 249. Siehe auch *Gellhorn - Byse*, S. 75, 82, 83, 87. Vgl. auch *Ehmke*, S. 558 bis 561.

1897 die Einfuhr schlechten Tees und ermächtigte den Secretary of the Treasury, „uniform standards of purity, quality and fitness for consumption of all kinds of tea imported into the United States" festzusetzen. Nach Auffassung des Gerichts hatte der Gesetzgeber hier als „primary standard" den Ausschluß minderwertiger Teesorten vom Import festgelegt, während die Festsetzung der einzelnen Qualitätsstandards durch die Behörde als rein exekutive Verpflichtung zur Durchführung der gesetzlichen policy aufgefaßt wurde[88]. Ähnlich argumentierte der Supreme Court in dem Urteil Red „C" Oil Manufacturing v. Board of Agriculture. Auch hier wurde die dem Board of Agriculture von Nordkarolina durch den Oil Inspection Act von 1909 eingeräumte Befugnis, standards für Leuchtöl festzusetzen, als Ausführung der durch gesetzliche policy festgelegten Hauptmerkmale von Reinheit, Sicherheit und Leuchtkraft des Öls gewertet[89].

Die gesetzliche Festlegung von standards durch den Kongreß wurde zunächst grundsätzlich als Voraussetzung einer wirksamen Delegation angesehen, die Tätigkeitsgebiet und Ermessen der Exekutive begrenzen, das Überschreiten dieser Grenzen sofort erkennbar und jeden Machtmißbrauch des Delegatars unmöglich machen sollte[90]. Als hinreichend wurden in diesem Zusammenhang folgende standards bezeichnet: „unreasonable obstruction to navigation", „approximate bargaining unit", „excessive profits", „undue preference and discrimination", „reasonable variations", „just and reasonable", „public interest", „public convenience, interest, or necessity"[91]. Insbesondere den unabhängi-

---

[88] Buttfield v. Stranahan, 192 U.S. 470, 496; 24 S. Ct. 349, 355. Ebenso für Tabak-Standards: Currin v. Wallace, 306 U.S. 1; 59 S. Ct. 379 (1939).

[89] 222 U.S. 380, 394; 32 S. Ct. 152, 156. Siehe hierzu auch *Baesler*, a.a.O., S. 538. Die Verwaltung kann standards auch durch Entscheidungen herausarbeiten (case by case method; vgl. *Hyneman*, Administrative Adjudication, 51 Political Science Quarterly 412—417 (1936).

[90] United States v. Chicago M., St. P. & P. R. Co., 282 U.S. 311, 324; 51 S. Ct. 159, 162 (1931): „Congress cannot delegate any part of its legislative power except under the limitation of a prescribed standard." Ebenso Yakus v. United States, 321 U.S. 414, 424; 64 S. Ct. 660, 667 (1944). American Power & Light Co. v. SEC, 329 U.S. 90, 105; 67 S. Ct. 133, 142 (1946). Vgl. auch *Forkosch*, § 81, S. 103, 104; § 83, S. 110, 111. *Cooper*, S. 36. *Schwartz*, S. 34. Das mit der Prüfung von Reformen in der britischen Verwaltung beauftragte Committee on Minister's Powers hat sich ebenfalls für eine klare Beschränkung der auf die Exekutive übertragenen Rechtsetzungsbefugnisse eingesetzt: „The precise limits of a law-making power which Parliament intends to confer on a Minister should always be expressly defined in clear language by the statute which confers it: when discretion is conferred, its limits should be defined with equal clearness." (Report, S. 65). Die im anglo-amerikanischen Bereich aufgestellten Delegationsvoraussetzungen ähneln weitgehend Art. 80 des Bonner Grundgesetzes, wonach Inhalt, Zweck und Ausmaß der Ermächtigung bestimmt sein müssen (vgl. *Adam*, DVBl. Bd. 74, 1959, S. 642).

[91] Vgl. die bei *Davis*, Treatise, § 2.03, S. 81, 82 aufgeführten Fälle. Siehe auch *Stason - Cooper*, S. 33.

gen Kommissionen wurde ein verhältnismäßig weiter Spielraum zugestanden. Die Securities and Exchange Commission kann die Struktur von Public-Utility-Gesellschaften ändern oder sie in ein Holding-System eingliedern, soweit damit keine „unangemessene, unnötige" Komplizierung der gesellschaftlichen Organisation oder „ungerechte, unfaire" Aufteilung von Stimmrechten verbunden ist[92]. Zu ihren Aufgaben gehört weiterhin, den „Schutz der Investoren" durch bestimmte Informationen zu fördern, einen „fairen und geordneten" Markt aufrechtzuerhalten, sowie „Beeinflussungs- und Täuschungsmanöver" zu unterbinden. Die Federal Communications Commission ist befugt, im Zusammenhang mit Radio- und Sendelizenzen eine Regelung zu treffen, wie „Zweckmäßigkeit, öffentliches Interesse und Notwendigkeit" sie erfordern[93]. Die Interstate Commerce Commission kann Übernahme- und Fusionsverträge im Bereich des Eisenbahnwesens „dem öffentlichen Interesse entsprechend" regeln[94], in Notzeiten Vorschriften erlassen, die „angemessen sind und im Interesse der Öffentlichkeit und der Wirtschaft" liegen[95], sowie „vernünftige, gerechte und nichtdiskriminierende Tarife" festlegen[96]. Die Federal Trade Commission hat sich nach standards wie „unlauterem Wettbewerb", „Preisdiskriminierung" und „monopolverdächtiger Aktienerwerb" zu richten[97]. Der National Labor Relations Board ist mit „Lohn- und Arbeitsplatzdiskriminierungen" sowie „unfairen Arbeitspraktiken" befaßt, welche Arbeitnehmer oder Gewerkschaften benachteiligen[98].

Demgegenüber hat das oberste Bundesgericht an standards, die das Ermessen des Präsidenten beim Erlaß von Rechtsvorschriften beschränken sollten, verschiedentlich strengere Maßstäbe angelegt. Das gilt insbesondere für die Bewertung des National Industrial Recovery Act (NIRA) von 1933. Dieses New Deal-Gesetz bezweckte, wie aus seinem § 1 hervorging, die Beseitigung des wirtschaftlichen Notstandes u. a. durch Förderung des freien Handelsverkehrs, Unterstützung der Zu-

---

[92] American Power & Light Co. v. SEC, 329 U.S. 90, 104, 105; 67 S. Ct. 133, 142 (1946).

[93] National Broadcasting Co. v. United States, 319 U.S. 190, 216, 225, 226; 63 S. Ct. 997, 1009, 1014 (1943). Ebenso: Federal Radio Commission v. Nelson Bros. Bond & Mortgage Co., 289 U.S. 266, 285; 53 S. Ct. 627, 636 (1933).

[94] New York Central Securities Corporation v. United States, 287 U.S. 12, 24; 53 S. Ct. 45 (1932).

[95] Avent v. United States, 266 U.S. 127, 130; 45 S. Ct. 34, 35 (1924).

[96] Vgl. ICC v. Louisville & Nashville R. Co., 227 U.S. 88; 33 S. Ct. 185 (1913).

[97] Vgl. FTC v. Gratz, 253 U.S. 421; 40 S. Ct. 572 (1920).

[98] Siehe zum Ganzen Robert M. *Cooper*, Administrative Justice and the Role of Discretion, 47 Yale Law Journal 577, 582, 583 (1938); Charles B. *Nutting*, Congressional Delegations since the Schechter Case, 14 Mississippi Law Journal 350, 360 (1942); *Blachly/Oatman*, Federal Regulatory Action and Control, 1940, S. 191.

sammenarbeit zwischen einzelnen Wirtschaftsgruppen sowie zwischen Arbeitgebern und -nehmern, Steigerung der Industrieproduktion und des Konsums, Ausschließung unfairer Wettbewerbsmethoden und Beseitigung der Arbeitslosigkeit. § 9 c des Gesetzes ermächtigte den Präsidenten, den Transport von Erdöl in bestimmten Fällen zu verbieten, und § 10 a räumte ihm die Befugnis ein, Vorschriften zur Durchführung des Gesetzes zu erlassen. § 9 c wurde vom Supreme Court für verfassungswidrig erklärt, da eine das Öl betreffende policy fehle. Die für das ganze Gesetz geltende policy des § 1 sei zu umfassend, gebe dem Präsidenten völlige Freiheit in der Wahl seiner Mittel und erlaube ihm, das Verbot zu erlassen, wann immer er wolle[99].

Eine andere Vorschrift des NIRA, § 3, ermächtigte den Präsidenten, sogenannte „industrial codes" zur Stabilisierung des Wirtschaftslebens, insbesondere „codes of fair competition" als Richtlinien für fairen Wettbewerb zwischen den einzelnen Wirtschaftsgruppen in Kraft zu setzen. Von August 1933 bis Februar 1935 wurden 546 codes und 185 supplemental codes erlassen, die 18 Bände mit 13 000 Seiten füllten[100]. Einer davon, der sogen. „live poultry code", wurde zusammen mit der Ermächtigungsvorschrift des § 3 durch eine von seinen Strafbestimmungen betroffene Firma als Ausfluß unzulässiger Delegation angegriffen. Das oberste Gericht erklärte diese beanstandete Übertragung von Rechtsetzungsbefugnissen für verfassungswidrig. Der von § 3 geförderte „lautere Wettbewerb" sei im Gegensatz zu dem auf den genannten Fall nicht anwendbaren Terminus technicus „unlauterer Wettbewerb" im Sinne des Federal Trade Act begrifflich zu unbestimmt. Darüber hinaus enthalte § 3 auch in Verbindung mit § 1 keinerlei weitere brauchbare Standards und sehe keine bestimmten Maßnahmen des Präsidenten vor. Eine Delegation, die es dem unbeschränkten Ermessen des Präsidenten anheimstelle, alle Vorschriften zu erlassen, die nach seiner Auffassung zur Stabilisierung der Wirtschaft ratsam und erforderlich seien, müsse als unzulässig angesehen werden. Das Gericht hob wegen des untrennbaren Zusammenhangs des verfassungswidrigen mit den restlichen Vorschriften den gesamten National Indus-

---

[99] Panama Refining Co. v. Ryan, 293 U.S. 388, 415—420; 55 S. Ct. 246—248. *Gellhorn - Byse,* S. 78—82. *Jaffe - Nathanson,* S. 57—62. Im Gegensatz dazu vertrat Justice *Cardozo* in einer dissenting opinion die Ansicht, daß die policy des § 1 bestimmt genug sei, um das Ölverbot in Grenzen zu halten; dies wohl angesichts der Tatsache, daß das Gericht in anderen, zum Teil bereits oben erwähnten Fällen den viel weitreichenderen Terminus des „öffentlichen Interesses" als zulässigen standard anerkannt hatte.

[100] Louis L. *Jaffe,* An Essay on Delegation of Legislative Power, 47 Columbia Law Review 561, 570 (1947). Außerdem wurden 685 Änderungen der Codes in Kraft gesetzt und 11 000 Anordnungen erlassen, welche die „kodifizierte" Materie klassifizierten, interpretierten oder Ausnahmen von den Vorschriften der Codes zuließen.

trial Recovery Act auf[101]. Die Auseinandersetzung um die Verfassungsmäßigkeit der New Deal-Gesetzgebung hielt jedoch die Übertragung immer neuer Befugnisse im Rahmen verhältnismäßig weiter standards nicht auf. Der Supreme Court legte in seinen späteren Entscheidungen nicht mehr die strengen Maßstäbe an, die zur Aufhebung des NIRA geführt hatten. So erklärte er die durch den Agricultural Marketing Agreement Act von 1937 auf den Secretary of Agriculture übertragene Befugnis, Preisvorschriften im Hinblick auf Agrarprodukte zu erlassen, für zulässig. Danach konnte der Landwirtschaftsminister „unter Berücksichtigung von Angebot und Nachfrage" und „unter Abwägung der Interessen von Produzenten und Konsumenten" Mindestpreise insbesondere für Milch festsetzen, wenn diese vorher in keinem „angemessenen" Verhältnis zur Kaufkraft gestanden hatten[102]. Ebenso hielt das Gericht die auf die National Bituminous Coal Commission übertragene Befugnis, Höchstpreise für Fettkohle festzusetzen, für vereinbar mit der Verfassung. Bei der Preisbestimmung mußte die Kommission den Schutz der Verbraucher gegen „unvernünftig" hohe Preise, einen „fairen angemessenen Erlösüberschuß" nach Abzug der Produktionskosten auf seiten der Zechen sowie Art, Qualität und Marktwert der Kohle in Rechnung stellen[103]. Auch die im Fair Labor Standards Act von 1938 enthaltene Ermächtigung der Exekutive, Mindestlohnvorschriften zu erlassen und dabei die Wettbewerbsbedingungen, den Beschäftigungsstand, die Tariflöhne und „andere relevante Faktoren" zu berücksichtigen, wurde vom obersten Gerichtshof für verfassungsgemäß erklärt[104]. Dasselbe gilt auch für die kriegsbedingt weiten Delegationen des Emergency Price Control Act von 1942. Dieser räumte der Exekutive das Recht ein, zur Stabilisierung der Kriegswirtschaft „der Fairness und Billigkeit entsprechende", „bestimmten Wirtschaftsfaktoren anzupassende" Höchstpreise festzusetzen sowie in „defence areas" die Mietpreise zu kontrollieren. Der Supreme Court hielt die Preis- und Mietregulierungsstandards für zulässig, da das Tätigkeitsgebiet des Price-Administrator gesetzlich hinreichend markiert worden sei[105].

---

[101] Schechter Poultry Corporation v. United States, 295 U.S. 495, 529—542; 55 S. Ct. 837, 843—848 (1935). Vgl. *Gellhorn - Byse,* S. 95—98; *Jaffe - Nathanson,* S. 63 ff.; *Davis,* Treatise, § 2.06, S. 190. *Schwartz,* S. 35, 36. *Jaffe,* a.a.O., S. 566, 569 ff. *Ehmke,* S. 533—538. *Geck,* S. 30—33.

[102] United States v. Rock Royal Co-operatives, 307 U.S. 533; 59 S. Ct. 993 (1939). Vgl. *Jaffe - Nathanson,* S. 79 ff.

[103] Sunshine Anthracite Coal Co. v. Adkins, 310 U.S. 381; 60 S. Ct. 907 (1940).

[104] OPP Cotton Mills v. Administrator of Wage and Hour Division, 312 U.S. 126; 61 S. Ct. 524 (1941).

[105] Yakus v. United States, 321 U.S. 414; 64 S. Ct. 660 (1944). Da die standards für diese als zulässig angesehenen Höchstpreisvorschriften ebenso unbestimmt waren wie die im Schechter-Fall, erklärte ein Richter in einer abweichenden Stellungnahme die Schechter-Entscheidung für überholt. Für

Auch die Nachkriegsentscheidungen hielten an der bisher erreichten Ausdehnung des standard-Begriffs fest. So wurden die Bestimmungen des Renegotiation Act (1942/1944) aufrechterhalten, die insbesondere das Verteidigungsministerium ermächtigten, übermäßige Gewinne („excess profits") aus ehemaligen Rüstungsaufträgen von den betreffenden Firmen zurückzufordern[106]. Ebenso wurde die Gültigkeit des Home Owner's Loan Act von 1933 bestätigt, der auf den Federal Home Loan Bank Board die Befugnis übertrug, Vorschriften über Reorganisation, Fusion oder Liquidation von Bauspar- und Darlehenskassen zu erlassen, insbesondere Maßnahmen für den Fall „unsolider oder riskanter" (unsound or unsafe) Geschäftspraktiken der genannten Unternehmen vorzuschreiben. In diesem Urteil wurden an die Genauigkeit der standards besonders geringe Anforderungen gestellt, da es sich um ein altes Regulierungsgebiet handele und die durch Präzedenzfälle angesammelte Erfahrung der Aufsichtsbehörden entsprechend groß sei[107]. In verschiedenen (zum Teil schon zitierten) Entscheidungen hatte der oberste Gerichtshof bereits betont, daß ein standard nicht isoliert gewertet werden dürfe, sondern eine größere Bestimmtheit aus dem Gesetz als Ganzem, dem Gesetzeszweck, dem Sachzusammenhang, ja unter Umständen sogar aus der bisherigen Praxis erhalte[108]. Dies ist in der Tat ein Weg, um einen großen Teil der immer weiter ausgedehnten und zuweilen nichtssagenden standards noch sinnvoll erscheinen zu lassen. Denn Begriffe wie etwa „öffentliches Interesse" oder „zur Ausführung des Gesetzeszwecks" bedeuten für sich allein, wie Davis mit Recht bemerkt, nicht mehr, als der Verwaltung zu sagen: „hier ist das Problem, seht, wie ihr damit fertig werdet![109]". Bereits im Jahre 1935 ergab eine Untersuchung der amerikanischen Anwaltsvereinigung, daß in 192 Fällen durch Bundesgesetz Rechtsetzungsbefugnisse „zur Ausführung des Gesetzeszwecks" auf die Exekutive oder die Kommissionen übertragen worden waren und daß das Delegations-

---

die kriegsbedingte Zulässigkeit der Mietpreiskontrolle vgl. Bowles v. Willingham, 321 U.S. 503; 64 S. Ct. 641 (1944).

106 Lichter v. United States, 334 U.S. 742; 68 S. Ct. 1294 (1948).

107 Fahey v. Mallonee, 332 U.S. 245; 67 S. Ct. 1552 (1947). Vgl. zu den zuletzt genannten Fällen *Gellhorn - Byse*, S. 98 ff.; *Jaffe - Nathanson*, S. 90—94; *Davis*, Treatise, § 2.03; *Schwartz*, S. 37—41; Swenson, S. 49—53.

108 Vgl. die bei *Ehmke*, S. 532, 533, Anm. 252—256 zusammengestellten Fälle. Die „hot oil"- und „sick chicken"-cases (Panama und Schechter) bilden insoweit eine Ausnahme.

109 Siehe auch *Hyneman*, Administrative Adjudication, 51 Political Science Quarterly 383, 413, Anm. 110 mit Hinweis auf Lewis A. *Sigler*, The Problem of Apparently Unguided Administrative Discretion, 19 St. Louis Law Review 261, 263, 321 (1934). Vgl. dagegen *Landis* (S. 66—76) zur Nützlichkeit weiter, flexibler, anpassungsfähiger und zu den Nachteilen enger, starrer, immer neue Gesetzesänderungen bedingender standards. Ebenso Henry Wolf *Biklé*, Administrative Discretion, 2 George Washington Law Review 1, 8 (1933).

gesetz seinerseits vielfach gar keine Feststellung eines solchen Gesetzeszwecks enthielt. Die einzige Beschränkung und „Kanalisierung" des Verwaltungsermessens lag bei diesen Delegationen darin, daß es sich bei den übertragenen Aufgaben um einen der Natur der Sache nach kleinen Tätigkeitsbereich handelte[110].

Ein Teil des Schrifttums hat aus der oben wiedergegebenen Gerichts- und Gesetzgebungspraxis die Schlußfolgerung gezogen, die Forderung nach einem standard sei überhaupt aufzugeben[111]. Davis beruft sich in diesem Zusammenhang auf einige Entscheidungen des Supreme Court, der mehrere Delegationen auch ohne standards für rechtswirksam gehalten oder der Verwaltung erlaubt habe, selbst standards festzusetzen bzw. gesetzlich festgelegte den geänderten Umständen anzupassen. Die angeführten Urteile rechtfertigen die von Davis gezogenen Konsequenzen jedenfalls nicht in dem von ihm vorgeschlagenen Umfang. Aus dem (gerechtfertigten) Fehlen legislativer Richtlinien für die Festsetzung der Höhe von Güterwagenkupplungen läßt sich noch nicht die Unnötigkeit schlechthin aller Richtlinien, policies und standards des Gesetzgebers ableiten. Eine Beschränkung administrativer Rechtsetzungsbefugnisse erleichtert die parlamentarische Kontrolle und die gerichtliche Nachprüfung. Sie ermöglicht aber vor allem die Unterscheidung von den durch keine standards eingeengten Gesetzgebungsbefugnissen des Kongresses, die nach wie vor dem Delegationsverbot unterliegen, während die durch gesetzliche Richtlinien eingeschränkten und dadurch von der legislative power im Sinne von Art. I, §§ 1 und 8 der Bundesverfassung unterschiedenen Rechtsetzungsbefugnisse diesem Verbot nicht unterworfen sind[112]. Der Unterschied zeigt sich auch darin, daß der Kongreß die auf die Verwaltung delegierten Befugnisse widerrufen kann[113], falls sie nicht schon durch Fristablauf erloschen sind.

---

[110] James *Hart*, Some Aspects of Delegated Rule-Making, 25 Virginia Law Review 810, 815 (1939) mit Hinweis auf den Report of the Special Committee on Administrative Law of the American Bar Association, 1936, S. 267, 274.

[111] *Davis*, Treatise, §§ 2.04, 2.05. Vgl. auch *Jaffe*, a.a.O., S. 577, 581 und *Weeks*, a.a.O., S. 335—337.

[112] Siehe *Schwartz*, S. 33 und *Swenson*, S. 48, 55.

[113] Der Widerruf kann durch Gesetz erfolgen, das allerdings einem Veto des Präsidenten ausgesetzt wäre; er kann jedoch nach wohl überwiegender Meinung auch im Wege einer die präsidentielle Zustimmung nicht erfordernden „concurrent resolution" des Kongresses vollzogen werden (so *Swenson*, S. 57, 58 und *Corwin*, S. 158—160, 445, Anm. 40). Darüber hinaus wurde verschiedentlich vorgeschlagen, die in England übliche Praxis, Verwaltungsvorschriften durch Resolution des Parlaments billigen und damit in Kraft treten zu lassen, auch für die USA nutzbar zu machen (so *Landis*, S. 77). Für und Wider bei J. A. *Corry*, The Final Report of Attorney General's Committee on Administrative Procedure and the Report of the Committee on Minister's Powers, 14 Mississippi Law Journal 393, 396 (1942); siehe auch: Legislative Control of Administrative Rules and Regulations in 30,[2] New York University Law Review (1955): I. B. *Schwartz*, The American Experience (S. 1031); II. C. *Carr*, Parliamentary Supervision in Britain (S. 1045).

Diese in der Sache selbst und nicht nur in der Terminologie begründeten Unterschiede lassen sich auch dem Einwand Cushmans entgegenhalten, daß der Erlaß von Verordnungen durch die Exekutive ebenfalls Legislativgewalt sei[114], die vom Supreme Court nur anders, nämlich als „administrativ“ oder „quasilegislativ“ bezeichnet werde, um nach dem Motto, daß nicht sein kann, was nicht sein darf, dem Delegationsverbot Rechnung zu tragen[115].

Die Anerkennung administrativer Rechtsetzungsbefugnisse als „legislative power“, zu der nach allem bisher darüber Gesagten kein Anlaß besteht, müßte zur Preisgabe des Delegationsverbots und zum Wegfall der Beschränkung administrativen Ermessens durch standards führen[116]. Eine unbeschränkte Ausübung von Legislativgewalt durch die Exekutive würde jedoch gegen Art. I der Bundesverfassung verstoßen. Hieran kann auch der verschiedentlich unternommene Versuch, einen Wegfall des Delegationsverbots durch Anwendung des Grundsatzes von due process of law auszugleichen[117], nichts ändern. Due

---

[114] Ebenso Marvin B. *Rosenberry*, Chief Justice des Supreme Court of Wisconsin in „Administrative Law and the Constitution“ (23 American Political Science Review 32, 36, 37/1929) und in der Entscheidung State ex rel. Wisconsin Inspection Bureau v. Whitman, 196 Wis. 472, 496, 498, 506; N.W. 929, 938, 939, 941/1928 (siehe hierzu auch E. Blythe *Stason* und Frank E. *Cooper*, The Law of Administrative Tribunals, 1957, S. 40 ff.).

[115] *Cushman* glaubt der Rechtsprechung folgenden „Kurzschluß“ nachweisen zu können: Hauptprämisse: Legislativgewalt kann durch den Kongreß nach der Verfassung nicht delegiert werden. Unterprämisse: Es ist wesentlich für die Verwaltung, daß bestimmte Befugnisse auf Administrativ-Organe und Kommissionen übertragen werden. Schlußfolgerung: Also sind die delegierten Befugnisse nicht legislativ (S. 429). In Anlehnung an die für die Wahrnehmung judizieller Funktionen maßgebliche Unterscheidung zwischen „constitutional courts“ und „legislative courts“ trenne der Oberste Gerichtshof „the legislative power of the United States“, die dem Kongreß durch die Verfassung eingeräumt und nicht delegierbar sei, von einer Art „sublegislative power“ minderen, weil durch standards begrenzten Ranges, die auf Exekutive und Kommissionen übertragen werden könne (S. 432, 433).

[116] So hat Elihu *Root* in einer oft zitierten Rede vor der American Bar Association ausgeführt, daß das Verbot der Übertragung legislativer Befugnisse „vor den Kommissionen die Waffen gestreckt und das Feld geräumt habe“ (41 American Bar Association Reports 355, 368—369 (1916) und in 2 A.B.A.J. 736, 749).

[117] So *Cushman*, S. 433. *Nutting*, a.a.O., S. 367 (letzterer auch in *Gellhorn - Byse*, S. 98, 99). Vgl. dagegen *Ehmke*, S. 564, 565. Die verfahrensrechtlichen Sicherungen sind vielmehr durch Inkrafttreten des APA von 1946 zu dem Delegationsverbot hinzugetreten, ohne daß die Rechtsprechung deswegen auf letzteres verzichtet und die Prüfung der standards aufgegeben hätte. Vgl. Lichter v. U.S., 334 U.S. 742; 68 S. Ct. 1294 (1948) und Carlson v. Landon, 342 U.S. 524; 72 S. Ct. 525 (1952). In den meisten Regulierungsbefugnisse auf die Verwaltung übertragenden Gesetzen waren Verfahrensbestimmungen schon vorher verankert. Die Schechter-Entscheidung stellte zwar fest, daß der NIRA kein Rechtsschutzverfahren (notice, hearing, judicial review) vorsah, wie das Prinzip von due process of law es verlangt hätte, hob jedoch das Gesetz nicht wegen Fehlens dieser Verfahrensbestimmungen, sondern

process of law bestimmt das Verhältnis des einzelnen Bürgers zur Exekutive, das Delegationsverbot dagegen das Verhältnis der Exekutive zur Legislative. Soweit die standards auf der zuletzt genannten Ebene wirksam und als Anweisungen des Gesetzgebers an die Verwaltung aufzufassen sind, zum Zwecke seiner Entlastung bestimmte untergeordnete Rechtsetzungsbefugnisse auszuüben, wird dadurch das Verfassungsprinzip von due process of law nicht unmittelbar berührt, kann also auch kein Ersatz für diese Funktion der standards sein[118]. Das gilt umso mehr, als letztere ihre Wirksamkeit im gesamten Bereich gesetzgeberischer Tätigkeit entfalten können, während ersteres auf den Schutz der Rechtsgüter life, liberty or property beschränkt ist[119]. Gerade auf den zuletzt genannten Gebieten wird man vielfach[120] eine wirksame Beschränkung des Verwaltungsermessens durch präzise standards befürworten müssen, während in Bereichen mit langer Delegations- und Regulierungspraxis geringere Anforderungen an die Genauigkeit legislativer Richtlinien zu stellen sind. Eine unterschiedliche Beurteilung kann dabei nicht nur durch die wechselnde Beschaffenheit der jeweils zu regelnden Materie, sondern auch durch äußere Umstände wie Kriegs- und Krisenzeiten bedingt sein. Das Problem, zwischen der Skylla zu enger und der Charybdis zu weiter, nichtssagender oder gar völlig fehlender standards hindurchzusteuern, wird der Kongreß von Fall zu Fall zu lösen haben[121].

---

wegen Fehlens hinreichend bestimmter standards auf (s. Schechter Poultry Co. v. U.S., 295 U.S. 495, 533, 534; 55 S. Ct. 837, 844, 845). Siehe auch U.S. v. Rock Royal Co-op., 307 U.S. 533, 576; 59 S. Ct. 993, 1014: „Even though procedural safeguards cannot validate an unconstitutional delegation, they do furnish protection against an arbitrary use of properly delegated authority." Siehe auch *Deppeler*, S. 93—95.

[118] Zur Frage, ob die „Angemessenheit" (reasonableness) einer Verordnung ein „Ersatzstandard" oder selbständiges Wirksamkeitserfordernis ist, siehe *Freund*, S. 219. *Parker*, S. 96. *Baesler*, a.a.O., S. 526, 533, 539.

[119] Über das Nebeneinander beider Prinzipien in bestimmten Bereichen sowie das Fehlen beider auf anderen Gebieten, siehe *Hart*, Limits of Delegated Legislation, 221 Annals 87, 89, 90, 97, 98.

[120] So z. B. bei Gesetzen, die den Entzug von Lizenzen regeln oder den Verstoß gegen bestimmte Vorschriften unter Strafe stellen.

[121] Zu den Gesichtspunkten, die bei der Festlegung von standards zu berücksichtigen sind, siehe Frank E. *Cooper*, Administrative Agencies and the Courts, S. 27, 34, 40—45, 46, 47. *Redford*, Kap. IV, Statutory Directives to Administrators (S. 52). *Friendley*, Henry, J., The Federal Administrative Agencies: The Need for Better Definition of Standards, 1962, passim, insbes. Kap. I und VII. James *Hart*, Some Aspects of Delegated Rule Making, 25 Virginia Law Review 810, 814 (1939). Theodore W. *Cousens*, The Delegation of Federal Legislative Power to Executive Officials, 33,[1] Michigan Law Review 512, 543, 544 (1935), (der sich im übrigen auf eine allerdings ausführliche, auszugsweise Wiedergabe der Delegationsrechtsprechung beschränkt). *Freund*, S. 222. *Weeks*, a.a.O., S. 335—337. Roscoe *Pound*, The Administrative Application of Legal Standards, 44 American Bar Association Reports 445, 462, 463. *Ders.*, Juristic Science and Law, 31 Harvard Law Review 1047, 1061,

Die Verfassungsmäßigkeit eines delegierenden Gesetzes ist mithin dadurch bedingt, daß der Kongreß einerseits nicht seine Kompetenzen abgibt, nicht die legislative power im Sinne von Art. I, § 1 der Verfassung delegiert und andererseits die Übertragung untergeordneter Rechtsetzungsbefugnisse an die Exekutive und die Kommissionen durch policies und standards beschränkt. Dagegen schreibt die Verfassung weder vor, daß Delegationsgesetze in einem den Anforderungen von due process of law entsprechenden Verfahren ergehen, noch daß sie Vorschriften für die Einhaltung eines solchen Verfahrens bei der Ausübung der delegierten Befugnisse, etwa bei dem Erlaß einer Verordnung durch die Exekutive enthalten müssen[122]. Die Rechtswirksamkeit einer Vorschrift, die durch die Exekutive oder die Kommissionen aufgrund delegierter Rechtsetzungsbefugnis erlassen wird, hat nach h. M. zur Voraussetzung, daß dieser Rechtssatz nicht gegen die Verfassung, verfassungsmäßige Rechte und Gesetze verstößt, die gesetzliche Ermächtigung und die durch sie begründeten Zuständigkeiten und Beschränkungen nicht überschreitet[123] sowie in dem gesetzlich vorgeschriebenen Verfahren[124] erlassen wurde[125].

IV. Das Verfahren beim Erlaß von Verordnungen

Verfahrensvorschriften für den Erlaß von Verordnungen sind in vielen u. a. auch die Kommissionen betreffenden Bundesgesetzen enthalten. Soweit eine solche gesetzliche Regelung fehlt, gelten die Bestimmungen des Administrative Procedure Act[126]. Deren Hauptmerkmal liegt darin, den von der späteren Verordnung Betroffenen schon vorher in einem formlosen oder förmlichen Verfahren Gehör zu geben, die Behörde dadurch mit der Problematik aus der Sicht der Normadressaten bekannt zu machen, sinnvolle Einwände oder Verbesserungsvorschläge noch vor dem endgültigen Erlaß von Rechtssätzen zu berücksichtigen und dadurch die Gründe für eine spätere gerichtliche Nachprüfung oder gar Aufhebung der Verordnung auf ein Minimum zu reduzieren. Die geplante Verordnung ist rechtzeitig im Federal Register bekannt zu machen. Dabei sind Zeitpunkt, Ort und Art des Verfahrens,

---

1062. Hoover Commission Task Force Report on Legal Services and Procedure, 1955, S. 21, 22 (auszugsweise in *Stason - Cooper*, S. 34) und Hoover Commission Task Force Report on Regulatory Commissions, 1949, Appendix N, S. 18, 19.

[122] Vgl. *Geck*, S. 68—70; *Hart*, 25 Virg. Law Rev. 813, 815—818.

[123] Also nicht „ultra vires" ist. Vgl. auch *Parker*, S. 94 (b) und *Fairlie*, 18 Michigan L. R. 195.

[124] *Hart*, 25 Virg. Law Rev. 819; *Parker*, S. 97, 98.

[125] Sec. 10(e) (B) (2), (3), (4).

[126] Sec. 12 APA.

die Rechtsgrundlage sowie der Wortlaut oder zumindest der wesentliche Inhalt der Verordnung anzugeben[127]. Nachdem die Verordnung auf diese Weise angekündigt wurde, ist „interessierten Personen" Gelegenheit zu geben, sich am rule-making-Verfahren zu beteiligen[128].

Das kann geschehen durch

a) schriftliche Stellungnahme der interessierten Kreise, etwa bestimmter Industriegruppen, die von der Behörde in vielen Fällen unter Zusendung von Kopien des Verordnungsentwurfs erbeten wird (consultations)[129],

b) Diskussion des Verordnungsentwurfs auf einer von der Behörde anberaumten und geleiteten formlosen Versammlung aller Beteiligten bzw. der sie vertretenden Organisationen und Verbände (conferences)[130],

c) Beteiligung von Ausschüssen verschiedener Industriezweige an der behördlichen Beratung und Ausarbeitung von Verwaltungsvorschriften (advisory committees)[131],

d) Berücksichtigung des Vorbringens der Betroffenen in einem vorher öffentlich angekündigten, unter dem Vorsitz eines Behördenvertreters durchgeführten formlosen Anhörungsverfahren, das die durch Konsultationen und Konferenzen nicht erreichten Interessentengruppen einbeziehen soll (informal hearing)[132],

---

[127] Sec. 4(a), Satz 1. Ausnahmen gelten für interpretative rules, general statements of policy, rules of agency organization, procedure, or practice und für Fälle, in denen die vorherige Ankündigung undurchführbar, unnötig oder dem öffentlichen Interesse abträglich wäre: Sec. 4 (a), Satz 2. Über weitere Ausnahmen (Sec. 4) siehe *Reich*, Rule Making, S. 498, 499.

[128] Abschn. 4 (b) APA. *Fuchs*, 52 Harv. L.R., S. 273, unterscheidet dabei „investigational, consultative, auditive, and adversary procedures". Vgl. auch *Redford*, S. 192—195.

[129] *Schwartz*, S. 55—57; *Davis*, Text, § 6.02; *Fuchs*, a.a.O., S. 274.

[130] *Schwartz*, S. 57, 58; *Davis*, Text, § 6.02; *Cooper*, S. 264.

[131] *Schwartz*, S. 58; *Davis*, Text, § 6.03; *Cooper*, S. 265; *Dickinson*, The Organization and Functioning of Industry Committees, 6 Law and Contemporary Problems 353 (1939). Diese Methode wurde besonders im Bereich des Fair Labor Standards Act von 1938 angewendet. Die Komitees waren hier mit einem Vertreter des öffentlichen Interesses sowie je einem der Arbeitgeber und Arbeitnehmer besetzt. Während des 2. Weltkrieges wurde der War Production Board von 625 industry advisory groups und das Office of Price Administration von 435 industry advisory committees mit 7500 Mitgliedern beraten (*Davis*, Text, S. 103).

[132] *Schwartz*, S. 63, 64; *Davis*, Text, § 6.05; *Cooper*, S. 265, 266; *Fuchs*, a.a.O., S. 276; Final Report of the Attorney General's Committee on Administrative Procedure, 77th Congr., 1st Sess. 1941, Sen. Doc. No. 8. Die Behörde kann innerhalb eines informal hearing ein Beweisverfahren durchführen, ist aber an Beweisergebnisse nicht gebunden, *Parker*, S. 121. Mangels ausdrücklicher gesetzlicher Vorschriften liegt es im Ermessen der Behörde, welche der in a)

e) Auswertung der von den Beteiligten oder ihren Vertretern vorgebrachten und zu protokollierenden Tatsachen und Beweisangebote in einem förmlichen Verfahren, das bestimmten prozessualen Anforderungen genügen muß und von einem weitgehend mit richterlichen Befugnissen ausgestatteten, von der Behörde bestellten Vorsitzenden geleitet wird (formal hearing)[133].

Nach Abschluß der genannten Verfahren und mit einem „Sicherheitsabstand" von 30 Tagen vor dem Inkrafttreten[134] wird die Verordnung im Federal Register verkündet[135] und erlangt nach Ablauf der genannten Frist grundsätzlich die gleiche Wirkung wie ein Gesetz[136]. Die Normadressaten müssen die Vorschrift dann gegen sich gelten lassen, auch wenn sie sie nicht kennen[137]. Sie haben jedoch, bei Vorliegen eines entsprechenden Interesses, gegenüber den Behörden ein Petitionsrecht auf Änderung oder Aufhebung der alten oder auf Erlaß einer neuen rule[138]. Hinzu tritt das Recht auf judicial review.

---

bis d) genannten Methoden zur Beteiligung betroffener Personenkreise am Rechtsetzungsverfahren sie anwendet (s. *Schwartz*, S. 60; *Reich*, S. 500; Attorney General's Manual on the Administrative Procedure Act, 1947, S. 31).

[133] Sec. 4 (b) a. E. i. V. m. Sec. 7 und 8 APA. Das Beweisergebnis ist zu Protokoll zu nehmen. Letzteres ist die einzige Grundlage für die Entscheidung. Die Ermächtigungsgesetze schreiben immer dann vor, daß die Verordnung auf dem Beweisergebnis beruhen muß, wenn ein Grenzfall zwischen Verordnung und Entscheidung vorliegt: *Parker*, S. 121. Die Einzelheiten dieses formellen rule-making-Verfahrens entsprechen weitgehend dem Entscheidungsverfahren (adjudication). Vgl. *Schwartz*, S. 64—68; *Davis*, Text, § 6.06; *Geck*, S. 79—82; *Reich*, S. 501—509. Sie werden erst bei der Untersuchung des letzteren im Rahmen der Ausübung quasijudizieller Befugnisse durch die Verwaltungsbehörden erörtert.

[134] Sec. 4 (c) APA. *Schwartz*, S. 70. *Davis*, Text, § 6.07, *Cooper*, S. 270.

[135] Sec. 3 (a) APA. Eine Veröffentlichung aller erlassenen Verordnungen „of general applicability and legal effect" (s.u.) erfolgt, nach Sachgebieten geordnet, im Code of Federal Regulations (C.F.R.); vgl. *Davis*, Text, § 6.09. *Reich*, S. 496, 497.

[136] „Every document, issued under proper authority, prescribing a penalty or a course of conduct, conferring a right, privilege, authority or immunity, or imposing an obligation, and relevant or applicable to the general public, the members of a class or the persons of a locality, as distinguished from named individuals or organizations, is hereby determined to have general applicability and legal effect" (1 C.F.R. § 1.32). Zur Gesetzeskraft von Bundesverordnungen und ihrem Vorrang vor einzelstaatlichen Gesetzen siehe *Comer*, S. 41—44; *Schwartz*, S. 52, 53; *Cooper*, Kap. 14.

[137] ignorantia iuris excusat neminem; während vorher nach den Bestimmungen des Federal Register Act die Unkenntnis der Verordnungen den Einzelnen offenbar nur solange schützt, „until the duplicate originals or certified copies of the document shall have been filed with the Division and a copy made available for public inspection." Vgl. zum Ganzen *Schwartz*, S. 72, und *Davis*, Text, § 6.10.

[138] Sec. 4 (d) in Übereinstimmung mit dem 1. Amendment zur Bundesverfassung.

V. Die richterliche Nachprüfung von Gesetzen und Verordnungen

1. Die Entwicklung bis zur Entscheidung Marbury v. Madison

Die richterliche Nachprüfbarkeit von Verordnungen muß in engem Zusammenhang mit derjenigen von Gesetzen gesehen werden. Die Forderung nach Überprüfung der Übereinstimmung von Gesetzesrecht mit höherrangigem Recht geht zurück auf naturrechtliche Ideen vom Bestehen fundamentaler, höchster in der Natur und im Wesen des Menschen begründeter Prinzipien. Diese Auffassung wurde bereits in der Antike bei Sokrates, Platon, den Kynikern und Stoikern vertreten. Unter dem Einfluß des Christentums und der Kirchenväter vollzog sich eine Gleichsetzung von Naturrecht mit göttlichem Recht. Die Scholastik betrachtete das Naturrecht als Ausfluß des in die menschliche Natur durch die Schöpfungsordnung eingepflanzten göttlichen Gesetzes. Im Zeitalter der Aufklärung tritt der Begriff der Vernunft in den Vordergrund. Schon bei Grotius trifft sich im Naturrecht Gottes Absicht mit menschlicher Vernunfteinsicht[139]. Da in allen Menschen dieselbe Weltvernunft wirksam wird, ist das Naturrecht für alle gleich, unabhängig von Zeit und Ort sowie unabänderlich und unantastbar.

In England wurde das Naturrecht als law of reason bezeichnet[140]. Ihm stand gegenüber das bodenständige Gewohnheitsrecht (customary law of the land) und das Gesetzesrecht. Custom und Elemente des law of reason verschmolzen im common law[141], das aufgrund dieser Komponenten und ihrer alten Tradition eine Wertschätzung genoß, welche selbst über die des Souveräns hinausging. Dies machte sich der englische Lordrichter Sir Edward Coke zunutze, als er den Bestrebungen des Königs, ordinances zu erlassen, die Suprematie des common law entgegensetzte und diejenigen königlichen „proclamations, which are against law and reason", für nichtig erklärte. Als allein befugt für eine solche Entscheidung sah er die common law-judges an. Auf die Frage, warum nicht der König selbst eine derartige Entscheidung treffen könne, da doch das Recht auf Vernunft beruhe und die königliche Vernunft so gut wie die richterliche sei, antwortete Coke mit der Unterscheidung zwischen natural reason, die auch der König habe, und artificial reason, die für die Anwendung des Rechts unabdingbar, jedoch nur im Besitz der entsprechend ausgebildeten Richter sei[142]. In

---

[139] Ebenso bei *Pufendorf*.

[140] *Dickinson*, S. 86.

[141] „The common law was thus conceived as fused of two elements and presenting two aspects: 1) it was the law of the land, that is, a body of traditional custom; 2) it was the perfection of reason." (*Dickinson*, S. 87).

[142] *Friedrich*, Der Verfassungsstaat der Neuzeit, S. 119, 120.

dem berühmten Fall Dr. Bonhams aus dem Jahr 1610 ging Coke noch einen Schritt weiter und prüfte auch ein Gesetz des Parlaments auf seine Vereinbarkeit mit dem common law. Es handelte sich um eine Vorschrift, die eine Ausübung der ärztlichen Praxis in London ohne Prüfung und Lizenz des dortigen College of Physicians verbot und dieses Gremium ermächtigte, den Zuwiderhandelnden in Haft nehmen zu lassen und ihm eine Geldstrafe aufzuerlegen. Coke weigerte sich, die Strafbestimmung des Gesetzes anzuwenden, weil sie das College im Widerspruch zum common law zum Richter in eigener Sache gemacht hätte. Er war der Auffassung, daß das common law über einem Erlaß des Parlaments stehe und ihn zur Unwirksamkeit verurteile, wenn er gegen „common right and reason" verstoße, widersprüchlich oder unmöglich auszuführen sei[143]. Obwohl diese Thesen Cokes sich in England selbst nicht durchsetzen konnten und die Entwicklung dort, der Lehre Blackstones von der legislativen Souveränität folgend, zur Suprematie des Parlamentes führte[144], haben sie die amerikanischen Verfassungsväter, insbesondere Hamilton, sowie juristische Schriften und Gerichtsurteile der revolutionären Periode stark beeinflußt[145].

Das gleiche gilt auch für die Ausführungen Lockes zum Naturrecht und Naturzustand im 2. Buch seines Second Treatise on Civil Government (1689). Danach bestehen die staatlichen Gesetze nur insoweit zu Recht, als sie im Naturgesetz gründen[146]. Die Legislative muß durch Gesetze für Recht sorgen. Diese müssen den allgemeinen Gesetzen der Natur entsprechen[147]. Allerdings ist dabei für Locke die Legislative die höchste Gewalt im Staat, welche nur vom Volk selbst abberufen werden kann.

Die Befürworter einer richterlichen Nachprüfung von Gesetzen in den Vereinigten Staaten beriefen sich auch auf die Argumente Vattel's[148], wonach die fundamentalen, höchsten Rechtsgrundsätze in der Verfassung einer Nation niedergelegt seien und eine Schranke für den

---

[143] *Dickinson,* S. 90, 91. Die entscheidende Stelle in den Urteilsgründen lautet: „and it appears in our books that in many cases the common law will control acts of Parliament and sometimes adjudge them to be utterly void; for when an act of Parliament is against common right and reason, or repugnant or impossible to be performed, the common law will control it, and adjudge such act to be void."

[144] Charles Grove *Haines,* The American Doctrine of Judicial Supremacy, 2. Aufl. 1932, S. 35; Edward S. *Corwin,* The Doctrine of Judicial Review, 1963, S. 28, 29, 32, 33.

[145] *Dickinson,* S. 95, mit weiteren Nachweisen.

[146] 2. Buch, § 12, a. E.

[147] 11. Buch, § 136.

[148] *Vattel,* Le Droit des Gens ou Principes de la Loi naturelle, London, 1758, livre I, chap. 3, §§ 34—36 (zitiert nach Ernst Wolf, Verfassungsgerichtsbarkeit und Verfassungstreue in den Vereinigten Staaten, 1961, S. 28, Anm. 8).

Gesetzgeber bildeten, der seine Befugnisse von eben dieser Verfassung ableite und keine verfassungsändernden Gesetze erlassen dürfe[149].

Eine Analogie zum richterlichen Prüfungsrecht wird in der Praxis des englischen Privy Council gesehen, der als letzte Instanz nach dem Board of Trade und dem jeweiligen Gouverneur die Gesetze der englischen Kolonien in Amerika auf ihre Zweckmäßigkeit und auf ihre Vereinbarkeit mit der jeweiligen Kolonial-Charter, den Gesetzen des britischen Parlaments oder mit dem common law prüfte[150].

Der Widerstand gegen die englische Kolonialpraxis, deren Auswüchse in der Unabhängigkeitserklärung ein so beredtes Zeugnis gefunden haben, wirkte sich auch auf ein Verfahren vor dem Superior Court of Massachusetts aus, das die Rechtmäßigkeit allgemeiner Durchsuchungsbefehle für englische Zollbeamte zum Gegenstand hatte. James Otis argumentierte vor Gericht, daß ein Parlamentsgesetz, welches solche Maßnahmen billige, „against the constitution" und „against natural equity" sei und daher als nichtig angesehen werden müsse. Diese Auffassung hat er in einer Streitschrift[151] aus dem Jahre 1764 näher dargelegt[152] und sich dabei auf Coke und Vattel berufen. Andere einzelstaatliche Gerichte sind ihm gefolgt[153].

Auf dem Verfassungskonvent von Philadelphia wurden mehrere Anträge zur Errichtung eines aus dem Präsidenten und einer Anzahl von Bundesrichtern bestehenden Revisionsrates verworfen. Letzterer sollte ihm vorgelegte, vom Kongreß bereits angenommene Gesetze auf ihre Verfassungsmäßigkeit prüfen und sie dementsprechend genehmigen oder ablehnen können. Die in der Debatte zur Frage der Nachprüfung der Gesetze durch einen council of revision oder durch die Gerichte vorgebrachten Auffassungen waren geteilt[154]. Ebenso geteilt sind die Meinungen im Schrifttum, ob sich eine Mehrheit der Abgeordneten für das richterliche Prüfungsrecht ausgesprochen habe oder ob diese Frage damals offen geblieben sei[155].

Die Bundesverfassung von 1787 selbst enthält keine ausdrückliche Regelung der richterlichen Nachprüfung von Gesetzen. Zwei ihrer Bestimmungen geben bei entsprechender Auslegung jedoch einen Hinweis

---

[149] *Haines*, Judicial Supremacy, S. 40—43.

[150] *Haines*, a.a.O., S. 44—52.

[151] „The Rights of the British Colonies Asserted and Proved."

[152] *Haines*, a.a.O., S. 59, 60; *Corwin*, Judicial Review, S. 29, 30.

[153] Auf weitere Präzedenzfälle vor einzelstaatlichen Gerichten vor und nach 1789 kann hier nicht näher eingegangen werden; siehe dazu *Haines*, Kap. V und VII sowie *Corwin*, a.a.O., S. 71 ff.

[154] *Haines*, a.a.O., S. 126—131; *Corwin*, Judicial Review, S. 10—12, 37 ff.

[155] *Haines*, a.a.O., S. 132—134; *Wolf*, S. 16—19.

auf die Zulässigkeit der judicial review. Es ist dies zunächst Artikel VI, Abs. 2. Diese Vorschrift erklärt die Verfassung und die aufgrund derselben („in pursuance thereof") zu erlassenden Gesetze zum obersten Gesetz des Landes und für die Richter eines jeden (Glied-)Staates bindend[156]. Hier liegt der Umkehrschluß nahe, daß Gesetze, die nicht aufgrund bzw. nicht in Übereinstimmung mit der Verfassung erlassen wurden, die Richter der Glied-Staaten und, wie hinzugefügt werden müßte, die des Bundes nicht binden. Das richterliche Prüfungsrecht ergibt sich nach den Ausführungen seines Hauptverfechters Hamilton jedoch schon aus dem allgemeinen Prinzip einer limited constitution, d. h. einer die Befugnisse des Gesetzgebers beschränkenden Verfassung[157]. Dagegen sagt Artikel VI, Abs. 2 nach Corwin nichts darüber aus, welches Staatsorgan endgültig über die Vereinbarkeit oder Unvereinbarkeit bestimmter Gesetze mit der Verfassung zu bestimmen habe, sondern stellt nur die Bindung der an sich dem Bund gegenüber selbständigen Einzelstaatengerichtsbarkeit an das Bundesrecht unmißverständlich fest[158].

Eine andere Verfassungsbestimmung, aus der das richterliche Prüfungsrecht abgeleitet werden kann, ist Artikel 3, § 2. Hiernach erstreckt sich die richterliche Gewalt u. a. auf alle Fälle von Gesetz und equity, die sich aus der Verfassung, den Gesetzen der Vereinigten Staaten und den in ihrem Namen abgeschlossenen Verträgen ergeben[159]. Nun können Fälle, die sich aus der Verfassung ergeben, an sich auch die Vereinbarkeit von Gesetzen mit ihr zum Gegenstand haben[160]. Es ist jedoch auch hier Hamiltons Argument zu beachten, daß sich die gerichtliche Nachprüfbarkeit von Gesetzen nicht aus dem Verfassungstext, sondern aus der allgemeinen Theorie einer beschränkten Verfassung ergebe[161] sowie, daß es eine besondere Aufgabe der Gerichte sei, Rechtssätze, also auch die Verfassung als Inbegriff fundamentaler Rechtssätze, auszulegen und bei einem Widerspruch zwischen beiden den in der Verfassung verkörperten Willen des Volkes dem in den Gesetzen verkörperten Willen des Gesetzgebers vorzuziehen[162]. Art. 3, § 2 räumt den Bundes-

---

156 „This constitution, and the laws of the United States which shall be made in pursuance thereof ... shall be the supreme law of the land; and the judges in every state shall be bound thereby ..." (diese Bestimmung wird auch als „pursuance-Klausel" bezeichnet).

157 Hamilton im Federalist Nr. 81. Vgl. *Wolf*, S. 6—9.

158 *Corwin*, Judicial Review, S. 13, 14.

159 „The judicial power shall extend to all cases, in law and equity, arising under this constitution, the laws of the United States, and treatises made ... under their authority ..." (auch als „arising-Klausel" bezeichnet).

160 So Charles Warren, Congress, the Constitution and the Supreme Court, Boston 1930, S. 61, 62, zitiert bei *Wolf*, S. 11.

161 Federalist Nr. 81.

162 Federalist Nr. 78; siehe *Corwin*, Jud. Rev., S. 44.

gerichten keine Befugnis ein, über die Gültigkeit von Bundesgesetzen zu entscheiden, sondern begrenzt ihre Zuständigkeit auf bestimmte Fallgruppen[163].

Einen klareren Hinweis auf das richterliche Prüfungsrecht als die genannten Verfassungsbestimmungen enthält Art. 25 des Gerichtsorganisationsgesetzes (Judiciary Act) von 1789. Nach dieser Bestimmung kann der Oberste Bundesgerichtshof die Entscheidung des obersten Gerichts eines Gliedstaates bestätigen oder aufheben, wenn letzteres in seinem Urteil die Gültigkeit eines Staatsvertrages, eines Gesetzes oder einer Amtshandlung der Vereinigten Staaten verneint hat. Bestätigt das Bundesgericht die die Gültigkeit verneinende Entscheidung des einzelstaatlichen Gerichts, so hebt es damit das Gesetz endgültig auf. Das bedeutet mittelbar die Anerkennung der Befugnis des Obersten Bundesgerichtshofes, Gesetze wegen ihrer Unvereinbarkeit mit der Verfassung für ungültig zu erklären[164]. Das Gerichtsorganisationsgesetz wurde von der Mehrheit der Federalisten im Kongreß 1801 im Sinne einer Vermehrung der Richterstellen geändert. Diese Änderung wurde nach dem Wahlsieg der Republikaner 1802 wieder rückgängig gemacht. Dabei wurde die richterliche Nachprüfung von den Federalisten, deren Anhänger einen großen Teil der Richterstellen innehatten, befürwortet, von den Republikanern, welche nun die Mehrheit im Kongreß hatten, aber mit der Begründung abgelehnt, daß die Legislative das Recht habe, die Verfassung zu interpretieren, soweit die gesetzgebende Funktion in Frage stehe, und daß die Richter gehalten seien, die von der Legislative erlassenen Gesetze auszuführen. Im übrigen hätten sie Rechtsstreitigkeiten zwischen den Parteien zu entscheiden, nicht aber das Volk gegen angebliche Übergriffe der Legislative und Exekutive zu schützen. Eine Anerkennung des richterlichen Prüfungsrechts würde die Souveränität der Nation den Gerichten unterwerfen und alle Staatstätigkeiten von deren Willen abhängig machen, während die Richter selbst keiner Instanz verantwortlich seien. Die Gewaltenteilung beruhe auf der Gleichrangigkeit der Gewaltenträger, von denen jeder ausschließlich für seinen Bereich zuständig sei, ohne dabei Anweisungen oder Kontrollen des anderen dulden zu müssen[165]. So habe der

---

[163] *Corwin*, a.a.O., S. 16. Zu diesen cases gehören nach Hamilton's kommentierenden Ausführungen im Federalist Nr. 80 allerdings vorzugsweise Fälle, in denen die Legislative der Einzelstaaten ihre Zuständigkeit überschritten und damit gegen die Verfassung verstoßen hat, während die Erwähnung verfassungswidriger Bundesgesetze nach *Corwin* (S. 15) überflüssig war.

[164] Diese Ansicht wird vertreten von *Warren*, a.a.O., S. 104 und Andrew C. *McLaughlin*, A Constitutional History of the United States, Student's Edition, New York 1935, S. 236, zitiert bei *Wolf*, S. 21—23, der diese Ansicht ablehnt.

[165] Die Gewaltenteilung wurde aber auch von den Befürwortern der rich-

Kongreß das gleiche Interesse, Recht und Können, seine Befugnisse und deren Vereinbarkeit mit der Verfassung auszulegen wie die Gerichte[166].

Das war die historische und politische Konstellation, als der Supreme Court im Jahre 1803 unter dem Vorsitz John Marshalls seine berühmte Entscheidung in dem Verfahren Marbury v. Madison fällte[167]. Es ging dabei zunächst um die Frage, „ob ein Gesetz, das mit der Verfassung unvereinbar ist, oberstes Recht werden kann." Marshall ging in Übereinstimmung mit Hamilton davon aus, daß die Befugnisse der Legislative begrenzt seien und diese Grenzen in der geschriebenen Verfassung ihren Niederschlag gefunden hätten. Entweder sei die Verfassung oberstes Gesetz, das auf gewöhnlichem Wege nicht abgeändert werden könne, oder sie stehe mit gewöhnlichen Gesetzgebungsakten auf gleicher Stufe und sei abzuändern, wenn es der gesetzgebenden Körperschaft gefallen sollte. Die Annahme der zweiten Alternative sei absurd. Dagegen hätten sich die Schöpfer der Verfassung für die erste Alternative, — die constitution als höchstes und grundlegendstes Recht der Nation — entschieden. Daraus ergebe sich, daß ein verfassungswidriges Gesetz der Legislative ungültig sei. Diese Feststellung sei Bestandteil der Verfassung und fundamentales Prinzip der amerikanischen Gesellschaft. Die zweite Frage, vor die sich das Gericht gestellt sah, war, ob ein wegen Verfassungswidrigkeit ungültiges Gesetz „die Gerichte binde und sie verpflichte, ihm Gültigkeit zu verleihen". Marshall war, wiederum in Anlehnung an Hamilton, der Auffassung, daß es Aufgabe und Pflicht der Justiz sei, Recht zu sprechen, Gesetze zu interpretieren und bei Kollisionsfällen über die Anwendbarkeit oder Gültigkeit des einen oder anderen zu entscheiden. Stehe ein Gesetz mit der Verfassung in Widerspruch, so sei für die Gerichte letztere allein bindend. Damit war die richterliche Nachprüfbarkeit von Gesetzen durch eine Präzedenzentscheidung des Obersten Bundesgerichtes anerkannt. Allerdings wurde an der Entscheidung kritisiert, daß sie sich nicht mit den Gegenargumenten auseinandergesetzt und die Begründung von Hamilton unbesehen übernommen habe, daß sie nicht zwingend sei und letzten Endes die Anmaßung einer den Gerichten durch die Verfassung nicht gegebenen Gewalt darstelle. Vor allem der republikanische Präsident Jefferson griff das Urteil heftig an und rügte, daß der Wille des Gesetzgebers durch eine kleine Gruppe unabhängiger und politisch nicht verantwortlicher Männer beiseitegeschoben werden könne[168]. Trotz aller auch später noch — etwa von Präsident Jackson in seiner

terlichen Nachprüfung — wegen des ihr innewohnenden Gedankens der gegenseitigen Kontrolle — für sich in Anspruch genommen.

166 *Haines*, S. 246—248.

167 1 Cranch 137 (1803).

168 *Haines*, S. 249, 252.

Veto Message vom 10. 7. 1832 geäußerten — Ablehnung des richterlichen Prüfungsrechts[169] hielt der Oberste Gerichtshof an seiner Zulässigkeit fest und bereitete damit den Weg zu vielen seiner späteren Entscheidungen, insbesondere im Zusammenhang mit due process of law.

Die Entwicklung des richterlichen Prüfungsrechts wurde deswegen etwas näher erörtert[170], um die Vielschichtigkeit dieses Rechtsinstituts aufzuzeigen. Seine Komponenten sind in der Naturrechtslehre, Coke's Doktrin von der Vorrangigkeit des common law, Hamilton's und Marshall's Auffassungen von der geschriebenen Verfassung als fundamentalem Recht und den Richtern als dessen Wächtern zu sehen. Es wurde in engstem Zusammenhang mit der Theorie der Gewaltenteilung und ihrer Ausformung als gegenseitiger Kontrolle (check) der Gewaltenträger entwickelt[171]. Wichtige Faktoren waren außerdem das Mißtrauen gegen eine übermächtige Legislative, der den gemäßigten Gerichten anzuvertrauende Schutz gegen etwaige revolutionäre in private Rechte eingreifende legislative Akte sowie der Schutz der Minderheiten gegen ungerechtfertigte Mehrheitsentscheidungen[172]. Die gerichtliche Nachprüfung von Gesetzen unterliegt folgenden Einschränkungen:

1. Die Unvereinbarkeit des Gesetzes mit der Verfassung muß offenkundig, „beyond a reasonable doubt“ sein;

2. Die Notwendigkeit einer Nachprüfung muß sich in einem Rechtsstreit als konkrete Vorfrage ergeben[173].

2. *Die Regelung durch Abschnitt 10 APA*

Die Nachprüfbarkeit von Gesetzen gilt a majore ad minus auch für Verordnungen. Hier ist durch Abschnitt 10 APA seit 1946 eine einheitliche gesetzliche Regelung erreicht worden.

---

[169] „The Congress, the Executive, and the Court must each for itself be guided by its own opinion of the Constitution. Each public officer who takes an oath to support the Constitution swears that he will support it as he understands it, and not as it is understood by others. ... The opinion of the judges has no more authority over Congress than the opinion of Congress has over the judges; and on that point, the President is independent of both.“ (*Corwin*, Judicial Review, S. 21).

[170] Bis zum Zeitpunkt seiner als gesichert anzusehenden Zulässigkeit.

[171] *Friedrich*, Der Verfassungsstaat der Neuzeit, S. 255. *Parker*, S. 106; *Haines*, Kap. IX, Nr. 3 u. 4.

[172] Siehe *Haines*, Kap. IX.

[173] Etwa weil der Kläger einen Anspruch, der Beklagte eine Einwendung geltend macht, die auf einem verfassungswidrigen Gesetz beruhen. Eine abstrakte Normenkontrolle findet nicht statt.

Wenn eine Person durch eine von der Verwaltung erlassene Rechtsvorschrift einen Schaden oder eine sonstige Beeinträchtigung im Sinne gesetzlicher Bestimmungen erlitten hat[174], so ist sie berechtigt, diese Vorschrift durch ein Gericht nachprüfen zu lassen[175]. Das gilt gemäß Abschnitt 10 APA jedoch nur, soweit ein Gesetz die gerichtliche Nachprüfung nicht ausschließt oder der Behörde nicht volles Ermessen einräumt. Bei Ausübung delegierter Rechtsetzungsbefugnis ist ein Ermessen der Verwaltung aber insoweit eingeschränkt, als sie die vom Gesetzgeber festgelegten Richtlinien und standards befolgen, also „intra vires" bleiben muß. Die Vereinbarkeit der Verordnung mit den standards des delegierenden Gesetzes und die Vereinbarkeit des delegierenden Gesetzes mit der Verfassung bilden das Kernstück der richterlichen Nachprüfung. Der Rechtsetzungsakt und der Zusammenhang zwischen Verordnung und Ermächtigungsgesetz muß grundsätzlich „reasonable", darf dagegen nicht willkürlich sein (— „the test of reasonableness thus becomes one of arbitrariness" —). Hinzu kommen als weitere Voraussetzungen der Rechtswirksamkeit, daß die Norm im vorgeschriebenen Verfahren zustandegekommen und in den gesetzlich vorgeschriebenen Fällen auf „substantial evidence" gestützt oder durch die vom Gericht neu überprüften Tatsachen gerchtfertigt ist[176]. Das Fehlen einer der genannten Rechtmäßigkeitsvoraussetzungen führt zur Aufhebung der angegriffenen Norm durch das Gericht[177].

VI. Zusammenfassung der Vor- und Nachteile administrativer Rechtsetzung

Die Vorteile einer Übertragung von Rechtsetzungsbefugnissen auf Exekutive und Kommissionen wurden oben bereits angedeutet. Sie bestehen im wesentlichen darin,

a) der Legislative die Ausarbeitung unzähliger, fachlicher Details zu ersparen und ihr die Konzentration auf die grundsätzlichen gesetzgeberischen Fragen, policies und standards zu ermöglichen,

[174] Der Supreme Court bejahte jedoch die Möglichkeit einer Klage gegen eine Verordnung, durch die dem Kläger ein Schaden erst drohte (Columbia Broadcasting System v. United States, 316 U.S. 407; 62 S. Ct. 1194, 1201—1203. Vgl. R. *Pound*, Administrative Law and the Courts, 24 Boston University Law Review 201, 218/1944).

[175] Sec. 10 (a) i. V. m. Sec. 2(g) APA, soweit die Nachprüfung nicht schon aufgrund anderer Gesetze erfolgt.

[176] Vgl. die Aufzählung der Voraussetzungen für die Rechtmäßigkeit der Norm in Sec. 10(e) APA. Siehe auch *Schwartz*, S. 72—75; *Geck*, S. 86 ff.; *Blachly - Oatman*, Administrative Legislation and Adjudication, S. 72—74.

[177] Es entscheiden die Zivilgerichte, da es eine Verwaltungsgerichtsbarkeit in den USA nicht gibt. Zur gerichtlichen Nachprüfung von Verordnungen in England siehe *Fuchs*, 47 Yale L.J. 538, 559—562.

b) das Fachwissen einer großen Anzahl von Fachleuten und Expertenstäben in einem gegenüber den Kongreßausschüssen weit größerem Umfang der Vorbereitung und Ausarbeitung von Rechtsvorschriften nutzbar machen zu können, und damit „die Kluft zwischen popular government und scientific government zu überbrücken“[178],

c) parteipolitische Einflüsse weitgehender als im Kongreß auszuschalten und dadurch bedingte sachfremde Kompromisse beim Zustandekommen der Verordnung zu vermeiden,

d) einer größeren Elastizität als die Gesetzgebung fähig zu sein und gemachten Erfahrungen oder veränderten Umständen schneller und flexibler durch Erlaß neuer oder Änderung alter Verordnungen Rechnung tragen zu können,

e) die Prüfung der zu regelnden Materie speziell im Hinblick auf die Notwendigkeiten praktikabler und leistungsfähiger verwaltungstätigkeit zu ermöglichen,

f) ein Rahmengesetz durch Ausfüllung mit rechtssatzmäßigen Details so zu vervollständigen und in seiner Bedeutung klarzustellen, daß spätere möglicherweise auf der Unklarheit des Gesetzes beruhende Streitigkeiten vermieden werden.

Der Erlaß von Rechtsvorschriften durch die Verwaltung bringt jedoch auch Nachteile und Gefahren mit sich. Sie sind darin zu erblicken, daß

a) die von zahlreichen Ministerien, Kommissionen und anderen Stellen erlassenen Vorschriften zur Rechtszersplitterung führen,

b) die Belange der Allgemeinheit zu kurz kommen, weil bestimmte Interessengruppen Druck auf die Behörde ausüben, um die Fassung der Vorschriften in ihrem Sinne zu beeinflussen oder weil die Behörde die Regulierungsprobleme zu sehr unter ihrem eigenen, administrativen, fachlich begrenzten Blickwinkel sieht,

c) der Gesetzgeber seine Befugnisse zu weitgehend der Verwaltung überläßt, wodurch ein großer Teil der Rechtsetzungstätigkeit der Kontrolle durch das Parlament entzogen wird[179],

d) der Mangel hinreichend bestimmter Delegationsgesetze die Gerichte in zunehmendem Maße veranlaßt, selbst „sublegislativ tätig zu werden“ und zu bestimmen oder incidenter zu entscheiden, welche standards erforderlich oder wie sie zu befolgen seien[180].

---

[178] So *Dickinson*, Judicial Control of Official Discretion, 22 American Political Science Review 275, 277.

[179] Öffentlichkeit im weitesten, nicht auf die „interested persons“ beschränkten Sinne. Die Verfahrensregelungen können die Debatte im Kongreß kaum ersetzen.

[180] *Blachly - Oatman*, a.a.O., (S. 53) sprechen von einem „lack of an ade-

e) die in Ausübung delegierter Rechtsetzungsbefugnis geschaffenen Verordnungen der Verwaltung im Bewußtsein des Amerikaners mit einer Art bürokratischem oder gar autokratischem Makel behaftet sind[181] und weniger moralische Autorität genießen als die Gesetze der Volksvertretung[182].

---

quate statutory basis, ending in the assumption by the courts of important and inappropriate sublegislative powers" und von „incidental sublegislation by either the courts or the administrative authorities ... in the process of deciding particular cases."

[181] *Jacobi* (36 Col. L. Rev. 871, 905, 906) sieht in einigen kontinental-europäischen Staaten teilweise faschistische Ideen, teilweise eine übermächtige Bürokratie als Ursachen für eine exzessive, die Kompetenzen des Gesetzgebers mehr und mehr unterminierende Übertragung von Rechtsetzungsbefugnissen auf die Exekutive an. Gegen Jacobi siehe *Fuchs*, 47 Yale L.J. 538, 550, 551.

[182] Siehe zu den Vor- und Nachteilen *Blachly - Oatman*, a.a.O., Kap. III, S. 43 ff.; *Hart*, S. 275—281 und ihm folgend *Comer*, S. 15—18; *Freund*, The Substitution of Rule for Discretion in Public Law, 9 American Political Science Review 666, 669, 675 (1915). Task Force Report on Regulatory Commissions (1949), Appendix N, S. 18, 19. *Pennock*, S. 43, 46. *Parker*, Why Do Administrative Agencies Exist? 45 Georgetown Law Journal 331, 361, 362 (1957); *Haines*, Public Administration and Administrative Law, 26 American Political Science Review 875, 884, 885 (1932).

6. Kapitel

Die Übertragung von Einzelentscheidungsbefugnissen auf die Kommissionen und die Exekutive

Die Delegation von Rechtsetzungsbefugnissen bildet, wie oben schon kurz angedeutet, auch den Ausgangspunkt für die Erörterung der auf Verwaltungsbehörden übertragenen quasijudiziellen Befugnisse. Denn der Supreme Court hatte letztere als Unterfall der Einzelentscheidungsbefugnisse angesehen, die Delegierbarkeit dieser Einzelentscheidungsbefugnisse aber unter ähnlichen Aspekten wie die von Rechtsetzungsbefugnissen geprüft. Das für die Zulässigkeit der Ausübung von Einzelentscheidungsbefugnissen herangezogene Kriterium war in erster Linie ein negatives: es durfte keine Übertragung von gesetzgebender Gewalt vorliegen. Konnte dies verneint werden, wurde die Ausübung der Funktionen durch den Delegatar als erlaubt angesehen, soweit kein unbeschränktes Ermessen eingeräumt worden war. Dabei stand das hier neu auftretende Problem der verfassungswidrigen Übertragung richterlicher, d. h. durch die Verfassung den Gerichten zugewiesener Gewalt auf Exekutivbehörden zunächst im Hintergrund. Es handelte sich meist um schwierig voneinander abzugrenzende, von der Rechtsprechung daher kaum je in das Schema dreifacher Staatstätigkeit ausdrücklich eingeordnete Tätigkeiten von Rechtsetzung, Gesetzesvollziehung, Tatsachenfeststellung und Gesetzesanwendung.

I. Contingent[1] Delegation

Ausangspunkt für die Erörterung dieser außerhalb der detailausfüllenden Verordnungsbefugnis liegenden Funktionen an Hand der Rechtsprechung sind die Fälle, in denen die Exekutive für befugt gehalten wurde, Tatsachen festzustellen, die bestimmte Rechtsfolgen auslösten[2].

So erklärte der Supreme Court, daß es dem Kongreß verfassungsmäßig erlaubt sei, das Wiederinkrafttreten eines abgelaufenen gesetz-

---

[1] Contingent on = abhängig von (sc. bestimmten Umständen). Die Fußnoten des 6. Kapitels werden seines großen Umfanges wegen abschnittsweise numeriert.

[2] Vgl. die Gegenüberstellung von Bedingung und Rechtsfolge in einer Reihe derartiger Entscheidungen bei *Parker*, Separation of Powers Revisited, 49 Michigan Law Review 1009, 1025—1027 (1951).

lichen Einfuhrverbots von einer Proklamation des Präsidenten abhängig zu machen, wonach eine kriegführende Nation (England) im Gegensatz zu einer anderen (Frankreich) nicht aufgehört habe, den neutralen amerikanischen Handel zu verletzen[3]. Der Oberste Gerichtshof hielt weiterhin Zollgesetze für vereinbar mit der Verfassung, welche den Präsidenten ermächtigten, gesetzliche Zollbefreiungen durch Proklamation gegenüber einem Land mit der Begründung zu suspendieren, daß es amerikanische Waren mit einem höheren Importzoll belege als dem Prinzip der Gegenseitigkeit angemessen sei[4], oder welche ihm erlaubten, gesetzlich festgelegte Zollsätze durch Proklamation zu ändern, um eine vorher festgestellte Produktionskostendifferenz im Verhältnis zu einem Konkurrenzland auszugleichen[5]. In der Grundsatzentscheidung Field v. Clark betonte der Supreme Court zunächst die Gültigkeit des Verbots, Gesetzgebungsgewalt zu übertragen[6]. Eine Delegation von legislative power liege jedoch nicht vor, da der Kongreß alle Essentialia des Gesetzes selbst festgelegt und nichts, was dessen „expediency" oder „just operation" betreffe, der Bestimmung des Präsidenten überlassen habe. Letzterer sei nach Feststellung der Tatsache der ungleichen Zollbelastung zur Suspendierung der gesetzlichen Zollbefreiung verpflichtet gewesen. Sein Ermessen habe sich nicht auf die Inhaltsbestimmung, sondern nur auf die Geltungsdauer des Gesetzes und damit auf die Durchführung der vom Kongreß festgesetzten policy erstreckt[7]. Der Präsident sei also nicht selbst Gesetzgeber, sondern nur Gehilfe des Kongresses mit der Aufgabe, die Umstände festzustellen, von denen das Wirksamwerden des gesetzgeberischen Willens abhänge. Die Befugnis, ein Gesetz zu machen und damit ein Ermessen im Hinblick auf seine Beschaffenheit auszuüben, könne nicht übertragen werden, wohl aber die Befugnis, ein Gesetz im Rahmen ordnungsgemäßen Ermessens auszuführen[8].

---

[3] Brig Aurora v. United States, 7 Cranch 382; 3 L. Ed. 378 (1813).

[4] Field v. Clark, 143 U.S. 649; 12 S. Ct. 495 (1892).

[5] Hampton Jr. & Co. v. United States, 276 U.S. 394; 48 S. Ct. 348 (1928).

[6] 12 S. Ct. 504: „That congress cannot delegate legislative power to the president is a principle universally recognized as vital to the integrity and maintenance of the system of government ordained by the constitution."

[7] 12 S. Ct. 504.

[8] Der Supreme Court nimmt in diesem Zusammenhang ausdrücklich Bezug auf die richtungweisende Entscheidung in Locke's Appeal, 72 Pa.St. 491: „The legislature cannot delegate its power to make a law, but it can make a law to delegate a power to determine some fact or state of things upon which the law makes, or intends to make, its own action depend. To deny this would be to stop the wheels of government. There are many things upon which wise and useful legislation must depend which cannot be known to the lawmaking power, and must therefore be a subject of inquiry and determination outside of the halls of legislation" (12 S. Ct. 505).

Auch in der Hampton-Entscheidung wird die Bestimmung des Zollgesetzes von 1922, die den Präsidenten zur Änderung der Zollsätze durch Proklamation ermächtigte, nicht für eine unzulässige Delegation von Gesetzgebungsbefugnissen, sondern für die Ausführung des vom Kongreß festgelegten „plan“ oder „intelligible principle“ durch die Exekutive gehalten. Letztere sei oft besser als der Gesetzgeber in der Lage, den Zeitpunkt des Inkrafttretens eines von zukünftigen Bedingungen abhängigen Gesetzes oder einer Gesetzesänderung zu bestimmen. Ihre Hilfe könne daher von der Legislative in einer Art und einem Ausmaß in Anspruch genommen werden, wie das — unbeschadet des Gewaltenteilungsgrundsatzes — den Erfordernissen von common sense und koordinierter Staatstätigkeit entspreche[9]. Die Befugnisse der Exekutive in den genannten Fällen lassen sich mit dem Supreme Court als Ausführung der gesetzlich festgelegten policy, als Gesetzesvollziehung bezeichnen. Damit wäre auch ein Präjudiz für die Zulässigkeit der Übertragung exekutiver Aufgaben auf die Kommissionen gegeben. Da das Ermessen sich aber darüber hinaus auf das Inkrafttreten und die Geltungsdauer von Gesetzen bezieht, muß ihre Funktion in erster Linie als Mitwirkung bei der Gesetzgebung qualifiziert werden. Diese Mitwirkung würde dann insoweit, neben der oben bereits erörterten Befugnis, Rahmengesetze des Kongresses mit Details in Form von Verordnungen auszufüllen, eine zweite Unterart der auf die Verwaltung übertragenen Rechtsetzungsaufgaben darstellen[10]. Sie wird vielfach vom Kongreß her gesehen als contingent legislation oder contingent delegation[11] bezeichnet.

---

[9] 48 S. Ct. 348, 350—352. Siehe schon oben bei der Erörterung der Gewaltenteilung.

[10] *Weeks*, a.a.O., S. 329, spricht von zwei Delegationstypen: „supplemental“ und „contingent“. Ebenso Comer, S. 26.

[11] *Corwin*, S. 151; *Comer*, S. 30—33. *Schwartz*, S. 46. *Blachly - Oatman*, Administrative Legislation and Adjudication, S. 21, 24, 25; diese beiden Autoren teilen die auf die Verwaltung übertragenen Rechtsetzungsbefugnisse ein in solche, die

1. der Organisation der staatlichen Behörden dienen (S. 22),
2. die Rechte der im Staatsdienst beschäftigten Personen betreffen (S. 22, 23),
3. Rechtsvorschriften zum Gegenstand haben, aufgrund deren Maßnahmen, z. B. Lizenzerteilungen, erfolgen können, welche die Rechte der Bürger berühren (S. 23),
4. den durch Gesetz vorgegebenen Rahmen durch detaillierte Bestimmungen ausfüllen (S. 24),
5. das Inkrafttreten oder die Durchsetzung eines Gesetzes von einer Maßnahme oder Feststellung der Exekutive abhängig machen (S. 24, 25),
6. die Schaffung von standards durch die Verwaltung selbst ermöglichen (S. 26),
7. Ausnahmen von normalen Gesetzen zulassen (S. 26; siehe auch *Schwartz*, S. 49; *Gellhorn - Byse*, S. 119). Zur Klassifizierung der Delegationstypen siehe auch *Forkosch*, S. 121 ff.

II. Tatsachenfeststellung und Rechtsanwendung

Eine Mittel- und Übergangsstellung zwischen contingent delegation und quasijudicial delegation bildet die gesetzliche Ermächtigung der Verwaltung, einen Einzelakt aufgrund bestimmter Tatsachenfeststellungen zu erlassen und dabei — ebenso wie bei der zuvor erörterten Feststellung der das Inkrafttreten eines Gesetzes, seine Änderung oder Suspendierung bedingenden Umstände — ein Ermessen auszuüben.

Die Eigenart dieser Tätigkeit läßt sich am besten an den Befugnissen verdeutlichen, die der River and Harbor Act von 1899 der Exekutive eingeräumt hatte. Das genannte Gesetz ermächtigte den Secretary of War, die bauliche Abänderung von Brücken über einen schiffbaren Fluß der USA zu verlangen und unter Androhung von Strafen durchzusetzen, wenn er nach Anhörung der Beteiligten zu der Feststellung kam, daß die Brücke ein „unangemessenes Schiffahrtshindernis" darstelle. Die Regelung wurde von der Union Bridge Company, die ein entsprechendes Abänderungsverlangen abgelehnt hatte und gegen die daher ein Strafverfahren eingeleitet worden war, wegen unzulässiger Delegation gesetzgebender und rechtsprechender Gewalt angegriffen. Der Supreme Court verneinte eine verfassungswidrige Delegation[1] mit der Begründung, der Secretary of War habe lediglich den Willen des Gesetzgebers auszuführen und sei verpflichtet, die für die Beantwortung der Frage nach dem Vorliegen eines Schiffahrtshindernisses wesentlichen Tatsachen festzustellen[2]. Es sei ihm — zulässigerweise — nur ein Ermessen im Hinblick auf die Gesetzesvollziehung, nicht jedoch im Hinblick auf die Gesetzgebung eingeräumt worden.

Auch in einer Reihe weiterer Fälle hat der Oberste Gerichtshof in der Ermächtigung der Verwaltung, Tatsachen festzustellen und daraufhin bestimmte Einzelentscheidungen zu treffen, lediglich eine, wenn auch ermessensbedingte Gesetzesausführung gesehen. So bejahte er die Zulässigkeit der dem Secretary of Agriculture eingeräumten Befugnis, die Tabaksgroßmärkte in bestimmter Weise zu regulieren und Marktquoten für Agrarprodukte festzusetzen. Er bestätigte weiter die Rechtswirksamkeit der dem National Labor Relations Board übertragenen Verpflichtung, zu bestimmen, welche Gruppen von Arbeitnehmern die geeigneten Vertreter für Tarifverhandlungen seien. Schließlich hielt der Supreme Court auch Einzelakte mit Ausnahmecharakter für vereinbar mit der Verfassung; so etwa die auf den Federal Reserve

[1] Union Bridge Co. v. United States, 204 U.S. 364, 386; 27 S. Ct. 367, 374 (1904). Das Gericht beruft sich ausdrücklich auf die bereits oben wiedergegebene Entscheidung Field v. Clark.

[2] Vgl. auch Monongahela Bridge Co. v. United States, 216 U.S. 177; 30 S. Ct. 356 (1910).

Board übertragene Befugnis, Banken bestimmte Sondererlaubnisse zu erteilen oder die der Interstate Commerce Commission gewährte Ermächtigung, Eisenbahngesellschaften die Ausgabe von Wertpapieren oder den Erwerb von Kontrollrechten über andere Gesellschaften zu gestatten. In allen diesen Fällen beruhten die Entscheidungen der Exekutive und der Kommissionen auf bestimmten gesetzlich vorgeschriebenen Feststellungen, wie etwa einem Überangebot auf dem Agrarmarkt, Überproduktion, extrem hohen Gewinnen, Aufrechterhaltung eines leistungsfähigen Beförderungswesens, Bestehen eines öffentlichen Interesses, usw.[3]. Bei diesen Begriffen handelt es sich um Richtlinien und Voraussetzungen für die von der Verwaltung zu treffenden Entscheidungen. Erst wenn die Behörde die vom Gesetz geforderten Feststellungen getroffen hat, kann sie die Maßnahme ergreifen, die Marktquote festsetzen, die Erlaubnis erteilen. Sie muß dabei die standards des Gesetzes ebenso befolgen wie beim Erlaß von Verordnungen[4].

Während bei den oben genannten Fällen die Frage, inwieweit die Verwaltung bei ihrer Tätigkeit, aus der Feststellung von Tatsachen rechtliche Konsequenzen zu ziehen, auch quasirichterliche Funktionen ausübte, offen blieb, wurde gegen eine andere Gruppe gesetzlicher Bestimmungen ausschließlich der Vorwurf einer unzulässigen Übertragung richterlicher Gewalt erhoben. Dabei stand die Ermächtigung der Verwaltung, ein Gesetz auf den Einzelfall anzuwenden und eine entsprechende Entscheidung zu treffen, im Vordergrund. So war die National Bituminous Coal Commission kraft Gesetzes befugt, zu entscheiden, ob ein Kohleproduzent von den Vorschriften des entsprechenden Gesetzes ausgenommen[5] oder ob er „producer" im Sinne des Bituminous Coal Act sei. Die Federal Trade Commission mußte darüber befinden, daß eine Telefongesellschaft unter der Kontrolle einer anderen Gesellschaft stehe, der National Labor Relations Board hatte zu beurteilen, ob Zeitungsjungen „employees" im Sinne des NLR-Act seien. In allen diesen Fällen wurden die übertragenen Befugnisse für zulässig gehalten[6]. Ihre Bewertung als verfassungswidrig hätte, wie der Oberste Gerichtshof in der Entscheidung Sunshine Anthracite Coal

---

[3] Vgl. die bei *Ehmke* (S. 520, 521) angegebenen Fälle.

[4] Bei der Erörterung der standards wird daher in den mit dieser Problematik befaßten gerichtlichen Entscheidungen die Wahrnehmung von Rechtsetzungs- und Einzelentscheidungsbefugnissen häufig nicht voneinander getrennt.

[5] Die Entscheidung hing aber im wesentlichen wieder von einer Feststellung der bereits oben genannten Art ab, nämlich ob die fragliche Gesellschaft „bituminous coal" produziere oder nicht.

[6] Siehe die von *Ehmke*, S. 524, 525 zusammengestellten Fälle.

v. Adkins[7] ausführte, bedeutet, „das Rad der verwaltungsrechtlichen Entwicklung um ein halbes Jahrhundert zurückzudrehen“. Die Frage, ob der Antragsteller unter den Bituminous Coal Act falle, habe der Kongreß aufgrund der commerce clause entweder selbst regeln oder einer Verwaltungsbehörde zur Regelung überlassen und ihr die Entscheidung über die Anwendbarkeit des Gesetzes auf einen Kohleproduzenten übertragen können. Die von ihr dabei vorzunehmende Auslegung des Begriffes „bituminous coal“ habe etwa die gleiche Bedeutung wie die bei Anwendung des Railway Labor Act auf Transportunternehmen erforderliche Interpretation des Begriffs „interurban“ electric railway durch die ICC[8]. Problematisch sei nur, ob der gesetzliche standard eine geeignete Richtlinie für die Ausübung der übertragenen Befugnis sei. Das müsse man im Hinblick auf den Begriff „bituminous coal“ bejahen.

Noch weiter ging der Supreme Court, als er die auf dem Bundeskonkursgesetz beruhende Ermächtigung der ICC, im Eisenbahnreorganisationsverfahren die Höchstsumme festzusetzen, die aus der Konkursmasse für die Tätigkeit von Rechtsanwälten und Treuhändern gezahlt werden durfte, für zulässig erklärte und den gegen diese Regelung erhobenen Vorwurf einer verfassungswidrigen Übertragung der den Gerichten im Art. III, § 1 vorbehaltenen richterlichen Gewalt zurückwies[9], obwohl die Gerichte aufgrund der angegriffenen Regelung im Rahmen der von der Kommission festgesetzten Höchstsumme über die endgültig auszuzahlenden Beträge zu entscheiden hatten[10].

III. Wirtschaftsregulierende Funktionen mit quasijudizieller Komponente

Während der Oberste Gerichtshof in den zuletzt genannten Entscheidungen verneinte, daß eine verfassungswidrige Übertragung judizieller Gewalt vorliege, traf er in dem Urteil Humphrey's Executor v. U.S. die positive Feststellung, daß die Federal Trade Commission, soweit

---

[7] 310 U.S. 381; 60 S. Ct. 907 (1940).

[8] Hierbei beruft sich das Gericht auf den Fall Shields v. Utah Idaho Central Railroad Co., 305 U.S. 177, 180; 59 S. Ct. 160, 162. Zum administrativen Charakter behördlicher Tatsachenfeststellung und Gesetzesanwendung siehe *Green*, Separation of Governmental Powers, 29 Yale Law Journal 369, 384, 385.

[9] Reconstruction Finance Corporation v. Bankers Trust Co., 318 U.S. 163, 170; 63 S. Ct. 515, 519 (1943): „No reason is perceived why claims of the sort here involved should not be litigated, as are other claims against bankrupt estates, by such machinery and in such manner as Congress shall prescribe ...“.

[10] Diese Entscheidung wird von Davis als die „vielleicht bedeutsamste“ auf diesem Gebiet gewertet. Siehe zum Ganzen *Davis*, Treatise, § 2.12.

sie die Gesetze gegen unlauteren Wettbewerb handhabe, teilweise quasilegislativ, teilweise quasijudiziell[1] tätig werde. Die Bekämpfung unlauterer Wettbewerbsmethoden erfolgt in der Weise, daß die FTC der des Wettbewerbsverstoßes beschuldigten Person oder Gesellschaft einen Schriftsatz mit den gegen sie erhobenen Vorwürfen (complaint) zustellt und einen Termin anberaumt, in dem der Beschuldigte sich rechtfertigen und dartun kann, warum kein Anlaß bestehe, ihm die gerügte Tätigkeit zu untersagen. Auch interessierte Dritte können gehört werden. Kommt die Kommission aufgrund der festgestellten Tatsachen zu der Auffassung, daß der Beschuldigte „unfair methods of competition" angewendet hat, so nimmt sie das zu Protokoll und erläßt eine Anordnung, die ihm diese Tätigkeit verbietet (cease and desist order)[2]. Kommt er der order nicht nach, muß sich die FTC für deren zwangsweise Durchsetzung an den Circuit Court of Appeals wenden. Dieses Gericht ist auch nachprüfende Beschwerdeinstanz. Ein ähnliches Verfahren führt beim NLRB zu der oben bereits erwähnten Anordnung, unfaire Methoden im Bereich des Arbeitsverhältnisses zu unterlassen[3]. Als quasijudiziell sind diese Tätigkeiten aber nur anzusehen, wenn es zu einem förmlichen, gerichtsähnlichen Verfahren (formal hearing) kommt. Eine Vielzahl von Fällen wird jedoch durch formlose mehr oder minder als rein administrativ zu wertende Verfahren abgeschlossen, insbesondere dann, wenn der Beschuldigte versichert, die beanstandeten Handlungen künftig zu unterlassen[4]. Während Unterlassungsverfügungen ebenso wie die Anwendung von Strafbestimmungen[5] durch die Verwaltung unmittelbar auf das Verhalten der Regulierten einwirken sollen, übt eine andere Gruppe von Maßnahmen einen mehr mittelbaren Einfluß durch Rechtsnachteile aus, die durch eine nicht erwünschte Tätigkeit ausgelöst werden. Hierher gehört die Aufhebung der Börsenfähig-

---

[1] 295 U.S. 602, 628; 55 S. Ct. 869, 874. *Cushman*, S. 439. Die FTC kann darüber hinaus auch als „master in chancery" auftreten. Aus anderen Entscheidungen ergibt sich, daß der Supreme Court nicht diese Funktion allein als quasijudicial qualifiziert.

[2] 55 S. Ct. 871. *Chamberlain - Dowling - Hays*, The Judicial Function in Federal Administrative Agencies, 1942, S. 16, 17; 135, 136. Eine instruktive Erläuterung und Dokumentation des von der FTC angewendeten Verfahrens findet sich bei *Hart*, An Introduction to Administrative Law, 1947, S. 224—233.

[3] Vgl. die Darstellung dieses Verfahrens bei J. Warren *Madden*, dem ehem. Vorsitzenden des NLRB, in: Symposium on Administrative Law, 9 American Law School Review 144, 146—147 (1939) und bei *Hart*, a.a.O., S. 237—242. Darüber hinaus kann der NLRB auch positive Anordnungen zur Wiederherstellung des status quo treffen, als wichtigste die auf Nachzahlung rückständiger Löhne (*Chamberlain*, S. 143, 144).

[4] Zu diesen formlosen Möglichkeiten im Bereich der FTC vgl. *Riegert*, S. 110—112.

[5] *Chamberlain*, S. 95, 98—102.

keit von Wertpapieren durch die Security and Exchange Commission. Diese kann, wenn sich der Verdacht falscher, irreführender Angaben bei der Registrierung von Wertpapieren in einem von ihr anberaumten hearing aufgrund der erhobenen Beweise bestätigt, eine „stop order" erlassen, welche die Wirksamkeit der Wertpapierregistrierung aufhebt[6]. Einen Rechtsnachteil zu Regulierungszwecken stellt auch die Suspendierung oder der Widerruf von Lizenzen durch die Federal Communications Commission, den Civil Aeronautics Board, die Atomic Energy Commission und einige andere Behörden dar[7]. Manche Gesetze, wie der FCC-Act, ahnden jeden Verstoß gegen ihre Bestimmungen oder gegen die Verordnungen der zuständigen Behörde mit einem Entzug der Lizenz. In anderen Fällen ist diese Maßnahme auf schwere, z. B. wiederholte, flagrante, absichtliche, willkürliche oder gar gerichtlich bereits festgestellte Verletzung der Vorschriften beschränkt. Da hier Vermögensrechte der betroffenen Lizenzinhaber und damit „property" im Sinne der due-process-Klausel des 5. Amendments der Bundesverfassung beeinträchtigt werden, bedarf es eines judizielle Elemente enthaltenden Verfahrens, das nur in Notsituationen, die ein schnelles Handeln zur Abwehr drohender Gefahren erfordern, entfällt[8]. Der Regulierungszweck auf der einen, der Schutz der Betroffenen vor Eingriffen in ihre Rechtssphäre, die durch diesen Zweck nicht mehr gerechtfertigt sind, auf der anderen Seite, haben offenbar Chamberlain, Dowling und Hays veranlaßt, alle diese Maßnahmen in ein System von „administrative judicial sanctions" einzuordnen[9].

Um einen Eindruck von der Bedeutung zu vermitteln, den die Wahrnehmung quasijudizieller Befugnisse im Bereich der Verwaltung der Vereinigten Staaten heute besitzt, sei auf die zahlreichen Behörden innerhalb und außerhalb des department-systems hingewiesen, die nicht für die Wirtschaftsregulierung tätig sind, aber Interessengegensätze zwischen Privatparteien oder dem Einzelnen und dem Staat im Wege der „administrative adjudication" ausgleichen[10]. In diesem Zusammenhang ist das Bureau of Land Management[11] zu erwähnen, das

---

[6] Näheres bei Chester *Lane*, General Counsel der SEC, in Symposium on Administrative Law, 9 American Law School Rev. 154, 157—158. Siehe auch *Chamberlain*, S. 115—117.

[7] Vgl. ähnliche Befugnisse aufgrund folgender Gesetze: Motor Carrier Act, Packers and Stockyards Act, Commodity Exchange Act, Perishable Agricultural Commodities Act, United States Grain Standards Act, United States Warehouse Act, Federal Alcohol Administration Act, u. a. Siehe den Überblick bei *Chamberlain*, S. 121—123.

[8] *Chamberlain*, S. 127, 128.

[9] Vgl. S. 92, 93.

[10] Von *Blachly - Oatman* daher auch „administrative agencies of adjudication" genannt.

[11] Früher: „General Land Office".

über das Bestehen von Eigentumsrechten Privater an Grundstücken der öffentlichen Hand zu befinden und diese zu registrieren hat. Rechtsmittelinstanzen sind der Commissioner of Public Lands und der Innenminister. Ein „direct appeal" an die Gerichte findet nicht statt[12]. Eine Behörde mit umfangreichen Befugnissen ist die von einem Administrator of Veterans Affairs geleitete Veterans' Administration. Sie ist im wesentlichen mit der Zuerkennung von Renten für Kriegsveteranen befaßt. Die Möglichkeit der gerichtlichen Nachprüfung ist nicht gegeben[13]. Man glaubte, die Gerichte nur bei der Entscheidung über „rights" einschalten zu müssen, während man die vom Staat gewährten „benefits", zu denen die oben genannten Renten gehören, als „privilege" wertete, über deren Zuerkennung auch eine Verwaltungsbehörde endgültig befinden könne[14]. Die wohl wichtigste der administrative agencies of adjudication ist die Social Security Administration, die auf der im Rahmen des New Deal ergangenen Sozialgesetzgebung beruht. Der Social Security Board entscheidet über die auf Alters- und Hinterbliebenenversorgung gerichteten Anträge. Hier steht nach Erschöpfung des administrativen Instanzenzugs[15] der Weg zu den ordentlichen Gerichten offen. Der Grund für die Errichtung der zuletzt genannten Bundesbehörden ist neben der Notwendigkeit der Sozialversicherung überhaupt in der Entlastung der Gerichte von der Bearbeitung der außerordentlich großen Zahl jährlicher Renten- und Versorgungsanträge sowie in der Notwendigkeit beschleunigter kostensparender, vereinfachter Verfahren zu sehen[16]. Auch im Gesetzgebungsbereich der Einzelstaaten

---

[12] *Chamberlain*, S. 8, 177. W. W. *Willoughby*, III, § 1099.

[13] Es findet nur eine administrative Nachprüfung durch den Board of Veterans' Appeals statt.

[14] Ray A. *Brown*, Administrative Commissions and the Judicial Power, 19 Minnesota Law Review 261, 282, 283 (1935). *Chamberlain* unterscheidet dagegen zwischen „benefit rights", über welche Behörden, und „rights", über welche Gerichte entscheiden (S. 8). Vgl. auch *Forkosch*, § 39.

[15] local referee and Appeals Council.

[16] Weitgehende quasijudizielle Befugnisse haben auch die Einwanderungsbehörden (Immigration and Naturalization Service). Vgl. hierzu Roy L. *Cole*, Administrative Agencies and Judicial Powers, 44 A.B.A.J. 953, 956/C. (1958). *Brown*, a.a.O., 283, 284, 293, 294. W. W. *Willoughby*, §§ 1095, 1101, 1102. *Chamberlain*, S. 96, 97. Die weitreichenden Befugnisse des Customs Bureau und des Post Office Department im Hinblick auf die Zurückweisung, Nichtbeförderung oder Vernichtung der als „foreign propaganda", „seditious" oder „obscene" gewerteten Druckerzeugnisse beeinträchtigt die Rechte Dritter in einer Weise, die nach Auffassung von R. L. *Cole*, a.a.O., S. 1003, eine Mitwirkung der Gerichte erforderlich macht (siehe auch W. W. *Willoughby*, § 1100).

Einen Überblick über die administrative agencies of adjudication geben R. L. *Cole*, a.a.O., S. 956 ff., (der insbesondere untersucht, welche Behörden ihre quasijudiziellen Funktionen behalten und welche diese an die Gerichte abgeben sollen); Milton M. *Carrow*, Administrative Adjudication, 27 George Washington Law Review 279, 290—291 (1959); *Pennock*, Administration and the Rule of Law, 1941, S. 95 ff.; *Rosenberry*, 23 American Political Science

wurden zahlreiche quasijudizielle Funktionen auf Behörden delegiert, z. B. auf den Sektoren workmen's compensation und unemployment compensation[17].

Während es sich bei der Entschädigung von Arbeitsunfällen[18] um die behördliche Entscheidung von Streitigkeiten zwischen zwei Privatpersonen (nämlich Arbeitgeber und Arbeitnehmer), also eine im Kern richterliche Aufgabe handelt[19], stehen sich bei der Gewährung von Renten der Staat auf der einen, der Leistungsempfänger auf der anderen Seite gegenüber[20]. Eine dritte Gruppe ist gekennzeichnet durch die bereits oben erwähnten Einzelentscheidungen wirtschaftsregulierender Behörden gegenüber bestimmten Industriezweigen und Unternehmen[21].

IV. Das Problem der Abgrenzbarkeit judizieller den Gerichten vorbehaltener und quasijudizieller delegierbarer Befugnisse

Der Überblick über die oben erwähnten den Behörden übertragenen Entscheidungsfunktionen, die sich der Tätigkeit des Richters einmal mehr, einmal weniger annähern, wirft ähnlich wie bei der Übertragung von Rechtsetzungsbefugnissen die Frage auf, inwieweit das Prinzip der Gewaltenteilung die Delegation von judiziellen Befugnissen verbietet, die von administrativ-quasijudiziellen dagegen zuläßt.

1. Constitutional und Legislative Courts

Das Prinzip der separation of powers hatte, wie bereits erwähnt, insoweit seinen Ausdruck in der Bundesverfassung gefunden, als dort die Gesetzgebung dem Kongreß[1], die Gesetzesvollziehung dem Präsidenten[2] und die Rechtsprechung den Gerichten übertragen worden war[3]. Die zuletzt genannte judizielle Gewalt („the judicial power of the United States") soll nach Art. I, § 1 von einem Obersten Bundesgericht

---

Review 32, 39 (1929); William Franklin *Willoughby*, Principles of Judicial Administration, 1929, Kap. III (Administrative Adjudication); *Stirnberg*, S. 68 ff.

[17] Vgl. auch die vielfach dem Bereich der Einzelstaaten entnommenen Beispiele bei *Brown*, insbes. S. 300—303. *Stirnberg*, S. 76, 77.

[18] Aufgrund der Workmens' Compensation Laws der Einzelstaaten.

[19] *Chamberlain*, S. 2, 3; *Brown*, S. 301, 302. Vgl. auch *Jaffe - Nathanson*, S. 149, 150.

[20] *Chamberlain*, S. 8.

[21] *Chamberlain*, S. 4.

[1] Art. I, § 1.

[2] Art. II, § 1.

[3] Art. III, § 1.

und von solchen Untergerichten ausgeübt werden, wie sie der Kongreß errichtet[4]. Diese konstitutionelle Zuweisung macht den durch die Verfassung selbst eingesetzten Supreme Court und die inferior courts[5] zu sogen. „constitutional courts", obwohl letztere durch Gesetz[6] geschaffen wurden. Nur die constitutional courts dürfen die judicial power of the United States ausüben. Sie darf ihnen weder entzogen noch auf jemand anderen übertragen werden. Das schließt nicht aus, daß Gremien, die nicht zu den constitutional courts gerechnet werden, quasirichterliche Funktionen ausüben können, die ihrer Natur nach nicht zur judicial power of the U. S. gehören und außerhalb des für letztere in der Verfassung festgelegten Kompetenzkatalogs[7] liegen. Solche Materien, die nicht judiziell im Sinne von Art. III sind, insbesondere nicht ausschließlich Rechte Privater betreffen und an deren Regelung auch ein öffentliches Interesse besteht, können vom Kongreß auch der Exekutive oder besonderen Verwaltungstribunalen zur Entscheidung übertragen werden. Die Ermächtigung zur Schaffung derartiger Tribunale wird nicht in Art. III, sondern in der auf Art. I der Bundesverfassung beruhenden allgemeinen Gesetzgebungsbefugnis der Legislative gesehen[8]. Die aufgrund dieser Verfassungsbestimmung geschaffenen Gremien wurden daher im Gegensatz zu den constitutional courts als legislative courts bezeichnet. Hierunter sind insbesondere der Customs Court, der Court of Customs and Patent Appeals und der Tax Court zu rechnen[9]. Die Ausübung quasijudizieller (sic!) Befugnisse ist jedoch

---

[4] Art. I, § 1 lautet: „The judicial power of the United States, shall be vested in one Supreme Court, and in such inferior courts as the Congress may from time to time ordain and establish."

[5] Das sind die Gerichte erster und zweiter Instanz des Bundes (Federal District Courts and Federal Circuit Courts of Appeals). Vgl. *Swenson*, S. 117 und *Blachly - Oatman*, A United States Court of Appeals for Administration, 221 Annals 170, 171.

[6] Durch den Judiciary Act von 1789.

[7] Art. III, § 2. Vgl. auch Murray's Lessee v. Hoboken Land & Improvement Co., 18 Howard 272, 284; 7 L. Ed. 242, 256 (1855): „we think it proper to state that we do not consider Congress can either withdraw from judicial cognizance any matter which from its nature, is the subject of a suit at the common law, or in equity, or admiralty; nor, on the other hand, can it bring under the judicial power a matter which, from its nature, is not a subject for judicial determination."

[8] American Insurance Co. v. Canter, 1 Peters 511, 546 (1828); 7 L. Ed. 242, 256. Diese Entscheidung sprach den Superior Courts of Florida den Charakter eines constitutional court ab, weil die Amtszeit ihrer Mitglieder nur vier Jahre betrug, während nach der Verfassung die Amtszeit der „constitutional judges" solange währt, wie sie sich einwandfrei verhalten („offices during good behavior").

[9] *Jaffe - Nathanson*, S. 130; Carl A. *Auerbach*, Should Administrative Agencies Perform Adjudicatory Functions? Wisconsin Law Review 1959, S. 95, 99. Der Court of Claims hat sich aus einem legislative court gem. Art. I in einen constitutional court gem. Art. III verwandelt (*Jaffe - Nathanson*, S. 130).

nicht auf die genannten Tribunale beschränkt, sondern kann vom Kongreß mit der Begründung, es handele sich nicht um judicial power of the United States i. S. v. Art. III, auch auf Exekutivbehörden und Kommissionen übertragen werden[10].

Ein weiteres Argument für die Zulässigkeit quasijudizieller Entscheidungen durch Verwaltungsbehörden wird aus der Tatsache abgeleitet, daß selbst bei der Ausübung von judicial power im Sinne von Art. III, insbesondere bei der Entscheidung über private Rechte, aus Laien bestehende Jurys beteiligt sind, deren Feststellungen etwa zur Schadenshöhe[11] der richterlichen Entscheidung zugrundegelegt werden. Die Mitwirkung solcher Jurys in Zivilsachen beruht im equity- und admiralty-Verfahren auf historischer Überlieferung, derzufolge „masters" und „commissioners" auch ohne Zustimmung der Parteien zur Entscheidung bestimmter Fragen hinzugezogen werden können[12]. Bei Ansprüchen, die auf common law beruhen und einen 20 Dollar übersteigenden Streitwert haben, ist das Recht einer Partei auf Mitwirkung einer Jury sogar durch die Verfassung[13] gewährleistet. Ist aber die Mitwirkung von Nichtrichtern bzw. Laienrichtern im Bereich von judicial power möglich, dann muß nach dieser Auffassung auch die Entscheidung quasijudizieller Fragen durch eine nicht mit Richtern besetzte und nicht als constitutional court anzusehende Verwaltungsbehörde zulässig sein[14].

Eine eigenartige Sonderstellung, welche die Problematik der ganzen Unterscheidung aufzeigt, haben die Gerichte des District of Columbia: sie sind gleichzeitig constitutional and legislative courts (National Mut. Ins. Co. v. Tidewater Transfer Co., 337 U.S. 582, 590—591; 69 S. Ct. 1173, 1177—1178. *Jaffe - Nathanson,* S. 131, 132). Zur Auswirkung dieser Unterscheidung auf die Fähigkeit „questions of fact" nachzuprüfen, siehe Arthur A. *Ballantine,* Administrative Agencies and the Law, 24 A.B.A.J. 109, 111 (1938).

[10] „Thus the Congress ... may establish legislative courts (as distinguished from constitutional courts in which the judicial power conferred by the Constitution can be deposited) which are to form part of the government of territories or of the District of Columbia, or to serve as special tribunals to examine and determine various matters, arising between the government and others, which from their nature do not require judicial determination and yet are susceptible of it. But the mode of determining matters of this class is completely within congressional control. Congress may reserve to itself the power to decide, may delegate that power to executive officers, or may commit it to judicial tribunals" (Crowell v. Benson, 285 U.S. 22, 49—52; 52 S. Ct. 285, 292/1932 mit Hinweis auf Ex parte Bakelite Corporation, 279 U.S. 438, 451; 49 S. Ct. 411, 413; vgl. auch die Auszüge aus dieser Entscheidung bei *Jaffe - Nathanson,* S. 116, 122, 123; siehe auch S. 130, 131). *Forkosch,* S. 42—44; *Cushman,* S. 432, 438.

[11] Nach *Erdsieck - Dietel* auch zum Klagegrund (S. 268: jury, petty jury). Ebenso *Weißenstein,* S. 97 („Grund und Höhe des Anspruchs").

[12] Crowell v. Benson, 285 U. S. 22, 51, 52; 52 S. Ct. 285, 292, 293. *Jaffe - Nathanson,* S. 124.

[13] Durch die 7. Novelle zur Bundesverfassung. Siehe auch *Erdsieck - Dietel,* S. 267 (jury).

[14] *Carrow,* Administrative Adjudication, 27 George Washington Law Re-

2. *Die Frage des Ausmaßes der Übereinstimmung judizieller und quasijudizieller Elemente*

Die in Schrifttum und Rechtsprechung vollzogene Unterscheidung zwischen constitutional courts, welche die judicial power of the U. S., sowie in legislative courts und Verwaltungsbehörden, welche quasijudizielle Funktionen ausüben, löst jedoch nicht das Problem, was unter diesen zwei Arten von Befugnissen im einzelnen zu verstehen ist und wo die Grenzen zwischen beiden verlaufen.

Anhaltspunkte für das Wesen der judicial power ergeben sich aus Art. III, § 2 der Bundesverfassung. Danach erstreckt sich die richterliche Gewalt auf „cases" und „controversies", also auf Streitfälle, in denen der Richter die Anträge der Parteien prüft und über ihre Rechte mit bindender Wirkung entscheidet[15]. Nur wer durch ein „legal interest relative to person or property" als Kläger (plaintiff) oder Beklagter (defendant) ausgewiesen ist, besitzt die sachliche Legitimation zur Beteiligung an dem Verfahren[16]. Dieses erhält durch die entgegengesetzten Rechtspositionen der Parteien den Charakter eines an der konkreten Sach- und Rechtslage, nicht an abstrakten Grundsatzfragen, orientierten Streitfalles[17]. Streitgegenstand sind die personal or property rights of private persons, während die Entscheidung über public rights in „cases between the Government and persons subject to its authority" administrativen Tribunalen und Kommissionen übertragen werden kann[18]. Die Urteilsfindung erfolgt durch Tatsachenfeststellung und

---

view 279, 285. Die Schlüssigkeit dieser Beweisführung reicht jedoch im Grunde nicht weiter als die Befugnisse der Jurys. Inwieweit letztere im einzelnen über die Beurteilung reiner Tatfragen hinausgehen, kann hier nicht näher erörtert werden. Vgl. W. F. *Willoughby*, Principles of Judicial Administration, S. 212 und Kap. 36, insbes. S. 493. Siehe auch *Auerbach*, a.a.O., S. 97, 98.

[15] Federal Radio Commission v. General Electric Co. et al., 281 U. S. 464, 469; 50 S. Ct. 389, 390—391 (1930).

[16] *Pfiffner*, 221 Annals 1, 3. *Pound*, Executive Justice, 55 American Law Register 137, 144.

[17] Vgl. 2 Am. Jur. 2 d. § 582: „... the Supreme Court redefined a justiciable controversy as one that is distinguished from a dispute of a hypothetical or abstract character, or from one that is academic or moot; as a definite and concrete controversy touching the legal relations of parties having adverse legal interests; as a real and substantial controversy admitting of specific relief through a decree of conclusive character ...". Vgl. auch *Parker*, S. 45, 46.

[18] Crowell v. Benson, 285 U. S. 22, 50; 52 S. Ct. 285, 292. 1 Am. Jur. 2 d. §§ 169, 171. *Carrow*, a.a.O., S. 286. Ebenso der Supreme Court of New Mexico in State v. Mechem, 63 N. M. 250; 316 P. 2 d 1069, 1070. Auszüge in *Jaffe-Nathanson*, S. 136 ff., insbes. 137: „nowhere does this (quasijudicial) power extend to a determination of rights and liabilities between individuals." Vgl. auch *Willoughby*, § 1087, S. 1655 und *Kocourek*, Legislative, Judicial and Executive Powers, 15 Illinois Law Rev. 108, 118/1920/21 (Nr. 5: „Judicial

Rechtsanwendung. Die hierauf beruhende Entscheidung wurde in einem britischen Untersuchungsbericht als ausschlaggebendes Merkmal der judicial power angesehen[19], an deren Stelle im quasijudiziellen Bereich eine administrative, im freien Ermessen des Ministers liegende Maßnahme trete[20], während die Beweisaufnahme und gegebenenfalls die Anhörung der von den Parteien vorgetragenen Rechtsansichten ein Bestandteil beider Verfahren sein könne. Andererseits haben die Gerichte verschiedentlich die Anwendung eines justizförmigen Verfahrens, etwa die Ladung von Beteiligten unter Strafandrohung im Falle des Nichterscheinens als Indiz für die Ausübung judizieller Befugnisse angesehen[21]. Als Kriterium für eine richterliche Entscheidung ist auch ihre größere Bindungswirkung gewertet worden[22].

Eine genauere Prüfung zeigt, daß die bisher genannten Merkmale der judicial power eine Abgrenzung von den quasijudiziellen Befugnissen der Exekutive und der Kommissionen nicht zulassen und daß sie größtenteils auch bei letzteren zu finden sind[23]. So wird die Tätigkeit des „hearing and determining controversies between parties" geradezu als Musterbeispiel einer „administrative adjudication" aufgefaßt[24]. Dabei ist insbesondere an die industrial accident bzw. workmen's compensation boards zu denken, welche über die nach Betriebsunfällen

---

power over private persons cannot be conferred on agencies not courts"; Nr. 6: „Judicial power over public persons may be delegated").

[19] Vgl. den Bericht des Committee on Ministers' Powers, 1932, Bd. I, S. 73—74 (auszugsweise bei *Blachly - Oatman*, Administrative Legislation and Adjudication, S. 100, 102): „A true judicial decision ... disposes of the whole matter by a finding of facts in dispute and an application of the law of the land to the facts so found, including where required a ruling upon any disputed question of law." Siehe auch *Stirnberg*, S. 45. — Ebenso schon *Bondy*, Separation of Governmental Powers, 1896, S. 70—71: „Power to hear and to determine, or power to ascertain facts and to apply the law to the facts when ascertained, is judicial in its nature" (zitiert bei *Swenson*, Federal Administrative Law, S. 39—40).

[20] „administrative action, the character of which is determined by the Minister's free choice."

[21] 1 Am. Jur. § 172 am Anfang. Ähnlich: Report of the Special Committee on Administrative Law of the American Bar Association, 58 A. B. A. Rep. 407, 410 (auszugsweise in *Stason - Cooper*, S. 14, 15).

[22] *Forkosch*, § 46.

[23] Das hat *Pillsbury* überzeugend nachgewiesen (Administrative Tribunals, 36 Harvard Law Review 405/1923). Ebenso *Brown*, S. 265—266, 276. Vgl. auch C. W. *Pound*, The Judicial Power, 35 Harv. L. Rev. 787, 789—790.

[24] *Dickinson*, Administrative Justice and the Supremacy of Law in the United States, 1959, S. 21. Siehe auch *Parker*, Separation of Powers Revisited, 49 Michigan Law Review 1009, 1032—1033, 1034 (1951): „The statement that courts entertain only cases and controversies is a reference to form rather than substance." Ebenso *Haines*, 26 American Political Science Rev. 875, 889 mit Hinweis auf Robson, Justice and Administrative Law, 1928, S. 72, 73. Vgl. auch die Wesensbestimmung von administrative adjudication durch *White*, S. 553.

von Arbeitnehmern gegen Arbeitgeber geltend gemachten Entschädigungsansprüche entscheiden. Auch Tatsachenfeststellung und Rechtsanwendung sind — wie oben (6. Kap., II.) bereits erwähnt — nicht auf die Gerichte beschränkt. Vielmehr ermitteln die Verwaltungsbehörden Fakten (findings), subsumieren sie unter Rechtsvorschriften[25], legen diese aus und wenden sie an[26]. Verschiedene agencies entscheiden sogar über die Rechtswirksamkeit von Verträgen und der aus ihnen erwachsenden Verpflichtungen, so der National Labor Relations Board über die Gültigkeit von „collective bargaining agreements" und die bereits genannten workmen's compensation boards über das Bestehen einer Entschädigungspflicht[27]. Die Entscheidung über diese betriebsunfallbedingten Ansprüche wurde von den Gerichten mit Rücksicht auf Tatsachenfeststellung und Rechtsanwendung als „quasijudicial" bezeichnet[28].

Ebensowenig wie findings of fact und questions of law sind Freiheits- und Vermögensrechte ausschließlich Gegenstand gerichtlicher Entscheidungen. Dickinson weist darauf hin, daß die Gesundheitsbehörden, welche aufgrund drohender Ansteckungsgefahr die Vernichtung bestimmter[29] Gegenstände anordnen, ebenso eine Entscheidung über property rights treffen, wie das Gericht, das ein auf Beseitigung einer Immissions- und Störquelle gerichtetes Urteil erläßt[30]. Selbst wenn man davon ausgeht, daß die Behörden grundsätzlich nicht über das Eigentumsrecht als solches entscheiden, können sie doch dem Eigentümer in vielen Fällen vorschreiben, wie er mit seinem Eigentum zu verfahren habe. Das Recht auf eine bestimmte Benutzung des Eigentums steht

---

[25] Vgl. die oben zitierten Entscheidungen, insbesondere Sunshine Anthrazit Coal v. Adkins.

[26] 1 Am. Jur. §§ 168, 185. Hormel v. Helvering, 312 U. S. 552; 61 S. Ct. 719; Switchmens' Union of North America et al. v. National Mediation Board, 320 U. S. 297, 303; 64 S. Ct. 95, 98/1943 („Congress has long delegated to executive officers or executive agencies the determination of complicated questions of fact and of law").

[27] 1 Am. Jur. § 185, S. 990. Vgl. auch die von *Pillsbury*, S. 411, 412 angeführten weiteren Fälle. Sie bedürfen hierzu jedoch einer ausdrücklichen gesetzlichen Ermächtigung. Ihr Fehlen veranlaßte den Supreme Court, der Federal Communications Commission die Entscheidungsbefugnis über die vertragliche Haftung ihrer Lizenznehmer abzusprechen (Regents of University System of Georgia v. Carroll, 338 U. S. 586; 70 S. Ct. 370).

[28] Vgl. die Entscheidung des Supreme Court of Wisconsin in Borgnis v. Falk, 147 Wis. 327; 133 N. W. 209 (Auszüge bei *Stason - Cooper*, S. 57, 61, 62; siehe hierzu auch *Dickinson*, S. 22, Anm. 39). Dagegen Western Metal Supply Co. v. Pillsbury, 172 Cal. 407; 156 Pac. 491, wo die Tätigkeit der Industrial Accident Commission of California als „judicial" qualifiziert wird (zitiert bei *Pillsbury*, S. 410, 411). Vgl. weiter: Red Rover Copper Co. v. Industrial Com., 58 Ariz. 203; 118 P. 2 d 1102.

[29] Beispielsweise auch radioaktiv verseuchter.

[30] *Dickinson*, S. 16.

aber nach herrschender amerikanischer Auffassung dem Eigentum selbst gleich[31]. In einer Anzahl von Fällen wird unmittelbar über property rights entschieden, so durch das bereits erwähnte Bureau of Land Management[32], die workmen's compensation boards[33] und die Zollbehörden[34]. Vielfach werden solche Rechte beeinträchtigt, wie durch den Widerruf von Lizenzen oder Maßnahmen zur Wahrung der öffentlichen Sicherheit und Ordnung. Das gleiche gilt für Eingriffe in personal rights durch die Einwanderungs- und Rekrutierungsbehörden. Bei all diesen Verwaltungsentscheidungen muß jedoch das öffentliche Interesse berührt sein[35].

Auf vielen der zuletzt genannten Gebiete sind die Entscheidungen der Behörden auch bis zu einem gewissen Grad endgültig[36]. Eine gerichtliche Nachprüfung ist gänzlich ausgeschlossen im Bereich der Kriegsopferversorgung[37]. Große Zurückhaltung haben sich die Gerichte auch gegenüber Bescheiden des Bureau of Land Management, des Postministeriums sowie der Steuer-, Zoll- und Einwanderungsbehörden auferlegt. Dabei wurden grundsätzlich die von der Verwaltung festgestellten Tatsachen als bindend angesehen, soweit sie durch hinreichende Beweise gestützt waren. Darüber hinaus hat sich die Rechtsprechung teilweise geweigert, die durch eine Behörde, etwa das frühere General Land Office, vorgenommene Gesetzesauslegung zu überprüfen[38]. Hinzu kommt, daß aufgrund des oft engen Zusammenhangs zwischen Tat- und Rechtsfragen, etwa der Bedeutung einer Tatsache für die Zuständigkeit[39] die bindende Feststellung der Fakten gleichzeitig schon eine gewisse Präjudizierung auch der questions of law enthält.

---

[31] „... a commission merely passes upon the method that a man must adopt in using what belongs to him, Friedman in 25 Harvard Law Rev. 711. But if, as is well settled, the right to use property is itself property (... 116 U. S. 307; 134 U. S. 418 ...), a determination affecting the use of property is a determination affecting property" (*Dickinson*, S. 13, Anm. 23).

[32] Über das Eigentum Privater an Grundstücken der öffentlichen Hand.

[33] Über Renten und Entschädigungsansprüche von Arbeitnehmern.

[34] Siehe auch die weiteren bei *Pillsbury*, S. 415—417, angeführten Fälle. Vgl. Degge v. Hitchcock, 229 U. S. 162; 33 S. Ct. 639, 640: „since the adoption of the Constitution, there have been countless rulings by heads of departments that directly affected personal and property rights." 1 Am. Jur. § 171. Ebenso *Schwartz*, S. 8, 9.

[35] *Pillsbury*, S. 418. 1 Am. Jur. § 169.

[36] Die Frage hängt engstens mit dem Ausmaß der gerichtlichen Nachprüfung zusammen, die an anderer Stelle näher erörtert wird (Kap. 6/VIII).

[37] Die Entscheidungen des Administrator of Veterans Affairs sind kraft ausdrücklicher gesetzlicher Vorschrift (38 U. S. C. § 705/1952) unanfechtbar. Siehe hierzu *Carrow*, S. 287, Anm. 29.

[38] *Dickinson*, S. 56—59 und Kap. X.

[39] Z. B. des Geburtsorts außerhalb der USA für die Zuständigkeit der Einwanderungsbehörden, wie im Ju Toy Fall, oder für die Unzuständigkeit der

So wenig die bisher genannten Faktoren auf die Ausübung von judicial power beschränkt waren, so wenig gilt dies für die formalen Elemente eines Verfahrens vor den Zivilgerichten, wie Anberaumung eines Termins, Ladung, Beweisaufnahme und Protokollführung. Solche Merkmale weisen auch förmliche Verfahren vor Exekutivbehörden und Kommissionen auf[40].

3. *Public interest und public policy als Unterscheidungsmerkmale*

Angesichts der weitgehenden Übereinstimmung judizieller und quasijudizieller Elemente wird man, um zu einer Abgrenzung zu kommen, das Verhältnis der eingesetzten Mittel zum angestrebten Zweck und das Überwiegen judizieller oder administrativer Elemente gegeneinander abwägen müssen. Ist der Zweck in erster Linie durch das öffentliche Interesse bestimmt, die Befugnis überwiegend Aufgaben der Verwaltung gewidmet, die judiziellen Elemente dem untergeordnet und nur „incidenter" vorhanden, dann hat die ausgeübte Funktion quasijudiziellen Charakter[41]. Besteht dagegen der Hauptzweck darin, einen Streit zwischen Parteien mit bindender Wirkung im Hinblick auf ihre

---

Rekrutierungsbehörden wie in den Selective Draft Fällen (siehe zu diesen sehr umstrittenen „jurisdictional facts" *Dickinson*, S. 51). Darüber hinaus wurde verschiedentlich der behördlichen Beurteilung von Fragen, die teils rechtliche, teils faktische Elemente enthielten („mixed questions of law and fact"), etwa wann eine störende Einwirkung (nuisance) vorliege, ein Tarif angemessen (reasonable) sei, bindende Wirkung zuerkannt (*Dickinson*, S. 52 bis 54). Vgl. auch Reconstruction Finance Corp. v. Bankers Trust Co., 318 U. S. 163, 170; 63 S. Ct. 515, 519: „In administrative procedure, the findings of the administrative body may likewise be made conclusive of fact issues, and equally define rights and duties subject only to questions of law."

[40] Siehe die bereits oben genannten Fälle und *Pillsbury*, S. 418, 419. Das hat manche Autoren veranlaßt, jeden Unterschied zwischen judicial und quasijudicial zu leugnen und in der Wahrnehmung judizieller Befugnisse durch Verwaltungsbehörden eine notwendige Durchbrechung des Gewaltenteilungsverbots zu sehen. So B. *Schwartz*, Administrative Justice and its Place in the Legal Order, 30,[2] New York University Law Review 1390, 1397 (1955) unter Hinweis auf *Robson*, Justice and Administrative Law, 3. Aufl. 1951, S. 495—496: „This is surely simpler, more lucid and nearer the truth than the picture conjured up of a quasi-judicial court presided over by a quasi-judge administering quasi-law in quasi-disputes. The quasi-parties give their quasi-evidence; the tribunal finds the quasi-facts and considers the quasi-precedents and the quasi-principles. It then applies the quasi-law in a quasi-judicial decision which is promulgated in a quasi-official document and given quasi-enforcement. The members of the tribunal, having concluded their quasi-judicial business, then go out and drink quasi-beer before taking lunch consisting of quasi-chicken croquettes. They then go home to their quasi-wifes." Vgl. auch *Adam*, DVBl. 1959, S. 642 und Arthur T. *Vanderbilt*, The Place of the Administrative Tribunal in Our Legal System, 12 University of Cincinnati Law Rev. 117, 118, 139 (1938).

[41] *Pillsbury*, S. 420, 422; W. W. *Willoughby*, § 1087, S. 1654, 1655 (in diesem Fall liegt nach Auffassung dieses Autors weder ein Verstoß gegen das Prinzip der Gewaltenteilung noch gegen das von due process of law vor).

privaten Rechte zu entscheiden, ohne daß diese Tätigkeit letztlich der Verwaltung und Wirtschaftsregulierung dient oder deren Nebenprodukt ist, dann handelt es sich um judicial power[42], die aufgrund des Gewaltenteilungsverbots den constitutional courts nicht genommen und nicht auf Exekutivbehörden oder Kommissionen übertragen werden darf. Dabei kommt dem öffentlichen Interesse auch insoweit die Eigenschaft eines Unterscheidungsmerkmals zu, als es sich in der von der Behörde verfolgten policy konkretisiert. Letztere bildet — im Rahmen des Gesetzes — die Richtschnur ihres Handelns und bestimmt weitgehend, ob, wann und wie sie tätig wird. Dabei ist ihr ein beträchtlicher Ermessensspielraum eingeräumt[43], der u. a. auch von der Berücksichtigung der späteren Vollziehbarkeit und Erzwingbarkeit ihrer Entscheidungen bestimmt wird[44]. Während der Richter eng an Präzedenzfälle, an bestimmte Vorschriften materieller und prozessualer Art gebunden ist, beruhen Verwaltungsentscheidungen oft weniger auf der Handhabung ins Einzelne gehender Rechtssätze, als auf der Anwendung pflichtgemäßen Ermessens und gewisser am öffentlichen Interesse und spezifischen Zwecken der Wirtschaftsregulierung orientierter policies[45]. Damit tritt auf vielen Gebieten, wo die Verwaltung als Wirtschaftsregulator oder als Leistungsträger tätig wird, die „regulation by government“ an die Seite oder sogar an die Stelle der „regulation by law“. Dabei treffen die Prinzipien freien Ermessens und der Bindung

[42] *Pillsbury*, S. 422.

[43] Etwa bei der Entscheidung der FTC, welcher von mehreren als Bewerber auftretenden Gesellschaften sie eine Fernsehlizenz erteilen soll. Hier hat die Behörde nicht darüber zu befinden, welche Gesellschaft die im Verhältnis zu den anderen bessere Rechtsposition hat, sondern die Lizenzierung welcher Gesellschaft dem öffentlichen Interesse im Rahmen der einschlägigen Vorschriften am ehesten gerecht wird; vgl. C. *Durr*, The Forgotten Client of the Agencies, New Republic, 138: 8—9/1958 (in Auszügen bei *Salomon*, S. 182, 183) und *Hyneman*, Bureaucracy in a Democracy, S. 307.

[44] *Dickinson*, S. 23—24.

[45] *Wade*, Quasi-Judicial and its Background, 10 Cambridge Law Journal, 216, 227, 237 (1949). *Bevis*, Administrative Commissions and the Administration of Justice, 2 Cincinnati Law Review 1, 13 (1928). *Biklé*, Safeguarding Private Interest in Administrative Procedure, 25 Washington University Law Quarterly 321, am Anfang (1940). *Landis*, The Administrative Process, S. 39: „The ultimate test of the administrative is the policy that it formulates; not the fairness as between the parties...“; ebenso K. C. *Cole*, Some Recent Proposals in the Sphere of Administrative Justice, 32 American Political Science Rev. 926, 927—928 (1938). W. F. *Willoughby*, Principles of Judicial Administration, der auch auf Verschiedenheiten in der Rechtsanwendung (S. 215) und in der Tatsachenfeststellung (S. 213, 214) hinweist. Vgl. auch *Hyneman*, Administrative Adjudication: An Analysis, II, 51 Political Science Quarterly 516, 518, 526 (1936). Nach *Schwartz*, Administrative Law, S. 77, 78, kann dagegen eine Unterscheidung nicht durch die Koppelung der Begriffspaare judge/law auf der einen, agency/policy auf der anderen Seite hergestellt werden, da auch der Richter, insbesondere der Supreme Court, sich neben dem Gesetz von policy-bedingten Erwägungen leiten lasse. Vgl. auch *Chamberlain*, S. 216, 231.

an fixierte Rechtssätze, equity und strict law, epieikeia und nomos, die Notwendigkeit einer von politischen Veränderungen unbeeinflußten, stabilen Ordnung und die Notwendigkeit einer Anpassung an geänderte technische, soziale und wirtschaftliche Verhältnisse aufeinander[46].

Ein weiterer Unterschied liegt darin, daß der Richter ein Unparteiischer ist, der nur über die Anträge der Parteien zu befinden und eine gerechte Entscheidung zu treffen hat. Dagegen ist die Behörde in vielen Fällen selbst Partei und selbst am Ausgang des Verfahrens interessiert[47]. Vielfach stellt eine Behörde von Amtswegen Untersuchungen an, erhebt aufgrund der ermittelten Tatsachen bestimmte schriftlich fixierte Anschuldigungen und leitet aufgrund dieser ein Verfahren ein. Sie tritt damit als Ankläger (prosecutor) und Richter in ein und derselben Sache auf.

Die Gefahren, die sich aus der mehr policy- als rechtsbezogenen Ausübung quasijudizieller Befugnisse — unter Umständen noch im Rahmen eines Verfahrens, in dem die Behörde Richter in eigener Sache ist — ergeben, liegen auf der Hand. Sie bestehen darin, daß die Gesetzmäßigkeit der Verwaltung beeinträchtigt und daß der alte Grundsatz des government by law durch den eines government by men verdrängt wird[48].

---

[46] *Dickinson*, S. 28—31, 35—36. Vgl. auch *Pound*, Justice According to Law, 13 Columbia Law Review 705—709 und 696—698 (Justice Without Law).

[47] *Schwartz*, Administrative Law, S. 79—81. *Landis*, Symposium on Administrative Law, 9 American Law School Review 181. *Haines*, 26 American Political Science Review 875, 892. *Dickinson*, Administrative Management, Administrative Regulation and the Judicial Process, 89,[2] University of Pennsylvania Law Rev. 1052, 1057 (1941). *Hyneman*, Administrative Adjudication: An Analysis, II, 51 Political Science Quarterly 516, 525 (1936).

[48] Diese Gefahr wurde in Großbritannien ebenso erkannt (vgl. Lord Hewart, The New Despotism, London 1929) wie in den Vereinigten Staaten, wo sich in Roscoe Pound ein ständiger Mahner gefunden hat. Vgl. Executive Justice, 55 American Law Register 137, 145, 146 (1907) und das gleichnamige Kapitel in Justice According to Law, 14 Columbia Law Review 1, 12, 24—25 (1914); For the Minority Report, 27 A.B.A.J. 664, 665—669 (1941); Administrative Law and the Courts, 24 Boston University Law Review 201, 205—215 (1944): „there is little idea of fairness as between the government and the citizen. The interests of private persons are held negligible in the zeal of the administrative agency to get results“ (S. 208); „it is a characteristic tendency of present day administrative agencies to use as a ground of decision some idea of policy not to be found in the statute or general law nor even in any formulated rule of the agency. It will reach its result on some extra-legal basis for the particular case which it does not hold itself bound to follow in the next case but justifies on some policy nowhere established or declared“ (S. 210); „instead of our fundamental doctrine that government is to be carried on according to law we are told that what the government does is law“ (S. 223). Siehe auch O. R. *McGuire*, Have We a Government of Laws or a Government of Men? 73 United States Law Rev. 331, 339, 340, 345 (1939).

V. Exekutive und quasijudizielle Befugnisse als Grundlagen für den Erlaß von „orders“

Der Administrative Procedure Act knüpft wie Dickinson bei dem Begriff administrative adjudication an. Diese wird bestimmt als behördliches Verfahren, das zu einer order führt[1]. Order wird definiert als Gesamtheit oder Teil einer endgültigen — sei es bejahenden, sei es verneinenden, untersagenden oder feststellenden — behördlichen Verfügung, einschließlich einer Lizenz, aber unter Ausschluß jeder Rechtsetzung[2]. Bei den Erörterungen des Gesetzes im Repräsentantenhaus wurde darauf hingewiesen, daß order und adjudication im Sinne von Sec. 2 (d) APA die quasijudiziellen Funktionen der Verwaltungsbehörden umfassen und alle Entscheidungen einschließen, die nicht als Rechtsetzung anzusehen sind[3]. Es ist also bei der Frage, welche Art behördlicher Tätigkeit vorliegt, zunächst zu prüfen, ob die Rechtsetzungs(rule making)-Definition des Sec. 2 (c) APA angewendet werden kann[4]. Ist das nicht der Fall, liegt eine order vor. Der APA soll jedoch nichts am Charakter solcher Verfahren ändern, die von Behörden und Gerichten traditionell als adjudication gewertet werden[5]. Zu dieser Auslegung sah man sich offenbar deshalb gezwungen, weil die Definitionen der Sec. 2 (c) und 2 (d) insofern keine exakte Abgrenzung zwischen rule making und adjudication zulassen, als ersteres auch solche behördliche Verlautbarungen umfaßt, die für den Einzelfall — und für die Zukunft gelten[6]. Beide Merkmale würden z. B. auf eine cease and desist-Entscheidung zutreffen, die einer einzelnen Person untersagt, in Zukunft weiter unfaire Methoden gegen einen Arbeitnehmer anzuwen-

---

[1] Sec. 2 (d) APA (letzter Satz): „Adjudication means agency process for the formulation of an order.“

[2] Sec. 2 (d) APA (erster Satz): „Order means the whole or any part of the final disposition (whether affirmative, negative, injunctive, or declaratory in form) of any agency in any matter other than rulemaking but including licensing.“

[3] House Debates, May 24, 1946 und Leg. Hist., vol. 1, p. 356, zitiert bei *Lavery*, Federal Administrative Law, 1952, § 28. Siehe auch Ashley *Sellers*, Adjudication by Federal Agencies under the Administrative Procedure Act in: Federal Administrative Procedure Act and the Administrative Agencies (ed. by Warren), S. 524, 526.

[4] Es wird auf die obigen Erörterungen hierzu verwiesen.

[5] David *Reich*, Rule Making under the Administrative Procedure Act in: Federal Adm. Proc. Act and the Adm. Agencies (ed. by Warren), S. 492, 495. *Davis*, Treatise, § 5.02, S. 296.

[6] Sec. 2 (c) APA: „agency statement of general or particular applicability and future effect.“ Dieser Passus wurde im Bericht des Senats (Sen. Rep. 11) dahin erläutert, daß „they are defined as rules to the extent that, whether of general or particular applicability, they formally prescribe a course of conduct for the future rather than merely pronounce existing rights or liabilities.“ Vgl. auch 1 Am. Jur. §§ 165, 166.

den; dies könnte der Definition des Sec. 2 (c) entsprechend als rule angesehen werden, während es sich doch nach der bisherigen Praxis um eine order handelt, die eine Anordnung für den Einzelfall gegenüber einer bestimmten Person enthält[7]. Zudem kann nicht angenommen werden, daß der Gesetzgeber allein das in der Definition genannte Lizenzverfahren zur Kategorie adjudication gerechnet sehen wollte, andere zu einer order führende Verfahren dagegen nicht[8].

Andererseits ist problematisch, daß jedes Verfahren, soweit es keine Rechtsetzung darstellt, durch den APA zwangsläufig dem Bereich adjudication zugeordnet wird, sofern es nur zu einer order führt. Es bleibt insoweit kein Raum für die den Behörden zustehenden reinen Exekutivbefugnisse, deren Ergebnis ebenfalls eine order sein kann.

Die durch den Begriff der order bedingten Schwierigkeiten konnten auch vor Inkrafttreten des APA und außerhalb seines Anwendungsbereichs trotz der verschiedensten Bemühungen des Schrifttums nicht beseitigt werden[9]. Dies wird deutlich an der Klassifizierung der orders, die Blachly und Oatman vorgenommen haben[10]. Je nach der Verschiedenheit des Gegenstandes, des Anwendungsbereichs[11], der Rechtsnatur und der Rechtswirkung werden von diesen Autoren folgende Arten von orders unterschieden: legislative regulatory orders (!)[12]; procedural or-

---

[7] *Nathanson,* Some Comments on the Administrative Procedure Act, 41 Illinois Law Rev. 368, 374, 376 (1946). Dagegen halten *Blachly - Oatman* die Regulierungsfunktionen für „largely legislative in nature" (Federal Regulatory Action and Control, S. 168—182).

[8] Eine Aufzählung weiterer dem Begriff adjudication zuzurechnender Verfahren enthält das Attorney General's Manual on the Administrative Procedure Act (U. S. Department of Justice, Washington, D. C., 1947), S. 15—16, zitiert bei *Swenson,* S. 62.

[9] Zu dem Problem, die alternativ gebrauchten Termini „order" und „decision" begrifflich genau festzulegen, vgl. *Landis,* Crucial Issues in Administrative Law, 53 Harvard Law Review 1077, 1091, 1092 (1940).

[10] Frederick F. *Blachly* - Miriam E. *Oatman,* Federal Statutory Administrative Orders, 25 Iowa Law Review 582 (1940).

[11] Eine ausführliche Klassifizierung administrativer orders nach Anwendungsbereichen enthält das Buch von Dalmas H. *Nelson,* Administrative Agencies of the USA — Their Decisions and Authority, 1964.

[12] Die Bezeichnung ist irreführend. Diese sogen. orders „ähneln einer rule oder regulation" nach Meinung der Verfasser insoweit als sie „vielfach nicht nur Individuen, sondern Gruppen und Klassen mehr oder minder direkt betreffen." Gegenstand der Regelung sind Tarife, Löhne, Arbeitsstunden, Preise, Investitionen und die Bekämpfung unfairer Wettbewerbsmethoden. Überwiegend wird ein zukünftiges Verhalten geregelt, eine neue Rechtslage geschaffen und vielfach in den Bestand fremder Rechte eingegriffen (*Blachly - Oatman,* a.a.O., S. 583, 584). Manche dieser orders sind ihrer Natur nach nicht erzwingbar, manche werden durch die Verwaltungsbehörden selbst, die Gerichte oder beide zugleich durchgesetzt (siehe hierzu *Parker,* The Execution of Administrative Acts, 24 University of Chicago Law Rev. 292, 295 (1957).

ders; administrative controlling orders; injunctive and command orders[13]; reparation and analogous orders[14]; penalty orders[15]; orders in re licenses, certificates, privileges, permits, approvals and grants[16]; orders in re declarations and designations[17]; agreement and adjustment orders[18]; negative orders[19].

Eine von der Systematik her befriedigendere Lösung als die Aufzählung verschiedener Arten von orders ist die Bestimmung der diesen orders zugrundeliegenden Befugnisse (powers) im exekutiven und quasijudiziellen Bereich. Trifft eine Behörde eine vorbehaltlich gerichtlicher Nachprüfung endgültige Bestimmung für den Einzelfall, so wird die Befugnis hierzu als „determinative“ bezeichnet, im Gegensatz zur Ausübung reiner Vorbereitungs- und Hilfsfunktionen, die keine end-

---

[13] Zu ersteren (injunctive) gehören die cease and desist orders. Sie sollen einem als illegal erkannten Verhalten ein Ende machen und weitere Rechtsverletzungen verhindern. Sie können im Falle des Zuwiderhandelns nur durch die seitens der Behörde um Hilfe ersuchten Gerichte zwangsweise durchgesetzt werden, sind also nicht „self executing“. Die an zweiter Stelle genannten command orders umfassen im wesentlichen die enforcement orders, welche die Befolgung positiver Rechtsvorschriften erzwingen sollen (vgl. hierzu *Riegert*, S. 105 ff./K.).

[14] Hierbei handelt es sich um Anordnungen der Wiedergutmachung bestimmter Schäden und sonstiger Entschädigungszahlungen, z. B. Rückerstattung wegen überhöhter Frachttarife im Bereich der ICC. Verfahren, die zu einer reparation order führen, sind als adjudication zu werten (Attorney General's Manual on the Administrative Procedure Act, S. 15—16, zitiert bei *Swenson*, S. 62).

[15] Die Verhängung administrativer nicht-kriminaler Geldstrafen durch Behörden wurde in Einzelfällen für zulässig erklärt (vgl. Buttfield v. Stranahan, 192 U. S. 470; 24 S. Ct. 349). Hierin ist eine Delegation quasijudizieller Befugnisse zu sehen.

[16] Diese orders haben die genannten Lizenzen, Bescheinigungen, Privilegien, Erlaubnisse, Genehmigungen und Zuwendungen zum Gegenstand. Hierher gehört nicht nur die Erteilung, sondern auch die Ablehnung der Erteilung und Erneuerung, die Abänderung und der Widerruf der genannten behördlichen Akte. Diese sind „selfexecuting“, d. h. „enforced through the administrative act itself of granting, refusing, suspending or revoking.“ Das Lizenzverfahren fällt nach Sec. 2 (d) APA in die Kategorie adjudication (Näheres zur Lizenz im folgenden Abschnitt).

[17] Akte, die eine Feststellung oder Klassifizierung zum Gegenstand haben. Nach Sec. 5 (d) APA können die Behörden „declaratory orders“ erlassen mit dem Zweck, „to terminate a controversy or remove uncertainty.“

[18] Sie ergehen nur im Zuständigkeitsbereich des Secretary of Agriculture und erklären ein zuerst nur vorgeschlagenes marketing agreement für wirksam, wenn die gesetzlich vorgesehene Zahl von Beteiligten es unterzeichnet hat.

[19] Vgl. zum Ganzen *Blachly - Oatman*, a.a.O., S. 582—592 (I. Types of Orders). Siehe auch dieselben in Federal Regulatory Action and Control (1940). Zum Teil abweichend *White*, S. 532, 533. C. K. *Allen*, Law and Orders (1945). Zur Frage der Vollziehbarkeit, *Parker*, The Execution of Administrative Acts, a.a.O., S. 299.

gültige Entscheidung herbeiführen (non determinative)[20]. Soweit die determinative powers Rechte, Pflichten oder Verbindlichkeiten berühren, sind sie gleichzeitig „adjudicatory“ bzw. „quasijudicial“[21]. Die als determinative bezeichneten Befugnisse lassen sich untergliedern in

examining
summary
directing
enabling } powers[22].

a) Examining (oder investigatory) powers gehen — wenn sie determinative sind — über reine Inspektion hinaus und haben die Anforderung von Auskünften, Berichten, Unterlagen und sonstigen Beweismitteln sowie die Ladung, Befragung und Vereidigung von Zeugen zum Gegenstand[23]. Derartige Befugnisse stehen insbesondere der FTC zur Aufklärung unlauteren Wettbewerbs, der ICC zwecks Beschaffung der für die Festsetzung von Frachtraten erforderlichen Daten und den Steuerbehörden zu[24].

b) Summary powers ermöglichen es den Verwaltungsbehörden, die Durchführung eines Gesetzes ohne gerichtliche Mitwirkung — vielfach sogar ohne Gewährung eines hearing — durch Ausübung von Gewalt gegenüber Personen oder Zugriff auf ihr Vermögen, zu erzwingen[25]. Die genannte Befugnis dient im allgemeinen nur der Vollziehung von Gesetzen, nicht der von orders[26]. Ihre Ausübung muß grundsätzlich durch eine gesetzliche Ermächtigung gedeckt sein. Hauptanwendungsgebiete der summary power sind das Post-[27], Schiffahrts-[28], Steuer-[29]

---

[20] *Freund*, Administrative Powers over Persons and Property, 1928, § 6, S. 11; § 7, S. 12. Im Ausgangspunkt (determinative — non-determinative) ebenso, in der inhaltlichen Konkretisierung dieser Befugnisse jedoch unklar, Clyde B. *Aitchinson*, Reforming the Administrative Process in 7 George Washington Law Rev. 703, 708, 709 (1939).

[21] 1 Am. Jur. § 138. Es gibt jedoch auch Determinativbefugnisse, die nicht quasijudiziell sind.

[22] So *Freund*, a.a.O., § 7, S. 12—17; ähnlich *Hart*, An Introduction to Administrative Law, 1947, Teil II, Kap. VII, S. 137—140 und 1 Am. Jur. § 139. Freund erwähnt als weiteren Unterfall der determinative power die „powers of abstract determination“, zu denen er definition, valuation, classification und fact finding rechnet (S. 15, 16). Siehe auch *White*, S. 530, 531.

[23] *Freund*, S. 17, 175; *Hart*, Admin. Law, S. 138; 1 Am. Jur. §§ 85—91.

[24] Strittig war die von den Gerichten hierbei zu leistende Amtshilfe als eine nicht judizielle Funktion. Jetzt für zulässig gehalten.

[25] *Freund*, S. 196; 1 Am. Jur. § 142.

[26] *Freund*, S. 153. Orders können grundsätzlich nur im Steuerrecht aufgrund der summary power erzwungen werden.

[27] Keine Beförderung vorschriftswidriger Druckerzeugnisse.

[28] Die Schiffahrtsbehörden können ein Schiff am Einlaufen in amerika-

und Polizeirecht[30]. Sie wird als Anomalie des amerikanischen Rechtssystems bezeichnet.

c) Directing powers geben einem menschlichen Verhalten eine bestimmte Richtung. Sie treffen eine positive, negative, untersagende oder feststellende Bestimmung für den Einzelfall. Diese findet ihren Ausdruck in einer an eine namentlich bezeichnete Person gerichteten order, die den Gesetzeszweck, etwa ein gesetzliches Gebot oder Verbot, präzisiert[31]. Eine solche Präzisierung und Konkretisierung der oft weiten gesetzlichen standards ist erforderlich, weil der Gesetzgeber nicht alle ein Tun oder Unterlassen des Einzelnen erfordernden Umstände vorhersehen und regeln kann. Der Erlaß von Anordnungen kann über den Einzelfall hinaus von Bedeutung werden, wenn er Glied und Präzedenzentscheidung in einer Kette behördlicher Verfügungen ist, durch welche die Verwaltungspraxis ihrerseits den Charakter einer Regel annimmt[32]. Diese kann später, empirisch erhärtet und bewährt, in die Form einer Verordnung gebracht werden. Orders können im allgemeinen nur aufgrund eines Gesetzes erlassen werden. Es gibt grundsätzlich keine der Ausübung öffentlicher Funktionen inhärente generelle Befugnis, etwa im Interesse der Allgemeinheit Anordnungen gegenüber bestimmten Personen zu erlassen. Eine solche Möglichkeit haben nur die courts of equity und in Form der Zeugenladung und -vernehmung unter Androhung von Zwang, die common law courts[33].

---

nische Häfen hindern, wenn der Schiffseigentümer gegen bestimmte besonders Ausländer und Einwanderer betreffende Vorschriften verstoßen hat.

[29] Vollstreckung von Steuerbescheiden und Steuerstrafen.

[30] Zwangsweise Beseitigung von Störungen. Siehe zum Ganzen *Freund*, S. 197—202; *Hart*, Administrative Law, S. 331 und die auf S. 332 ff. wiedergegebenen Fälle.

[31] *Freund* bezeichnet die directing power als „power of corrective intervention" (S. 145), als „a method of effectuating indefinite statutory provisions" (S. 146). Ebenso *White*, S. 529. Siehe auch *Hart*, Administrative Law, S. 223.

[32] Dieser Vorgang wird als case by case method bezeichnet. Vgl. *White*, S. 534. Hieran, wie an der wiederholt erwähnten möglichen Geltung von Verordnungen für den Einzelfall, manifestiert sich erneut die Schwierigkeit einer materiellen Abgrenzung zwischen rule und order, Rechtsetzungs- und Einzelentscheidungsbefugnissen. Vgl. auch *Freund*: „The line between powers operative from case to case and powers operative by way of general rule is of course a fluid one, since general and particular are relative terms" (S. 15). Kritisch auch Walter F. *Dodd*, Administrative Agencies as Legislators and Judges, 25 A.B.A.J. 923, 926 (1939).

[33] In contrast to the law prevailing in the greater part of Germany, which recognizes on the basis of old and vague statutes, if not as a matter of common law, a power vested in police authorities to order the remedying of conditions which are immediately dangerous to safety or order, the Anglo-American law knows no general administrative power to issue orders to individuals. Such a power belongs in our system only to courts of equity, and, as a power to subpoena witnesses and to compel them to give evidence, to the courts of common law (*Freund*, S. 140; ebenso *White*, S. 530).

Die gesetzlichen Ermächtigungen für Verwaltungsanordnungen waren vor der Jahrhundertwende verhältnismäßig selten. Nach diesem Zeitpunkt, insbesondere zwischen den beiden Weltkriegen, wuchs ihre Zahl zusehends. Dabei erwiesen sich fast alle Zweige der Wirtschaftsregulierung als wichtige Anwendungsgebiete für administrative orders[34].

d) Eine vierte Kategorie im Bereich der Verwaltungstätigkeit wird in den sogenannten „enabling powers" gesehen. Sie führen nicht zum Erlaß eines Gebots oder Verbots, sondern gewähren dem Einzelnen einen Rechtsvorteil. Dabei handelt es sich meist um eine „license" d. h. um die Erlaubnis (permission), bestimmte Tätigkeiten, Gewerbe und Berufe auszuüben[35]. Diese wären ohne die Erteilung einer entsprechenden Lizenz illegal. Freund bezeichnet letztere geradezu als „the administrative lifting of a legislative prohibition"[36]. Die Lizenz stellt eines der wichtigsten Instrumente dar, dessen sich die Kommissionen zur Wirtschaftsregulierung bedienen. Sie kann je nach Lage des Einzelfalles als ein Recht (right, property right) oder aber nur als Berechtigung (privilege) aufgefaßt werden. Dient die lizensierte Tätigkeit keinem der Allgemeinheit nützlichen Zweck oder birgt sie die Möglichkeit einer Beeinträchtigung der Gesundheit, Sicherheit oder der guten Sitten der Allgemeinheit in sich, dann wird sie überwiegend als ein jederzeit und ohne Anhörung des Betroffenen widerrufliches Privileg aufgefaßt[37], während Rechte (property rights) den Schutz der due process-Klausel genießen und, wenn überhaupt, nur nach einem ihr entsprechenden Verfahren beeinträchtigt werden dürfen. Die Unterscheidung right — privilege wird insbesondere von den Gerichten der Einzelstaaten gemacht[38], während sie auf Bundesebene nicht unbestritten ist

---

[34] Ermächtigungen für den Erlaß von orders sind insbesondere enthalten im Interstate Commerce Act, Federal Trade Commission Act, Shipping Act, Packer's Act, Securities Act, Federal Communications Act, National Labor Relations Act (*White*, S. 530).

[35] Vgl. Black's Law Dictionary, 4. Aufl., 1951, S. 1067. College Law Dictionary, 1931, S. 494, 495. Lizenzen im patentrechtlichen Sinne sind nicht Gegenstand dieser Untersuchung.

[36] *Freund*, Administrative Powers Over Persons and Property, Kap. 7, S. 104. *White*, Public Administration, 1949, S. 518. Ebenso *Stratton*, 14 Mississippi Law Journal 510 am Anfang (1947).

[37] Roger R. *Tuttrup*, Necessity of Notice and Hearing in the Revocation of Occupational Licenses, 4 Wisconsin Law Review 180, 186 (1927). Thomas Ray *Pansing*, Procedural Due Process in Occupational License Cases — Revocation of Licenses, 20 Nebraska Law Review 24, 33—34 (1941). *Schwartz*, S. 112, 116. *Davis*, Text, § 7.11, S. 126, 127. *Swenson*, S. 101. *Forkosch*, § 106, S. 151, 152. *Gellhorn - Byse*, S. 772, 773.

[38] *Davis*, Text, § 7, 19. Vgl. auch G. E. *Hale*, Hearings: The Right to a Trial, with Special Reference to Administrative Powers, 42 Illinois Law Review 749, 775 (1948).

und von einigen Autoren als unbefriedigend abgelehnt wird[39]. Die Frage, ob eine Lizenz ohne oder erst nach vorangehendem hearing widerrufen werden kann, ist nach Auffassung dieser Autoren weniger dadurch zu lösen, daß man — oft genug retrospektiv und vom Ergebnis her — der Lizenz den Stempel eines Rechts oder eines Privilegs aufdrückt, als durch die Prüfung, ob die Voraussetzungen eines Schutzes durch due process of law gegeben sind[40], d. h. unter anderem, ob die Behörde quasijudizielle Funktionen ausgeübt hat[41]. So ist bei Widerruf einer erteilten Lizenz oder bei Ablehnung einer Lizenzerteilung, insbesondere dann, wenn der Lizenzinhaber oder Antragsteller Rechtsmittel gegen die behördliche Entscheidung eingelegt hat, grundsätzlich ein gerichtsähnliches hearing erforderlich[42]. Der Supreme Court hat dagegen die Erteilung einer Lizenz zur Errichtung einer Radiostation sowie die Lizenzerneuerung als „purely administrative" aufgefaßt[43].

Wie oben bereits ausgeführt, hat der Administrative Procedure Act insoweit eine von dieser Auffassung des Supreme Court abweichende Regelung getroffen, als er das Lizenzverfahren (licensing) in den als „adjudication" bezeichneten Bereich einbezieht[44]. Licensing umfaßt eine Behördentätigkeit, welche die Erteilung, Erneuerung, Ablehnung, Rücknahme, Aussetzung, Annullierung, Beschränkung, Modifizierung oder Neufassung einer Lizenz zum Gegenstand hat[45]. Die Lizenz als solche wird als behördliche Erlaubnis (agency permit) definiert. Diese kann auch als „certificate, approval, registration, charter, membership,

---

[39] Besonders *Davis*, Text, § 7.18 und in 51 Yale Law Journal 1093, 1120—1123 („The Requirement of Opportunity to be Heard in the Administrative Process") sowie *Cooper*, Administrative Agencies and the Courts, S. 78, 79.

[40] Keinesfalls enthält die behördliche Befugnis zur Erteilung einer Lizenz auch das Recht zu deren Widerruf (*Freund*, S. 117. *Hart*, Administrative Law, S. 197).

[41] *Schwartz*, S. 117. *Hart*, Administrative Law, S. 265. A. H. *Feller*, Prospectus for the Further Study of Federal Administrative Law, 47 Yale Law Journal 647, 659 i. V. m. 651 (1938).

Die Erörterung des Prinzips von due process und des ihm entsprechenden Verfahrens folgt im nächsten Abschnitt.

[42] Vgl. *Freund*, S. 107—109, 120—122. *Blachly - Oatman*, Administrative Legislation and Administration, S. 92, 93—96. *White*, S. 526. *Schwartz*, S. 111. *Cooper*, S. 76, 78. *Forkosch*, § 111, S. 168, 169. *Stratton*, 14 Mississippi Law Journal 510, 515, 516 (1942).

[43] Federal Radio Commission v. General Electric Co. et al., 281 U. S. 464, 467; 50 S. Ct. 389, 390. Es ging um die Interpretation der im Radio Act von 1927 enthaltenen Vorschriften (47 U.S.C.A. §§ 81—119). Siehe dagegen: Comments on the Procedure of Federal Administrative Tribunals, with particular Reference to the Federal Communications Commission, Louis G. *Caldwell* in 7 George Washington Law Review 740, 752.

[44] Sec. 2 (d) APA.

[45] Sec. 2 (e), Satz 2 APA.

statutory exemption, or other form of permission" erteilt werden[46]. Aus der Qualifizierung des Lizenzverfahrens als „adjudication" folgt, daß es — vorbehaltlich bestimmter Ausnahmen — den vom APA für den Bereich adjudication festgelegten Verfahrensvorschriften unterworfen ist. Der APA wiederum enthält verschiedene Elemente eines Grundprinzips, das über den Anwendungsbereich dieses Gesetzes hinaus unmittelbar kraft der Verfassung gilt, nämlich des Grundsatzes „due process of law".

VI. Die Bedeutung des Grundsatzes „due process of law"

1. Due process und Magna Charta[1]

Die Maxime des due process of law ist im 5. Amendment[2] der Bundesverfassung mit Geltung für den Bund sowie im 14. Amendment[3] mit Geltung für die Einzelstaaten niedergelegt. Sie besagt, daß niemand seines Lebens, seiner Freiheit oder seines Besitzes ohne ein gehöriges Rechtsverfahren beraubt werden darf.

Dieses Prinzip ist unabhängig von seiner Verankerung in der Verfassung Ausdruck „of man's inherent sense of fair play, which antedates the constitutional provision", Manifestation naturrechtlicher Grundsätze[4], Ergebnis einer Entwicklung von „religion and reason"[5]. Der Kern von due process, nämlich die Gewährung rechtlichen Gehörs

---

[46] Sec. 2 (e), Satz 1 APA. Zum Vergleich die Definition von *Black* in 2 University of Chicago Law Rev. 282 (1935).

[1] Erg.: Libertatum.

[2] 5. Amendment: „No person ... shall be deprived of life, liberty, or property, without due process of law."

[3] 14. Amendment: „nor shall any state deprive any person of life, liberty, or property, without due process of law."

[4] „The law of administrative procedure in this country has been based upon the constitutional requirements of due process of law, which is fundamentally a notion of natural law... Such a requirement is demanded by men's inherent sense of justice and fair play, from which the constitutional doctrine of due process is, after all derived" (Bernard *Schwartz*, Administrative Procedure and Natural Law, 28 Notre Dame Lawyer 169, 173 (1953).

[5] „It is clearly erroneous to look upon the due process clause only as a principle of positive law promulgated by the Constitutional Assembly of 1787. The Founding Fathers sought in the constitutional provision to safeguard the procedural rights required by what they felt to be the law of nature. The deep rooted demands of fair play enshrined in the Constitution have their origin in both religion and reason (*Schwartz*, a.a.O., S. 175; vgl. auch *Schwartz*, Procedural Due Process in Federal Administrative Law, 25 New York University Law Rev. 552, am Anfang, (1950) mit Hinweis auf Wade & Philipps, Constitutional Law 276, 3d ed. 1946: „Even God himself did not pass sentence on Adam before he was called upon to make his defence. Adam, says God, where art thou (sic)? Hast (sic) thou not eaten of the tree that thou shouldst not eat?"

läßt sich bis in die Antike zurückverfolgen, wo er als Axiom bereits von Aristophanes formuliert[6] und im Lateinischen seinen prägnanten Ausdruck in der Formulierung audiatur et altera pars[7] gefunden hat.

Als eigentlicher Vorläufer der genannten Verfassungsregel wird Artikel 39 der Magna Charta König Johanns aus dem Jahre 1215 angesehen[8]. Dort heißt es, daß kein freier Mann verhaftet, gefangen gehalten, enteignet, geächtet, verbannt oder auf irgendeine Weise zugrundegerichtet werden dürfe, noch daß der König gegen ihn vorgehen oder dies veranlassen dürfe, es sei denn aufgrund gesetzlichen Urteilsspruchs durch seinesgleichen oder (und) aufgrund des Landesrechts[9]. Historisch ist hierin eine Zusicherung zu sehen, die die englischen Barone ihrem König abgerungen hatten, um die willkürliche Ausübung der königlichen Prärogative zu beseitigen. Der Anwendungsbereich dieser ursprünglich nur vertraglichen Zusicherung wurde weitgehend dadurch eingeschränkt, daß im Jahre 1215 unter „liber homo" nicht jeder Engländer, jeder Leibeigene, jeder Freisasse, sondern nur die Kronvasallen und Feudalherren zu verstehen waren, deren Privilegien gesichert werden sollten[10]. Auch die anderen Passagen der Magna Charta sind nicht unumstritten. So ist es fraglich, ob die vieldeutigen Worte „nec super eum ibimus nec super eum mittemus" ein bestimmtes in Zukunft nicht mehr anzuwendendes Verfahren oder nur das Vor-

---

[6] In seiner Komödie „Die Wespen" heißt es in der 3. Szene: Bei allen Göttern, Vater, „richte nicht, bevor Du beide angehört!" Weitere Nachweise bei Henry Wolf *Biklé*, Safeguarding Private Interest in Administrative Procedure, 25 Washington University Law Quarterly 321, 325 (1940).

[7] Auch „audi alteram partem" zitiert; vgl. *Schwartz*, S. 104, 105.

[8] Dem entspricht Artikel 29 der sie bestätigenden Charta Heinrichs III. aus dem Jahre 1225. Durch die confirmatio cartarum von 1297 ordnete Edward I. an, die Magna Charta als common law zu behandeln (*Corwin*, Liberty Against Government, 1948, S. 25).

[9] „Nullus liber homo capiatur, vel imprisonetur, aut dissaisiatur, aut utlagetur, aut exuletur, aut aliquo modo destruatur, nec super eum ibimus, nec susur eum mittemus, nisi per legale iudicium parium suorum vel per legem terrae." (Aus C. H. *McIlwain*, Due Process of Law in Magna Charta, 14 Columbia Law Rev. 27, am Anfang; ebenso zitiert bei *Deppeler*, „Due Process of Law", ein Kapitel amerikanischer Verfassungsgeschichte, S. 4 und Hermann von *Mangoldt*, Rechtsstaatsgedanke und Regierungsformen in den Vereinigten Staaten von Amerika, S. 12.

[10] *McIlwain*, a.a.O., S. 29, 41—42: „They (homines libri) include no one but John's feudal tenants in-chief and their men. They cannot include anyone below the mesne lords or valvassores." Ebenso *Deppeler*, a.a.O., S. 6, 7: „... daß unter liberi homines Kronvasallen zu verstehen sind, da und dort noch ihre Lehensträger, nie aber das Volk; fünf Sechstel des englischen Volkes waren zu jener Zeit hörig oder halbfrei und sie kamen nicht in den Genuß der Privilegien der Magna Charta. Nichts lag den englischen Baronen ferner als die schriftliche Formulierung staatsrechtlicher Doktrinen. Sie konnten nicht ahnen, daß im 17. Jahrhundert auch der verachtete villanus, der gedrückte und geschundene Hörige, von englischen Rechtsgelehrten als liber homo betrachtet werden würde."

gehen des Königs mit (bewaffneter) Gewalt ohne jegliches Verfahren[11] bezeichnen sollten. „Per legale judicium parium suorum" wird überwiegend als „trial by jury" wiedergegeben. „Lex terrae" wiederum wird von einem Teil des Schrifttums nur als bestimmte Verfahrensart, „a form of procedure", „a mode of trial", von anderen Autoren dagegen als das uralte im Volke lebende Gewohnheitsrecht, „the law of the land" angesehen[12]. Ungeachtet dieser Auslegungsschwierigkeiten und des eingeschränkten Anwendungsbereichs stellte die Magna Charta doch einen ersten Schritt zur Beseitigung königlicher Willkürakte und damit eines Übergewichts der Exekutive dar[13].

Entscheidend für die Entwicklung in Amerika wurde die Auslegung der Magna Charta durch Lord Coke im 17. Jahrhundert. Er setzte lex terrae mit due process gleich[14], dehnte die Anwendbarkeit auch auf Leibeigene[15] aus und machte so „aus einem Privilegienkatalog des Adels einen Rechtskatalog des Volkes". Seine Ideen gelangten mit den Auswanderern in die neuenglischen Kolonien, wo sie ebenso wie die Blackstones rasch Verbreitung fanden[16]. Die Revolutionäre von 1776 greifen auf sie zurück. Acht Einzelstaaten nahmen der due process-Klausel ähnliche Regelungen in ihre Verfassungen auf[17]. Diese Bestim-

---

[11] „No man shall be condemned at the King's suite, either before the King in his bench, where the pleas are coram rege (= nec super eum ibimus), nor before any other commissioner, or judge whatsoever (= nec super eum mittemus) einerseits (Literaturnachweise bei *McIlwain*, a.a.O., S. 30) — und „... King's practice of attacking his barons by armed force without any process whatsoever" andererseits (idem, S. 43).

[12] *McIlwain*, S. 32, 33 einerseits (mit Hinweis auf W. S. *McKechnie*, Magna Charta, 1905, S. 441) — und S. 44—47 andererseits. Vgl. auch *Deppeler*, S. 8, 9 und *v. Mangoldt*, S. 14 sowie W. W. *Willoughby*, Constitutional Law, § 1114.

[13] Vgl. *Corwin*, Liberty Against Government, S. 24.

[14] *McIlwain*, S. 32; *Deppeler*, S. 4, 13. Nach Corwin ist der Terminus „due process" bereits in einem unter Edward III. erlassenen Gesetz aus dem Jahre 1355 enthalten (a.a.O., S. 91). Ebenso W. W. *Willoughby*, § 1114, S. 1687.

[15] *McIlwain*, S. 29. *Stubbs* betont dagegen, daß im Jahre 1215 der König nicht seinen Baronen, sondern dem „collective people" gegenüber gestanden habe (Constitutional History, 6th ed., vol. 1, p. 570). Vgl. auch *Gellhorn - Byse*, S. 716 und *Corwin*, a.a.O., S. 41.

[16] H. D. *Hazeltine*, The Influence of Magna Charta on American Constitutional Development, 17 Columbia Law Review 1, 19, 20 (1917). Die Magna Charta, die Petition of Right, der Habeas Corpus Act und die Bill of Rights wurden von den Kolonisten als Rechte für sich in Anspruch genommen (S. 6) und fanden zum großen Teil Aufnahme in charters und Gesetze der Kolonien, etwa in den Massachusetts Body of Liberties von 1641 und die New York Charter of Liberties of 1683 (S. 8—15).

[17] Vgl. zum Ganzen *Gellhorn - Byse*, S. 717—719. *Deppeler*, S. 17, 18. Fast in allen Erklärungen der Menschenrechte in den Verfassungen der ersten 13 Einzelstaaten sind Elemente der Magna Charta enthalten, die teilweise den alten royal colonial charters entstammen (*Hazeltine*, a.a.O., S. 25—26).

mungen dienten dem 5. Amendment der Bundesverfassung aus dem Jahr 1791 und dem 14. Amendment des Jahres 1868 als Vorbild[18].

Die angedeutete Entwicklung wurde durch die Rechtsprechung des Supreme Court sanktioniert. Er bestätigte unter ausdrücklicher Berufung auf Coke die Gleichsetzung der Begriffe „due process of law“ und „the law of the land“[19]. Spätere Entscheidungen bestätigen die obige Äquivalenz der beiden termini als eine „proposition universally accepted by American Courts“ und betonten als Zweck der due process-Klausel den Schutz des Individuums vor willkürlicher Ausübung der Staatsgewalten[20]. In ihr wird eine Beschränkung nicht nur der Exekutive und Judikative, sondern im Gegensatz zu England auch der Legislative gesehen[21], welche nicht jedes Verfahren, nur weil sie es so wolle, zum due process machen könne. Diese Auffassung wird ausführlich auch für das 14. Amendment dargelegt in der Entscheidung Hurtado v. People of the State of California[22]. Die Verfassung und ihre aus der Magna Charta hervorgewachsenen Bestimmungen seien eine Schranke für alle Staatsgewalten, einschließlich der im Rahmen von Gerechtigkeit und Freiheit zu haltenden Gesetzgebung der Einzelstaaten.

2. Procedural due Process

Der Inhalt von due process war zunächst rein verfahrensrechtlicher Art. Die Rechtsprechung verzichtete bewußt auf die Aufstellung einer Formel, die doch niemals auf alle Fälle hätte angewendet werden können, sondern erarbeitete von Fall zu Fall die Elemente, die für ein ordentliches Verfahren unerläßlich waren[23]. Hierzu gehören, wie be-

---

[18] *Willoughby,* § 1115, S. 1689. Beide beruhen letztlich auf der Magna Charta (*Hazeltine,* a.a.O., S. 27, 29).

[19] Murray's Lessee v. Hoboken Land and Improvement Co., 18 Howard 272, 276 (1856). Vgl. *Willoughby,* § 1114, S. 1688. „The words, ‚due process of law‘ were undoubtedly intended to convey the same meaning as the words ‚by the law of the land‘ in Magna Charta. Lord Coke in his commentary on these words (2 Inst. 50) says they mean due process of law.“ Siehe auch die Nachweise der auf die eigenen Verfassungen gestützten Entscheidungen der einzelstaatlichen Gerichte bei *Corwin,* a.a.O., S. 94—95, 97—98.

[20] Twining v. New Jersey, 211 U.S. 78; 29 S. Ct. 14, 20 (1908).

[21] *Willoughby,* § 1115, S. 1690. Ebenso *Hazeltine,* S. 30—33.

[22] 110 U.S. 516; 4 S. Ct. 111 (1884).

[23] Vgl. Holden v. Hardy, Sheriff, 169 U.S. 366; 18 S. Ct. 383, 387: „this court has never attempted to define with precision the words ‚due process of law‘ nor is it necessary to do so in this case. It is sufficient to say that there are certain immutable principles of justice, which inhere in the very idea of free government, which no member of the Union may disregard, as that no man shall be condemned in his person or property without due notice, and an opportunity of being heard in his defense.“ Ausführlicher

reits angedeutet, in erster Linie die Gewährung rechtlichen Gehörs in einem entsprechenden Verfahren (hearing) und die rechtzeitige und angemessene Benachrichtigung (notice) von diesem Verfahren und sonstigen von der Behörde vorgesehenen Maßnahmen[24]. Das Verfahren unterliegt verschiedenen weiteren Voraussetzungen. Zu ihnen gehört die Zuständigkeit (jurisdiction) der entscheidenden Gerichte oder Behörden, die insbesondere auch durch die territorialen Grenzen des Einzelstaates beschränkt ist, in dem sie sich befinden[25]. Andererseits stellt es keinen Verstoß gegen due process dar, wenn das Verfahren nicht vor einer jury geführt, also kein trial by jury abgehalten wird[26]. Eine weitere Voraussetzung für ein ordnungsgemäßes Verfahren liegt darin, daß das entscheidende Tribunal unparteiisch (impartial) ist. Die Mitglieder dürfen am Ausgang der Entscheidung nicht persönlich, insbesondere nicht pekuniär interessiert[27] oder sonst befangen (bias)[28] bzw. voreingenommen sein. Sie müssen den Anforderungen geistig gewachsen[29] und dürfen keinem äußeren Zwang ausgesetzt sein[30]. Die

---

Twining v. New Jersey, 211 U.S. 78; 29 S. Ct. 14, 20. Siehe auch State of Missouri v. North, 271 U.S. 40; 46 S. Ct. 384, 385/1926 („if he has reasonable notice, and reasonable opportunity to be heard and to present his claim or defense"). Ebenso Dohany v. Rogers, 281 U.S. 362; 50 S. Ct. 299, 302 (1930) und Ohio Bell Telephone Co. v. Public Utilities Commission, 301 U.S. 292; 57 S. Ct. 724, 730 (1937).

[24] Diese Ansicht setzte sich auch in den Einzelstaaten durch. Siehe King v. State, 163 S.E. 168, 171: „Due process of law means the administration of general laws according to established rules, not violative of the fundamental principles of private right, by a competent tribunal having jurisdiction of the subject-matter, and proceeding upon notice and hearing" (Supreme Court of Georgia). *Schwartz*, S. 103.

[25] Pennoyer v. Neff, 95 U.S. 714, 733: „They (the terms due process of law) mean a course of legal proceedings according to those rules and principles which have been established in our systems of jurisprudence for the protection and enforcement of private rights. To give such proceedings any validity, there must be a tribunal competent by its constitution — that is by the law of its creation — to pass upon the subject matter of the suit." Ebenso Twining v. New Jersey, 211 U.S. 78; 29 S. Ct. 14, 24. *Willoughby*, § 1123.

[26] Ex parte Wall, 107 U.S. 265; 2 S. Ct. 569, 589: „It is a mistaken idea that due process of law requires a plenary suit and a trial by jury in all cases where property or personal rights are involved. Ebenso Jordan v. Massachusetts, 225 U.S. 167; 32 S. Ct. 651, 652.

[27] Tumey v. Ohio, 273 U.S. 510; 47 S. Ct. 437, 441: „it certainly violates the Fourteenth Amendment and deprives a defendant in a criminal case of due process of law to subject his liberty or property to the judgment of a court, the judge of which has a direct, personal, substantial pecuniary interest in reaching a conclusion against him in his case." *Willoughby*, § 1124.

[28] *Willoughby*, § 1126, mit Hinweis auf Section 21 des Judicial Code.

[29] Jordan v. Massachusetts, 225 U.S. 167; 32 S. Ct. 651, 652: „Due process implies a tribunal both impartial and mentally competent to afford a hearing."

[30] Frank v. Mangum, 237 U.S. 309; 35 S. Ct. 582, 590: Eine Entscheidung verstößt gegen due process, wenn sie unter „mob domination" zustande-

Gewährung von Rechtsmitteln ist keine Voraussetzung von due process[31]. Das Verfahren muß den ordnungsgemäß geladenen Beteiligten jedoch die Möglichkeit geben, Angriffs- und Verteidigungsmittel geltend zu machen, eigene Beweismittel vorzubringen, die des Gegners zu entkräften und die Beweisergebnisse protokollieren zu lassen. Die Entscheidung muß auf dem erwiesenen in den record aufgenommenen Sachverhalt beruhen[32]. Es ist hervorzuheben, daß ein Verfahren nicht vor einem Richter geführt werden muß, um due process zu entsprechen. Vielmehr kann es auch vor einem sonstigen Beamten, einer Exekutivbehörde oder einer independent commission stattfinden: „due process ist not necessarily judicial process[33].“ Viele Bestimmungen des allgemeinen Prozeßrechts, insbesondere die Beweisvorschriften, sind in Verwaltungsverfahren der anderen Materie und deren Erfordernissen entsprechend gar nicht oder nur in modifizierter Form anwendbar. Hier wäre nun auf einige Besonderheiten des Verwaltungsverfahrens einzugehen. Doch soll zuvor kurz auf die Entwicklung hingewiesen werden, in deren Verlauf die Rechtsprechung der ursprünglich rein verfahrensrechtlich aufgefaßten Klausel einen zusätzlichen, materiellen Inhalt (substantive due process) gab.

3. *Substantive due process*

Am Anfang der durch die Substantiierung der due process-Klausel gekennzeichneten Entwicklung stand die aus naturrechtlichem Gedankengut abgeleitete Doktrin der „vested rights“, derzufolge bestimmte unveräußerliche Rechte des Individuums, wie das Recht auf Freiheit und ungestörten Besitz, von keiner Staatsgewalt beeinträchtigt werden durften. So wurde in der Entscheidung Wynehamer v. State of New York[34] ein Gesetz, welches die Vernichtung oder Beschlagnahme von Alkohol vorsah, aufgehoben, weil es die Unverletzlichkeit des Eigentums[35] beeinträchtige, gleichgültig welches Verfahren vorgesehen

---

kommt. *Willoughby*, § 1127. Zum Erfordernis zuständiger und unparteiischer Richter siehe auch *v. Mangoldt*, S. 40—42. Zusammenfassung der vier wichtigsten Elemente hearing — notice — impartiality — jurisdiction bei *Willoughby*, § 1122.

[31] Reetz v. Michigan, 188 U.S. 505; 23 S. Ct. 390, 392. State of Ohio v. Akron Metropolitan Park Dist., 281 U.S. 74; 50 S. Ct. 228, 230 f.: „As to the due process clause of the Fourteenth Amendment it is sufficient to say that ... the right of appeal is not essential to due process, provided that due process has already been accorded in the tribunal of first instance.“ Vgl. *Willoughby*, § 1140 („Appeal Not Essential to Due Process“).

[32] Siehe *v. Mangoldt*, S. 47, 48 und die dort angegebene Rechtsprechung.

[33] Reetz v. Michigan, 188 U.S. 505; 23 S. Ct. 390, 391.

[34] 13 N.Y. 378—488 (1856).

[35] „All property is alike in the characteristic of inviolability. If the legis-

sei[36]. Die Aufhebung wurde dennoch auf due process gestützt, um ungeachtet der Form eine bestimmte materielle Regelung des Gesetzgebers zu beseitigen. Diese Entscheidung läßt sich dadurch erklären, daß der Begriff due process von Anfang an auch außerkonstitutionelle Elemente beinhaltet hat[37]. Noch deutlicher wurde diese Entwicklung in dem ein Jahr später (1857) entschiedenen Dred-Scott-Fall. Hier erklärte es der Supreme Court als einen Verstoß gegen due process, daß ein Gesetz die Sklaverei in den damals noch unmittelbar der Bundesgewalt unterstehenden mittelwestlichen Territorien abgeschafft und die dort lebenden Sklaven für frei erklärt hatte. Der Grund für die Verfassungswidrigkeit des Gesetzes lag nach Auffassung des Gerichts nicht etwa in dem Fehlen eines gehörigen Rechtsverfahrens, sondern in der Ungerechtigkeit, die darin liege, den Personen, die ein Bundesterritorium betreten, das von ihnen mitgebrachte Eigentum — nämlich Sklaven — wegzunehmen[38]. Hier wird das 5. Amendment dahin substantiiert, daß es die Wegnahme von Eigentum verbietet, gleichviel, ob damit ein gehöriges Rechtsverfahren verbunden ist oder nicht[39]. Damit war eine Klausel, die ursprünglich nur verfahrensrechtliche Bedeutung hatte, zum Kriterium der Rechtswirksamkeit materieller Gesetzesinhalte geworden. Die Beschränkung der Legislative durch das 5. Amendment wurde auch in der Folgezeit vom Obersten Gerichtshof bestätigt[40]. Außerdem wurden die Begriffe property und liberty in zunehmendem Maße ausgeweitet. Eigentum, ursprünglich nur an „physical objects", beweglichen Sachen und Grundbesitz als bestehend angenommen, wurde im Verlauf dieser Entwicklung auf die Verwendung und Nutzung der im Besitz des Eigentümers befindlichen Sachen, auf das Recht, ein gesetzlich erlaubtes Gewerbe zu betreiben und die eigene Arbeitskraft zu Zwecken des Erwerbs vertraglich zu verwerten,

---

lature has no power to confiscate and destroy property in general, it has no such power over any particular species."

[36] The form of this declaration of right, ‚no person shall be deprived of life, liberty or property, without due process of law', necessarily imports that the legislature cannot make the mere existence of the rights secured the occasion of depriving a person of any of them, even by the forms which belong to due process of law.

[37] Siehe zum Ganzen *Corwin*, Liberty Against Government, S. 101—103.

[38] Scott v. Sandford, 19 Howard 393, 450 (1857): „An act of Congress which deprives a citizen of the U.S. of his liberty or property merely because he came himself or brought his property into a particular territory of the U.S. and who had committed no offense against the laws, could hardly be dignified with the name due process of law."

[39] *Corwin*, The Constitution and what it means today, 1954, S. 216. *Parker*, S. 68. *Willoughby*, § 1117, S. 1693, 1694.

[40] Vgl. Hepburn v. Griswold, 8 Wallace 603; 19 L. Ed. 513. *Willoughby*, § 1117, S. 1694.

schließlich auf jedes vermögenswerte Interesse[41] ausgedehnt. Während Freiheit — anfänglich nur das Freisein von physischer Beschränkung bedeutete, wurde in diesen Begriff später die Freiheit, einen Beruf auszuüben und die hierfür erforderlichen Verträge abzuschließen (liberty to contract), schließlich auch Meinungs-, Presse- und Versammlungsfreiheit einbezogen[42]. Ein Eingriff in diese Rechte wurde vom Supreme Court dann für vereinbar mit due process of law gehalten, wenn das der Maßnahme zugrundeliegende Gesetz „reasonable“ war. Es durfte nicht „unreasonable“, „arbitrary“ oder „opressive“ sein[43]. Wann das eine oder andere vorliegt, kann nicht ein für alle Mal festgelegt, sondern nur von Fall zu Fall in Übereinstimmung mit den aus dem common law übernommenen Leitbildern und vor dem Hintergrund der sich ständig wandelnden Gesellschafts- und Wirtschaftsstrukturen der Vereinigten Staaten entschieden werden[44]. Als vernünftig wurde ein Gesetz im allgemeinen dann angesehen, wenn die Akte, zu deren Vornahme es ermächtigte, zu den vom Staat zu erfüllenden Zwecken in vernünftiger Beziehung standen. Das wurde insbesondere angenommen bei der Beachtung des Gleichheitssatzes, der Überwindung eines anders nicht zu beseitigenden Notstandes, bei Eingriffen, die auf einer Ermächtigung der Verfassung des Bundes oder der Einzelstaaten oder auf der den Einzelstaaten zur Wahrung von Sicherheit und Ordnung sowie zur Förderung der allgemeinen Wohlfahrt zustehenden „police power“ beruhen[45]. Aufgrund der police power wurde zunächst die Regulierung und Kontrolle solcher Gewerbe und Betriebe für zulässig gehalten, an denen ein Interesse der Allgemeinheit bestand (business affected with a public interest)[46]. Diesem Interesse durfte die Aus-

---

[41] „each and all of the valuable elements of ownership.“

[42] *Corwin,* The Constitution and what it means today, S. 216, 217; *v. Mangoldt,* S. 55 f. und 59 ff. sowie die dortigen Rechtsprechungsnachweise.

[43] *Corwin,* Liberty Against Government, S. 140, 147: „The question in each case is whether the legislature has adopted the statute in the exercise of a reasonable discretion, or whether its action be a mere excuse for an unjust discrimination, or oppression, or spoliation of a particular class.“ Die Formulierung „exercise of a reasonable discretion“ geht wahrscheinlich auf eine Bestimmung des Verfassungstextes von Massachusetts aus dem Jahre 1780 zurück, die ihrerseits der Provincial Charter von 1691 entnommen ist. Zur Substantivierung der due process-Klausel durch die Einführung der „Vernünftigkeit“ als Maßstab zur Beurteilung des materiellen Gesetzesinhalts siehe auch *Loewenstein,* S. 512, 513.

[44] R. *Pound,* The New Feudalism, 16 A.B.A.J. 553, 554 (1930).

[45] *v. Mangoldt,* S. 72. *Willoughby,* § 1120.

[46] Vgl. *Corwin,* Liberty Against Government, S. 130—131. Siehe insbesondere die Entscheidung Munn v. Illinois, 94 U.S. 113, 126; 24 L. Ed. 77, 84, 85: „... when private property is affected with a public interest, it ceases to be iuris privati only... Property does become clothed with a public interest when used in a manner to make it of public consequence, and affect the community at large. When therefore, one devotes his property to a use in

übung der durch due process of law geschützten Rechte nicht widersprechen[47]. Hier wird auch eine Beschränkung wirksam, die den Freiheitsrechten immanent ist und ihnen dort ihre Grenzen setzt, wo die Rechte anderer beginnen. Der Supreme Court hat diese These hauptsächlich unter dem dem common law entstammenden Gesichtspunkt „sic utere tuo ut alienum non laedas"[48] und dem Einbezogensein des Einzelnen in das Gemeinwesen durch Gesellschaftsvertrag (social compact) entwickelt[49].

Die Rechtsprechung des Obersten Gerichtshofes stand von etwa der Jahrhundertwende bis zum Anfang der Dreißigerjahre ganz im Zeichen eines ausgeprägten laissez-faire-Liberalismus, der Eigentums- und Freiheitsrechte möglichst weitgehend von staatlichen Eingriffen freizuhalten suchte und viele Sozialgesetze des New Deal für unwirksam erklärte, weil sie nach Meinung des Gerichts „unvernünftige" Beeinträchtigungen des Individuums darstellten. Dann kam mit einer Mehrheit neu berufener der sozialen Gesetzgebung gegenüber aufgeschlossener Richter im Jahre 1937 die Wende. Gesetzliche Einschränkungen von liberty und property wurden nun im Interesse eines Mindestmaßes an wirtschaftlicher Sicherheit und sozialer Gerechtigkeit für zulässig erklärt, wobei die oben erwähnten, Eigentum und Freiheit immanenten Schranken u. a. auch dahin verstanden wurden, daß „die Macht der wirtschaftlich Starken ihre Grenze an den Lebensnotwendigkeiten der wirtschaftlich Schwachen" finden müsse[50].

4. Die durch due process bedingten Voraussetzungen eines förmlichen hearing

Die Frage, wann due process of law mangels gesetzlicher Vorschriften ein förmliches hearing mit all seinen Besonderheiten erfordert, wird in Rechtsprechung und Schrifttum nicht einheitlich beantwortet.

---

which the public has an interest, he, in effect grants to the public an interest in that use, and must submit to be controlled by the public for the common good, to the extent of the interest he has thus created."

[47] Vgl. Adair v. United States, 208 U.S. 161; 28 S. Ct. 277, 279, 280.

[48] „Mache von deinen Rechten so Gebrauch, daß du andere nicht schädigst."

[49] „But it (the social compact) does authorize the establishment of laws requiring each citizen so to conduct himself and so to use his own property as not unnecessarily to injure another. This is the very essence of government and has found expression in the maxim sic utere tuo ut alienum non laedas. From this source come the police powers, which, as said by Chief Justice Taney in the License Cases, are nothing more nor less than the power to govern men and things" (Munn v. Illinois, 94 U.S. 113, 125; 24 L. Ed. power to govern men and things" (Munn v. Illinois, 94 U.S. 113, 125, 24 L. Ed. 77, 84, 85). Vgl. auch *Willoughby*, § 1117, S. 1697—1699 und *v. Mangoldt*, S. 65—69.

[50] *Loewenstein*, S. 514, 516, 518; *Parker*, S. 69.

Dabei erweckt allerdings die verwendete Terminologie oft den Anschein von Unterschieden, die größer wirken, als es der ihr innewohnenden inhaltlichen Bedeutung tatsächlich entspricht.

Überwiegend wird, wie oben bereits kurz angedeutet, die Tatsache, daß ein Verfahren quasilegislativ oder quasijudiziell[51] ist, als Kriterium für die Unnötigkeit[52] oder Notwendigkeit eines förmlichen hearing angesehen[53]. Wann ein quasilegislatives oder ein quasijudizielles Verfahren gegeben ist, wurde bereits erörtert[54]. Dieser Alternative entspricht in etwa auch die Bezeichnung „rule making" einerseits und „adjudication", „adjudicatory functions" andererseits[55]. Vielfach wird dem Wortlaut der due process-Klausel entsprechend nur darauf abgestellt, ob die Rechtsgüter life, liberty, property im Einzelfall unmittelbar betroffen werden[56]. Hierbei wird hervorgehoben, daß eine Maßnahme die Person in ihren vitalen Rechten „direkt" und „drastisch" treffen müsse, damit ein hearing erforderlich werde[57]. Häufig ist schon die Beeinträchtigung privater Interessen durch die Exekutive Anlaß für die Anberaumung eines hearing[58]. Ein weiteres Kriterium wird in der Anzahl der Betroffenen gesehen. Ist diese groß, wird ein förmliches Verfahren aus mehr oder minder pragmatischen Gründen abgelehnt[59]. Handelt es sich dagegen um einen Einzelnen, erhebt sich die Frage, ob ein hearing auch dann erforderlich ist, wenn eine Verordnung einen

[51] Die Gegner des quasi-Praefixes bezeichnen die gleichen administrativen Verfahren als legislativ bzw. judiziell, ohne daß dies etwas an der Argumentation für oder gegen ein förmliches hearing ändert. Siehe dagegen *Cooper*, S. 58, der auf „tradition" und „policy" abstellt.

[52] *Parker*, S. 97.

[53] *Swenson*, S. 64, 68 mit weiteren Nachweisen.

[54] Daß die Abgrenzung Schwierigkeiten bereitet, ist nicht zu umgehen; vgl. *Schwartz*, Procedural Due Process in Federal Administrative Law, 25 New York University Law Review 552, 567, 574 (1950).

[55] *Schwartz*, S. 105 und Ders. in 25 New York University Law Rev. 552, 553—555 (1950).

[56] Pittsburgh C.C. & St.L.Ry.Co. v. Backus, 154 U.S. 421, 425—426; 14 S.Ct. 1114, 1116. Central of Georgia R. Co. v. Wright, 207 U.S. 127; 28 S.Ct. 47. Coe v. Armour Fertilizer Works, 237 U.S. 413; 35 S. Ct. 625. Vgl. auch *Black*, 2 University of Chicago Law Rev. 270, 272 (1935).

[57] Robert B. *Hankins*, The Necessity for Administrative Notice and Hearing, 25 Iowa Law Rev. 457, 463, 468 ff. (1940). Hankins räumt aber ein, daß selbst in diesen Fällen der „directness of the effect, economic or personal" das öffentliche Interesse, „the urgency of the need, public or governmental", den Aufschub des hearing erforderlich machen kann (S. 474).

[58] So unter Ablehnung der anderen Kriterien G. E. *Hale*, The Right to a Trial, with Special Reference to Administrative Powers, 42 Illinois Law Rev. 749, 778 (1948).

[59] U. a. auch deshalb, weil eine Vielzahl von Betroffenen größeres politisches Gewicht — und damit offenbar auch Gehör — im Kongreß habe; siehe *Hale*, a.a.O., S. 759—761; *Hankins*, a.a.O., S. 463, 464; ablehnend *Black*, a.a.O., S. 271 Nr. 2. *Gellhorn - Byse*, S. 757, 758.

Einzelfall regelt. Der Supreme Court hat diese Frage verneint[60]. Davis geht zwar ebenfalls von der Rechtsverletzung aus, vertritt aber im Hinblick auf die Notwendigkeit von hearings eine besondere Auffassung. Zunächst unterscheidet er zwischen hearings, die „trial"- oder „argument"-Charakter haben. Gegenstand eines trial ist danach ein Verfahren zur Tatsachenfeststellung durch protokollierte Beweisaufnahme. Gegenstand von arguments ist dagegen ein mündliches Verfahren zur Entscheidung von Grundsatz-, Rechts- und Ermessensfragen[61]. Die Frage, ob due process ein argument-hearing erfordert, ist von der Rechtsprechung nicht klar beantwortet worden[62]. Für trial-hearings kommt es nach Davis wesentlich auf die Unterscheidung zwischen „adjudicative" und „legislative facts" an. Unter „adjudicative facts" versteht er streitige Tatsachen, „welche die Beteiligten selbst, ihre Tätigkeiten, Geschäfte und Vermögensrechte betreffen und welche Antwort auf die Frage geben, wer was, wo, wann, wie, warum ... getan habe". Bei Vorliegen solcher Tatsachen muß ein trial hearing mit der Möglichkeit des Angebots von Beweisen durch die Parteien gewährt werden, weil diese über die genannten sie selbst betreffenden adjudicative facts naturgemäß besser Bescheid wissen als jeder andere, einschließlich der Behörde[63]. Letztere kann sich daher in diesen Fällen nicht allein auf das ihr auch ohne Anhörung der Beteiligten bereits amtsbekannte Tatsachenmaterial stützen, sondern muß diese in einem trial-hearing zu Wort und zum Beweisangebot kommen lassen. Als „legislative facts" werden von Davis solche Tatsachen bezeichnet, „die nicht unmittelbar die Beteiligten betreffen, sondern allgemeiner Natur sind und der Verwaltungsbehörde die Entscheidung von Rechts-, Grundsatz- und Ermessensfragen erleichtern". Diese Fakten sollen der Behörde insbesondere die Aufstellung von Verhaltensmaßregeln ermöglichen. Ihre Ermittlung erfordert nicht unbedingt ein trial mit entsprechender Beweisaufnahme, sondern kann auch im Wege formloser, informativer Beratungen mit den Beteiligten vollzogen werden[64]. Die

---

[60] Bi-Metallic Investment Co. v. State Board of Equalization, 239 U.S. 441; 36 S. Ct. 141. A.M.: *Schwartz* in 25 New York Univ. Law Rev. 552, 565 ff. mit dem Hinweis auf die quasilegislativen rate making orders, die jedoch eine Ausnahme darstellen.

[61] *Davis*, Text, § 7.01.

[62] *Davis* verneint die Frage. Vgl. die Rechtsprechungsnachweise in § 7.07 („the right of oral argument as a matter of procedural due process varies from case to case in accordance with differing circumstances", sagt der Supreme Court).

[63] *Davis*, Text, § 7.02.

[64] *Davis*, Text, § 7.02, S. 116 oben und § 7.06. *Jaffe - Nathanson*, S. 554—556. *Riegert*, S. 83, 84. Davis hält die herkömmliche Unterscheidung zwischen (quasi)legislativen und (quasi)judiziellen Verfahren für undurchführbar, weil eine Behörde in ein und demselben Verfahren sowohl judiziell als auch legis-

Analogie zu dem bereits oben erörterten Verfahren beim Erlaß von rules liegt insoweit auf der Hand. Nicht zu übersehen ist jedoch, daß dieser Lösungsversuch zu einer Verschiebung des Schwerpunkts vom Verfahren als Ganzem auf einzelne Tatsachen führt.

Die Anordnung eines hearing durch Gesetz[65] enthebt die Behörde der oft schwierigen Feststellung, ob die Voraussetzungen für die Anberaumung eines förmlichen Anhörungsverfahrens gegeben sind. Sind sie zu bejahen, ordnet ein bestehendes Gesetz für diesen Fall aber weder notice noch hearing an, so stellt sich den Gerichten die Frage, ob sie es wegen Verstoß gegen Artikel 5 oder 14 der Verfassung für nichtig erklären oder ob sie diese beiden elementaren Erfordernisse von due process of law im Wege verfassungskonformer Auslegung in das Gesetz hineininterpretieren sollen. Während einige ältere Entscheidungen der Bundes- und Einzelstaatengerichte eine ausdrückliche gesetzliche Anordnung von notice und hearing forderten, sprechen sich neuere Urteile, insbesondere auch des Supreme Court, unter Zustimmung des Schrifttums grundsätzlich für eine verfassungskonforme Interpretation aus, welche die verfassungsrechtliche due process-Klausel implicite als Bestandteil auch solcher Gesetze ansieht, die expressis verbis keine entsprechende Regelung getroffen haben[66]. Diese Auffassung ist von unmittelbarer Bedeutung für die Anwendbarkeit des Administrative Procedure Act. Dieser selbst trifft keine Bestimmung darüber, ob und unter welchen Voraussetzungen ein hearing stattfinden muß. Er regelt das Entscheidungsverfahren nur für den Fall, daß ein Gesetz bereits ein hearing mit nachfolgender Entscheidung aufgrund protokollierter Tatsachen angeordnet hat[67]. Trotz dieses Wortlauts nimmt der Supreme

---

lativ handele, die Kennzeichnung eines Verfahrens in seiner Gesamtheit als zur einen oder anderen Kategorie gehörig also nicht möglich sei (§ 7.03).

[65] Über gesetzliche Ausnahmen vom Erfordernis eines hearing vgl. *Blachly - Oatman,* Federal Statutory Administrative Orders, 25 Iowa Law Review 582, 595, 596, Anm. 27.

[66] Toombs v. Citizens Bank, 281 U.S. 643; 50 S. Ct. 434. Paulsen v. City of Portland, 149 U.S. 30; 13 S. Ct. 750. American Power and Light Co. v. SEC, Electric Power & Light Corp. v. same, 329 U.S. 90, 107, 108; 67 S. Ct. 133, 143 (Leitsätze Nr. 16, 17): „Wherever possible, statutes must be interpreted in accordance with constitutional principles. Here, in the absence of definite contrary indications, it is fair to assume that Congress desired that § 11(b) (2) be lawfully executed by giving appropriate notice and opportunity for hearing to all those constitutionally entitled thereto.“ *Swenson,* S. 68—70; *Schwartz,* S. 109—111 und in 25 New York University Law Review 552, 567, 568.

[67] Vgl. Sec. 5 APA: „In every case of adjudication required by statute to be determined on the record after opportunity for an agency hearing ...“ Siehe auch Ashley *Sellers,* Adjudication by Federal Agencies under the Administrative Procedure Act in: Federal Administrative Procedure Act and the Administrative Agencies (Ed. Warren), S. 524, 527, 528: „... Sections 5, 7 and 8 require no hearings which are not otherwise required by law.“ Ebenso

Court an, daß der APA auch dann anwendbar sei, wenn ein hearing nicht durch ausdrückliche gesetzliche Regelung, sondern aufgrund verfassungskonformer Auslegung gefordert werde[68].

Verschiedene Bereiche werden durch due process nur beschränkt geschützt, so daß das Erfordernis eines förmlichen Verfahrens und die Anwendbarkeit des APA entfällt. Hierbei wird u. a. auch die schon im Zusammenhang mit dem Begriff der Lizenz erörterte Unterscheidung vom ungeschützten „Privileg" einerseits und durch due process of law geschütztem Recht andererseits gemacht. So besteht kein Recht auf Verbleiben im öffentlichen Dienst (public employment)[69], auf Befreiung vom Militärdienst aus Gewissensgründen (conscientious objectors)[70], auf Einreise in die Vereinigten Staaten für Ausländer (immigration of aliens)[71], auf Ausstellung eines Reisepasses[72], auf Erteilung bestimmter Erlaubnisse[73]. In vielen Fällen macht das öffentliche Interesse eine so-

Schwartz, 25 New York University Law Rev. 574, 575 und *Nathanson*, 45 American Pol. Sci. Rev. 348, 351. Die Hoover Kommission hat jedoch 1955 in ihrem Untersuchungsbericht (Commission on Organization of the Executive Branch of the Government, Report to the Congress on Legal Services and Procedure, 1955) vorgeschlagen, daß der APA in allen Entscheidungsverfahren ein hearing fordern solle. Vgl. Empfehlung Nr. 34 (a): „interested persons should be afforded opportunity to be heard in the course of agency adjudication, except where the public health, safety, or welfare requires emergency action and adjudicatory proceedings are held promptly thereafter." Vgl. hierzu Louis L. *Jaffe*, Basic Issues: An Analysis, 30.[2] New York University Law Review 1273, 1289 (1955).

[68] Wong Yang Sung v. McGrath, 339 U.S. 33, 50; 70 S. Ct. 445, 454: „We think that the limitation to hearings „required by statute" in § 5 of the Administrative Procedure Act exempts from that section's application only those hearings which administrative agencies may hold by regulation, rule, custom, or special dispensation; not those held by compulsion. We do not think the limiting words render the Administrative Procedure Act inapplicable to hearings, the requirement for which has been read into a statute by the Court in order to save the statute from invalidity." *Swenson*, S. 276—278. *Gellhorn - Byse*, S. 1083, 1090.

[69] Beamte und Angestellte des öffentlichen Dienstes können wegen „mangelnder Loyalität", z. B. Sympathien für den Kommunismus, ohne den vollen durch due process geforderten Rechtsschutz entlassen werden (Bailey v. Richardson, 182 F. 2 d 46, bestätigt durch 341 U.S. 918; 71 S. Ct. 669; das öffentliche Dienstverhältnis fällt nach Auffassung des Gerichtes nicht unter liberty oder property). Vgl. *Gellhorn - Byse*, S. 800, 801. *Jaffe - Nathanson*, S. 562 ff.

[70] Der Selective Service Act sieht eine solche Möglichkeit vor. Es handelt sich aber um eine Ermessensentscheidung. *Jaffe - Nathanson*, S. 590.

[71] United States ex rel. Knauff v. Shaugnessy, 338 U.S. 537; 70 S. Ct. 309: „Admission of aliens to the United States is a privilege granted by the sovereign United States Government." Siehe bei *Gellhorn - Byse*, S. 817, 818. *Jaffe - Nathanson*, S. 584—588.

[72] Dies ist Ermessenssache. Vgl. auch *Jaffe - Nathanson*, S. 590, 591.

[73] Diese werden besonders in den Einzelstaaten zum Teil als bloße ohne hearing widerrufliche Privilegien bezeichnet. Siehe zum Ganzen *Davis*, Text, § 7.11 — § 7.20. *Gellhorn - Byse*, S. 765, 768—773. *Jaffe - Nathanson*, S. 591 bis 593.

fortige Maßnahme vor Abhaltung eines hearing, ein summarisches Verfahren oder provisorische Regelungen erforderlich. So wurde die Beeinträchtigung von Rechten zur Beseitigung von Störungen der öffentlichen Ordnung nach „summary proceedings“, die einstweilige Suspendierung von Lizenzen für gefährliche Tätigkeiten bis zur endgültigen, förmlichen Entscheidung über die Rücknahme sowie die Festsetzung von Übergangstarifen bis zum Inkrafttreten dauernder Regelungen für zulässig erklärt[74].

VII. Die wesentlichen Elemente eines förmlichen Verwaltungsverfahrens

1. Die Benachrichtigung der Beteiligten

Die angemessene Benachrichtigung (due notice) der Beteiligten vom bevorstehenden Verfahren ist ein integrierender Bestandteil von due process. Hauptzweck ist, den Betroffenen die Vorbereitung auf die Verhandlung und die Verteidigung gegen etwaige Maßnahmen der Behörde zu ermöglichen[1].

Die Form der Benachrichtigung richtet sich nach den jeweiligen gesetzlichen Bestimmungen. Abweichungen hiervon können durch Erscheinen der benachrichtigten Person in der Verhandlung in bestimmten Fällen geheilt werden[2]. Die Mitteilung kann unmittelbar an den Betroffenen (personal notice) oder an Vertreter betroffener Personengruppen oder Organisationen gerichtet oder bei einem größeren Personenkreis auch öffentlich bekannt gemacht werden (notice by publication)[3].

Die Mitteilung bezeichnet diejenigen Personen, die neben der Behörde[4] selbst im Verfahren die Stellung von Beteiligten haben sollen. Das sind grundsätzlich die durch die spätere Verwaltungsentscheidung unmittelbar in ihren Rechten Betroffenen[5]. Darüber hinaus sehen zahl-

---

[74] *Davis*, Text, § 7.08; *Swenson*, S. 86; *Jaffe - Nathanson*, S. 557, 559—561. *Black*, 2 University of Chicago Law Review 270, 273 (Nr. 6—10). *Nathanson*, 45 Am. Pol. Sci. Rev. 348, 364 ff. *Gellhorn - Byse*, S. 774—775, 782 ff., 792 ff. North American Cold Storage Co. v. Chicago, 211 U.S. 306; 29 S. Ct. 101. Fahey v. Mallonee, 332 U.S. 245; 67 S. Ct. 1552.

[1] *Davis*, Text, § 8.08.

[2] George E. *Hale*, Administrative Hearings under the Federal Constitution, 30 Kentucky Law Journal 137, 138 (1942).

[3] *Hale*, a.a.O., S. 140, 141; *Swenson*, S. 80, 81. *Cooper*, S. 94, 95. Bekanntmachung kann in Zeitungen oder im Federal Register erfolgen.

[4] *Cooper*, S. 99, 100.

[5] *Gellhorn - Byse*, S. 836, 839. *Cooper*, S. 90, 91.

reiche Gesetze auch die Benachrichtigung lediglich interessierter oder von der Behörde zu bestimmender Personen vor[6]. Besonders deutlich wird die Erweiterung des zu benachrichtigenden interessierten Personenkreises über den unmittelbar Betroffenen hinaus am Beispiel der Vergabe von Radiolizenzen. Hier ist nicht nur der Antragsteller zu hören und zu benachrichtigen, sondern alle, „die im Gebiet der betreffenden Stadt bereits im Besitz einer entsprechenden Lizenz sind, alle Inhaber von Lizenzen für Stationen, deren Ausstrahlung von der neu beantragten Sendestelle gestört werden kann und alle, die in anderer Weise beeinträchtigt werden können"[7]. Sieht ein Gesetz keine Benachrichtigung vor, obwohl due process eine solche erfordert, so ist sie, wie oben ausgeführt, „by implication" unmittelbar aufgrund der Artikel 5 oder 14 der Verfassung vorzunehmen. Andernfalls ist die ergangene Entscheidung dem Betroffenen gegenüber unwirksam[8].

Über den Kreis der durch notice benachrichtigten Personen hinaus ist auch eine Teilnahme Dritter möglich. Sie können als Vertreter öffentlicher oder sonstiger Interessen bestimmter Gruppen entweder als „amicus curiae" oder als Intervenient zum Prozeß wie zum Verwaltungsverfahren zugelassen werden[9]. Die Grenze zur Position der Beteiligten kraft notice ist fließend, da die Gesetze selten bestimmte Interventionsberechtigte nennen, sondern wiederum „interessierte" oder „nach dem Ermessen der Behörden zu bestimmende" Personen als Intervenienten zulassen[10]. Die Intervention muß form- und fristgerecht erfolgen. Sie berechtigt grundsätzlich nur zur Vornahme bestimmter Verfahrenshandlungen[11] und oft nur zur Stellungnahme zu bestimmten Streitfragen. Die Möglichkeit einer Intervention kann sich aufgrund eines Gesetzes, der von der Behörde erlassenen Verordnungen, der behördlichen Verwaltungspraxis oder der Rechtsprechung ergeben. Die Verwaltungsverordnungen der verschiedenen Behörden vermeiden die

---

[6] Beispiele bei *Gellhorn - Byse*, S. 840, 841 und bei Paul *Oberst*, Parties to Administrative Proceedings, 40,[1] Michigan Law Review 378, 381, 382 (1942). Den extremsten Fall bildet wohl der Civil Aeronautics Act, der vorsieht, vom Antrag auf Eröffnung einer Flugroute Nachricht zu geben „to the public by posting a notice of such application in the office of the Secretary of the Authority, and to such other persons as the Authority may by regulation determine (*Oberst*, a.a.O., S. 382).

[7] *Cooper*, S. 91.

[8] Nord v. Griffin, Circuit Court of Appeals 7th, 1936; 86 F. (2d) 481, 484 und *Oberst*, a.a.O., S. 385, 386.

[9] *Gellhorn - Byse*, S. 842. *Cooper*, S. 101.

[10] *Oberst*, S. 387—389. Die Beispiele sind im Gegensatz zu den Ausführungen Breuckmanns auf Seite 45 zahlreich. Zur Intervention in Lizenzverfahren: *Gellhorn - Byse*, S. 844, 845.

[11] Ausgeschlossen sind meist das Kreuzverhör, zusätzliche Beweisangebote oder auf „appeal" oder „rehearing" gerichtete Anträge (*Oberst*, S. 393—397).

Extreme der völligen Ablehnung oder der vollen Zulassung Dritter und gewähren meist eine beschränkte Teilnahme[12].

Die Mitteilung eines bevorstehenden hearing bestimmt nicht nur den Kreis der Beteiligten, sondern auch den Gegenstand des Verfahrens. Sie muß daher alle Tatsachen anführen, die in Verbindung mit ebenfalls anzugebenden Rechtsvorschriften den Schluß auf bestimmte Rechtsfolgen zulassen. Nur dann kann sich der Betroffene auf die einzelnen Punkte genügend vorbereiten. Das wird besonders deutlich, wenn es sich um „complaints" handelt[13], in denen die Behörde, wie bereits erwähnt, dem Beschuldigten Tatsachen mitteilt, die Verstöße gegen bestimmte Vorschriften darstellen, insbesondere unlauteren Wettbewerb oder unfaires Verhalten im Rahmen des Arbeitsverhältnisses.

Nach Sec. 5 (a) des Administrative Procedure Act soll die Mitteilung an die Beteiligten folgende Angaben enthalten:

1. Zeitpunkt, Ort und Art der stattfindenden Verhandlung,
2. gesetzliche Grundlage und Zuständigkeit für das hearing,
3. die zu erörternden Tatsachen und Rechtsfragen (matters of fact and law asserted[14].

Grundsätzlich dürfen nur die in notice oder complaint genannten Punkte Gegenstand des anberaumten Verfahrens sein. Spätere Maßnahmen der Behörde können nicht wegen anderer als der in den complaints genannten Rechtsverstöße ergriffen werden[15]. Es besteht aber die Möglichkeit, die durch notice gezogenen Grenzen des Streitgegenstands — bei Sachdienlichkeit und hinreichend engem Zusammenhang mit den ursprünglichen Punkten — vor oder während der Verhandlung durch „amendment" zu erweitern. Dabei kann es sich um neue Tatsachen, neue Beweisergebnisse[16], neue Rechtsvorschriften und um

---

[12] *Davis*, Text, § 8.11, S. 158. Ferner *Cooper*, S. 101. A. H. *Feller*, Prospectus for the Further Study of Federal Administrative Law, 47 Yale Law Journal 647, 664, 665.

[13] *Chamberlain - Dowling - Hays*, S. 16, 17. *Swenson*, S. 79. Das Hauptproblem ist, wie allgemein oder wie spezifisch der Inhalt von notice oder complaint formuliert werden kann oder muß, vor allem bei der Substantiierung derartig weiter standards wie „unfair competition" oder „unfair labor practice" (vgl. *Davis*, Text, § 8.05. Ferner *Cooper*, S. 105—108). Das gleiche gilt für die sogen. „orders to show cause", in denen die Behörde den Adressaten auffordert, zu den gegen ihn erhobenen Anschuldigungen Stellung zu nehmen und Ausführungen zu seiner Verteidigung zu machen (vgl. *Gellhorn - Byse*, S. 873, 874).

[14] Eine Aufzählung der Fälle, in denen eine Mitteilung durch Gesetz ausgeschlossen wird, bringen *Blachly - Oatman*, Federal Statutory Administrative Orders, 25 Iowa Law Review 582, 595, Anm. 26.

[15] *Chamberlain - Dowling - Hays*, S. 17. Jaffe - Nathanson, S. 621.

[16] „amendments to conform the pleadings to proof."

Überschreitung gesetzlicher Fristen[17] handeln. Immer aber muß dem Betroffenen die Möglichkeit[18] gegeben werden, seine Verteidigung auf die neue Sach- oder Rechtslage einzustellen[19].

2. Die Anhörung der Beteiligten und ihre sonstigen Rechte in einem fairen hearing

Schon bei Festsetzung von Ort und Zeit des Verfahrens ist auf die Beteiligten in angemessener Weise Rücksicht zu nehmen[20]. Sie haben das Recht, sich durch Anwälte beraten, begleiten oder vertreten zu lassen[21]. Die Beteiligten müssen die Möglichkeit haben, ihre Ausführungen schriftlich oder mündlich zu machen. Insbesondere die Anhörung des mündlichen Vorbringens der erschienenen Beteiligten ist ein wichtiges Element eines fair hearing[22]. Dabei brauchen nicht alle Modalitäten eines gerichtlichen Verfahrens eingehalten zu werden. Vielmehr können die Behörden im Rahmen der „rudimentary requirements of fair play"[23] das von ihnen durchgeführte Verfahren den ihnen zugewiesenen Aufgaben entsprechend nach eigenen Bedürfnissen gestalten[24].

---

[17] So schreibt etwa der National Labor Relations Act vor, daß keine „unfair labor practice" durch complaint geltend gemacht werden kann, die eher als sechs Monate vor Zustellung begangen wurde.

[18] Notfalls durch Vertagung (continuance) der Verhandlung.

[19] Siehe zum Ganzen *Davis*, Text, § 8.06; *Gellhorn - Byse*, S. 879—881 unter Hinweis auf Rule 15 (b) der Federal Rules of Civil Procedure; diese Autoren machen eine Erweiterung der Prozeßbasis lediglich von der Zustimmung der Parteien abhängig, während ein Teil der Rechtsprechung ein amendment bei „new cause of action" oder „change of the nature of the claim" ablehnt. Vgl. auch *Stirnberg*, S. 87—89. *Swenson*, S. 78, 79. *Cooper*, S. 110, 111.

[20] Sec. 5 (a) APA, a. E.; *Davis*, Text, § 8.08; *Cooper*, S. 163, 164.

[21] Sec. 6 (a) APA; *Davis*, Text, § 8.10; *Cooper*, S. 165, 166. *Schwartz*, S. 127, 128. F. Trowbridge *vom Baur*, Representation Before Administrative Agencies, 30.[2] New York University Law Review 1297, 1300, 1304 (1955).

[22] Nach *Davis* (§ 8.17) sieht der Administrative Procedure Act allerdings nirgends eine Möglichkeit für „oral arguments" vor dem Verhandlungsleiter ausdrücklich vor. Sie ergibt sich jedoch aus der Natur der Sache. Nach Auffassung des Supreme Court kann ein „due process right to oral argument" nicht allgemein angenommen und unterschiedslos angewendet werden. Vielmehr sei darüber von Fall zu Fall unter Berücksichtigung der beeinträchtigten Interessen, der jeweiligen Umstände und der vom Kongreß vorgeschriebenen Verfahren zu entscheiden (FCC v. WJR, The Goodwill Station, 337 U.S. 265, 274, 277; 69 S. Ct. 1097, 1104; auch zitiert bei *Gellhorn - Byse*, S. 1107). Vgl. hierzu auch Collins E. *Brooks*, Administrative Law, Requirements of Full Hearing, 37,[1] Michigan Law Rev. 597, 602—605.

[23] Vgl. *Hyneman* zu den Faktoren, auf die es bei der Beurteilung der Fairness eines Verfahrens ankommt, in: State Administrative Tribunals and Fair Play, 25 Iowa Law Review 532, 533 (1940).

[24] *Cooper*, S. 151, 152. *Schwartz*, S. 121. Mißverständlich *Breuckmann*, S. 46: „Mündliche Anhörung der Parteien entsprechend den Grundsätzen des amerikanischen Zivil- und Strafprozesses."

Hierzu gehört nach amerikanischer Praxis, daß das Verfahren nicht nur vor dem Chef oder einem Mitglied des obersten Gremiums der Behörde, sondern auch vor damit beauftragten nachgeordneten Beamten durchgeführt werden kann[25].

Die Beteiligten müssen Tatsachen, Rechtsauffassungen und Beweise vorbringen, sich gegen die Einlassung des Gegners oder die Darlegungen der Behörde verteidigen oder deren Beweismittel angreifen können. Voraussetzung dafür ist, daß ihnen das vorliegende Tatsachen- und Beweismaterial zur Kenntnis gebracht wird. Den Beteiligten unbekannte Beweismittel dürfen nicht verwendet werden[26]. Ebenso muß der Inhalt eines Zwischenberichts des hearing officer an die Kommission den Parteien mitgeteilt werden, um ihnen Einwände dagegen zu ermöglichen[27]. Für bestimmte Vorentscheidungen, die der hearing officer im Verlauf des Verfahrens treffen kann, wird dies durch den APA ausdrücklich festgelegt. Die Beteiligten sollen danach die Möglichkeit haben, im Hinblick auf eine solche Entscheidung Tatsachen, rechtliche Schlußfolgerungen und begründete Einwände vorzubringen[28]. Eine Lizenz kann nicht zurückgenommen, widerrufen oder suspendiert werden, ohne daß ein Verfahren stattfindet und dem Lizenzinhaber die Tatsache, die eine solche Maßnahme rechtfertigt, schriftlich mitgeteilt und ihm die Möglichkeit gegeben wird, sein rechtmäßiges Verhalten nachzuweisen oder nachzuholen[29]. Auch die Möglichkeiten der Beweisführung werden den Beteiligten durch den APA garantiert. Er bestimmt, daß jeder Beteiligte für sein Vorbringen mündlich oder schriftlich Beweis antreten, Gegenbeweise erbringen und ein Kreuzverhör zur völligen Klärung der Sachlage durchführen kann[30]. Im allgemeinen muß ein Kreuzverhör der Personen zugelassen werden, auf deren Aussagen oder Informationen die Behörde

---

[25] Vgl. Sec. 8 (a) APA.

[26] *Swenson*, S. 91. Warren H. *Pillsbury*, Administrative Tribunals II, 36 Harvard Law Review 587, 588 (1923). Ebenso: Thomas C. *Lavery*, Applicability of Common Law Rules of Evidence Before Administrative Tribunals, 12 University of Cincinnati Law Review 191, 197—198 (1938).

[27] So der Supreme Court of New Jersey in Mazza v. Cavicchia, 105 A. 2d 545 (N.J. 1954); *Schwartz*, S. 148, 149. *Swenson*, S. 93.

[28] Sec. 8 (b) APA. *Davis*, Text, § 8.17.

[29] Sec. 9 (b) APA. Ebenso J. H. *Rowell*, Proceedings Before Administrative Commissions: Revocation of Licenses, 11 California Law Review 273, am Anfang (1923).

[30] Sec. 7 (c) APA. Vgl. *Schwartz*, S. 127, der hieraus im Gegensatz zu Davis ein allgemeines „right to be heard orally" ableitet. Siehe auch *Swenson*, S. 89. „Due process, of course, requires that commissions proceed upon matters in evidence and that parties have opportunity to subject evidence to the test of cross-examination and rebuttal" (Market Street Ry. Co. v. Railroad Commission of California, 324 U.S. 548, 562; 65 S. Ct. 770, 777). Siehe auch *Lehman*, Technical Rules of Evidence, 26 Col. Law Rev. 509, 517 (1926).

sich für ihre Entscheidung stützt. Ausnahmen gelten dann, wenn das Material der Behörde mehr allgemeiner Natur ist, z. B. auf allgemeinen Untersuchungen oder Berichten neutraler Personen beruht oder wenn der Beteiligte die Beweise der Behörde auf andere Art widerlegen kann[31].

Das Ergebnis der Beweisaufnahme wird zusammen mit der in Vollschrift übertragenen ursprünglich stenographischen Wiedergabe des Verhandlungsablaufs (transcript), den Ausführungen, Schriftsätzen und Anträgen der Parteien sowie den Berichten und Zwischenentscheidungen[32] des Verhandlungsführers Bestandteil des Protokolls (record)[33]. Die endgültige Entscheidung muß ausschließlich auf dem Inhalt des Protokolls beruhen[34] und ist ebenfalls in dieses aufzunehmen.

Ist die Beweisaufnahme abgeschlossen, die Entscheidung aber noch nicht getroffen und haben sich die tatsächlichen Verhältnisse in der Zwischenzeit geändert, so kann die Behörde nach ihrem Ermessen erneut die Verhandlung eröffnen (rehearing). Die Ablehnung eines rehearing stellt, von Fällen klaren Ermessensmißbrauchs abgesehen, grundsätzlich keinen Verstoß gegen das Gebot der Fairness dar[35].

Die oben dargelegten Grundzüge eines fairen hearing wurden von Schrifttum und Rechtsprechung im wesentlichen bereits vor Inkrafttreten des Administrative Procedure Act entwickelt[36].

---

[31] *Cooper*, S. 171—173. *Nathanson*, Central Issues of American Administrative Law, 45 American Political Science Review 348, 354—355.

[32] Sec. 8 (b) APA bestimmt: „All decisions (including initial, recommended, or tentative decisions) shall become a part of the report...“.

[33] *Davis* bezeichnet den record als „the most important feature of an administrative hearing“ (§ 8.13).

[34] Sec. 7 (d) APA. *Davis*, Text, § 8.14. *Hale*, Administrative Hearings under the Federal Constitution, 30 Kentucky Law Journal 137, 156 mit zahlreichen Rechtsprechungsnachweisen. Der Grundsatz der „exclusiveness of the record“ wird auch negativ als Verbot von „ex parte evidence“ bezeichnet (ex parte = einseitig, ohne Anhörung der Gegenpartei). Der Supreme Court of New Jersey hat in der oben bereits zitierten Entscheidung Mazza v. Cavicchia ausgeführt: „Where a hearing is prescribed by statute, nothing must be taken into account by the administrative tribunal in arriving at its determination that has not been introduced in some manner into the record of the hearing... Unless this principle is observed the right to a hearing itself becomes meaningless“, zitiert bei *Schwartz*, S. 150. Ebenso bei *Jaffe - Nathanson*, S. 651, 653, 654.

[35] *Cooper*, S. 174—176. *Davis*, Text, § 8.18.

[36] Vgl. insbes. ICC v. Louisville & Nashville Railroad Co., 227 U.S. 88; 33 S. Ct. 185, 187—188 (1913): „All parties must be fully apprised of the evidence submitted or to be considered, and must be given opportunity to crossexamine witnesses, to inspect documents, and to offer evidence in explanation or rebuttal. In no other way can a party maintain its rights or make its defense.“ Siehe ferner New England Division Case, 261 U.S. 184, 200; 43 S. Ct. 270, 277 (1923). Chicago Junction Case, 264 U.S. 258, 265; 44 S. Ct.

3. Der hearing examiner als Leiter des Verfahrens Status und Funktionen

Sec. 7 (a) APA bestimmt, daß bei der Beweisaufnahme ein oder mehrere Behördenvertreter oder ein für die Durchführung des Verfahrens eigens bestimmter examiner zugegen sein müssen. In der Praxis spielt die Verfahrensleitung durch den Behördenvorsitzenden oder einen commissioner keine wesentliche Rolle, im Gegensatz zur verfahrensleitenden Tätigkeit des hearing examiner.

Die ersten Beamten mit dieser Bezeichnung wurden von der ICC aufgrund eines bereits 1906 in Kraft getretenen Gesetzes ernannt, welches diese Behörde ermächtigte, examiners zum Zwecke der Beweisaufnahme zu ernennen. Auch die FTC wurde durch den Kongreß schon 1914 zur Einstellung von examiners ermächtigt. Diese Ermächtigung wurde für die anderen regulatory agencies zum Vorbild. Das Attorney General's Committee on Administrative Procedure sah 1941 eine Stärkung der Stellung des hearing examiner vor[37]. 1946 brachte der Administrative Procedure Act eine Regelung, die für alle vom Gesetz vorgesehenen förmlichen Verfahren galt. Danach müssen examiners Berufsbeamte (civil servants) sein[38], die durch anonyme schriftliche Eignungsprüfungen ausgewählt werden und nicht mit der jeweiligen politischen Führung wechseln. Für Rang[39], Beförderung und Gehalt ist die zentrale Personalbehörde des Bundes (Civil Service Commission) zuständig. Die Praxis dieser Behörde bei der Auswahl geeigneter Verfahrensbeamter gab verschiedentlich Anlaß zu scharfer Kritik[40].

317, 319—320 (1924). Morgan v. United States, 304 U.S. 1, 14, 15, 18, 19; 58 S. Ct. 773—777 (1938).

Eine instruktive Zusammenfassung der für ein faires hearing notwendigen Elemente findet sich bei J. Forrester *Davison*, Use of Public Documents and Reports in Administrative Proceedings, 25 Iowa Law Review 555, 558, 559, 563. *Schwartz*, Procedural Due Process in Federal Administrative Law, 25 New York University Law Review 552, 574. Idem, S. 148. Collins E. *Brooks*, Administrative Law, Requirements of Full Hearing, 37,[1] Michigan Law Review 597, 608—609 (1939). *Cooper*, S. 150—151. *Swenson*, S. 82—83. Walter F. *Dodd*, Administrative Agencies as Legislators and Judges, 25 A.B.A.J. 923, 974 (1939); ebenso *Biklé*, 25 Washington University Law Quarterly 321, 327, 328 (1940).

[37] *Davis*, Text, § 10.01. *Schwartz*, S. 146.

[38] Sec. 11 APA, am Anfang: „Subject to the civil service ..."

[39] Zu dem Problem, den Rang eines hearing examiner nach der Schwierigkeit seiner Tätigkeit abzustufen und zu den Vorzügen eines „one grade system" siehe Ralph F. *Fuchs*, The Hearing Officer Problem — Symptom and Symbol, 40 Cornell Law Quarterly 281, 300, 303, 308 (1955).

[40] Das galt vor allem für die Schaffung eines Board of Examiners, der für die Auswahl geeigneter Verfahrensbeamter nach Prüfungsergebnissen zuständig war. Der Ausschuß setzte sich zum Teil aus Nichtbeamten, insbesondere Mitgliedern der amerikanischen Anwaltsvereinigung zusammen, die vorher gegen Amt und Praxis der hearing examiners öffentlich Stellung

Die den Status der hearing examiners betreffenden Verordnungen der Civil Service Commission wurden vom Supreme Court jedoch aufrechterhalten. Dabei führte das Gericht aus, der Wille des Kongresses sei gewesen, „a special class of semi-independent subordinate hearing officers" zu schaffen[41]. Das bedeutet, daß die Position dieser Beamten der eines auf Lebenszeit durch den Präsidenten mit Zustimmung des Senats ernannten federal district judge nicht gleichzusetzen ist[42]. Dies kann um so weniger angenommen werden, als sie von den Behörden, bei denen sie tätig werden sollen oder tätig waren, ernannt oder entlassen werden[43]. Allerdings entscheidet die Civil Service Commission darüber, ob ein Entlassungsgrund gegeben ist[44]. Um diese Abhängigkeit zu beseitigen und die Stellung der verfahrensleitenden Beamten zu stärken, wurde von einer Untersuchungskommission[45] und deren Forschungsausschuß[46] vorgeschlagen, „that hearing commissioners be appointed by an authority other than the agencies whose proceedings they will hear" und daß sie der Kontrolle und Leitung eines neu zu schaffenden Administrative Court of the United States unterstellt werden[47].

genommen hatten. Die Prüfungen durch den board waren von sachfremden Erwägungen bestimmt, hatten katastrophale Ergebnisse und mußten wiederholt werden. Siehe zum Ganzen Ralph F. *Fuchs*, The Hearing Officer Fiasco Under the Administrative Procedure Act, 63 Harvard Law Review 737, 744, 747, 748 (Zusammensetzung des board), 753—755 (Prüfungsergebnisse); siehe a.a.O., insbes. S. 748: „it was a disastrous impropriety for the Civil Service Commission to create a Board of Examiners so strongly colored by the asserted ideology of the (American Bar) Association." „... it is this authors conclusion that what was wanted, consciously or inconsciously, were examiners who would be tender toward economic interests affected by regulation." Vgl. auch Morgan *Thomas*, The Selection of Federal Hearing Examiners: Pressure Groups and the Administrative Process, 59 Yale Law Journal 431 (1950), passim, insbes. 459—460.

[41] Ramspeck v. Federal Trial Examiners Conference, 345 U.S. 128; 73 S. Ct. 570. *Davis*, Text, § 10.05 und *Schwartz*, S. 147.

[42] So aber die Minderheit der Richter in der oben genannten Entscheidung („... very nearly the equivalent of judges ...") und offenbar auch *Schwartz*, S. 147 („independence appropriate to a quasi-judge") und *Riegert*, S. 76.

[43] Sec. 11, Satz 1 APA.

[44] Sec. 11, Satz 2 APA.

[45] Commission on Organization of the Executive Branch of the Government, Report to the Congress on Legal Services and Procedure, 1955 (2. Hoover-Kommission).

[46] Commission on Organization of the Executive Branch of the Government, Task Force Report on Legal Services and Procedure (1955).

[47] Weiter soll diesem Bundesverwaltungsgerichtshof ein vom Präsidenten ernannter sogen. chief hearing commissioner beigegeben werden, der den examiners Aufgaben zuteilt und ihre Ernennung einem ebenfalls neu zu schaffenden, vom Präsidenten zu ernennenden advisory committee vorschlägt. Letzteres soll aus einem Richter des neuen Verwaltungsgerichtshofs, zwei Vertretern der Bundesverwaltungsbehörden und zwei in Verwaltungs-

Die Aufgaben des hearing examiner — die er in unparteiischer Weise erfüllen muß[48] — sind die Leitung des Verfahrens und der Erlaß von Zwischen- und Vorentscheidungen. Die endgültige Entscheidung trifft grundsätzlich die Behörde selbst. Zur Durchführung des Verfahrens bis zum Stadium der Entscheidungsreife sind den verfahrensleitenden Beamten eine Reihe von Funktionen übertragen worden. Zu ihnen gehören die Abnahme von Eiden und eidesstattlichen Erklärungen, die Ladung von Zeugen unter Androhung einer Beugestrafe (subpoena), die Zeugenvernehmung, die Prüfung der Beweisangebote und die Erhebung der für die Entscheidung relevanten sonstigen Beweise[49], die Abhaltung von Beratungen zur gütlichen Beilegung oder Vereinfachung von Streitfragen, die Entscheidung über verfahrensrechtliche Anträge, die Leitung des Verfahrens und schließlich alle Maßnahmen, die den in Übereinstimmung mit dem APA erlassenen Verordnungen der jeweiligen Behörde entsprechen[50]. Zweck dieser Befugnisse ist in erster Linie die Herstellung eines Protokolls, das alle zur Entscheidung des Falls notwendigen Fakten enthält. Die Verordnungen einiger independent commissions sehen vor, daß selbst gegen verfahrensrechtliche Zwischenentscheidungen des examiners unmittelbare Beschwerde an die Behörde möglich ist. Daraus schließt Davis, daß die Entscheidungsbefugnis in jeder Verfahrensphase bei der Behörde bleibe. Die von ihm angeführten Beispiele haben jedoch mehr Ausnahmecharakter[51].

Als Abschluß des hearing erläßt der examiner (auch hearing officer genannt), eine „initial", „recommended" oder „tentative" decision (erste, empfohlene oder vorläufige Entscheidung)[52]. Sie enthält eine

---

prozessen erfahrenen Mitgliedern der amerikanischen Anwaltsvereinigung bestehen. Das Komitee soll über die Ernennungen entscheiden und Vorschriften betreffend die Qualifikation der verfahrensleitenden Beamten erlassen. Die Vorschläge sind im einzelnen wiedergegeben bei Ralph F. *Fuchs*, Hearing Commissioners, 30,[2] New York University Law Review 1342, 1343, 1344. Trotz einzelner Vorbehalte stimmt Fuchs diesen Vorschlägen grundsätzlich zu (a.a.O., S. 1347, 1348, 1351, 1352). Vgl. aber auch die eigenen Vorschläge dieses Autors in 40 Cornell Law Quarterly 281, 320.

[48] So ausdrücklich 7 (a) APA. Hält er sich selbst für befangen, muß er sein Tätigwerden ablehnen, wie die gleiche Vorschrift bestimmt. In Notfällen muß er aber selbst dann das Verfahren leiten (Rule of Necessity; vgl. *Davis*, Text, § 12.04).

[49] Vgl. hierzu die instruktiven Ausführungen von *Chamberlain - Dowling - Hays*, S. 36, 37.

[50] Sec. 7 (b) APA (hearing powers). Über die in dieser Vorschrift noch genannten Entscheidungsbefugnisse siehe anschließend. Nach *Sellers*, Adjudication by Federal Administrative Agencies under the APA, handelt es sich nur um eine Verpflichtung der Behörde, die genannten Befugnisse auf den examiner zu delegieren (*Warren*, Ed., S. 530).

[51] *Davis*, Text, § 10.02 (Examiner's Functions as Presiding Officers).

[52] Sec. 8 (a) und 5 (c), Satz 1 APA. Die Entscheidungen werden auch „intermediate", „proposed" (*Riegert*, S. 77) oder „tentative" reports (*Swenson*, S. 93) genannt.

Zusammenfassung des Parteivorbringens, des Ergebnisses der Beweisaufnahme und der hieraus nach Auffassung des Verfahrensleiters zu ziehenden Schlußfolgerungen oder Empfehlungen im Hinblick auf die endgültige von der Behörde zu treffende Entscheidung[53]. Gegen die initial, recommended, oder tentative decision des hearing officer ist Beschwerde (appeal) an die Behörde zugelassen. Die Behörde ist im Beschwerdeverfahren an die Feststellungen des examiner nicht gebunden. Sie hat vielmehr die gleichen Befugnisse wie in den Fällen, in denen sie die Erstentscheidung selbst trifft, eine Möglichkeit, die ihr durch Sec. 8 (a) APA ausdrücklich eingeräumt wird[54]. Die Erstentscheidung des examiner geht also in ihrer Wirkung über eine von ihm nur empfohlene Entscheidung kaum hinaus[55]. Andererseits wird sie als endgültige Entscheidung der Behörde angesehen, wenn niemand dagegen Beschwerde einlegt[56]. Auch in diesem Fall steht es der Behörde aber frei, sie vorher nochmals zu überprüfen[57]. Alle Entscheidungen sind den Beteiligten mitzuteilen und in das Protokoll aufzunehmen[58].

Trotz der dem hearing officer eingeräumten Vorentscheidungsbefugnisse bleibt also die Behörde für die endgültige Entscheidung und letzten Endes auch für die Ergebnisse des hearing allein verantwortlich. Sie bedient sich des hearing examiner als eines Hilfsorgans bei Erfüllung ihrer Aufgaben im Rahmen des administrative process[59].

---

[53] *Schwartz*, S. 147, 148. *Cooper*, S. 213. Instruktives Beispiel bei *Forkosch*, § 248, S. 440 f.

[54] Im rule making-Verfahren und bei Erteilung einer Erlaubnis kann die Behörde selbst die vorläufige Entscheidung erlassen.

[55] *Davis*, Text, § 10.03 (Examiners Functions as Deciding Officers).

[56] Sec. 8 (a) APA.

[57] *Davis*, Text, § 10.03.

[58] Der hiermit verfolgte Zweck, den Parteien Einwendungen zu ermöglichen — (Sec. 8 (b) APA) — wurde bereits oben dargelegt. Siehe auch *Cooper*, S. 220.

[59] *Davis*, Text, § 10.04 sieht dies auch als Ergebnis der Rechtsprechung an. *Fuchs* vergleicht die Stellung des hearing examiner unter Hinweis auf Lloyd D. *Musolf*, Federal Examiners and the Conflict of Law and Administration, 1952, S. 52—56, mit der eines „special master or commissioner of a court" (The Hearing Officer Problem — Symptom and Symbol, 40 Cornell Law Quarterly 281, 286). Die 2. Hoover Kommission hat vorgeschlagen, die Befugnisse des hearing officer zu erweitern, insbesondere auf dem Gebiet der Zeugenladung unter Androhung einer Strafe im Falle des Nichterscheinens, der Tatsachenfeststellung, der Verfahrens- und Disziplinarentscheidungen. Die vom examiner festgestellten Tatsachen sollen von der Behörde nur noch abgeändert werden können, wenn sie „clearly erroneous" (eindeutig falsch) sind, eine Formel, die gegenwärtig für die Nachprüfung der von der ersten gerichtlichen Instanz festgestellten Tatsachen durch die Berufungsgerichte gilt. Die Vorschläge bedeuten eine „Judizialisierung" des Verfahrens und die Annäherung der Position des hearing officer an diejenige eines trial judge. Vgl. *Fuchs*, Hearing Commissioners, 30,[2] New York University Law Review 1342, 1346 (Vorschläge), 1356—1366 (Kritik).

4. Die Entscheidung durch die Behörde. „Institutional" und „personal" decision[60]

Die Zweiteilung des Verfahrens in eine vorbereitende im wesentlichen der Beweisaufnahme durch den hearing examiner gewidmete und eine durch die endgültige Entscheidung der Behörde als solcher bestimmte Phase, wirft das Problem auf, in welcher Weise und wie intensiv der endgültig Entscheidende von dem Beweismaterial Kenntnis genommen haben muß und inwieweit er sich der Hilfe anderer bedienen kann. Dieses Problem stellt sich dem Einzelrichter nicht: er hört die Parteien an, erhebt die Beweise und entscheidet endgültig. Seine Entscheidung ist eine personelle. Ein solches Vorgehen ist den großen Bundesverwaltungsbehörden, insbesondere den regulatory commissions, nicht möglich. Sie haben ein weitaus größeres und vielseitigeres Arbeitspensum[61] und sind daher nach dem Prinzip der Arbeitsteilung und der Delegierbarkeit von Funktionen an untergeordnete Beamte organisiert. So erhebt der hearing examiner die Beweise, er oder andere Hilfsbeamte sichten und prüfen das Beweismaterial, Spezialisten der Behörde können zur Abfassung von vorläufigen und endgültigen Berichten mit herangezogen werden und der Chef der Behörde oder die Mitglieder des leitenden Gremiums müssen sich bei ihrer endgültigen im Namen der Behörde gefällten Entscheidung mehr oder minder auf die Fachkenntnisse der von ihnen konsultierten Expertenstäbe (staffs) stützen[62]. Der Vorteil dieser Methode besteht in der Möglichkeit von Teamwork und Kooperation, der Vielzahl interner Kontrollen, der Entlastung hochbezahlter Spitzenkräfte von zweitrangigen Routinearbeiten, dem größeren Arbeitsvolumen und einer gewissen Einheitlichkeit der durch policies bestimmten Verwaltungsentscheidungen. Der Nachteil dieses Systems liegt in seiner Anonymität, der Verwertung von Erfahrungswissen, das keinen Niederschlag im Verhandlungsprotokoll findet, dem Gefühl der Vergeblichkeit bei den Beteilig-

---

[60] Siehe zu dieser Gegenüberstellung A. H. *Feller*, Administrative Law Investigation Comes of Age, 41 Columbia Law Review 589, 601 (1941).

[61] Der National Labor Relations Board entscheidet mehr Fälle jährlich als alle Bundesberufungsgerichte zusammen (*Schwartz*, S. 137). Die Social Security Administration entscheidet jährlich über mehr als eine Million Ansprüche auf Alters- und Hinterbliebenenrente (*Davis*, Text, § 11.07, S. 194).

[62] *Cooper*, S. 211, 212, 214. *Schwartz*, S. 137, 138. *Davis*, Text, § 11.07, S. 194: „For the Commissioner of Social Security personally to try to decide annually more than a million claims for old age and survivors insurance would be obviously fantastic. He cannot even personally pass upon the cases that are formally heard before a referee. He must delegate to the Director of the Bureau of Old Age and Survivors Insurance who must delegate to officers of the coverage unit and other similar units who must refer questions of law to the general counsel who must delegate to his staff, and the bulk of the work must be done by two or threehundred clercs called adjudicators and reviewers ...".

ten, niemals an den Mann selbst herankommen zu können, der hinter den Kulissen die Entscheidung bestimmt[63]. Auf dieser Linie liegt auch die Kritik von Dean Acheson, des damaligen Vorsitzenden des „Attorney General's Committee on Administrative Procedure“:

„Die Behörde ist eine große, undurchsichtige Organisation, mit der der Bürger zu verhandeln hat. Sie ist absolut gestaltlos. Er stöbert sie an einer Stelle auf und sie kommt an einer anderen heraus. Niemand scheint spezifische Befugnisse zu haben. Da gibt es etwas, was die „commission“, die „authority“ genannt wird; ein metaphysisches, allwissendes, brütendes Wesen, was in der Luft schwebt und nichts Menschliches hat. Das ist das Verwirrende daran. Man stellt sich vor, daß der Fall vor Herrn A. verhandelt wird und dann geht der Fall in dieses große Gebäude hinein, wandert darin herum und kommt mit der Unterschrift eines commissioners wieder heraus. Aber was dazwischen passiert ist, bleibt ein Mysterium; das ist es, was die Leute ärgert[64].“

Die Anonymität des Entscheidungsvorgangs gab auch Anlaß zu einem Rechtsstreit, der viermal den Supreme Court beschäftigte[65]. Gegenstand des Prozesses war das Verfahren für die Festsetzung von Viehpreisen durch das Landwirtschaftsministerium. Der Secretary of Agriculture hatte nach „full hearing“ die Angemessenheit und das Maximum der Preise zu bestimmen, welche die market agencies für den An- und Verkauf von Vieh auf den Schlachthöfen in Kansas City verlangen durften. Die market agencies fochten die Preisfestsetzung durch den Secretary an, weil er den Antrag auf Erstattung eines tentative report durch den examiner abgelehnt, seine Befugnisse in unzulässiger Weise an sogen. assistant secretaries weiterdelegiert und die Preisfestsetzungsorder unterzeichnet habe, ohne die während des hearing erhobenen Beweise persönlich zu würdigen oder zu lesen, ohne das mündliche Vorbringen der Beteiligten anzuhören und ohne deren Schriftsätze zu lesen und zu prüfen. Die einzige Information des Ministers habe aus Konsultationen von Angehörigen des Ministeriums „out of the presence of the plaintiffs“ hergerührt[66].

---

[63] Vgl. *Davis*, Text, § 11.01, S. 187. *Schwartz*, S. 139, 140. A. H. *Feller*, 41 Columbia Law Review 602.

[64] *Davis*, Text, § 11.11, S. 202. Ausführlicher hat Acheson in einem hearing vor dem Subcommittee of Committee on Judiciary (77th Cong., 1st Sess. 1941) zum Problem der institutional decision Stellung genommen (Auszüge in *Gellhorn - Byse*, S. 1077—1078).

[65] Es handelt sich um die sogen. Morgan-Fälle.

[66] Zum Sachverhalt siehe *Jaffe - Nathanson*, S. 627, 628 und Kenneth C. *Sears*, The Morgan Case and Administrative Procedure, 7 George Washington Law Review 726, 727 (1939).

Der Oberste Gerichtshof stellte hierzu fest, daß die Abfassung eines tentative report zwar nicht „essential to the validity of hearing" sei, daß es sich aber andererseits um kein rein administratives Verfahren mit der Möglichkeit handele, arbeitsteilig einen Beamten mit der Erhebung der Beweise und einen anderen mit der endgültigen Feststellung des Tatbestands und dem Erlaß der order zu beauftragen, sondern daß hier ein quasi-judizielles, dem Verfahren vor dem Richter insoweit angenähertes personelles Verfahren vorliege, als derjenige, der im Endergebnis die Entscheidung treffe auch die Beweise erwogen und gewertet haben müsse[67]. „The one who decides must hear[68]." Das Gericht räumte jedoch ein, daß die Beweisaufnahme durch einen examiner erfolgen könne und daß die erhobenen Beweise durch einen untergeordneten Beamten gesichtet und „analysiert" werden könnten. Schon hieraus ergibt sich, daß der oft zitierte Kernsatz dieses Urteils „wer entscheidet, muß die Beteiligten anhören", nicht wörtlich zu nehmen ist[69]. Kein Gericht des Bundes oder der Einzelstaaten hat denn auch verlangt, daß der entscheidende Beamte bei der Vernehmung der Zeugen anwesend sein, selbst „hören" müsse[70]. Es genügt vielmehr, daß, wer die Entscheidung trifft, eine von „subordinates" vorgenommene Zusammenfassung und Analyse der Beweise zur Kenntnis nimmt und wertet[71]. Mehr konnte von dem Secretary of Agriculture im Morgan-Fall nicht verlangt werden. Allein das über die Zeugenaussagen aufgenommene Protokoll füllte 13 000 Seiten. Neben dem Packers and Stockyards Act, welcher der Morganentscheidung zugrundelag, war dem Landwirtschaftsminister damals noch die Vollziehung von 42 Regulierungsgesetzen und einer Reihe anderer Gesetze übertragen, eine Aufgabe, deren er sich ohne die Mitarbeit von Hilfskräften bei der Verwertung des Beweismaterials und ohne Konsultation seiner staffs niemals mit Erfolg hätte entledigen können[72]. Im zweiten Morgan-

---

[67] „... the officer who makes the determinations must consider and appraise the evidence which justifies them."

[68] Morgan v. United States, 298 U.S. 468; 56 S. Ct. 906, 911, 912/1936 (Morgan I). Auszugsweise auch bei *Jaffe - Nathanson,* S. 627, 630, 631 und bei *Gellhorn - Byse,* S. 1111, 1114, 1115. *Schwartz,* S. 141, 142.

[69] Dies übersieht teilweise die an Morgan I geübte Kritik. Vgl. *Sears,* a.a.O., S. 737. A. H. *Feller,* Administrative Procedure and the Public Interest — The Results of Due Process, 25 Washington University Law Quarterly 308, 318 (1940).

[70] *Davis,* Text, § 11.02.

[71] *Schwartz,* S. 143. Ebenso James A. *Doyle,* Federal Administrative Hearings: Significance of the Morgan Case, 19 Nebraska Law Bulletin 125, 144 (Nr. 3 der zusammengefaßten Leitsätze). Zur einschränkenden Interpretation dieser Entscheidung siehe auch *Cooper,* S. 215—218.

[72] *Schwartz,* S. 144. A. H. *Feller,* Prospectus for the Further Study of Federal Administrative Law, 47 Yale Law Journal 647, 662 (1938): „If he (the Secretary of Agriculture) were to give to every order which he signs the

Fall[73] schien es der Oberste Gerichtshof denn auch genügen zu lassen, daß der Secretary „dipped into it (the record) to get its drift" und daß er die Schriftsätze des Antragstellers — „probably the essence of the evidence" — sowie die protokollierte mündliche Argumentation der Beteiligten gelesen und sich ein selbständiges Urteil über die Feststellungen des Bureau of Animal Industry gebildet hatte[74]. Während Morgan III[75] zu den hier erörterten Problemen im wesentlichen nichts Neues brachte, rückte der Supreme Court in der vierten Morgan-Entscheidung von der in Morgan I vertretenen Personalisierung post hearing getroffener administrativer Entscheidungen ab, und zwar merkwürdigerweise ebenfalls mit dem Hinweis auf die Gerichtsähnlichkeit des Verfahrens. Das Gericht führte aus, daß der Secretary nicht darüber vernommen werden dürfe, wie er das Protokoll ausgewertet habe und zu seiner Entscheidung gelangt sei. Das Verfahren habe quasijudiziellen Charakter und die oben genannte Methode der nachträglichen Befragung über das Wie der Entscheidung sei der (quasi)richterlichen Tätigkeit abträglich. Letztere sei ebenso zu respektieren wie die Integrität des administrative process. Administratoren und Richter müßten als „collaborative instrumentalities of justice" ihre Unabhängigkeit gegenseitig anerkennen[76]. Damit wird der in Morgan I an die endgültig entscheidenden Beamten gerichteten Forderung, sich selbst mit dem Beweismaterial vertraut zu machen, ihre Erzwingbarkeit im Wege der gerichtlichen Nachprüfung genommen, da sie nicht mehr zum Gegenstand einer Zeugenvernehmung gemacht werden kann[77]. Andererseits hätte es zu einer unerträglichen Belastung der Verwaltung

---

consideration which the Morgan Case requires, he would probably have to devote all his time to the conduct of matters which must be considered petty from a national viewpoint." Auch bei *Gellhorn - Byse*, S. 1116 zitiert.

[73] Morgan v. United States, 304 U.S. 1, 17—18; 58 S. Ct. 773, 776/1938 (Morgan II). In dieser Entscheidung wurde hauptsächlich das Recht der an quasijudiziellen Verfahren Beteiligten auf ein faires hearing festgestellt, wozu gehöre, „to know the claims of the opposing party and to meet them" sowie „to be fairly advised of what the Government proposes, and to be heard upon its proposals before it issues its final command." Siehe *Jaffe - Nathanson*, S. 637, 640. *Gellhorn - Byse*, S. 1134, 1137. Zu den Elementen eines fairen hearing aufgrund der Entscheidungen Morgan I und II siehe James A. Doyle, Federal Administrative Hearings: Significance of the Morgan Case, 19 Nebraska Law Bulletin 125, 144, 145 (1940).

[74] *Davis*, Text, § 11.03, S. 190; *Jaffe - Nathanson*, S. 639, 640; *Cooper*, S. 218.

[75] 307 U.S. 183; 59 S. Ct. 795/1939 (Morgan III).

[76] United States et al. v. Morgan et al., 313 U.S. 409, 422; 61 S. Ct. 999, 1004/1941 (Morgan IV). Siehe auch bei *Jaffe - Nathanson*, S. 649, 650. *Gellhorn - Byse*, S. 1119—1120. Die Entscheidung knüpfte u. a. an eine Bemerkung in Morgan II an, „wonach es nicht Aufgabe des Gerichts sei, die Denkprozesse des Ministers nachzuprüfen".

[77] *Cooper*, S. 219. *Schwartz*, S. 145.

geführt, wenn die Verfahrensbeteiligten jede Entscheidung eines Ministeriums oder einer Kommission mit der Begründung nicht ausreichender Beweiswürdigung durch secretaries oder commissioners hätten anfechten und deren gerichtliche Vernehmung zu allen Phasen des Entscheidungsvorgangs hätten erzwingen können[78]. Trotzdem ist die ausreichende Kenntnis und Wertung des Beweismaterials durch den letztlich Entscheidenden nach wie vor eine an ein faires Gesamtverfahren zu stellende Grundforderung, wenn auch die Grenzen zwischen dem Schutz des Einzelnen durch due process und der Leistungsfähigkeit einer arbeitsteilig organisierten Verwaltung von Fall zu Fall zu ziehen sind[79].

In der amerikanischen Verwaltungspraxis ist es im Gegensatz zur englischen üblich, Entscheidungen insbesondere quasijudizieller Art, schriftlich zu begründen. Damit wird einmal erreicht, daß die Beteiligten erfahren, warum die Entscheidung so und nicht anders ergangen ist und daß sie sich in Zukunft an die Gründe als einen Maßstab für künftiges Handeln halten können. Zum andern wird die Behörde durch die Verpflichtung zu schriftlicher Begründung zur sorgfältigen Herausarbeitung aller Faktoren, welche die Entscheidung tragen, und zur Befolgung der von ihr selbst gesetzten Präzedenzfälle gezwungen[80]. Selbst wenn es sich nicht um einen solchen Präzedenzfall handelt, ermöglicht die „written opinion“ eine gewisse Voreinschätzung künftiger decisions. Vor allem aber wird die gerichtliche Nachprüfung einer Entscheidung durch deren schriftliche Begründung außerordentlich erleichtert. Sec. 8 (b) APA bestätigt die bisherige Praxis. Er fordert, daß alle administrativen Entscheidungen — einschließlich der vorläufigen, — begründete Feststellungen und Schlußfolgerungen im Hinblick auf alle wesentlichen Tatsachen-, Rechts- und Ermessensfragen enthalten. Damit ist auf dem Gebiet der Verwaltung eine gewisse Vereinheitlichung und Angleichung an die Praxis der Gerichte erreicht worden[81].

---

[78] A. H. *Feller* in 25 Washington University Law Quarterly 308, 315 und in 47 Yale Law Journal 647, 663 (auch in *Gellhorn - Byse*, S. 1117). *Schwartz*, S. 145.

[79] Die Rechtsprechung der unteren Gerichte, die vor dem 4. Morganurteil zum Teil eine Beweisaufnahme darüber zugelassen hatten, wie die Entscheidung zustandegekommen war — (siehe inbes. Madison Airport Co. v. Wrabetz, 231 Wis. 147; 285 N.W. 504/1939, zitiert bei Gellhorn-Byse, S. 1121 und Margaret *Pinkley*, Administrative Tribunals — Necessity of Reading Testimony Taken by Examiners, 15 Wisconsin Law Review 125, 127, 128/1940), — hat später ganz überwiegend die Befragung von Behörden zur Entstehung der administrativen Entscheidung abgelehnt (siehe *Jaffe - Nathanson*, S. 650).

[80] Vgl. *Schwartz*, S. 157, 158.

[81] Siehe zum Ganzen *Davis*, Text, § 16.

VIII. Die richterliche Nachprüfung administrativer Einzelentscheidungen

1. *Die Möglichkeiten nach common law und equity*

Die Möglichkeiten amerikanischer Gerichte, Akte und Entscheidungen der Behörden aufzuheben, zu untersagen oder zu erzwingen, sind vielfältig und zum Teil Produkt einer langen im englischen Recht wurzelnden Entwicklung[1]. Im Bereich des common law entwickelten sich insbesondere vier Klageformen (writs): habeas corpus, certiorari, mandamus und prohibition.

a) *Habeas corpus*[2] stellt den Befehl an die Exekutive dar, den Verhafteten dem Richter vorzuführen und Gründe für die Inhaftierung anzugeben. Dieser „writ" schützt insbesondere gegen polizeiliche Festnahme, ungesetzliche Landesverweisung von Ausländern sowie unrechtmäßigen Zwang zum Verbleiben im Militärdienst[3]. Habeas corpus ist in der amerikanischen Verfassung verankert[4].

b) *Certiorari*[5] stellt einen Beschluß dar, durch den ein höheres Gericht das untere Gericht oder eine Behörde anweist, die Akten zur Überprüfung vorzulegen. Dieses Verfahren wird heute in den USA nicht mehr zur Nachprüfung administrativer Maßnahmen angewendet[6].

c) *Mandamus*[7]. Hierbei handelt es sich um die Anweisung eines höheren Gerichts an untere Gerichte oder Behörden, bestehende Amtspflichten zu erfüllen, auf die der Antragsteller einen Rechtsanspruch hat. Bereits in der Entscheidung Marbury v. Madison war von Chief Justice Marshall u. a. die Befugnis des Obersten Gerichtshofs bejaht

---

[1] Der Einfluß des englischen Rechtsgelehrten Coke und des von ihm als chief justice of common pleas entschiedenen Bonhams Case wurde bereits erwähnt. Zu diesem Fall, seiner Vor- und Nachgeschichte siehe Plucknett: Bonhams Case and Judicial Review, 40 Harvard Law Rev. 30, 32, 34 (1926). Während Cokes Doktrin sich in England nicht durchsetzte (vgl. den Gegenstandpunkt Blackstones a.a.O., S. 59, 60), gewann sie in den USA an Einfluß (a.a.O., S. 61—68).

[2] Lat.: bemächtige Dich seiner Person (und bringe sie vor mich). *Weißenstein*, S. 80.

[3] *Jaffe*, The Right to Judicial Review II, 71 Harvard Law Review 769, 808, 809 (1958). *Davis*, Text, § 23.08.

[4] Art. I, Sec. 9: „The privilege of the writ of habeas corpus shall not be suspended, unless when in cases of rebellion or invasion the public safety may require it."

[5] Lat.: verständigen. *Weißenstein*, S. 24.

[6] *Davis*, Text, § 23.13. Zu den englischen Anfängen siehe *Jaffe*, The Right to Judicial Review I, 71 Harvard Law Review 401, 416, 417 (1958). Siehe auch *Schwartz*, S. 177, 178.

[7] Lat.: Wir tragen hiermit auf. *Weißenstein*, S. 106.

worden, Akte der Exekutive nachzuprüfen, soweit diese nicht politischer Natur, sondern durch Amtspflicht geboten waren[8]. In einer späteren Entscheidung hat der Supreme Court die Zuständigkeit der federal district courts für mandamus verneint, da sie ihnen durch den Judiciary Act nicht übertragen worden sei[9]. Lediglich den Gerichten des District of Columbia wurde die Befugnis, eine mandamus-Entscheidung zu treffen, vom Obersten Gerichtshof zugestanden, da die Zuständigkeit hierfür vom Staat Maryland, dem vorherigen Besitzer dieses Territoriums, auf sie übergegangen sei[10]. Als Voraussetzung wurde angesehen, daß die angeordnete Amtshandlung rein untergeordneter Natur (ministerial) und nicht Ermessenssache war.

Das Gegenstück zu mandamus ist die

d) *Prohibition.* Hierunter ist die Entscheidung eines ordentlichen Gerichts zu verstehen, durch die einem unteren Gericht oder einer Verwaltungsbehörde die Vornahme einer Handlung verboten wird[11].

e) Nicht dem common law, sondern dem equity-Bereich gehörte die sogen. *injunction* an, die früher von den courts of equity erlassen wurde, seit dem Zusammenwachsen von law und equity aber auch in den USA vor den ordentlichen Gerichten beantragt werden kann[12]. Man unterscheidet die „prohibitory" und „mandatory" injunctions, durch die das Gericht einer Privatperson oder Behörde eine Handlung untersagen oder gebieten kann[13]. Es wird die Auffassung vertreten, daß auch die federal district courts außerhalb des District of Columbia durch das Verbot des mandamus[14] nicht gehindert sind, eine mandatory injunction zu erlassen[15]. Letztere wird zusammen mit prohibitory in-

---

[8] Frederic P. *Lee*, The Origins of Judicial Control of Federal Executive Action, 36 Georgetown Law Journal 287, 291, 292 (1948). Marbury v. Madison, 1 Cranch 137, 165, 166, 168—173 (1803).

[9] McIntire v. Wood, 7 Cranch 504 (1813).

[10] Kendall v. United States, 37 U.S. (12 Pet.) 524; 9 L. Ed. 1181 (1838). Mit der Ansicht Präsident Andrew Jackson's, daß die Exekutive als der Judikative ebenbürtige selbständige Gewalt nicht durch die Gerichte kontrolliert werden könne, wurde hier endgültig gebrochen. Zur Bedeutung des Kendall-Falles siehe *Lee*, a.a.O., S. 288, 293. Vgl. auch *Davis*, Text, § 23.10 am Anfang; *Jaffee*, a.a.O., S. 419.

[11] *Weißenstein*, S. 138.

[12] Voraussetzung ist, daß 1) ein nicht wiedergutzumachender Schaden droht (irreparable injury) und daß 2) ein anderes Rechtsmittel nicht zur Verfügung steht (inadequate remedy at law). Vgl. *Davis*, Text, § 23.05 und § 23.06.

[13] Siehe zu den genannten Rechtsbehelfen auch *Riegert*, S. 119—121.

[14] Rule 81 (b) of the Federal Rules of Civil Procedure: „The writs of scire facias and mandamus are hereby abolished."

[15] *Davis*, Text, § 23.10, S. 430, 431 mit der Begründung, daß nicht einzusehen sei, warum die auf die federal district courts übergegangenen equity powers nur negativer, nicht aber auch positiver Natur sein sollten.

junction und habeas corpus bei Fehlen oder „inadequacy“ gesetzlicher Sonderregelungen durch den Federal Administrative Procedure Act für zulässig erklärt, soweit es sich um einen „court of competent jurisdiction“ handelt[16].

Im Bereich der oben erwähnten Rechtsbehelfe werden die Möglichkeiten des richterlichen Prüfungsrechts für so lückenlos gehalten, daß von einer dahingehenden Vermutung kraft historischer Überlieferung gesprochen wird[17]. Diese Überlieferung hat ihre Wurzeln in der englischen „rule of law“, die von Dicey dahin formuliert wurde, daß

1. „niemand einen Rechtsnachteil an Leib oder Vermögen erleiden soll, es sei denn, daß er durch ein ordentliches Gericht in einem regulären Verfahren einer bestimmten Rechtsverletzung überführt ist,
2. niemand über dem Recht stehen soll, sondern daß jedermann unabhängig von seinem Rang und seinen sonstigen Verhältnissen dem allgemeinen Recht des Landes unterworfen und der Rechtsprechung der Gerichte verantwortlich ist“[18].

Wenn auch die anglo-amerikanische Rechtsentwicklung längst insofern über den ersten Teil dieser rule of law hinausgegangen ist, als auch die commissions und die Verwaltungsbehörden dem Bürger ohne vorangehende gerichtliche Feststellung einer Rechtsverletzung Rechtsnachteile zufügen können, so ist dieser Begriff in den Vereinigten Staaten noch heute lebendig[19], wird von den Anhängern einer stärkeren Judizialisierung des administrative process als Argument benutzt und hat zum Teil die Entwicklung der Prinzipien des government of laws, not of men sowie der supremacy of law beeinflußt[20]. Letztere

---

Der Supreme Court scheint diese Auffassung zu billigen, während eine Reihe unterer Bundesgerichte mandatory injunctions ablehnen, weil auch mandamus unzulässig sei.

[16] Der APA löst damit also nicht die in der vorigen Fußnote angedeutete Streitfrage, ob auch die nicht zum District of Columbia gehörenden Bundesgerichte die Zuständigkeit zum Erlaß einer mandatory injunction besitzen.

[17] *Jaffe*, a.a.O., S. 420: „... in our system of remedies, an individual whose interest is acutely and immediately affected by an administrative action presumptively has a right to secure at some point a judicial determination of its validity. This is to me the teaching of our history and tradition. It is our common law, and in a lesser measure a corollary of our constitutions.“ Für eine Vermutung der Nachprüfbarkeit, die jedoch durch das Gesetz oder besondere Umstände widerlegt werden kann, auch *Davis*, Text, § 28.07.

[18] A. V. *Dicey*, The Law of the Constitution, zitiert bei *Fraenkel*, S. 199. *Pennock*, Administration and the Rule of Law, 1941, S. 9.

[19] Er wird umschrieben als „a state of affairs in which there are legal barriers to governmental arbitrariness and legal safeguards for the protection of the individual“ (W. *Friedman*, Law and Social Change, 1951, S. 282, zitiert bei *Cole*, 44 A.B.A.J. 1004).

[20] *Pennock*, S. 10. *Swenson*, S. 212. 213.

bildet nach der Auffassung von justice Brandeis die Grundlage der gerichtlichen Nachprüfung und erfordert, daß die Möglichkeit gegeben sein muß, ein Gericht darüber entscheiden zu lassen, ob das Recht falsch angewendet wurde[21]. Auch in der Entscheidung Crowell v. Benson wird die Befugnis der Gerichte erwähnt, „to insure the proper application of the law“[22]. In einem anderen Urteil wird die allgemeine Zuständigkeit der Gerichte für die Gewährung von Rechtsschutz gegen Rechtsverletzungen durch Beamte ausgesprochen[23]. Die gerichtliche Kontrolle auch administrativer Akte wird schließlich daraus abgeleitet, daß die Bundesverfassung in Artikel III judicial power auf die Gerichte übertragen habe[24]. Die Verfassung enthält jedoch keinen Hinweis, daß diese judicial power die Nachprüfung gerade von Akten der öffentlichen Gewalt ermöglichen soll[25]. Die generelle Nachprüfbarkeit von Verwaltungsentscheidungen läßt sich daher aus der Verfassung kaum herleiten. Die richterliche Kontrolle von Verwaltungshandlungen ist jedoch in zahlreichen Fällen durch Gesetz geregelt.

2. Formen der richterlichen Nachprüfung kraft Gesetzes

Zu unterscheiden sind vier Grundtypen gesetzlich angeordneter Gerichtskontrolle:

a) Review de novo.
Hierbei prüft das Gericht, dessen sich die Verwaltungsbehörde zur Erzwingung (enforcement) einer order[26] bedient, diese zuvor auf ihre Rechtmäßigkeit. Im übrigen versteht man unter review de novo die erneute selbständige Nachprüfung aller Tatsachen und Rechtsfragen durch die Berufungsinstanz.

---

[21] St. Joseph Stock Yards Co. v. United States, 298 U.S. 38, 84; 56 S. Ct. 720, 740. Concurring opinion: „The supremacy of law demands that there shall be opportunity to have some court decide whether an erroneous rule of law was applied; and whether the proceeding in which facts were adjudicated was conducted regularly.“ Siehe *Jaffe*, a.a.O., S. 428, 800.

[22] 285 U.S. 22, 54; 52 S. Ct. 285, 294.

[23] School of Magnetic Healing v. McAnnulty, 187 U.S. 94, 108; 23 S. Ct. 33, 38. Weitere Entscheidungen, in denen sich der Supreme Court für eine Gerichtskontrolle von Verwaltungsentscheidungen ausgesprochen hat, ohne daß diese gesetzlich vorgesehen war, bei *Davis*, Text, § 28.05.

[24] Stark v. Wickard, 321 U.S. 288, 310; 64 S. Ct. 559, 571: „Under Article III Congress established courts to adjudicate cases and controversies as to claims of infringement of individual rights whether by unlawful action of private persons or by the exertion of unauthorized administrative power.“ Siehe *Jaffe*, a.a.O., S. 431, 432 und 804. *Schwartz*, S. 162—164; *Swenson*, S. 235, 236.

[25] Eine dem Artikel 19 Abs. IV des Bonner Grundgesetzes entsprechende Vorschrift ist in der US-Verfassung nicht enthalten.

[26] Eine order, die keine straf- oder zivilrechtlichen Sanktionen enthält.

b) Statutory bill in equity.
Sie leitet ein gerichtliches Verfahren ein, das die Durchsetzung einer rechtswidrigen administrative order verhindern soll, deren Nichtbefolgung vom Gesetz mit Strafe bedroht ist.

c) Petition for review.
Dieser Antrag bezweckt die gerichtliche Aufhebung einer Verwaltungsmaßnahme für die keine straf- oder zivilrechtliche Sanktionen vorgesehen sind.

d) Appeal.
Der genannte Rechtsbehelf wird gegen einen Akt der Verwaltung bei Gericht eingelegt, in der gleichen Weise wie sonst gegen die Entscheidung der ersten gerichtlichen Instanz die zweite Instanz angerufen wird[27].

Die wichtigsten gesetzlichen Grundlagen für eine gerichtliche Kontrolle sind der Urgent Deficiencies Act von 1913 für die ICC[28] und der Review Act von 1950[29]. Nach dem zuletzt genannten Gesetz sind die courts of appeals dafür zuständig, einer Reihe von Behörden den Erlaß von orders zu untersagen oder über deren Rechtswirksamkeit zu entscheiden. Voraussetzung ist eine von der benachteiligten Partei einzureichende petition to review, die gegen die Vereinigten Staaten zu richten ist. In vielen Fällen sind Nachprüfungsklauseln in denjenigen Gesetzen mitenthalten, durch die Kommissionen und andere Behörden errichtet wurden[30].

Eine andersgeartete Möglichkeit des gerichtlichen Rechtsschutzes wurde durch den 1934 in Kraft getretenen und 1948 revidierten Federal Declaratory Judgments Act geschaffen. Sie besteht darin, „in a case of actual controversy“ Rechte oder sonstige Rechtsbeziehungen „of any interested party“ durch jedes zuständige amerikanische Gericht auf Antrag feststellen zu lassen (Feststellungsklage)[31].

Von der direkten Form der gerichtlichen Nachprüfung kraft common law, equity oder Gesetzes läßt sich noch eine andere Art unterscheiden,

---

[27] *Lee*, a.a.O., S. 298, 299. Eine umfassende Zusammenstellung der gesetzlichen Grundlagen für die Anfechtung der verschiedenen Arten der insbes. von den independent commissions erlassenen orders (siehe oben 6. Kap., V) vor dem Court of Claims, den district courts, den circuit courts of appeals und dem United States Court of Appeals for the District of Columbia wird gegeben bei *Forkosch*, § 317, S. 624 ff.

[28] 38 Stat. 219 (1913).

[29] 64 Stat. 1129 (1950). Für die Entwicklung im Bereich der ICC siehe *Lee*, a.a.O., S. 300 ff.; *McAllister*, Statutory Roads to Review of Federal Administrative Orders, 28 California Law Rev. 129, 130—131 (1940).

[30] So für SEC, NLRB, FPC, CAB, FCC und andere Behörden. Vgl. *Davis*, Text, § 23.03. Siehe zum Ganzen auch *Pennock*, S. 143—145.

[31] *Davis*, Text, § 23.04.

welche die Auswirkungen einer Verwaltungsmaßnahme auf indirektem Wege zu beseitigen sucht (collateral attack). Hierbei handelt es sich insbesondere um Klagen auf Ersatz des durch eine Amtshandlung entstandenen Schadens[32].

3. Einschränkungen der gerichtlichen Nachprüfung

a) Die beschränkte Wirksamkeit gesetzlicher Ausschlußregelungen

In verschiedenen Gesetzen hat der Kongreß Maßnahmen der Verwaltungsbehörden für endgültig (final) erklärt[33]. Die die Einwanderung und Ausweisung von Ausländern betreffenden Gesetze von 1917 und 1952 bezeichnen den zuständigen Minister als letzte Instanz. Der Supreme Court hat zuerst die Möglichkeit einer gerichtlichen Nachprüfung in diesem Bereich verneint, sie später jedoch in wachsendem Ausmaß — dahingehend, ob das vorangegangene hearing fair gewesen sei, ob hinreichende Beweise die getroffenen Feststellungen stützten, ob kein Rechtsirrtum vorliege — zugelassen[34]. Als Grund hierfür läßt sich anführen, daß der Gesetzgeber nur Endgültigkeit innerhalb des administrativen Instanzenzugs gemeint hat und die Gerichte nicht an der Nachprüfung gehindert werden können, wenn die Verfassung selbst es in einem konkreten Fall (habeas corpus) erfordert.

Eine ähnliche Problematik ergibt sich aus den Wehrdienstgesetzen. Auch hier hatte das Gesetz die Feststellung des Status als Wehrpflichtiger durch die Militärbehörde für endgültig erklärt, auch hier gelangte der Oberste Gerichtshof unter Berufung auf habeas corpus zu einer wenn auch beschränkten Nachprüfung. Zusätzlich stellte sich aber noch die Frage, ob der Gestellungsbefehl (draft order) in einem wegen seiner Nichtbefolgung eingeleiteten Strafverfahren als nichtig angegriffen werden konnte. Das wurde vom Supreme Court bejaht, soweit die Musterungsbehörde außerhalb ihrer Zuständigkeit gehandelt habe[35]. Fehlende Zuständigkeit wurde angenommen, weil die Behörde die Frage, ob Zeugen Jehovas „duly ordained ministers of religion“ im Sinne des Gesetzes seien, nach Auffassung des Gerichts

---

[32] E. Blythe *Stason*, Methods of Judicial Relief from Administrative Action, 24 A.B.A.J. 274 am Anfang und 276. Stason rechnet auch den writ of injunction (s. o.) sowie Klagen gegen die Vollziehung von Verwaltungsanordnungen hierher.

[33] Vgl. *Haines*, 26 American Political Science Review 875, 886—887 (1932).

[34] Siehe die Rechtsprechungsnachweise bei *Davis*, Text, § 28.10. Vgl. auch *Schwartz*, S. 164, 165. *Swenson*, S. 299.

[35] Da die „local boards“ nur zur Entscheidung im Rahmen ihrer Zuständigkeit befugt seien, könnten nur orders innerhalb eben dieser Zuständigkeit als endgültig bezeichnet werden. Vgl. auch *Swenson*, S. 296.

falsch beantwortet, bestimmte Tatsachen also unrichtig unter das Gesetz subsumiert habe[36]. Hier geht der Oberste Gerichtshof über die Frage der Zuständigkeit hinaus und setzt im Grunde die richterliche an die Stelle der administrativen Entscheidungsbefugnis.

Selbst wenn der Kongreß sich nicht mit dem Hinweis auf die Endgültigkeit der administrativen Entscheidung begnügte, sondern den Ausschluß der richterlichen Nachprüfung ausdrücklich in den jeweiligen Gesetzen bekräftigte[37], haben die Gerichte einschließlich des Supreme Court dies meist nur als eine gesetzliche Beschränkung des Umfanges der judicial review aufgefaßt, jedoch die Nachprüfung der Verfassungsmäßigkeit oder der behördlichen Zuständigkeit und anderer einzelner Punkte[38] nach wie vor für zulässig gehalten. Eine Ausnahme bilden die Gesetze, die Zuwendungen an Kriegsteilnehmer (veterans benefits) vorsehen, deren äußerst scharf formulierte Ausschlußklauseln[39] von der Rechtsprechung grundsätzlich respektiert wurden. Diese Zuwendungen wurden nicht als schutzwürdige Vermögensrechte, sondern lediglich als gerichtlich nicht erzwingbare Privilegien angesehen[40].

b) Die Ausschlußklauseln in Sec. 10 APA

Die durch den APA festgesetzte gerichtliche Nachprüfung unterliegt zwei wesentlichen Einschränkungen:

1. Sie darf nicht durch ein Gesetz ausgeschlossen sein.
2. Die Anfechtung darf sich nicht gegen eine Entscheidung richten, die durch Gesetz in das Ermessen der Behörde gestellt ist[41].

Zur ersten Ausnahme ist festzustellen, daß das Fehlen einer review-Klausel im Gesetz für sich betrachtet nicht den Schluß zuläßt, der Gesetzgeber habe eine Nachprüfung ausschließen wollen. Diese Ab-

---

[36] Estep v. United States, 327 U.S. 114; 66 S. Ct. 423. *Davis*, Text, § 28.12. *Parker*, S. 103, 107, 108.

[37] Häufig durch die Klausel „shall not be reviewed or redetermined by any court or agency".

[38] Etwa ob ein neu auszuhandelnder Vertrag (renegotiable contract) vorliege. Dagegen blieb die Bestimmung der Höhe eines „excessive profit" im Sinne des gleichen Gesetzes der Behörde allein überlassen. *Davis*, Text, § 28.14. *Swenson*, S. 302.

[39] „... and no other official or any court of the United States shall have power or jurisdiction to review any such decisions." Zitiert nach *Davis*, Text, § 28.15.

[40] *Schwartz*, S. 166, 167. *Swenson*, S. 295, 296. Siehe zum Ganzen auch *Jaffe*, The Right to Judicial Review II, 71 Harvard Law Rev. 769, 770 und *Schlephorst*, S. 112—117.

[41] Sec. 10 am Anfang: „Except so far as 1) statutes preclude judicial review or 2) agency action is by law committed to agency discretion ...".

sicht muß sich, wie aus den Gesetzesmaterialien hervorgeht[42], eindeutig, wenn auch nicht expressis verbis aus dem jeweiligen Gesetz ergeben. Bei Fehlen einer ausdrücklichen Regelung ist es eine Auslegungsfrage, ob eine Nachprüfung zu erfolgen hat oder nicht. Sie bleibt dem Ermessen der Gerichte, insbesondere des Supreme Court anheimgestellt. Insofern erzwingt Sec. 10 keine Änderung der bisherigen Praxis[43].

Die zweite Ausnahme setzt voraus, daß der Behörde durch Gesetz in klar erkennbarer Weise Ermessensbefugnisse übertragen sind. Dabei muß es sich um ungebundenes, absolutes Ermessen handeln[44]. Dieses liegt nicht vor, wo die Behörde an standards, Legaldefinitionen und konstitutionelle Schranken gebunden ist[45]. In allen Fällen kann das Verwaltungshandeln aber auf Ermessensmißbrauch hin nachgeprüft und bei dessen Vorliegen aufgehoben werden. Dies ergibt sich aus Sec. 10 (c) APA und entspricht der gerichtlichen Praxis. So wurde die Ermessensentscheidung des Attorney General, einen inhaftierten Ausländer während eines Ausweisungsverfahrens gegen Leistung einer Kaution[46] auf freien Fuß zu setzen, wegen „abuse of discretion" aufgehoben[47]. Ähnliches gilt für den ermessensbedingten Aufschub der Ausweisung[48]. Da die Gerichte auch schon vor dem Inkrafttreten des APA fehlerfreie administrative Ermessensentscheidungen für endgültig[49], auf Ermessensmißbrauch beruhende Akte dagegen für aufhebbar

[42] „To preclude judicial review under this bill a statute, if not specific in withholding such review, must upon its face give clear and convincing evidence of an intent to withhold it. The mere failure to provide specially by statute for judicial review is certainly no evidence of intent to withhold review" (p. 275 of Sen. Doc. No. 248, 79th Congr., 2d Sess., 1946: Administrative Procedure Act, Legislative History). Zitiert bei John *Dickinson*, The Judicial Review Provisions of the Federal Administrative Procedure Act (Section 10), Background and Effect, in: George *Warren* (Ed.), The Federal Administrative Procedure Act and the Administrative Agencies, S. 546, 565.

[43] *Dickinson*, a.a.O., S. 566 ob. und 567 ob. Wie die im vorigen Abschnitt erwähnten Urteile gezeigt haben, hat der Supreme Court bei der Entscheidung der Frage, ob und inwieweit eine Nachprüfung durch Gesetz ausgeschlossen ist, sein Ermessen in sehr freier Weise ausgeübt.

[44] *Dickinson*, a.a.O., S. 568. Umgekehrt kann sich der absolute Charakter des Ermessens gerade aus dem gesetzlichen Ausschluß der gerichtlichen Nachprüfung ergeben (*Jaffe*, 71 Harvard Law Rev. 771, 774).

[45] Legislative History, S. 275.

[46] „admit to bail": Enthaftung gegen Kaution, die entweder von einem tauglichen Bürgen versprochen oder vom Arrestanten selbst in Geld oder Geldeswert erlegt werden kann (*Weißenstein*, S. 15).

[47] Carlson v. Landon, 342 U.S. 524; 72 S. Ct. 525 (1952).

[48] Accardi v. Shaughnessy, 347 U.S. 260; 74 S. Ct. 499 (1954). Siehe auch *Jaffe*, 71 Harvard Law Rev. 776, 777 und *Davis*, Text, § 28.11.

[49] *Cushman*, S. 470. Siehe auch die zahlreichen Rechtsprechungsnachweise bei A. Martin *Tollefson*, Administrative Finality, 29 Michigan Law Review 839, 841 (1931).

gehalten hatten, ist mit dem genannten Gesetz auch in diesem Bereich keine Änderung eingetreten[50].

Hinsichtlich der Form des gerichtlichen Rechtsschutzes verweist Sec. 10 (b) APA ausdrücklich auf die bestehenden gesetzlichen Regelungen[51], und falls diese fehlen oder ungeeignet sind, auf die noch anwendbaren anderen Klagemöglichkeiten[52]. Hierunter sind im wesentlichen die injunction- (mandatory und prohibitory) und diejenigen common law-Rechtsbehelfe zu verstehen, welche der Supreme Court gegenüber administrativen Akten für anwendbar erklärt hat[53]. In Sec. 10 (c) APA wird jedoch jede „final agency action" für nachprüfbar erklärt, für die kein anderes geeignetes Rechtsmittel an irgendein Gericht gegeben ist. Für sich genommen würde dies eine erhebliche Ausdehnung der gerichtlichen Kontrolle von Akten der Exekutive und der Kommissionen bedeuten, soweit man in der durch Sec. 10 (c) APA eröffneten Nachprüfung nicht etwa nur die Möglichkeit des indirekten Angriffs (collateral attack) gegen die ergangene Anordnung verstehen will. Sec. 10 (c) APA steht aber unter dem Vorbehalt der beiden dem gesamten Abschnitt 10 vorangestellten Klauseln des gesetzes- und ermessensbedingten Ausschlusses der Gerichtskontrolle. Da der Inhalt dieser Klauseln und der Begriff „final", wie oben dargelegt, durch die Gerichte bestimmt wird, gilt dies letztlich auch für den dadurch bereits abgegrenzten, durch Sec. 10 (c) nur innerhalb dieser Grenzen eröffneten Nachprüfungsbereich. Diese Vorschrift zwingt die Gerichte nicht zur Kontrolle eines größeren administrativen Sektors als bisher[54]. Eine solche Lösung ist unbefriedigend und läßt den Wert des Abschnitts 10 im Hinblick auf das erstrebenswerte Ziel eines möglichst lückenlosen Rechtsschutzes fragwürdig erscheinen.

4. Primäre Zuständigkeit der Verwaltungsbehörden und vorherige Erschöpfung aller administrativen Rechtsbehelfe

Als Ausgangspunkt für die Erörterung der Frage, wann eine gerichtliche Entscheidung über die Rechtmäßigkeit administrativer Akte zu-

[50] *Dickinson*, a.a.O., S. 570, 571. Frank *Hinman* Jr., Effect of the Administrative Procedure Act on Judicial Review of Administrative Action, 20 Rocky Mountain Law Review 267, 271—272 (1948).

[51] „... any special statutory review proceeding ...".

[52] „any applicable form of legal action (including actions for declaratory judgments or writs of prohibitory or mandatory injunction or habeas corpus)."

[53] *Dickinson*, a.a.O., S. 571.

[54] *Dickinson*, a.a.O., S. 576. *Davis*, Text, § 28.08. *Hinman*, a.a.O., S. 269—271. Heikkila v. Barber, 345 U.S. 229, 232—235; 73 S. Ct. 603, 604—606 (1953). Teilweise abweichend *Jaffe*, a.a.O., S. 791—793.

lässig ist, kann die sogen. primary jurisdiction-Doktrin angesehen werden. Sie besagt, daß eine Verwaltungsbehörde, eine Kommission, die für einen bestimmten Bereich administrativer, regulierender Tätigkeit durch Gesetz geschaffen wurde, in diesem die primäre ausschließliche Zuständigkeit besitzt. Die Gerichte können nicht selbst originäre, administrative Entscheidungen treffen, sondern sind auf die Nachprüfung der von den Behörden getroffenen, insbesondere auch quasijudiziellen Entscheidungen beschränkt[55]. Diese Theorie wurde zuerst für den Bereich des Tariffestsetzungsverfahrens durch die ICC entwickelt[56] und später allgemein angewendet[57]. So wurden dem NLRB die Zuständigkeiten für die Bekämpfung unfairer Handlungen im Bereich des Arbeitsverhältnisses übertragen und damit die common-law-Zuständigkeit der Gerichte auf diesem Gebiet beseitigt. Der Supreme Court wies eine vom Justizminister gegen eine Dampfschiffahrtsgesellschaft wegen Verstoßes gegen ein Antitrustgesetz bei einem district court erhobene Klage ab, da zuerst der Federal Maritime Board entscheiden müsse[58]. Die Rechtfertigung für diese primäre Zuständigkeit der Verwaltungsbehörden und Kommissionen wird, wie bereits ausgeführt, in der Überlegenheit spezialisierter Fachbehörden bei der Entscheidung administrativer Sachfragen gesehen.

Mit der Doktrin der primary jurisdiction in engem Zusammenhang steht das Erfordernis der sogenannten „exhaustion of administrative remedies". Hiernach müssen alle Rechtsbehelfe innerhalb der Verwaltung erschöpft und ein diesbezügliches Verfahren nicht nur eingeleitet, sondern zu Ende geführt sein[59], bevor die Nachprüfung administrativer Akte bei Gericht beantragt werden kann. Der Verwaltung soll die Möglichkeit gegeben werden, ihre Entscheidungen noch einmal zu überprüfen und gegebenenfalls zu berichtigen[60]. Dies gilt auch dann, wenn die Unzuständigkeit der ursprünglich handelnden Verwaltungsbehörde als Grund der gerichtlichen Nachprüfung geltend gemacht werden soll. In diesen Fällen könnte das Gericht an sich die administrative Maßnahme aufheben, weil die Behörde „ultra vires" gehandelt hat. Vor die Alternative zwischen beiden Doktrinen sah sich der Supreme Court

---

[55] *Schwartz*, S. 167. Raoul *Berger*, Exhaustion of Administrative Remedies, 48 Yale Law Journal 981, 994 (1939).

[56] Texas & Pacific Ry. Co. v. Abilene Cotton Oil Co., 204 U.S. 426; 27 S. Ct. 350. *McAllister*, a.a.O., S. 143—146.

[57] Siehe die Nachweise bei *Forkosch*, § 302, S. 570.

[58] Far East Conference v. United States, 342 U.S. 570; 72 S. Ct. 492 und *Schwartz*, S. 168.

[59] Aircraft & Diesel Equipment Corp. v. Hirsch, 331 U.S. 752, 767; 67 S. Ct. 1493, 1500. *Swenson*, S. 277. *Forkosch*, § 298, S. 555.

[60] Vgl. auch *Forkosch*, § 298, S. 554, Anm. 9. *McAllister*, a.a.O., S. 162—164. *Berger*, a.a.O., S. 984, 989—990. Siehe aber die allerdings nur für den Bereich von Sec. 10 (c) APA geltende, dort in Satz 3 getroffene Regelung.

in dem Fall Myers v. Bethlehem Shipbuilding Corp.[61] gestellt. Der NLRB hatte gegen einen Arbeitgeber eine Klage (complaint) wegen gesetzlich verbotener „unfair labor practices" eingereicht und ein hearing hierüber angeordnet. Der Arbeitgeber beantragte dagegen beim district court, die Anordnung des hearing im Wege der injunction zu untersagen, da ihm hierdurch ein nicht wiedergutzumachender Schaden entstehe, verfassungsmäßige geschützte Rechte beeinträchtigt würden und da der NLRB aufgrund bestimmter Umstände nicht zuständig sei. Der Oberste Gerichtshof wies die injunction ab, da es als gesicherter Grundsatz angesehen werden müsse, daß niemand den Schutz der Gerichte wegen eingetretener oder drohender Schäden anrufen könne, ohne vorher von den vorgeschriebenen administrativen Rechtsbehelfen Gebrauch gemacht zu haben. Der NLRB habe die ausschließliche Befugnis, in erster Instanz zu entscheiden, ob er in einem bestimmten Verwaltungsverfahren zuständig sei[62].

Die Durchführung des Verfahrens vor einer unzuständigen Behörde kann zu großen Verzögerungen und finanziellen Verlusten für den Betroffenen führen. Die Rechtsprechung hat Ausnahmen vom Prinzip der exhaustion zugelassen, wenn die Verwaltungsbehörde außerstande war, eine geeignete Abhilfe zu schaffen, sich weigerte, tätig zu werden, oder ihre Entscheidungen in unangemessener Weise verzögerte[63].

5. *Die Klagebefugnis (standing)*

Die Problematik der Berechtigung, Aufhebung administrativer Entscheidungen durch die Gerichte zu verlangen, bewegt sich zwischen zwei Polen. Die Frage ist, ob der Kläger nur eigene persönliche Interessen oder Rechte oder auch die Dritter oder gar die der Allgemeinheit geltend machen kann. Geht man von der Bejahung der ersten Alternative aus, so erhebt sich als zweite Frage, ob gesetzlich geschützte Rechte des Klägers verletzt sein müssen, oder ob die Beeinträchtigung wirtschaftlicher oder sonstiger Interessen oder der Eintritt eines tatsächlichen Schadens, der nicht die Folge einer Rechtsverletzung, sondern einer Rechtsausübung seitens der beklagten Behörde ist (damnum absque iniuria), genügt. Die Unterscheidung wurde schon im englischen

---

[61] 303 U.S. 41; 58 S. Ct. 459.

[62] Zur Analyse und Kritik des Falles siehe *Schwartz*, S. 170, 171. Vgl. auch *Berger*, a.a.O., S. 995—996.

[63] Siehe die Rechtsprechungsnachweise bei *Swenson*, S. 278, 279 und bei *Forkosch*, § 299, S. 558, 559, insbesondere den äußerst instruktiven „Verzögerungsfall" Smith v. Illinois Bell Telephone Co., 270 U.S. 587; 46 S. Ct. 408. Zur Uneinheitlichkeit der Judikatur, *Davis*, Text, § 20.02, S. 359, 360. *Berger*, a.a.O., S. 988, 999—1002.

common law ausgeprägt, insofern der Antrag auf ein mandamus meist ein gesetzliches Recht voraussetzte, während für das certiorari-Verfahren ein „reales Interesse“, eine tatsächliche Beeinträchtigung von den Gerichten als genügend angesehen wurde[64]. Vielfach ist die Klagebefugnis in einzelnen Gesetzen geregelt. Oft ist jedoch der Wortlaut unklar, häufig fehlt eine Bestimmung, wer klageberechtigt ist, völlig. Ein einheitliches vom Gesetzgeber zum Ausdruck gebrachtes Prinzip ist mit Ausnahme des APA[65], dessen Anwendbarkeit sich jedoch, wie bereits ausgeführt, in bestimmten Grenzen hält, nicht ersichtlich[66]. Es kommt daher im wesentlichen auf die Entscheidungen der Gerichte an.

Der Supreme Court hat zunächst auf Rechte des Klagebefugten abgestellt, die durch Gesetz geschützt sein müssen. So bejahte er die Klagebefugnis mehrerer Bahngesellschaften der Stadt Chicago gegen eine order der ICC, die der New York Central Railroad erlaubt hatte, eine Bahnlinie in Chicago unter ihre Kontrolle zu bringen. Zur Begründung führte das Gericht aus, daß das sich aus dem Interstate Commerce Act ergebende gesetzlich geschützte Recht der klagenden Gesellschaften an gleicher Behandlung verletzt sei[67]. In einem späteren Fall wurde die Befugnis von Elektrizitätsgesellschaften gegen die staatliche Tennessee Valley Authority wegen staatlich beeinflußten und daher unzulässigen Wettbewerbs vorzugehen, verneint, weil jemand, der durch staatliche Maßnahmen einen Schaden erleide, diese nur bei Beeinträchtigung gesetzlicher auf Vermögen, Vertrag oder unerlaubter Handlung beruhender Rechte anfechten könne. Der bei normalem Wettbewerb einem Konkurrenten entstehende Schaden sei ein nicht ersatzpflichtiger Schaden ohne rechtswidriges Handeln des Schädigers (damnum absque iniuria)[68]. Auch in Perkins v. Lukens Steel Co. macht der Oberste Gerichtshof die Klagebefugnis von der Verletzung eines legal right, vom Vorliegen einer die Rechte bestimmter Personen und nicht nur die Allgemeinheit betreffenden „legal injury“ abhängig[69].

---

[64] *Jaffe*, Standing to Secure Judicial Review: Private Actions, 75 Harvard Law Rev. 255, 258—260 (1961).

[65] Siehe darüber am Ende dieses Kapitels.

[66] *Davis*, Text, § 22.03.

[67] Chicago Junction Case, 264 U.S. 258; 44 S. Ct. 317 (1924). *Jaffe*, Private Actions, 75 Harv. L. Rev. 262—264.

[68] Tennessee Electric Power Co. v. TVA, 306 U.S. 118; 59 S. Ct. 366 (1937). *Jaffe*, 75 Harv. L. Rev. 265, 266. Vgl. auch *Forkosch*, § 304, S. 576, 577. Mit Recht kritisiert *Davis*, daß der Oberste Gerichtshof gerade die Frage, ob der freie Wettbewerb — durch die Beteiligung der in den Händen des Bundes befindlichen Tennessee Valley Authority in der vom Kläger behaupteten gegen das 10. Verfassungsamendment verstoßenden Weise — eingeschränkt worden sei, durch die Hypothese eines normalen, gesetzmäßigen Wettbewerbs umgangen und damit eine durch Verstoß gegen die Verfassung begründete Klagebefugnis überhaupt nicht geprüft habe (§ 22.04, S. 401).

[69] 310 U.S. 113; 60 S. Ct. 869 (1940).

Es lag hier zwar eine Gesetzesverletzung vor, doch wird man die Verneinung der Klagebefugnis darauf zurückführen können, daß die verletzte Vorschrift nicht zum Schutz derjenigen erlassen worden war, welche die Verletzung geltend machten[70]. Im Regulierungsbereich der Federal Communications Commission kam es jedoch zu einer bedeutsamen Abweichung vom Erfordernis der Verletzung eines gesetzlich geschützten Rechts. Die FCC hatte die Erlaubnis zur Errichtung einer neuen Radiostation erteilt. Diese wurde von der bereits bestehenden Sanders Bros. Radio Station mit der Begründung angefochten, daß sie durch den verschärften Wettbewerb in ihren wirtschaftlichen Interessen beeinträchtigt werde. Der Supreme Court bejahte die Klagebefugnis, obwohl er das Bestehen eines legal right in der Person des Klägers verneinen mußte[71]. Erleichtert wurde diese Entscheidung durch den Gesetzeswortlaut, der allen — durch Erteilung oder Verweigerung einer Lizenz seitens der FCC — geschädigten oder in ihren Interessen beeinträchtigten Personen die Möglichkeit eines appeal einräumte. Es kommt jedoch hinzu, daß die FCC bei Erteilung einer Radiolizenz auch das öffentliche Interesse[72] zu berücksichtigen hat. Hierbei begangene Rechtsfehler könnten aber praktisch von niemandem gerügt und den Gerichten zur Überprüfung unterbreitet werden, wenn nicht wenigstens der Inhaber einer schon erteilten Radiolizenz dazu befugt gehalten würde[73]. Er macht hiermit einerseits die Schädigung seiner wirtschaftlichen Position, andererseits aber auch das öffentliche Interesse geltend. Diese Überlegungen hat der Supreme Court in einem weiteren Fall bekräftigt[74]. Das ist um so bemerkenswerter, als der Oberste Gerichtshof auch das verfassungsrechtliche Erfordernis bestehender „cases“ oder „controversies“[75] berücksichtigen mußte, die allein Gegenstand einer gerichtlichen Entscheidung sein können und die im allgemeinen nur bei einer vorangehenden Rechtsverletzung und bei einer anstehenden Entscheidung über Rechte bejaht wurden[76]. Nunmehr hielt die Rechtsprechung controversies nicht nur für gegeben, wenn der

---

[70] *Davis*, Text, § 22.04, S. 401, 402.

[71] FCC v. Sanders Bros. Radio Station, 309 U.S. 470; 60 S. Ct. 693 (1940).

[72] „the public interest, convenience and necessity“.

[73] „Congress had some purpose in enacting § 402 (b) (2). It may have been of opinion that one likely to be financially injured by the issue of a license would be the only person having a sufficient interest to bring to the attention of the appellate court errors of law in the action of the Commission in granting the license. It is within the power of Congress to confer such standing to prosecute an appeal“ (309 U.S. 470, 477; 60 S. Ct. 693, 698). Vgl. *Jaffe*, 75 Harv. Law Rev. 272, 273, 280. *Davis*, Text, § 22.04, S. 402, 403. *Forkosch*, § 303, S. 575.

[74] Scripps Howard Radio Inc. v. FCC, 316 U.S. 4; 62 S. Ct. 875 (1942).

[75] Art. III, Sec. 2 der Bundesverfassung.

[76] Vgl. die Nachweise bei *Swenson*, S. 291.

Kongreß den Justizminister beauftragte, im öffentlichen Interesse ein gerichtliches Verfahren gegen eine Behörde wegen Rechtsverletzung einzuleiten, sondern auch, wenn die gleiche Befugnis einer Privatperson eingeräumt wurde, die damit das öffentliche Interesse als „private Attorney General" vor Gericht geltend machen konnte[77]. Die Ausdehnung der Klagebefugnis auf Konkurrenten erfolgte auch im Regulierungssektor der ICC, wo der Klage eines Transportunternehmers gegen die einem Konkurrenten erteilte Ausnahmeerlaubnis stattgegeben wurde — und im Zuständigkeitsbereich der FPC, wo die Gerichte einem Verband der Bergwerkseigentümer, einer Kohlenarbeitergewerkschaft und einer Vereinigung kohletransportierender Eisenbahnen die Klagebefugnis gegenüber einer den Bau einer Pipeline planenden Erdgasgesellschaft zuerkannten[78] und in einem anderen Fall den Innenminister als die zur Nutzung von Wasserkraft zuständige Stelle für ermächtigt hielten, die einer privaten Gesellschaft zum Bau eines Staudamms erteilte Erlaubnis anzufechten[79].

Die Rechtsprechung ist jedoch nicht einheitlich. Auf vielen Gebieten bestanden restriktive Tendenzen weiter fort und eine Klagebefugnis zur Wahrnehmung des öffentlichen Interesses wurde dort nicht anerkannt. Das gilt insbesondere für die Einstellung des Obersten Gerichtshofes zu Klagen von Verbrauchern und Steuerzahlern. Das Gericht verneinte die Klagebefugnis einer Stadt, die sich wegen ihres hohen Kohleverbrauchs gegen den Erlaß einer sogen. minimum-price order, d. h. gegen eine Anordnung gewandt hatte, welche Mindestpreise für Kohle festsetzte und deren Erhöhung gegenüber dem bisherigen Preisniveau bewirkte[80]. Es ist schwer einzusehen, warum der Supreme Court das wirtschaftliche Interesse eines Wettbewerbers für schutzwürdig hält, das wirtschaftliche Interesse eines Verbrauchers an den Preisen der von ihm gekauften Produkte dagegen nicht, zumal das öffentliche Interesse im letzteren Fall ebenfalls eine Rolle spielt[81].

Ablehnend verhielt sich der Oberste Gerichtshof auch gegenüber der Klage eines Bundessteuerzahlers (federal taxpayer), welcher die Ver-

---

[77] Associated Industries v. Ickes, 134 F. 2d 694 (2d Cir.), dismissed as moot 320 U.S. 707; 64 S. Ct. 74 (1943). *Davis*, Text, § 22.05.

[78] National Coal Ass'n v. FPC, 191 F. 2d 462 (1951). Siehe *Davis*, Text, § 22.11, S. 409, 410. Vgl. auch den bei *Jaffe*, 75 Harvard Law Rev. 276, 277 erörterten Philco-Fall.

[79] U.S. ex. rel. Chapman v. FPC, 345 U.S. 153; 73 S. Ct. 609 (1953).

[80] Atlanta v. Ickes, 308 U.S. 517; 60 S. Ct. 170 (1939).

[81] Ein Bundesgericht hat jedoch im gegenteiligen Sinne entschieden und ein „standing" von Konsumenten gegenüber Preisfestsetzungsmaßnahmen anerkannt (Associated Industries v. Ickes, 134 F. 2d 694). Zustimmend *Schwartz*, S. 175. *Davis* hält die Atlanta-Entscheidung aufgrund der oben zitierten liberaleren Urteile für überholt (§ 22.12, S. 412).

fassungswidrigkeit eines Gesetzes geltend machte, das für Bundesausgaben eine bestimmte Verwendung, nämlich Bundeszuschüsse zu einem gemeinschaftlichen Gesundheitsprogramm verschiedener Einzelstaaten, vorsah[82]. Das Gericht führte aus, daß das Interesse des Bundessteuerzahlers an Ausgaben des Bundes von Millionen anderer Steuerzahler geteilt werde und vergleichsweise gering und unbestimmbar sei. Der Supreme Court geht auf die Wahrnehmung des öffentlichen Interesses nicht ein, sondern stellt darauf ab, ob eine der gerichtlichen Nachprüfung überhaupt zugängliche judicial controversy vorliege. Sie sei nur gegeben, wenn der Kläger von einer direct injury betroffen oder bedroht werde, nicht aber wenn er „merely ... suffers in some indefinite way in common with people generally“[83].

Klagen, welche die ordnungsgemäße Verwendung der von den Bürgern der Einzelstaaten entrichteten Steuern (state taxpayers) zum Gegenstand hatten, wurden von den dortigen Gerichten dagegen in der überwiegenden Anzahl der Fälle zugelassen[84]. Hier stand im Gegensatz zu dem vom Supreme Court für federal taxpayers vertretenen Erfordernis der direkten Beeinträchtigung einer privaten Rechtsstellung das öffentliche Interesse im Vordergrund. Die Eigenschaft des Klägers als Steuerzahler genügte zur Begründung der Klagebefugnis. Letztere wurde sogar bejaht, wenn der Kläger als Staatsbürger klagte, um im Wege des mandamus die Durchführung bestimmter im Interesse der Allgemeinheit erforderlicher Maßnahmen, etwa den Bau einer Straße, die Verlegung von Behörden nach dem in der Verfassung für sie vorgesehenen Regierungssitz, die Beibehaltung der bisherigen Anzahl von Gerichtsbezirken durchzusetzen[85]. Hierher gehören auch die Fälle, in denen die ordnungsgemäße Durchführung von Wahlen (u. a. die Auszählung), die Befolgung der Gesetze zur Einhaltung der Sonntagsruhe, das Verbot staatlicher Zuwendungen an kirchliche Schulen sowie des

---

[82] Frothingham v. Mellon, 262 U.S. 447; 43 S. Ct. 597 (1923).

[83] Das unmittelbare, direkte Interesse eines Gemeindesteuerzahlers an der ordnungsgemäßen Verwendung der Steuergelder wird dagegen in dieser Entscheidung anerkannt.

Zur Kritik an diesem Fall unter zwei gänzlich verschiedenen Gesichtspunkten siehe *Davis*, Text, § 22.09 und *Jaffe*, Standing to Secure Judicial Review: Public Actions, 74 Harvard Law Rev. 1265, 1293, 1294, 1307, 1308 (1961). Siehe auch *Riegert*, S. 137, 138.

[84] Nach *Davis*, Text, § 22.09, S. 408 erkennen 32 Einzelstaaten die Klagebefugnis von state tax payers an.

[85] Hier konnte die Klagebefugnis noch nicht einmal auf die konkreten Nachteile gestützt werden, die sich aus der falschen Verwendung oder Verschwendung von Steuergeldern ergeben. Zur Zulässigkeit von tax payer injunction und citizen mandamus gegenüber Maßnahmen der Lokal- und der Einzelstaatsbehörden siehe *Jaffe*, Public Actions, 74 Harvard Law Rev. 1275—1282. Rechtsvergleichendes auf S. 1285, 1286. Vgl. zum Ganzen auch *Davis*, Text, § 22.10.

Bibellesens an öffentlichen Schulen erzwungen werden sollte[86]. Die Grenzen zur Verfolgung von Sonderinteressen sind allerdings flüssig und Begriffe wie „special interest“, „citizen interest“ und „minority interest“ gehen ineinander über. Um diese Abgrenzungsschwierigkeiten zu vermeiden und zu einer gewissen Vereinheitlichung der Rechtsprechung beizutragen, hat Jaffe für fast all diese Klagen den Begriff der „public action“ geprägt und die Forderung nach einer einheitlichen Klagebefugnis des Staatsbürgers als solchen erhoben. Schutzwürdig sollen die staatsbürgerlichen Belange sein, welche die Vollziehung von Normen betreffen, deren Eignung im Hinblick auf die Bewältigung der täglich anfallenden Staats- und Verwaltungstätigkeit allgemein anerkannt ist und die für die politische und soziale Entwicklung und die Beteiligung des Bürgers an ihr von grundlegender Bedeutung sind[87].

Der Administrative Procedure Act gibt für eine Ausdehnung der Klagebefugnis keinen Anknüpfungspunkt. Er sieht vor, daß — soweit Gesetze eine Nachprüfung nicht ausschließen oder administrative Maßnahmen nicht in das Ermessen der Behörden stellen — jeder, der durch behördliche Akte oder Entscheidungen ein gesetzlich umrissenes Unrecht erleidet oder der durch sie im Sinne gesetzlicher Vorschriften beeinträchtigt oder geschädigt wird, berechtigt ist, sie gerichtlich nachprüfen zu lassen[88].

Es erhebt sich in diesem Zusammenhang die Frage, ob man die Klagebefugnis auch dann bejahen muß, wenn nur eine tatsächliche Beeinträchtigung vorliegt („adversely affected in fact“), die durch ein Gesetz nicht erfaßt wird. Die Komitees des Senats und des Repräsentantenhauses haben diese Frage bejaht. Andererseits haben das Justizministerium und ein Bundesgericht festgestellt, daß die fragliche Stelle in Sec. 10 APA lediglich bereits existierendes Recht wiedergebe. Damit ist offenbar gemeint, daß der Kreis der Klagebefugnis nicht durch Einbeziehung von de facto-Beeinträchtigungen weitergezogen werden sollte als bisher. Eine solche Absicht hätte der Gesetzgeber selbst klar durch Aufnahme der Worte „in fact“ in den Gesetzestext kundtun müssen. Das ist nicht geschehen, vielmehr wurde auf „legal wrong“

[86] Die Rechtsprechung ist uneinheitlich. Siehe die Nachweise bei *Jaffe*, Public Actions, 74 Harvard Law Rev. 1297, 1298, 1310.

[87] *Jaffe*, Public Actions, 74 Harvard Law Rev. 1296. Die Abgrenzung von öffentlichen Interessen, die zu allgemein, abstrakt und weitgreifend sind, um vom Einzelnen noch im Wege der Klage geltend gemacht zu werden, bleibt trotz der von Jaffe angebotenen Kriterien problematisch.

[88] Sec. 10. „Except so far as ... (a) Any person suffering legal wrong because of any agency action, or adversely affected or aggrieved by such action within the meaning of any relevant statute, shall be entitled to judicial review thereof.“

und „the meaning of any relevant statute" Bezug genommen. Man mag also die obige Frage de lege ferenda bejahen, de lege lata wird man sie verneinen müssen[89].

6. Der Umfang der richterlichen Nachprüfung

a) Die Nachprüfung von Tatsachenfeststellungen

Einer der Hauptgründe für die Errichtung unabhängiger Kommissionen und zahlreicher abhängiger Verwaltungsbehörden lag in der dringenden Notwendigkeit, die immer komplizierter werdenden Sachfragen von spezialisierten Expertenstäben prüfen und daraufhin die obersten Gremien der Kommissionen und andere Behördenspitzen nach Beratung mit diesen Stäben ihre Entscheidungen treffen zu lassen. Daraus folgt, daß die mit der entsprechenden Sachkenntnis getroffenen tatsächlichen Feststellungen (findings of fact) der regulierenden und verwaltenden Behörden grundsätzlich Bestand haben müssen, wenn der Verwaltungszweck erreicht werden soll. Solche findings of fact können durch die Gerichte nicht aufgehoben werden, wenn sie auf „substantial evidence" beruhen.

Diese Formel wurde bereits frühzeitig entwickelt, in zahlreiche Gesetze aufgenommen und in solche hineininterpretiert, die nur das Wort evidence, nicht jedoch das Wort substantial enthielten[90]. Die Rechtsprechung fand bei der Auslegung des Begriffes zunächst keine einheitliche Linie. Einerseits sollten nur willkürliche Tatsachenfeststellungen der Behörde aufhebbar sein[91], andererseits sollte schon eine Abwägung des für und gegen die Anträge einer Partei sprechenden Beweismaterials die Aufrechterhaltung der administrativen findings rechtfertigen. Zwischen diesen beiden Extremen vertrat eine Anzahl von Entscheidungen gemäßigte Auffassungen. Deren wichtigste sind, daß die Verwaltungsmaßnahme auf einer rationalen Basis beruhen müsse und daß für die Nachprüfung administrativer Feststellungen die gleichen Kriterien gelten müßten wie für die Feststellungen der jury in jury-trials und deren Überprüfung durch appellate courts[92]. Der hierbei angewendete Maß-

[89] Bejahend *Davis,* Text, § 22.02. Verneinend *Jaffe,* Standing in Private Actions, 75 Harvard Law Rev. 287, 288. Unentschieden *Riegert,* S. 139, 140.

[90] Die Standardformulierung lautet: „the findings of fact by the Commission shall, if supported by substantial evidence, be conclusive." Siehe die zahlreichen Nachweise bei E. Blythe *Stason,* „Substantial Evidence" in Administrative Law, 89 Pennsylvania Law Review 1026, 1027, 1028 (1941).

[91] Was die Auffassung impliziert, daß jede nicht willkürliche Tatsachenfeststellung „substantial" ist.

[92] Vgl. *Stason,* a.a.O., S. 1036, 1037 und die auf S. 1038/Anm. 43 angegebenen Fallgruppen. Siehe insbesondere die Entscheidung des Supreme Court in NLRB v. Columbian Enameling & Stamping Co., 306 U.S. 292, 300; 59 S. Ct.

stab ist, ob die Beweise so beschaffen sind, daß ein vernünftiger Mensch auf ihrer Grundlage eine Entscheidung wie die zu überprüfende getroffen haben kann[93]. Der so umschriebene Inhalt von substantial evidence kann als die heute herrschende Version bezeichnet werden. Er wurde vom Supreme Court in einer anderen Entscheidung formuliert als jeder erhebliche Beweis, den der vernünftige Verstand als Grundlage der gezogenen Schlußfolgerung anerkennt[94].

Der Begriff substantial evidence wurde auch in den Administrative Procedure Act übernommen. Danach sind Akte, Feststellungen und Schlußfolgerungen einer Behörde aufzuheben, wenn sie nicht durch substantial evidence gestützt sind[95]. Die Aufnahme dieser Formulierung in das Gesetz war lange Zeit umstritten[96]. Von verschiedenen Seiten wurde vorgeschlagen, daß die Feststellungen der Verwaltungsbehörden nur dann aufhebbar sein sollten, wenn sie „einwandfrei irrtümlich" seien. Dieser „clearly erroneous"-Test wird bei der Nachprüfung der ohne Mitwirkung einer jury von den unteren Gerichten festgestellten Tatsachen durch die Berufungsinstanz angewendet. Seine Einführung für die gerichtliche Nachprüfung auch administrativer findings wird trotz des Inkrafttretens des die substantial evidence rule enthaltenden Administrative Procedure Act nach wie vor, so zuletzt im Jahre

---

501, 505: „... it must be enough to justify, if the trial were to a jury a refusal to direct a verdict when the conclusion sought to be drawn from it is one of fact for the jury." Zitiert bei *Stason*, a.a.O., S. 1048 und bei *Davis*, Text, § 29.02 am Anfang. Siehe auch *Pennock*, S. 175, 176.

[93] *Stason*, a.a.O., S. 1038, 1042.

[94] „Substantial evidence is more than a mere scintilla. It means such relevant evidence as a reasonable mind might accept as adequate to support a conclusion" (Consolidated Edison Co. v. NLRB, 305 U.S. 197, 229; 59 S. Ct. 206, 217. Siehe auch *Stason*, a.a.O., S. 1048 und *Davis*, Text, § 29.11). *Jaffe* hält diese Formel für zu unklar. Er will an die Stelle des vernünftigen (reasonable) Verstandes den überlegenden, urteilenden (reasoning) Verstand setzen Das Gesetz fordere einen Beweis, der ermögliche, durch Schlußfolgerungen zu den vom Gesetz geforderten Tatsachen zu gelangen. Dieses Ziel werde nicht durch Mobilisierung moralischer Vorstellungen und eines allgemeinen Gerechtigkeitsgefühls, sondern durch „reasoning from the evidence", d. h. letztlich durch die Anwendung erfahrungsbedingter Prämissen erreicht (*Jaffe*, Judicial Review: Question of Fact, 69 Harvard Law Review 1020, 1021, 1022 (1956). Dieser Aufsatz stellt eine erweiterte und neu bearbeitete Fassung einer älteren unter dem Titel „Judicial Review: Substantial Evidence on the Whole Record" in 64 Harvard Law Rev. 1233 (1951) veröffentlichten Untersuchung dar, in der substantial noch zu dem Begriff der fairness in Beziehung gesetzt und die Aufhebung der Entscheidung im Falle unfairer findings befürwortet wurde [S. 1239]).

[95] Sec. 10 (e) (5). Die Vorschrift gilt aber nur für die in Sec. 7 und 8 APA indizierten Fälle oder wenn die Nachprüfung aufgrund eines Protokolls erfolgt, das in einem durch sonstige gesetzliche Bestimmungen geforderten hearing angefertigt wurde.

[96] Zur bewegten Entstehungsgeschichte des APA in diesem Bereich vgl. *Dickinson* bei Warren, a.a.O., S. 554—557.

1957 durch die zweite Hoover-Kommission, gefordert[97]. Sec. 10 (e)[98] APA enthält als wichtige Ergänzung der substantial evidence rule die Forderung, daß das Gericht bei der Prüfung, ob die Feststellungen der Behörde auf hinreichenden Beweisen beruhen, das gesamte Protokoll oder wenigstens die Teile davon, auf die sich die Beteiligten berufen, berücksichtigen muß (substantial evidence on the whole record). Die Komitees des Senats und des Repräsentantenhauses erläutern die Nachprüfung on the whole record dahin, daß die Gerichte sich nicht mit der Beweiskraft des Vorbringens einer Partei begnügen dürfen, wenn andere Beweise geeignet sind, ein solches Vorbringen zu erschüttern[99]. Der Supreme Court hat diese Auffassung bestätigt. Die Gerichte müßten alles in Betracht ziehen, was im Protokoll die Überzeugungskraft des für „substantiell" gehaltenen Beweises beeinträchtigen könne[100]. Insofern stelle die Berücksichtigung des gesamten Protokolls gem. Sec. 10 (e) APA eine Erweiterung der gerichtlichen Nachprüfung dar. In der Tat hatte der Supreme Court in früheren Entscheidungen nur Teile der im Protokoll enthaltenen Zeugenaussagen herangezogen, die „substantiell" genug zu sein schienen, um die Anordnung oder Entscheidung der Behörde zu stützen. Der Rest des Protokolls mit unter Umständen widersprechenden Beweisen wurde nicht mehr berücksichtigt, wenn „something in the evidence" die Aufrechterhaltung einer administrative order nach Auffassung des Gerichts rechtfertige[101]. Trotzdem wird im Schrifttum die Auffassung vertreten, daß der substantial evidence-Test schon immer eine Wertung des gesamten Protokollinhalts eingeschlossen habe[102].

---

[97] Ebenso Frank E. *Cooper*, Administrative Law: The Substantial Evidence Rule, 44 A.B.A.J. 945 (1958). Zum Für und Wider der beiden Prüfungstests siehe auch *Davis*, Text, § 29.02. *Jaffe*, Question of Fact, 69 Harvard Law Review 1040, 1041 und Ders. in Basic Issues: An Analysis, 30 New York University Law Rev. 1273, 1295, 1296.

[98] Letzter Satz.

[99] Sen. Doc. No. 248, 79th Cong., 2d sess. 214, 280 (1946), zitiert bei *Davis*, Text, § 29.03.

[100] Universal Camera Corp. v. NLRB, 340 U.S. 474, 488; 71 S. Ct. 456, 464: „The substantiality of evidence must take into account whatever in the record fairly detracts from its weight." Vgl. auch *Jaffe*, Question of Fact, 69 Harvard Law Rev. 1028.

[101] Siehe *Jaffe*, Questions of Fact, 69 Harvard Law Rev. 1026; *Stason*, a.a.O., S. 1049. Vgl. auch die bei *Davis*, § 29.03 zitierte Äußerung des dem Supreme Court angehörenden Richters Frankfurter: „if I find something in the evidence which supports it, my case is at an end. That is what I thought I had been doing." Dieser unbefriedigende Zustand veranlaßte Stason, ein Mitglied des Attorney General's Committee on Administrative Procedure, sich für eine gesetzliche Festlegung einer Nachprüfung on the whole record einzusetzen (siehe die Vorgeschichte des APA bei *Dickinson* in Warren, a.a.O., S. 558—561).

[102] *Jaffe*, Question of Fact, 69 Harvard Law Review 1026 unten bis 1030.

Einer Prüfung bedürfen nicht nur die Tatsachen als solche, sondern auch die Schlußfolgerungen (inferences), welche die Behörde von Aussage und Verhalten eines Zeugen auf bestimmte „Grundtatsachen" (basic facts) oder von diesen Grundtatsachen auf bestimmte „Endtatsachen" (ultimate facts) gezogen hat. Die Nachprüfung der Gerichte beschränkt sich auch hier darauf, ob sich die Schlußfolgerungen vernünftigerweise auf die zugrundeliegenden Zeugenaussagen und Grundtatsachen stützen lassen. Das Gericht darf nicht Schlüsse, die es für richtiger hält, an die Stelle der von der Behörde gezogenen Schlüsse setzen. „The test is reasonableness, not rightness[103]." Eine Ausnahme von diesem Grundsatz gilt nur dann, wenn ein Gericht eine administrative Schlußfolgerung für eine von ihm voll nachzuprüfende Rechtsfrage hält[104]. Inwieweit die Gründe, die nach Auffassung der Behörde für die Glaubwürdigkeit der vom hearing examiner vernommenen Zeugen sprechen, der gerichtlichen Nachprüfung entzogen sind, ist umstritten[105].

Eine besondere Stellung hat der Supreme Court zu Tatsachen eingenommen, von denen die Zuständigkeit einer Verwaltungsbehörde (jurisdictional facts) oder die Entscheidung über verfassungsmäßig gesicherte Rechte (constitutional facts) abhängt.

Im Falle Crowell v. Benson[106] war die an einen Hafenarbeiter zu zahlende Unfallentschädigung davon abhängig, ob der Schaden auf einem „navigable water" eingetreten war und ob ein Arbeitsverhältnis vorlag. Der Supreme Court hielt diese für die Anwendbarkeit des Longshoremen's and Harbor Worker's Act und für das Tätigwerden der danach zuständigen Behörde entscheidende Frage für so fundamental im Hinblick auf den Schutz des dem Arbeitnehmer zustehenden Anspruchs, daß die Verwaltungsbehörden hierüber nicht einmal „on substantial evidence" endgültig befinden könnten, sondern daß die Ge-

---

Stason hält dies sogar für den Willen des Gesetzgebers im Hinblick auf die vor Inkrafttreten des APA ergangenen Gesetze, welche die Endgültigkeit der auf substantial evidence beruhenden behördlichen Maßnahmen und Entscheidungen vorsehen (89 Pennsylvania Law Review 1046).

103 Nach Frank E. *Cooper*, a.a.O., S. 949 ist der substantial evidence-Test nur auf basic facts, nicht auf ultimate facts anwendbar. Die Rechtsprechung ist uneinheitlich.

104 Vgl. zum Ganzen *Davis*, Text, § 29.05.

105 Nach *Davis*, Text, § 29.06, müssen auch sie reasonable sein. Nach *Jaffe*, Question of Fact, 69 Harvard Law Rev. 1031 ff. findet der substantial evidence-Test keine Anwendung. Es darf sich aber aufgrund anderer Teile des Protokolls nicht die völlige Unhaltbarkeit der zur Glaubwürdigkeit getroffenen behördlichen Feststellungen ergeben. Nach Frank *Swancara*, Exclusionary Rules of Evidence in Administrative Hearings, 11 Rocky Mountain Law Review 77, 86 (1939) erfaßt die Gerichtskontrolle nicht die „admissibility of evidence".

106 285 U.S. 22; 52 S. Ct. 285.

richte hierzu „de novo“[107] selbständige Tatsachenfeststellungen treffen müßten. In Fällen wie diesem umfasse die judicial power die endgültige Entscheidung aller Rechts- und Tatfragen durch die Gerichte. Die Schwäche dieser vom Obersten Gerichtshof vertretenen Auffassung liegt darin, daß es meist nicht möglich ist, solche fundamental und jurisdictional facts von anderen Tatsachen zu unterscheiden. Hierin ist wohl auch der Grund dafür zu sehen, daß diese Doktrin heute nach herrschender Auffassung als überholt gilt[108]. Das bedeutet, daß die zuständigkeitsbegründenden Tatsachen von den Behörden selbst festgestellt werden und endgültig sind, wenn sie auf substantial evidence beruhen[109].

Im Ben Avon Fall[110] war Gegenstand des Rechtsstreits ein Gesetz, das die Festsetzung zukünftiger Tarife eines Versorgungsunternehmens aufgrund einer Bewertung von dessen Kapitalbasis vorsah. Nach Auffassung des Obersten Gerichtshofes nahm dieses Gesetz den Gerichten die Möglichkeit, in tatsächlicher und rechtlicher Hinsicht die Frage einer etwa in der Festsetzung zu niedriger Tarife liegenden Enteignung zu prüfen und wurde daher wegen Verstoßes gegen das 14. Verfassungsamendment (due process of law) für nichtig erklärt. Nach Meinung des Gerichts muß in allen Fällen, in denen der Betroffene eine behördliche Maßnahme als rechtswidrigen Eingriff in sein Vermögen angreift, in denen also ein constitutional fact vorliegt, die Möglichkeit der selbständigen, gerichtlichen Nachprüfung der Rechts- und Tatfragen gegeben sein. In einer späteren Entscheidung (1936) hat der Supreme Court dieses Urteil, wenn auch in modifizierter Form bestätigt. Zwar werden die Tariffestsetzungsbefugnisse bestimmter Verwaltungsbehörden grundsätzlich anerkannt. Doch muß nach Auffassung des Obersten Gerichtshofes die Entscheidung über dabei beeinträchtigte durch die Verfassung geschützte Rechte und insbesondere die erneute Feststellung der diesen zugrundeliegenden Tatsachen den Gerichten vorbehalten bleiben[111]. An dieser Entscheidung wurde die unnötige Verdoppelung des Tatsachenfeststellungsprozesses und die Verminderung der Leistungsfähigkeit der regulierenden Verwaltung durch eine Reduzierung ihrer Funktionen auf bloße Empfehlungen für die

---

[107] Vgl. Charles Grove *Haines*, The Adaptation of Administrative Law and Procedure to Constitutional Theories and Principles, 34 American Political Science Review 1, 12—13 (1940).

[108] *Davis*, Text, § 29.08, S. 533. Nach *Jaffe*, Judicial Review: Constitutional and Jurisdictional Fact, 70 Harvard Law Rev. 953, 970—973 (1957) wird die Crowell-These nur noch selten angewendet werden.

[109] Vgl. *Swenson*, S. 256—259.

[110] Ohio Valley Water Co. v. Ben Avon Borough, 253 U.S. 287; 40 S. Ct. 527.

[111] St. Joseph Stock Yards Co. v. United States, 298 U.S. 38; 56 S. Ct. 720.

Gerichte kritisiert[112]. Die Ben Avon Doktrin wurde vom Supreme Court seit dem Jahre 1936 nicht mehr angewendet, andererseits auch nicht ausdrücklich für überholt erklärt. Ihre Weitergeltung ist zweifelhaft[113].

b) Die Nachprüfung von Rechtsfragen

Sprechen die besonderen Spezialkenntnisse auf den zu regulierenden Gebieten für die grundsätzliche Aufrechterhaltung der administrativen auf substantial evidence gestützten Tatsachenfeststellungen, so ist die Entscheidungs- und Nachprüfungsbefugnis im Hinblick auf Rechtsfragen in der überlegenen Rechtskenntnis der Gerichte begründet[114], die sie befähigt, die ihnen durch Art. III der Verfassung übertragene judicial power auszuüben. Im Hinblick auf die Exekutive war es eine historische Funktion des Richters, darüber zu wachen, daß die Behörden nicht über die ihnen delegierten Befugnisse hinausgingen. Basierte aber die behördliche Maßnahme auf einem „error of law", dann lag sie nicht mehr im Rahmen der der Behörde übertragenen Aufgabe gesetzmäßiger Verwaltung. Während im englischen Recht der Mangel der Zuständigkeit die richterliche Nachprüfung auslöste, kam nach amerikanischem Recht den Gerichten aufgrund der supremacy of law die Entscheidung darüber zu, ob das Recht falsch angewendet worden war[115]. Gegenstand der Nachprüfung waren insbesondere die durch Verfassung, Gesetz oder common law geschützten Rechte.

Eine klare Unterscheidung zwischen Tatfragen und Rechtsfragen kann nicht getroffen werden. Im Schrifttum wird ein finding of fact als die Behauptung eines vergangenen oder gegenwärtigen Geschehensablaufes bezeichnet, die unabhängig von einer Feststellung der damit verknüpften Rechtsfolgen erfolgt[116]. Als Gegenstand einer conclusion of law wird dagegen die Anwendung einer „rule" auf einen Einzelfall angesehen[117]. Es ist klar ersichtlich, daß auf diesem analytischen Wege nicht die Kriterien für den Umfang der gerichtlichen Nachprüfung

---

[112] *Dickinson,* Administrative Justice and the Supremacy of Law, 1927, S. 201—202. Siehe auch *Pennock,* S. 197.

[113] Vgl. *Jaffe,* Constitutional and Jurisdictional Fact, 70 Harvard Law Rev. 980—984. Von einem stufenweisen Absterben der Doktrin spricht *Davis,* Text, § 29.09. Siehe auch *Swenson,* S. 252, 253. *Forkosch,* § 343, S. 755.

[114] „Our desire to have courts determine questions of law is related to a belief in their possession of expertness with regard to such questions" (*Landis,* The Administrative Process, S. 152).

[115] *Schwartz,* S. 182.

[116] *Jaffe,* Judicial Review: Question of Law, 69 Harvard Law Review 239, 241 (1955).

[117] *Jaffe,* Question of Law, 69 Harvard Law Review 247.

gefunden werden können. In zunehmendem Maße wurden daher pragmatische Gesichtspunkte herangezogen[118]. Man setzte die Begriffe law und fact den Funktionen von judge und jury gleich[119]. Die Unterscheidung wurde nicht mehr per definitionem gesucht[120], sondern als eine question of policy behandelt[121]. Das bedeutete, die Frage nunmehr dahingehend zu stellen, ob es in einem konkreten Fall wünschenswert war, die Entscheidung des Gerichts an die Stelle der Entscheidung der Behörde zu setzen oder nicht. Danach richtete sich die Einstufung als Tat- oder Rechtsfrage. So ging es in der Entscheidung Dobson v. Commissioner darum, ob der den Verwaltungstribunalen gleichgestellte Tax Court die sogen. „tax-benefit"-Theorie anwenden sollte. Der Supreme Court bezeichnete die Wahl des vom Tax Court einzuschlagenden Weges als „no more reviewable than any other question of fact"[122]. Eine weitere Möglichkeit, administrativen Entscheidungen Bestand zu verleihen, lag in der gerichtlichen Feststellung, daß sie nach Lage der Akten gerechtfertigt seien und „a rational basis in law" besäßen[123]. Die behördliche Anwendung bestimmter gesetzlicher Termini wie „producer" oder „employee" ließ der Oberste Gerichtshof in zahlreichen Fällen unangetastet. Im Fall Gray v. Powell[124] hatte die Bituminous Coal Division entschieden, daß eine Gesellschaft nicht „producer" im Sinne des Bituminous Coal Act von 1937 war. Der Supreme Court erklärte, daß die Funktion der gerichtlichen Nachprüfung mit der Feststellung erfüllt sei, daß die Behörde ein faires hearing abgehalten und das Gesetz „in a just and reasoned manner" angewendet habe. Die Handhabung des Gesetzes und seiner Ausnahmebestimmungen sei der Behörde vom Kongreß übertragen worden und sei zu respektieren, soweit sie nicht in einem völligen Mißverhältnis zu den delegierten Aufgaben stehe[125]. Mit ähnlicher Begründung wurde die behördliche Anwendung der Gesetzesbegriffe „interurban railway" im Sinne des Railway Labor Act von 1934, „control" im Sinne des Communications Act von 1934, „injury out of and in the course of

---

[118] Zur Kasuistik siehe Nathan *Isaacs,* The Law and the Facts, 22 Columbia Law Review 1, 5 (1922).

[119] *Isaacs,* a.a.O., S. 4.

[120] Vgl. die wenig überzeugenden von *Isaacs,* a.a.O., S. 2, 3 zitierten Definitionen.

[121] *Dickinson,* Administrative Justice and the Supremacy of Law, 1927, S. 55, 126—127. *Cooper,* S. 339, 340.

[122] Dobson v. Commissioner, 320 U.S. 489, 494; 64 S. Ct. 239, 243. Vgl. auch die anderen bei *Davis,* Text, § 30.03 aufgeführten Fälle. Ebenso *Cooper,* S. 311, 312.

[123] Siehe *Jaffe,* Question of Law, 69 Harvard Law Review 253. *Cooper,* S. 311.

[124] 314 U.S. 402; 62 S. Ct. 326.

[125] Vgl. *Schwartz,* S. 194—196; *Davis,* Text, § 30.05.

employment" im Sinne des Workmen's Compensation Act und „employee" im Sinne des National Labor Relations Act von 1935 vom Obersten Gerichtshof nicht beanstandet[126]. In anderen Fällen dagegen ersetzte der Supreme Court die Rechtsanwendung der Verwaltung durch die eigene, ohne auf die „rationale Basis" der administrativen Entscheidung abzustellen. Die Gründe, die eine erneute richterliche Entscheidung wünschenswert erscheinen lassen, können darin liegen, daß die auftretenden Probleme über den speziellen Zuständigkeitsbereich der Behörde hinausgehen, eine Interpretation des common law erfordern, durch verfassungsrechtliche Erwägungen beeinflußt werden, eine Analyse der Geschichte des anzuwendenden Gesetzes notwendig machen und schließlich bereits entwickeltes oder noch neu zu formendes Richterrecht[127] akut werden lassen[128].

Andere Kriterien, die anstelle der analytischen Unterscheidung zwischen fact und law ausschlaggebend dafür sein können, ob das Gericht die Rechtsanwendung der Behörde unangetastet läßt oder durch eigene rechtliche Erwägungen ersetzt, können in Wert und Fundierung der administrativen policy, in der Art der Behörde und des von ihr angewendeten Verfahrens[129], in ihrer im Vergleich zum Gericht größeren oder geringeren Qualifikation[130] zur Entscheidung der durch den Fall aufgeworfenen Fragen, in dem Ansehen und Vertrauen, das eine Behörde wie etwa die ICC genießt, in dem Ausmaß der ihr vom Gesetzgeber übertragenen Befugnisse, in der möglichen Beeinträchtigung der behördlichen Handlungsfähigkeit durch zu weitgehende gerichtliche Eingriffe, in der Überlastung der Gerichte mit administrativen Details, schließlich in der Entwicklung allgemeiner Rechtsprinzipien oder der Anwendung bereits gesicherter Rechtsgrundsätze auf den Einzelfall gesehen werden[131]. Es ist evident, daß die Berücksichtigung dieser Faktoren große Schwierigkeiten bereiten kann. Daher kommt auch der Beachtung des Gesetzeszwecks erhebliche Bedeutung

---

[126] *Schwartz,* S. 197. Dieser Autor übt Kritik an den auf der Linie Gray v. Powell liegenden Entscheidungen und hält die Subsumption der festgestellten Tatsachen unter die gesetzlichen Bestimmungen für eine Rechtsfrage, deren erneute Überprüfung der Oberste Gerichtshof nicht mit der formelhaften Wendung umgehen könne, daß die behördliche Gesetzesanwendung „warrant in the record" und „a reasonable basis in law" habe (S. 198—202). Ähnlich *Jaffe,* Question of Law, 69 Harvard Law Rev. 263, 264.

[127] judge-made law im Gegensatz zum Gesetzesrecht.

[128] *Davis,* Text, § 30.07, S. 550.

[129] *Tollefson,* Administrative Finality, 29 Michigan Law Review 839, 844 bis 845.

[130] Hierzu eingehend *Jaffe,* Question of Law, 69 Harvard Law Rev. 264 ff.

[131] Vgl. *Davis,* Text, §§ 30.08—30.11 und die bei *Jaffe,* Question of Law, 69 Harvard Law Rev. 264 angegebenen Faktoren. Siehe auch *Schlephorst,* S. 134—138.

zu[132]. Als weniger vorteilhaft hat sich dagegen die Bildung des Gruppenbegriffs der vermischten Tat und Rechtsfragen („mixed questions of law and fact") erwiesen. Es ist nicht ganz zweifelsfrei, wie zu verfahren ist, wenn sich beide nicht trennen lassen. Nach einer Auffassung soll der Fragenkomplex mit der größeren Bedeutung den anderen absorbieren, so daß die Nachprüfung sich dann ausschließlich an einer Rechts- oder einer Tatfrage zu orientieren hat[133]. Nach der wohl überwiegenden Meinung sollen im Fall der Untrennbarkeit sowohl die tatsächlichen als auch die rechtlichen Feststellungen der Behörde Bestand haben[134].

Der Administrative Procedure Act legt die Nachprüfung von Rechtsfragen gesetzlich fest. Sec. 10 (e) statuiert, daß das Gericht alle relevanten „questions of law" entscheidet, Verfassung und Gesetze auslegt sowie die Bedeutung und Anwendbarkeit „of the terms of any agency action bestimmt. In Ausübung dieser Prüfungs- und Entscheidungsbefugnis kann es solche Maßnahmen, Feststellungen und Schlußfolgerungen der Behörde für ungesetzlich erklären und aufheben, die auf Willkür oder Ermessensmißbrauch beruhen, nicht mit dem Recht vereinbar sind, gegen verfassungsmäßig geschützte Rechte verstoßen, über die gesetzlich festgelegte Zuständigkeit hinausgehen und das durch Gesetz geforderte Verfahren nicht einhalten[135]. In dieser Aufzählung kann eine Konkretisierung dessen gesehen werden, was der APA unter Rechtsfragen versteht. Zu beachten ist aber auch hier der Vorbehalt, daß Rechtsfragen nur zu entscheiden sind, soweit dies durch Gesetz nicht ausgeschlossen und der Behörde kein Ermessen eingeräumt ist. Der Unterschied zwischen nicht nachprüfbarem Ermessen[136] und nachprüfbarer Rechtsfrage, die sehr oft beinhaltet, was im deutschen Verwaltungsrecht als unbestimmter Rechtsbegriff bezeichnet wird, wurde in früheren Entscheidungen vielfach insofern verwischt, als es dem Verwaltungsermessen anheimgestellt blieb, „to decide between doubtful rules of law". Hinzu trat die an einer anderen Grenzlinie orientierte Unterscheidung zwischen den von den Gerichten zu interpretierenden allgemeinen rechtlichen Prinzipien und der den Behörden überlassenen Handhabung vieler in den Regulierungsgesetzen enthaltener termini

---

[132] *Jaffe*, Question of Law, 69 Harvard Law Rev. 260, 261. Siehe auch Robert L. *Stern*, Review of Findings of Administrators, Judges and Juries: A Comparative Analysis, 58 Harvard Law Review 70, 109 (1944).

[133] *Swenson*, S. 248. *Schwartz*, S. 192.

[134] *Swenson*, S. 248, 249. *Schwartz*, S. 198. *Tollefson*, Administrative Finality, 29 Michigan Law Review 839, 843.

[135] Verfahrensfragen waren schon vor Inkrafttreten des APA in vollem Umfang Gegenstand der richterlichen Nachprüfung (*Cushman*, S. 475).

[136] Nachprüfbar nur dahingehend, ob ein Ermessensmißbrauch vorliegt.

technici[137] aufgrund technisch-ökonomischen Expertenwissens. Nunmehr sind die Gerichte verpflichtet „to determine the meaning or applicability of the terms of any agency action". Hierzu dürften eine ganze Reihe von Fragen gehören, deren Beantwortung vor Inkrafttreten des APA von den Gerichten den Behörden überlassen wurde[138]. Insofern kann hier von einer Erweiterung des Bereichs der gerichtlichen Nachprüfung gesprochen werden. Die für den Umfang der judicial review entscheidende Frage der Unterscheidung zwischen fact und law verbleibt trotz der konkreten Hinweise in Sec. 10 APA weitgehend im Bereich der richterlichen Kasuistik. Sieht man mit dem Supreme Court in Behörden und Gerichten „coordinate instrumentalities of justice", so muß es ungeachtet aller Abgrenzungsschwierigkeiten das elementare Ziel beider sein, den Willen des Gesetzgebers zu verwirklichen.

[137] Vgl. *Pennock*, S. 175.

[138] Vgl. zum Ganzen *Dickinson* bei Warren, S. 582—585. Er spricht auf Seite 589 von „technical questions of law".

Schlußbetrachtung

Die historische Entwicklung in den Vereinigten Staaten hat gezeigt, daß eine Teilung der Gewalten im Sinne der Konzeption Montesquieu's nicht durchführbar war. Sein Einfluß auf das Denken der Männer, welche „die Autonomie und Integrität der kolonialen Legislativversammlungen gegenüber Machtansprüchen der kolonialen Gouverneure verteidigten“[1] war zwar ebenso unbestreitbar wie der auf die Väter der Bundesverfassung selbst. Aber diese Verfassung vollzog keine totale Trennung der Regierungsgewalten, sondern schuf ein System gegenseitiger Einwirkungsmöglichkeiten zum Zweck der Gewaltenkontrolle. So wurde der Präsident in den Gesetzgebungsprozeß und der Kongreß in den Prozeß der Gesetzesvollziehung eingeschaltet. Diese Interpendenz der Gewalten konnte jedoch die spätere Entstehung eines erheblichen Machtzuwachses auf seiten der Exekutive nicht verhindern. Hinzu kam, daß die Ende des 19. Jahrhunderts einsetzende technologische und industrielle Entwicklung, verbunden mit ernsthaften Störungen und Mißständen des konkurrenz-kapitalistischen Wirtschaftssystems neue Methoden der Wirtschaftsregulierung im Bereich des Transport-, Verkehrs-, Banken-, Börsen-, Nachrichten- und Energieversorgungswesens sowie auf dem arbeitsrechtlichen und handelsrechtlichen Sektor notwendig machte. Den Erfordernissen einer mit den nötigen Spezialkenntnissen durchgeführten und politisch möglichst unbeeinflußten Regulierung glaubte man am besten durch die Schaffung unabhängiger dem Weisungsrecht des Präsidenten nicht unterstellter Kommissionen gerecht werden zu können. Eine genauere Prüfung zeigt aber, daß von einer unabhängigen Stellung dieser commissions nur bedingt gesprochen werden kann, da über das Organisationsrecht, das Budgetbewilligungsrecht und das Mitgliederernennungsrecht sowohl dem Kongreß als auch dem Präsidenten Einflußmöglichkeiten verbleiben. Trotzdem ist bis zum gegenwärtigen Zeitpunkt umstritten, ob diese bedingte Selbständigkeit der Kommissionen erhalten oder eine engere Kooperation und Koordination mit der Exekutive angestrebt werden soll.

Verfassungsrechtlich problematisch erscheint trotz der modifizierten Form der Gewaltenteilung in den Vereinigten Staaten die Verbindung

[1] Benjamin F. *Wright,* The Origins of the Separation of Powers in America, 13 Economica 169.

von Funktionen aus dem exekutiven, legislativen und judiziellen Sektor, und zwar sowohl innerhalb des Aufgabenbereichs der unabhängigen Kommissionen, als auch anderer vom Präsidenten abhängiger Exekutivbehörden. Art. I, Sec. 1 der Bundesverfassung überträgt die legislative power dem Kongreß, Art. III, Sec. 1 überträgt die judicial power den Gerichten. Der Widerspruch zwischen der Verfassung und der seit langem geübten und gerichtlich gebilligten Praxis läßt sich nur durch eine dem Wandel der Verhältnisse angepaßte Interpretation dieser beiden Begriffe überwinden, mit dem Ergebnis einer zulässigen Abspaltung von im wesentlichen policy-ausfüllenden Rechtsetzungsbefugnissen und Einzelentscheidungsbefugnissen, welche administrativen Zwecken dienstbar gemacht werden. Dabei spielen „policies" und „standards" als Richtschnur behördlicher Tätigkeit eine ausschlaggebende Rolle[2]. Die Entlastung des Gesetzgebers, seine Unfähigkeit, alle Details zu regeln und sich einer Veränderung der Verhältnisse schnell und flexibel anzupassen, hatte die Delegation von Verordnungsbefugnissen unausweichlich gemacht. Ebensowenig war es realisierbar, die Entscheidung aller Interessenkonflikte, etwa auf dem Gebiet der workmen compensation und social security administration den Gerichten zu überlassen. Die Gründe für die Übertragung quasijudizieller Befugnisse auf Kommissionen und Exekutivbehörden sind komplexer Natur[3]. Vielfach entwickelt sich die Notwendigkeit der Entscheidung solcher Fragen unmittelbar aus der Verwaltungstätigkeit. Administration und adjudication können in diesen Fällen nicht voneinander getrennt werden. Häufig liegen die Probleme der administrative adjudication außerhalb der richterlichen Erfahrung und Kenntnis und sind nur durch Stäbe der verschiedensten auf einem bestimmten Gebiet dauernd tätigen Sachverständigen zu bewältigen. Das Verfahren vor den Gerichten ist im allgemeinen zeitraubend und kostspielig. Die prozessualen Verfahrens- und Beweisvorschriften sind äußerst kompliziert. Letztere ermöglichen, wie Präsident Roosevelt in seinem Veto gegen die Walter-Logan bill ausführte, keine dem common sense entsprechende Auswertung von Informationsquellen[4]. Das common law stellt strenge, auf die Mitwirkung einer jeweils aus Laien bestehenden Jury zugeschnittene Beweisregeln auf. Die Verwaltung stieße daher auf große Schwierigkeiten, wenn sie die Notwendigkeit eines staatlichen Eingriffs im Bereich wirtschaftlicher Unternehmen, etwa wegen

---

[2] *Blachly - Oatman*, Administrative Legislation and Administration, S. 202 bis 208.

[3] Die beste Zusammenfassung findet sich bei *Cole*, Administrative Agencies and Judicial Powers, 44 A.B.A.J. 954 (1958) und bei *Haines*, Effects of the Growth of Administrative Law upon Traditional Anglo-American Legal Theories and Practices, 26 American Political Science Review 879—883 (1932).

[4] *Davis*, Text, § 1.05, S. 17.

unlauteren Wettbewerbs, auf Beweise stützen müßte, die nur nach den common law-Regeln erhoben werden können. Es ging also bei der Frage der Beibehaltung oder Auflockerung der auf dem common law beruhenden Bestimmungen im Grunde darum, „ob die Ausübung hoheitlicher Gewalt im ökonomischen und sozialen Sektor künstlichen Schranken unterworfen oder tunlichst erleichtert werden“ sollte[5]. Dabei waren öffentliche und private Interessen gegeneinander abzuwägen. Die Entwicklung führte dazu, daß die förmlichen für die Gerichte bestimmten Verfahrens- und Beweisregeln im Bereich der Verwaltung vereinfacht[6] und daß auch Möglichkeiten für eine nicht förmliche Erle-

---

[5] *Fraenkel*, S. 203.

[6] Arthur T. *Vanderbilt*, The Technique of Proof Before Administrative Bodies, 24 Iowa Law Review 464, 467 (1939), schließt sich der Auffassung Wigmore's an, wonach „any attempt to apply the jury-trial rules of evidence to an administrative tribunal acting without a jury is an historical anomaly pre-destined to probable futility and failure.“

John H. *Wigmore* hatte bereits 1922 die im Thema seines Aufsatzes „Administrative Boards and Commissions: Are the Jury-Trial Rules of Evidence in Force for their Inquiries?“ gestellte Frage verneint (17 Illinois Law Review 263/1922) und dies an Hand der Rechtsprechung für das Patent Office, das Land Office, den Board of General Appraisers, das Immigration Bureau und insbesondere die Interstate Commerce Commission begründet (a.a.O., S. 265—268). Er zitiert den 22. Annual Report der ICC, S. 10, wo es heißt: „It is perhaps not too much to say that not a single case arising before the commission could be properly decided, if the complainant, the railroad, or the commission were bound by the rules of evidence applying to the introduction of testimony in courts.“ Wigmore kommt zu dem Ergebnis, daß „in sum therefore, the jury trial rules of evidence do not play a compulsory part, either in theory or in practice, in that extensive area of justice committed to Federal Administrative Officials“ (a.a.O., S. 271).

Zustimmend auch Frank *Swancara*, Exclusionary Rules of Evidence in Administrative Hearings, 11 Rocky Mountain Law Review 77 (1939). Swancara hält es für gerechtfertigt, „that every fact finding board ought to be free to the fullest extent to conduct its hearings without being bound by exclusionary rules of evidence (like the hearsay rule, the best evidence rule, and the opinion rule) ... the law of evidence is largely a product of the jury system. The purpose of its exclusionary rules is to keep free from the jury not only all that is irrelevant, but also much that, although relevant, is remote or collateral, or nonprobative, and, therefore tends to mislead or confuse“ (a.a.O., S. 78, Anm. 5 u. 6; vgl. auch S. 80—83 und die Zitate aus Harold M. *Stephens*, Administrative Tribunals and the Rules of Evidence. Cambridge, 1933). Zur hearsay rule und opinion rule siehe Irving *Lehman*, Technical Rules of Evidence, 26 Columbia Law Review 509 am Anfang, 516 (1926).

Trotz der grundsätzlichen Befreiung der Verwaltungsbehörden von den strengen Beweisvorschriften des common law ist zweifelhaft, ob eine Verwaltungsentscheidung ausschließlich auf Beweise gestützt werden kann, die im Verfahren vor einer jury nicht hätten verwertet werden dürfen. Überwiegend wird die Ansicht vertreten, „that there must somewhere be found, in the mass of evidence accepted, sufficient evidence legally acceptable by jury trial rules to sustain the finding“ (Wigmore, Evidence, 2. Aufl., § 4 b (5), zitiert bei *Swancara*, a.a.O., S. 86).

Stephens (S. 95) weist mit Recht auf die Fragwürdigkeit hin, die darin liegt, schlechthin alle Beweisregeln zu ignorieren: „It is possible that comdigung etwa durch Vergleich, Beratung oder freiwillige Beseitigung der Gründe geschaffen wurden, die der Behörde Anlaß zur Beanstandung gegeben hatten[7].

Gegen die Praxis der Kommissionen und die Entwicklung des administrative process sind viele Einwände erhoben worden. So wurden insbesondere Zuständigkeitsüberschneidungen, Verwertung nicht protokollierter Beweismaterialien, mangelnde Zusammenarbeit von Hörenden und Entscheidenden, Policybezogenheit statt Gesetzesbezogenheit, administrativer Absolutismus und Unfairness gegenüber den Beteiligten gerügt[8]. Ein Teil dieser Mängel wurde durch neue Verordnungen im Zuständigkeitsbereich verschiedener Behörden und durch das Inkrafttreten des Administrative Procedure Act behoben. Andere Mißstände stellen Einzelfälle dar, die weder verallgemeinert noch der Tätigkeit der Kommissionen und der Entwicklung des administrative process schlechthin entgegengehalten werden können[9]. Die entscheidende Frage bleibt, ob die unabhängigen Kommissionen durch die ihnen eingeräumte Befugnis, Verordnungen zu erlassen, sie anzuwenden und sie notfalls zwangsweise und unter Strafandrohung durchzusetzen, ferner durch die gesetzliche Ermächtigung, Untersuchungen durchzuführen, Mißstände im Klagewege zu verfolgen und im anschließenden Verfahren „Richter in eigener Sache" zu sein, also durch die Verbindung von investigator, prosecutor und judex, das Prinzip der supremacy of law aushöhlen und eine Gefahr für die demokratische Staatsform in den USA darstellen. Diese Frage ist zu verneinen. Zunächst hat der Gesetzgeber jederzeit die Möglichkeit, den Kommissionen und den Exekutivbehörden die ihnen übertragenen quasilegislativen und quasijudiziellen Befugnisse zu nehmen, wenn diese mißbraucht werden. Soweit Freiheits- und Vermögensrechte der von

---

missioners have fallen into the error of calling a rule technical if it take pains to apply it? It is possible that instead desiring the facts regardless of the rules, they avoid the rules regardless of the facts, that they overvalue speed and the saving of expense? Are we indeed faced, in the complexity of present-day life, with the necessity of regarding speedy decisions as sounder than sound slow ones?" (zitiert bei *Vanderbilt,* a.a.O., S. 469). Vgl. zum Ganzen auch Albert E. *Stephan,* The Extent to which the Fact-Finding Boards Should be Bound by the Rules of Evidence, 24 A.B.A.J. 630 (1938).

[7] Charles Grove *Haines,* The Adaptation of Administrative Law and Procedure to Constitutional Theories and Principles, 34 American Political Science Review 1, 19 (1940).

[8] Roscoe *Pound,* The Challenge of the Administrative Process, 30 A.B.A.J. 121—124 (1944) und Ders. in: Administrative Law — Its Growth, Procedure and Significance, Lecture III.

[9] Vgl. auch die Erwiderung von *Davis* auf die Vorwürfe Pounds, in: Dean Pound and Administrative Law, 42 Columbia Law Review 89—98, 100—102 (1942) und Dean Pound's Errors About Administrative Agencies, 42 Columbia Law Rev. 804—808 (1942).

Regulierungsmaßnahmen Betroffenen beeinträchtigt werden, kommt letzteren der Schutz des due process of law zugute. Dieser erfordert neben angemessener, rechtzeitiger Verständigung und Gewährung eines fairen hearing die Unvoreingenommenheit des hearing examiner sowie des entscheidenden Verwaltungsorgans. Die Entscheidung darf keinen Anhaltspunkt dafür bieten, daß die Behörde sich von der Auffassung hat leiten lassen, ihr Ergebnis müsse mit dem der Untersuchung und Klage identisch sein. Ausschlaggebend ist, daß die untersuchenden, verfolgenden, entscheidenden, rechtsetzenden und vollziehenden Funktionen nicht in einer Hand vereinigt sind, sondern im Rahmen einer arbeitsteilig strukturierten Organisation von verschiedenen streng voneinander getrennten Abteilungen und deren Stäben wahrgenommen werden[10]. Zwar liegen bei den Kommissionen die endgültigen Entscheidungen in den Händen eines höchsten Gremiums, bei dem jedoch das Abstimmungsergebnis, d. h. die Mehrheit den Ausschlag gibt. Die Mehrheit läßt sich wie die Praxis gezeigt hat, keineswegs mit den Vorschlägen der unteren Abteilungen identifizieren[11].

Das Problem der internen Funktionstrennung (internal separation of functions) als Ersatz der nicht voll realisierbaren Gewaltenteilung beschäftigt Praxis und Wissenschaft in den Vereinigten Staaten seit langem.

Das President's Committee on Administrative Management lehnte in seinem Bericht aus dem Jahr 1937 die Verbindung mehrerer Funktionen strikt ab und schlug vor, die hiervon betroffenen Behörden jeweils in eine dem Kabinett unterstehende „administrative section" und eine selbständige „judicial section" aufzuteilen[12]. Der Vorschlag wurde abgelehnt, da die geplante Trennung von „judicial work" und „policy-determining work" für undurchführbar gehalten wurde. Ein Gesetzentwurf der American Bar Association sah vor, daß alle Beamten, die ein hearing zu leiten oder eine Entscheidung zu treffen hatten, nur von untergeordneten Hilfskräften unterstützt werden durften, dagegen mit anderen Beamten der gleichen Behörde keinerlei mündlichen oder schriftlichen Kontakt haben sollten[13]. Dieser Vorschlag fand über Anwaltskreise hinaus keine Resonanz. Das Attorney General's Committee on Administrative Procedure befürwortete 1941 in seiner Mehrheit eine starke und der Kontrolle der Behörde nicht unterworfene

---

[10] Vgl. Walter *Gellhorn*, Federal Administrative Proceedings, S. 18—20, 25.

[11] *Gellhorn*, a.a.O., S. 28, 33, 38.

[12] President's Committee on Administrative Management, Report, S. 41—42 (1937). Siehe auch *Cushman*, S. 709, 710.

[13] Vgl. auch Charles Grove *Haines*, The Adaptation of Administrative Law and Procedure to Constitutional Theories and Principles, 34 American Political Science Review 1, 14—15 (1940).

Stellung der hearing examiners bei interner Funktionstrennung und lehnte eine Aufteilung in Behörden, die ausschließlich mit investigation und prosecution und solche, die nur mit adjudication befaßt waren, ab[14].

Der Administrative Procedure Act verwirklichte in beschränktem Ausmaß eine interne Funktionstrennung[15]. Danach darf der Beamte, der die Beweisaufnahme durchführt und der auch die vorläufige Entscheidung treffen muß, im Hinblick auf dabei aufgetretene Tatsachenfragen keine Beteiligten oder sonstige Personen konsultieren, es sei denn, daß allen Beteiligten nach vorheriger Benachrichtigung die Möglichkeit gegeben wird, an einer solchen Konsultation teilzunehmen. Ein für die Beweisaufnahme und die vorläufige Entscheidung zuständiger Beamter darf weiterhin nicht der Aufsicht oder Leitung eines Beamten oder Angestellten unterstehen, der die Untersuchung und Verfolgung (etwa von Wettbewerbsverstößen) durchführt. Die zuletzt genannten mit „investigative" oder „prosecuting" functions betrauten Beamten und Angestellten können an einer endgültigen oder vorläufigen Entscheidung nicht beratend mitwirken oder sonst teilnehmen. Sie können jedoch als Zeuge oder Rechtsbeistand in öffentlichen Verfahren auftreten. Diese Regelung des APA bewirkt keine vollkommene Trennung. Sie wird durch eine Reihe von Ausnahmen, die hier nicht näher erörtert werden können, eingeschränkt und gilt insbesondere nicht für die Behördenspitzen und Führungsgremien, für die Ausübung von Rechtsetzungsbefugnissen, für die Entscheidung über beantragte Erstlizenzen und für Verfahren, welche die Gültigkeit von Tarifen betreffen. Die zweite Hoover-Kommission hat 1955 die Beseitigung dieser Ausnahmen gefordert[16] und darüber hinaus die Errichtung eines Administrative Court vorgeschlagen, der eine Tax Section, eine Labor Section und eine Trade Section enthalten soll[17]. Es blieb aber offen, ob dieser Verwaltungsgerichtshof auf den genannten Gebieten zur Übernahme der quasijudiziellen Funktionen bestimmt ist, die bisher von den hierfür zuständigen Behörden wahrgenommen wurden. Vielmehr wurde es dem Kongreß anheimgestellt, zu prüfen und zu ent-

[14] Dies befürwortete dagegen die Minderheit des Komitees in einem eigenen Bericht. Zustimmend *Pound*, For the Minority Report, 27 A.B.A.J. 664 (1941). Siehe auch *Cushman*, S. 711—713.

[15] Sec. 5 (c) APA.

[16] Commission on Organization of the Executive Branch of the Government, Legal Services and Procedure, S. 61—62 (1955).

[17] Für einen Administrative Court hatte sich schon das Committee on Administrative Law of the American Bar Association 1936 und die Logan-Bill von 1939 ausgesprochen (siehe *Cushman*, S. 723, 724). Vgl. auch *Blachly - Oatman*, A United States Court of Appeals for Administration, 221 Annals 170, 180—182.

scheiden, ob Trade- und Labor Section des Administrative Court „original or appellate jurisdiction" haben sollten. Der Vorschlag wurde bisher nicht verwirklicht und ist im Schrifttum, soweit ersichtlich, überwiegend auf Ablehnung gestoßen[18]. Wie auch immer man die Vorteile oder Nachteile dieser Reformvorschläge im Hinblick auf die verschiedenen Kommissionen beurteilt, es kann davon ausgegangen werden, daß durch den Administrative Procedure Act wenigstens eine Trennung von investigation und prosecution einerseits sowie adjudication andererseits erreicht wurde. Damit ist einer aus der Verbindung dieser Tätigkeiten herrührenden Einseitigkeit administrativer Entscheidungen oder einem daraus resultierenden Machtmißbrauch weitgehend vorgebeugt. Eine letzte Schranke stellt die gerichtliche Kontrolle dar. Das dem amerikanischen Staatswesen inhärente Prinzip der supremacy of law erfordert, wie Justice Brandeis, ein Mitglied des Obersten Gerichtshofes, 1936 ausführte, daß jedermann die Möglichkeit hat, die Entscheidung eines Gerichtes darüber zu beantragen, ob das Recht richtig angewendet und ein ordnungsgemäßes Verfahren eingehalten wurde. Die Möglichkeit des gerichtlichen Rechtsschutzes gegenüber Maßnahmen der independent commissions und sonstiger wirtschaftsregulierender Behörden ist grundsätzlich gegeben, soweit due process of law bei Ausübung der regulatory functions „fairness in substance and procedure" gewährleistet. Ein Verstoß hiergegen berechtigt den in seinen Rechten Beeinträchtigten „to his day in court".

---

[18] Für eine Übertragung der quasijudiziellen Befugnisse der Kommissionen auf Zivil- oder Verwaltungsgerichte spricht sich *Schwartz* in seiner Untersuchung „Administrative Justice and its Place in the Legal Order" aus (30 New York University Law Review 1390/1955). Das soll jedoch nicht auf einmal (S. 1411), sondern im Verlauf einer mehrphasigen Entwicklung geschehen (S. 1415). Die Gründe, die für die Ausübung der adjudication durch die Behörden ausschlaggebend waren (aufgezählt auf S. 1397—1399), seien heute nicht mehr gegeben (S. 1399—1403). Vgl. auch *Cushman,* S. 723, 724.

Die Frage wird nach Abwägung des Für und Wider offengelassen von J. Forrester *Davison,* An Administrative Court of the United States, 24 George Washington Law Rev. 613, 617, 618 (1956).

Abgelehnt wird die Änderung des APA und die Übertragung der bis jetzt von den Kommissionen wahrgenommenen Entscheidungsfunktionen von Daniel M. *Gribbon,* Should the Judicial Character of the Tax Court be Recognized? 24 Geo. Wash. Law Rev. 619, 636 (1956). Robert E. *Freer,* The Case Against the Trade Regulation Section of the Proposed Administrative Court, 24 Geo. Wash. Law Rev. 637, 653, 654 (1956). *Fuchs,* The Hoover Commission and the Task Force Reports on Legal Services and Procedure, 31 Indiana Law Journal 1, 20 (1955). Charles B. *Nutting,* The Administrative Court, 30 New York University Law Rev. 1384, 1387—1389 (1955). *Jaffe,* Basic Issues: An Analysis, 30 New York University Law Rev. 1273, 1285, 1287, 1288 (1955). Anthony F. *Arpaia,* The Independent Agency — A Necessary Instrument of Democratic Government, 69 Harvard Law Review 483, 496—501 (1956).

Darüber hinaus legen die verschiedenen Regulierungsgesetze und insbesondere der Administrative Procedure Act fest, in welchen Fällen die Gerichte angerufen und administrative Rechtsetzungs- und Entscheidungsakte aufgehoben werden können. Damit sind die independent regulatory commissions und die wirtschaftsregulierenden Exekutivbehörden voll in das rechtsstaatliche System der Vereinigten Staaten integriert.

Literaturverzeichnis

I. Schrifttum*

Adam, Robert: Administrative Agencies in den USA. DVBL 1959, S. 641.

Aitchinson, Clyde B.: Reforming the Administrative Process. 7 George Washington Law Review 703 (1939).

Arendt, Wolfgang: Die Verwaltungsgerichtsbarkeit in den USA. DÖV 1958, S. 67.

Aristoteles: Politikon. Ed. Susemihl, Leipzig 1897.

Arpaia, Anthony F.: The Independent Agency — A Necessary Instrument of Democratic Government. 69 Harvard Law Review 483 (1956).

Auerbach, Carl A.: Should Administrative Agencies Perform Adjudicatory Functions? Wisconsin Law Review 95 (1959).

Avenarius, Hermann: Selbstgesetzte Entscheidungsregeln der Bundes-Verwaltungsbehörden in den USA. DÖV 1971, S. 223.

Baesler, Carl H.: A Suggested Classification of the Decisions on Delegation of Legislative Power. 15 Boston University Law Review 507 (1935).

Ballantine, Arthur A.: Administrative Agencies and the Law. 24 American Bar Association Journal 109 (1938).

vom Baur, F. Trowbridge: Representation Before Administrative Agencies. 30 New York University Law Review 1297 (1955).

Benson, George C. S.: Administrative Regulation Within Federal Departments. 221 Annals 64.

Berger, Raoul: Exhaustion of Administrative Remedies. 48 Yale Law Journal 981 (1939).

Bernstein, Marver H.: Regulating Business by Independent Commission. Princeton, N.J. 1955.

Bevis, Howard L.: Administrative Commissions and the Administration of Justice. 2 Cincinnati Law Review 1 (1928).

Biklé, Henry Wolf: Administrative Discretion. 2 George Washington Law Review 1 (1933).

— Safeguarding Private Interest in Administrative Procedure. 25 Washington University Law Quarterly 321 (1940).

Blachly, Frederick F. — *Oatman*, Miriam E.: Administrative Legislation and Adjudication. Washington. The Brookings Institution 1934.

* Zum ersten Mal angeführte Autoren werden mit vollständigem Titel zitiert. Verschiedentlich wird der jeweilige volle Titel auch später beibehalten, um Verwechslungen mit anderen Schriften des gleichen Autors auszuschließen.

Blachly, Frederick F.: Federal Regulatory Action and Control. Washington. The Brookings Institution 1940.

— Federal Statutory Administrative Orders. 25 Iowa Law Review 582 (1940).

— A United States Court of Appeals for Administration. 221 Annals 170.

Black, Forrest R.: Does due process of law require an advance notice and hearing before a license is issued under the Agricultural Adjustment Act? 2 University of Chicago Law Review 270 (1935).

Black's Law Dictionary: 4. Auflage. St. Paul, Minnesota, 1951.

Breuckmann, Elmar: Grundzüge des Federal Administrative Procedure Act. Jur. Diss. Mainz 1962.

Brooks, Collins E.: Administrative Law — Requirements of Full Hearing. 37 Michigan Law Review 597 (1939).

Brown, Ray A.: Administrative Commissions and the Judicial Power. 19 Minnesota Law Review 261 (1935).

Burdick, Charles K.: The Law of the Constitution. New York - London 1922.

Caldwell, Louis G.: Comments on the Procedure of Federal Administrative Tribunals, with Particular Reference to the FCC. 7 George Washington Law Review 740 (1939).

Carrow, Milton M.: Administrative Adjudication. 27 George Washington Law Review 279 (1959).

Cary, William Lucius: Politics and the Regulatory Agencies. New York 1967. Journal 892 (1918).

Chamberlain, Joseph P. - *Dowling*, Noel T. - *Hays*, Paul R.: The Judicial Function in Federal Administrative Agencies. New York 1942.

Charlesworth, James C.: The Regulatory Agency: Detached Tribunal or Positive Administrator? 221 Annals 17.

Cheadle, John B.: The Delegation of Legislative Functions. 27 Yale Law Journal 892 (1918).

Cole, Kenneth C.: Presidential Influence on Independent Agencies. 221 Annals 72.

— Some Recent Proposals in the Sphere of Administrative Justice. 32 American Political Science Review 926 (1938).

Cole, Roy L.: Administrative Agencies and Judicial Powers. 44 American Bar Association Journal 953 (1958).

College Law Dictionary: Rochester, N.Y., 1931.

Comer, John Preston: Legislative Functions of National Administrative Authorities. New York 1927.

Cooper, Frank E.: Administrative Agencies and the Courts. Ann Arbor 1951. Zitiert: Cooper.

— Administrative Law: The Substantial Evidence Rule. 44 American Bar Association Journal 945 (1958).

Cooper, Robert M.: Administrative Justice and the Role of Discretion. 47 Yale Law Journal 577 (1938).

Corwin, Edward S.: The Constitution and what it means today. 11. Aufl. Princeton, N.J., 1954.

Corwin, Edward S.: The Doctrine of Judicial Review. Gloucester, Mass., 1963.

— Liberty Against Government. Baton Rouge 1948.

— The President: Office and Powers. 3. Aufl. New York 1948. Zitiert: Corwin.

— Tenure of Office and the Removal Power under the Constitution. 27 Columbia Law Review 353 (1927).

Corwin, Edward S. - *Small*, Norman J. - *Jayson*, Lester S. (Ed.): The Constitution of the United States of America. 6. Aufl. U.S. Government Printing Office. Washington 1964.

Cousens, Theodore W.: The Delegation of Federal Legislative Power to Executive Officials. 33 Michigan Law Review 512 (1935).

Cushman, Robert E.: The Independent Regulatory Commissions. New York - London - Toronto 1941.

Davis, Kenneth Culp: Administrative Law. Text. St. Paul, Minn., 1959, zitiert: Davis, Text.

— Administrative Law. Treatise, 4 Bde. St. Paul, Minn., 1958. (Zitate ohne Bandangabe entstammen Bd. 1). „Text" und „Treatise" sind in gleichlautende Kapitel und Paragraphen unterteilt.

— The Requirement of Opportunity to be Heard in the Administrative Process. 51 Yale Law Journal 1093.

Davison, J. Forrester: An Administrative Court of the United States. 24 George Washington Law Review 613 (1956).

— Use of Public Documents and Reports in Administrative Proceedings. 25 Iowa Law Review 555 (1940).

Denovan, William J. - *Irvine*, Ralstone R.: The President's Power to Remove Members of Administrative Agencies. 21 Cornell Law Quarterly 215 (1936).

Deppeler, Rolf: „Due Process of Law". Ein Kapitel amerikanischer Verfassungsgeschichte. Bern 1957.

Dickinson, John: Administrative Justice and the Supremacy of Law in the United States. New York 1959 (zwei Zitate entstammen der Cambridger Ausgabe von 1927).

— Administrative Management, Administrative Regulation and the Judicial Process. 89 University of Pennsylvania Law Review 1052 (1941).

— Judicial Control of Official Discretion. 22 American Political Science Review 275 (1928).

— The Judicial Review Provisions of the Federal Administrative Procedure Act (Section 10). Background and Effect, in: Warren, The FAPA and the Administrative Agencies, S. 546.

Dimock, Marshall E.: Business and Government, New York 1949.

Dodd, Walter F.: Administrative Agencies as Legislators and Judges. 25 American Bar Association Journal 923, 974 (1939).

Doyle, James A.: Federal Administrative Hearings: Significance of the Morgan Case. 19 Nebraska Law Bulletin 125 (1940).

Doyle, Wilson K.: Independent Commissions in the Federal Government. Chapel Hill 1939. Zitiert: Doyle.

Duff, Patrick W. - *Whiteside*, Horace E.: Delegata potestas non potest delegari: A Maxim of American Constitutional Law. 14 Cornell Law Quarterly 168 (1928/29).

Eastman, Joseph B.: The Place of the Independent Commission. 12 Constitutional Review 95 (1928).

Ehmke, Horst: Wirtschaft und Verfassung. Karlsruhe 1961.

Erdsiek, Gerhard - *Dietl*, Clara Erika: Wörterbuch für Recht, Wirtschaft und Politik. Bleckede b. Hamburg 1964.

Fainsod, Merle - *Gordon*, Lincoln: Government and the American Economy. New York 1948.

Fairlie, John A.: The Legislature and the Administration. 30 American Political Science Review 241 (1936).

— The Separation of Powers. 21 Michigan Law Review 393 (1922).

Feller, A. H.: Administrative Law Investigation Comes of Age. 41 Columbia Law Review 589 (1941).

— Administrative Procedure and the Public Interest — The Results of Due Process. 25 Washington University Law Quarterly 308 (1940).

— Prospectus for the Further Study of Federal Administrative Law. 47 Yale Law Journal 647 (1938).

Fesler, James W.: Independent Regulatory Agencies in: Morstein Marx, Elements of Public Administration, S. 191.

Finer, Herman: Der moderne Staat, Theorie und Praxis (Theory and Practice of Modern Government). Ed. S. Landshut. 3 Bde. Stuttgart, Düsseldorf 1957—1958.

Florian, Winfried: Die Independent Regulatory Commissions im Amerikanischen Administrative Process. Jur. Diss., Marburg 1953.

Forkosch, Morris D.: A Treatise on Administrative Law. Indianapolis 1956.

Forsthoff, Ernst (Ed.): Montesquieu, Vom Geist der Gesetze. Tübingen 1951.

Foster, Schuyler H., Jr.: Pressure Groups and Administrative Agencies. 221 Annals 21.

Fraenkel, Ernst: Das Amerikanische Regierungssystem. Köln und Opladen 1960.

Frankfurter, Felix - *Landis*, James: Power of Congress over Procedure in Criminal Contempts in Inferior Federal Courts: A Study in Separation of Powers. 37 Harvard Law Review 1010 (1924).

Freund, Ernst: Administrative Powers over Persons and Property. Chicago, Illinois, 1928. Zitiert: Freund.

— The Substitution of Rule for Discretion in Public Law. 9 American Political Science Review 666 (1915).

Friedman, Herbert J.: A Word About Commissions. 25 Harvard Law Review 704 (1911—12).

Friedrich, Carl J.: Die Entwicklung des amerikanischen öffentlichen Rechts nach dem Kriege. Jahrbuch des öffentlichen Rechts 1932, Bd. 20, S. 393.

— Der Verfassungsstaat der Neuzeit (Constitutional Government and Democracy). Berlin, Göttingen, Heidelberg 1953.

Friendly, Henry J.: The Federal Administrative Agencies: The Need for Better Definition of Standards. Cambridge, Mass., 1962.

Fuchs, Ralph F.: Concepts and Policies in Anglo-American Administrative Law Theory. 47 Yale Law Journal 538 (1938).

— Hearing Commissioners. 30 New York University Law Review 1342 (1955).

— The Hearing Officer Fiasco Under the Administrative Procedure Act. 63 Harvard Law Review 737 (1950).

— The Hearing Officer Problem — Symptom and Symbol. 40 Cornell Law Quarterly 281 (1955).

— The Hoover Commission and the Task Force Reports on Legal Services and Procedure. 31 Indiana Law Journal 1 (1955).

— Procedure in Administrative Rule Making. 52 Harvard Law Review 259 (1938).

Gaus, John M.: The Case for Integration of Administrative Agencies. 221 Annals 33.

Geck, Wilh. Karl: Die Übertragung rechtsetzender Gewalt und die Ausübung delegierter Legislativbefugnisse in den Vereinigten Staaten von Amerika. Jur. Diss., Frankfurt 1952.

Gellhorn, Walter: Federal Administrative Proceedings. Baltimore 1941.

Gellhorn, Walter - *Byse*, Clark: Administrative Law. Cases and Comments. Brooklyn 1954.

Ginnane, R. W.: Rule Making, Adjudication and Exemptions under the Administrative Procedure Act. 95 University of Pennsylvania Law Review 621 (1947).

Goodnow, Frank J.: Politics and Administration. New York 1900.

Green, Frederick: Separation of Governmental Powers. 29 Yale Law Journal 369 (1920).

Greza, Gerhard: Independent Regulatory Commissions. Anzeichen einer neuen Staatsentwicklung in den USA. Kritische Betrachtung ihrer rechtlichen und sozialen Problematik, dargestellt am National Labor Relations Board. Jur. Diss. Marburg 1953.

Grundstein, Nathan: Subdelegation of Administrative Authority. 13 George Washington Law Review 144 (1944).

Haines, Charles Grove: The Adaptation of Administrative Law and Procedure to Constitutional Theories and Principles. 34 American Political Science Review 1 (1940).

— The American Doctrine of Judicial Supremacy. 2. Aufl. Berkely, Calif., 1932. Zitiert: Haines.

— Effects of the Growth of Administrative Law upon Traditional Anglo American Legal Theories and Practices. 26 American Political Science Review 875 (1932).

Haines, Charles G. - *Dimock*, Marshall E. (Ed.): Essays on the Law and Practice of Governmental Administration. Baltimore 1935.

Hale, George E.: Administrative Hearings under the Federal Constitution. 30 Kentucky Law Journal 137 (1942).

— Hearings: The Right to a Trial, with Special Reference to Administrative Powers. 42 Illinois Law Review 749 (1948).

Hankins, Robert B.: The Necessity for Administrative Notice and Hearing. 25 Iowa Law Review 457 (1940).

Harris, Joseph P.: The Advice and Consent of the Senate. Berkely and Los Angeles 1953.

Hart, James: An Introduction in Administrative Law. New York 1947. Zitiert: Administrative Law.

— Limits of Legislative Delegation. 221 Annals 87.

— The Ordinance Making Powers of the President of the United States. Johns Hopkins University Studies in Historical and Political Science. Series XLIII, No. 3. Baltimore 1925. Zitiert: Hart.

— Some Aspects of Delegated Rule-Making. 25 Virginia Law Review 810 (1939).

Hazeltine, H. D.: The Influence of Magna Charta on American Constitutional Development. 17 Columbia Law Review 1 (1917).

Herring, E. Pendleton: Executive, Legislative Responsibilities. 38 American Political Science Review 1153 (1944).

— Public Administration and the Public Interest. New York - London 1936.

Hinman, Jr., Frank: Effect of the Administrative Procedure Act on Judicial Review of Administrative Action. 20 Rocky Mountain Law Review 267 (1948).

v. Hippel, Ernst: Gewaltenteilung im modernen State. Koblenz (o. J.).

Holmes, Oliver Wendell: The Path of Law. 10 Harvard Law Review 457 (1897).

Horlacher, John Perry (Ed.): Administrative Regulation of Private Enterprise, in: The Annals of the American Academy of Political and Social Science, Bd. 221/1942. Philadelphia 1942. Zitiert: 221 Annals (folgt Seitenzahl).

Hyneman, Charles S.: Administrative Adjudication: An Analysis I/II. 51 Political Science Quarterly 383, 516 (1936).

— Bureaucracy in a Democracy. New York 1950.

— State Administrative Tribunals and Fair Play. 25 Iowa Law Review 532 (1940).

Isaacs, Nathan: The Law and the Facts. 22 Columbia Law Review 1 (1922).

Jacobi, Sidney B.: Delegation of Powers and Judicial Review: A Study in Comparative Law. 36 Columbia Law Review 871 (1936).

Jaffe, Louis L.: Basic Issues: An Analysis. 30 New York University Law Review 1273 (1955).

— The Effective Limits of the Administrative Process: A Reevaluation. 67 Harvard Law Review 1105 (1954).

— An Essay on Delegation of Legislative Power I/II. 47 Columbia Law Review 359, 561 (1947).

— The Independent Agency — A New Scapegoat. 65 Yale Law Journal 1068 (1956).

— Judicial Review: Constitutional and Jurisdictional Fact. 70 Harvard Law Review 953 (1957).

— Judicial Review: Question of Fact. 69 Harvard Law Review 1020 (1956).

— Judicial Review: Question of Law. 69 Harvard Law Review 239 (1955).

— Judicial Review: Substantial Evidence on the Whole Record. 64 Harvard Law Review 1233 (1951).

— The Right to Judicial Review I/II. 71 Harvard Law Review 401, 769 (1958).

— Standing to Secure Judicial Review: Private Actions. 75 Harvard Law Review 255 (1961).

— Standing to Secure Judicial Review: Public Actions. 74 Harvard Law Review 1265 (1961).

Jaffe, Louis L. - *Nathanson*, Nathaniel: Administrative Law, Cases and Materials. 2. Aufl. Boston - Toronto 1961.

Kägi, Oskar Werner: Zur Entstehung, Wandlung und Problematik des Gewaltenteilungsprinzips. Jur. Diss. Zürich 1937.

Key, Jr., V. O.: Legislative Control, in: Morstein Marx, Elements of Public Administration, S. 312.

Klimowski, Ernst: Die englische Gewaltenteilungslehre bis zu Montesquieu. Berlin-Grunewald 1927.

Knust, H.: Montesquieu und die Verfassungen der Vereinigten Staaten von Amerika. München, Berlin 1922.

Kocourek, A.: Legislative, Judicial and Executive Powers. 15 Illinois Law Review 108 (1920/21).

Koontz, Harold D.: Extent of Administrative Regulation in Economic Affairs. 221 Annals 9.

Kopp, Hans: Inhalt und Form der Gesetze als ein Problem der Rechtstheorie. 2 Bde. Zürich 1958.

Landis, James: The Administrative Process. New Haven 1938. Auflage 1947 nur im 1. Kapitel zitiert.

— Crucial Issues in Administrative Law. 53 Harvard Law Review 1077 (1940).

— Symposium on Administrative Law. 9 American Law School Review 181 (1939).

Lane, Chester: Symposium on Administrative Law. 9 American Law School Review 154 (1939).

Larson, Arthur: Has the President an Inherent Power of Removal of his Non-executive Appointees? 16 Tennessee Law Review 259 (1940).

Lavery, Thomas C.: Applicability of Common Law Rules of Evidence Before Administrative Tribunals. 12 University of Cincinnati Law Review 191 (1938).

Lavery, Urban A.: Federal Administrative Law. St. Paul, Minn., 1952.

Lawyers Cooperative Publishing Co. - Bancroft Witney Co. (Ed.): American Jurisprudence, Administrative Law (in Bd. 1 u. 2), 2. Aufl. Rochester, N.Y. - San Francisco, Calif., 1962. Zitiert: Am. Jur.

Lee, Frederic P.: The Origins of Judicial Control of Federal Executive Action. 36 Georgetown Law Journal 287 (1948).

Lehman, Irving: Technical Rules of Evidence. 26 Columbia Law Review 509 (1926).

Leiserson, Avery: Interest Representation in Administrative Regulation. 221 Annals 78.

Locke, John: Two Treatises of Government, a critical Edition with an Introduction and Apparatus criticus by Peter Laslett. Cambridge 1960.

Loewenstein, Karl: Verfassungsrecht und Verfassungspraxis der Vereinigten Staaten. Berlin, Göttingen, Heidelberg 1959.

Luce, Robert: Legislative Problems. Boston, New York 1935.

Madden, Warren J.: Symposium on Administrative Law. 9 American Law School Review 144 (1939).

von Mangoldt, Hermann: Rechtsstaatsgedanke und Regierungsformen in den Vereinigten Staaten von Amerika. Essen 1938.

McAllister, B.: Statutory Roads to Review of Federal Administrative Orders. 28 California Law Review 129 (1940).

McBain, Howard Lee: Consequences of the President's Unlimited Power of Removal. 41 Political Science Quarterly 596 (1926).

McGuire, O. R.: Have We a Government of Laws or a Government of Men? 73 United States Law Review 331 (1939).

McIlwain, C. H.: Due Process of Law in Magna Charta. 14 Columbia Law Review 27 (1914).

Möbus, Gerhard: Die politischen Theorien von den Anfängen bis zu Machiavelli. Köln, Opladen 1958.

— Die politischen Theorien im Zeitalter der absoluten Monarchie bis zur Französischen Revolution. Köln, Opladen 1961.

Montesquieu, Charles de: De l'esprit des lois. 2 Bde. Paris 1961.

Morstein Marx, Fritz: Amerikanische Verwaltung. Hauptgesichtspunkte und Probleme. Berlin 1963.

— (Ed.): Elements of Public Administration. 2. Aufl. Englewood Cliffs, N.J., 1959.

Nathanson, Nathaniel N.: Central Issues of American Administrative Law. 45 American Political Science Review 348 (1951).

— Some Comments on the Administrative Procedure Act. 41 Illinois Law Review 368 (1946).

Needham, Charles W.: Judicial Determinations by Administrative Commissions. 10 American Political Science Review 235 (1916).

Nutting, Charles B.: Congressional Delegations since the Schechter Case. 14 Mississippi Law Journal 350 (1941/42).

Oberst, Paul: Parties to Administrative Proceedings. 40 Michigan Law Review 378 (1942).

Pansing, Thomas Ray: Procedural Due Process in Occupational License Cases — Revocation of Licenses. 20 Nebraska Law Review 24 (1941).

Parker, Reginald: The Execution of Administrative Acts. 24 University of Chicago Law Review 292 (1957).

— Individuelle Verwaltungsentscheidung oder generelle Verordnung? Die Amerikanische Lösung. Österreich. Zeitschr. f. Öff. Recht, Bd. 11, S. 438 (1961).

Parker, Reginald: Das Öffentliche Recht. Verfassungs- und Allgemeines Verwaltungsrecht der Vereinigten Staaten von Amerika. Wien 1963. Zitiert: Parker.

— The Removal Power of the President. 36 Indiana Law Journal 63 (1960).

— Separation of Powers Revisited. 49 Michigan Law Review 1009 (1951).

— Why Do Administrative Agencies Exist? 45 Georgetown Law Journal 331 (1957).

Pennock, J. Roland: Administration and the Rule of Law. New York 1941.

Peters, Hans: Die Gewaltentrennung in moderner Sicht. Köln, Opladen 1954.

Pfiffner, John M.: The Development of Administrative Regulation. 221 Annals 1.

Pillsbury, Warren H.: Administrative Tribunals I/II. 36 Harvard Law Review 405, 587 (1923).

Pinney, Harvey: The Case for Independence of Administrative Agencies. 221 Annals 40.

Plucknett, Theodore F. T.: Bonhams Case and Judicial Review. 40 Harvard Law Review 30 (1926).

Pound, Cuthbert W.: The Judicial Power. 35 Harvard Law Review 787 (1922).

Pound, Roscoe: Administrative Application of Legal Standards. 44 Reports of American Bar Association 445 (1919).

— Administrative Law. University of Pittsburgh Press 1942.

— Administrative Law and the Courts. 24 Boston University Law Review 201 (1944).

— The Constitution: Its Development, Adaptability and Future. 23 American Bar Association Journal 739 (1937).

— Executive Justice. 55 American Law Register 137 (1907).

— For the Minority Report. 27 American Bar Association Journal 664 (1941).

— Jurisprudence. 5 Bde. St. Paul, Minn., 1959.

— Juristic Science and Law. 31 Harvard Law Review 1047 (1918).

— Justice According to Law. 13 Columbia Law Review 696 (1913). 14 Columbia Law Review 1 (1914).

— The New Feudalism. 16 American Bar Association Journal 553 (1930).

Powell, Thomas Reed: Separation of Powers. 27 Political Science Quarterly 215 (1912).

Radbruch, Gustav: Der Geist des englischen Rechts. Heidelberg 1946.

Redford, Emmette S.: Administration of National Economic Control. New York 1952.

— National Regulatory Commissions: Need for a New Look. Baltimore 1959.

Redmond, Roland L.: Defects and Remedies in Administrative Adjudication. 221 Annals 138.

Reich, David: Rule-Making under the Administrative Procedure Act, in: Warren, The FAPA and the Administrative Agencies, S. 492.

Riegert, Robert A.: Das Amerikanische Administrative Law. Berlin 1967.

Rogers, Lindsay: The Independent Regulatory Commissions. 52 Political Science Quarterly 1 (1937).

Rosenberry, Marvin B.: Administrative Law and the Constitution. 23 American Political Science Review 32 (1929).

Rossman, George: The Spirit of Laws: The Doctrine of Separation of Powers. 35 American Bar Association Journal 93 (1949).

Rousseau, Jean Jacques: Staat und Gesellschaft (‚Contrat Social'). München 1959.

Rowell, J. H.: Constitutional Law: Proceedings Before Administrative Commissions: Revocation of Licenses. 11 California Law Review 273 (1923).

Salomon, Leon J. (Ed.): The Independent Federal Regulatory Agencies. The Reference Shelf, vol. 31/No. 2. New York 1959.

Schattschneider, E. E.: Partisan Politics and Administrative Agencies. 221 Annals 29.

Scheuner, Ulrich: Der Bereich der Regierung. In: Rechtsprobleme in Staat und Kirche, Festschrift für Rudolf Smend zum 70. Geburtstag, S. 253 (1952).

Schlephorst, Hubert: Amerikanisches Verwaltungsrecht im Spannungsfeld zwischen zunehmender staatlicher Betätigung und bürgerlichen Freiheitsrechten. Jur. Diss., Münster 1964.

Schneider, Peter: Zur Problematik der Gewaltenteilung im Rechtsstaat der Gegenwart. AöR, Bd. 82, S. 1 (1957).

Schwartz, Bernard: Administrative Justice and its Place in the Legal Order. 30 New York University Law Review 1390 (1955).

— Administrative Procedure and Natural Law. 28 Notre Dame Lawyer 169 (1953).

— An Introduction to American Administrative Law. London - New York 1958. Zitiert: Schwartz.

— Legislative Oversight, Control of Administrative Agencies. 43 American Bar Association Journal 19 (1957).

— Procedural Due Process in Federal Administrative Law. 25 New York University Law Review 552 (1950).

— The Professor and the Commissions. New York 1959.

Schwartz, B. - *Carr*, C.: Legislative Control of Administrative Rules and Regulations. 30 New York University Law Review 1031, 1045 (1955).

Schwenk, Edmund H.: Grundzüge des Amerikanischen Verwaltungsrechts. DVBl. 1958, S. 333.

Sears, Kenneth C.: The Morgan Case and Administrative Procedure. 7 George Washington Law Review 726 (1939).

Sellers, Ashley: Adjudication by Federal Agencies under the Administrative Procedure Act, in: Warren, The FAPA and the Administrative Agencies, S. 524.

Sharp, Malcolm P.: The Classical American Doctrine of „the Separation of Powers". 2 University of Chicago Law Review 385 (1955).

Stason, E. Blythe: Methods of Judicial Relief from Administrative Action. 24 American Bar Association Journal 274 (1938).

Stason, E. Blythe: Substantial Evidence in Administrative Law. 89 Pennsylvania Law Review 1026 (1941).

Stason, Edwin Blythe - *Cooper*, Frank E.: The Law of Administrative Tribunals. 3. Aufl. Chicago 1957.

Stene, Edwin O.: Legislative Considerations in Organizing Regulatory Agencies. 221 Annals 49.

Stephan, Albert E.: The Extent to which the Fact-Finding Boards Should be Bound by the Rules of Evidence. 24 American Bar Association Journal 630 (1938).

Stern, Robert L.: Review of Findings of Administrators, Judges and Juries: A Comparative Analysis. 58 Harvard Law Review 70 (1944).

Stirnberg, Joseph: Die judiziellen Funktionen von Verwaltungsbehörden in den USA. Jur. Diss., Marburg 1957.

Stoke, Harold W.: Presidential Coordination of Policy. 221 Annals 101.

Stratton, Richard E.: The Necessity of Notice, Hearing and Judicial Review of Licensing by Administrative Bodies. 14 Mississippi Law Journal 510 (1942).

Swancara, Frank: Exclusionary Rules of Evidence in Administrative Hearings. 11 Rocky Mountain Law Review 77 (1939).

Swenson, Rinehart John: Federal Administrative Law. New York 1952.

Tesauro, Paolo: Le „Independent Regulatory Commission". Organi di controllo dei pubblici servizi negli Stati Uniti. Napoli 1966.

Thomas, Morgan: The Selection of Federal Hearing Examiners: Pressure Groups and the Administrative Process. 59 Yale Law Journal 431 (1950).

Tollefson, A. Martin: Administrative Finalty. 29 Michigan Law Review 839 (1931).

Tuttrup, Roger R.: Necessity of Notice and Hearing in the Revocation of Occupational Licenses. 4 Wisconsin Law Review 180 (1927).

Vanderbilt, Arthur T.: The Doctrine of the Separation of Powers and its Present-Day Significance. The University of Nebraska Press 1953.

— The Place of the Administrative Tribunal in Our Legal System. 12 University of Cincinnati Law Review 117 (1938).

— The Technique of Proof Before Administrative Bodies. 24 Iowa Law Review 464 (1939).

Wade, H. W. R.: Quasijudicial and its Background. 10 Cambridge Law Journal 216 (1949).

Waldo, Dwight: The Administrative State. A Study of the Political Theory of American Public Administration. New York 1948.

Warren, George (Ed.): The Federal Administrative Procedure Act and the Administrative Agencies. New York University School of Law 1947.

Weeks, O. Douglas: Legislative Power versus Delegated Legislative Power. 25 Georgetown Law Journal 314 (1937).

Weissenstein, Robert F.: Anglo-amerikanisches Rechtswörterbuch. Zürich 1950.

Weyer, Heinrich: Das Verordnungsrecht der Exekutive als Gewaltenproblem. Jur. Diss., Göttingen 1956.

White, Leonard D.: Congressional Control of the Public Service. 39 American Political Science Review 1 (1945).

— Introduction to the Study of Public Administration. 3. Aufl. New York 1949. Zitiert: White.

Whitfield, J. B.: Legislative powers that may not be delegated. 20 Yale Law Journal 87 (1910).

Wiechens, Günter: Die Independent Regulatory Commissions in den USA und ihre Bedeutung für die Gewaltenteilungslehre. Jur. Diss., Marburg 1953.

Wigmore, John H.: Administrative Boards and Commissions: Are the Jury-Trial Rules of Evidence in Force for their Inquiries? 17 Illinois Law Review 263 (1922).

Willoughby, Westel Woodbury: The Constitutional Law of the United States. 3 Bde. (Zitate ohne Angabe des Bandes entstammen Band III); 2. Aufl. New York 1929. Zitiert: Willoughby.

Willoughby, William Franklin: Principles of Judicial Administration. The Brookings Institution. Washington 1929.

— Principles of Legislative Organization and Administration. The Brookings Institution. Washington 1934.

Wolf, Ernst: Verfassungsgerichtsbarkeit und Verfassungstreue in den Vereinigten Staaten. Basel 1961.

Wright, Benjamin F.: The Origins of the Separation of Powers in America. 13 Economica 169 (1933).

II. Reports*

Administrative Management in the Government of the United States. The President's Committee on Administrative Management (1937).

Final Report of the United States Attorney General's Committee on Administrative Procedure (1941).

Commission on Organization of the Executive Branch of the Government. Independent Regulatory Commissions. Report to the Congress (1949).

Commission on Organization of the Executive Branch of the Government. Task Force Report on Regulatory Commissions, Appendix N (1949).

* Auszüge aus den folgenden Berichten finden sich in den unter I. angegebenen Materialsammlungen. Vgl. insbes. die Verzeichnisse in *Gellhorn-Byse*, S. XCI und *Salomon*, S. 187, 188.

Commission on Organization of the Executive Branch of the Government. Report to the Congress on Legal Services and Procedure (1955).

Commission on Organization of the Executive Branch of the Government. Task Force Report on Legal Services and Procedure (1955).

III. Gerichtsentscheidungen

a) Supreme Court*

Accardi v. Shaughnessy
347 U.S. 260; 74 S. Ct. 499.

Adair v. United States
208 U. S. 161; 28 S. Ct. 277.

Aircraft & Diesel Equipment Corp. v. Hirsch
331 U. S. 752; 67 S. Ct. 1493.

American Insurance Co. v. Canter
1 Peters 511; 7 L. Ed. 242.

American Power and Light Co. v. SEC
329 U. S. 90; 67 S. Ct. 133.

Ann Arbor R. Co. v. United States
281 U. S. 658; 50 S. Ct. 444.

Atlanta v. Ickes
308 U. S. 517; 60 S. Ct. 170.

Avent v. United States
266 U. S. 127; 45 S. Ct. 34.

Bailey v. Richardson
341 U. S. 918; 71 S. Ct. 669.

Bakelite Corporation, Ex parte
279 U. S. 438; 49 S. Ct. 411.

Bi-Metallic Investment Co. v. State Board of Equalization
239 U. S. 441; 36 S. Ct. 141.

Bowles v. Willingham
321 U. S. 503; 64 S. Ct. 641.

Brig Aurora v. United States
7 Cranch 382; 3 L. Ed. 378.

Buttfield v. Stranahan
192 U. S. 470; 24 S. Ct. 349.

Carlson v. Landon
342 U. S. 524; 72 S. Ct. 525.

Central of Georgia R. Co. v. Wright
207 U. S. 127; 28 S. Ct. 47.

* Benutzt wurden Lawyers' Edition und Supreme Court Reporter. Letzterem wurden auch die auf die Seiten der Sammlung United States Supreme Court Reports verweisenden Parallelzitate entnommen.

Chicago Junction Case
264 U. S. 258; 44 S. Ct. 317.

Coe v. Armour Fertilizer Works
237 U. S. 413; 35 S. Ct. 625.

Columbia Broadcasting System v. United States
316 U. S. 407; 62 S. Ct. 1194.

Consolidated Edison Co. v. NLRB
305 U. S. 197; 59 S. Ct. 206.

Crowell v. Benson
285 U. S. 22; 52 S. Ct. 285.

Currin v. Wallace
306 U. S. 1; 59 S. Ct. 379.

Degge v. Hitchcock
229 U. S. 162; 33 S. Ct. 639.

Dent v. State of West Virginia
129 U. S. 114; 9 S. Ct. 231.

Dobson v. Commissioner
320 U. S. 489; 64 S. Ct. 239.

Dohany v. Rogers
281 U. S. 362; 50 S. Ct. 299.

Dreyer v. Illinois
187 U. S. 71; 23 S. Ct. 28.

Estep v. United States
327 U. S. 114; 66 S. Ct. 423.

Fahey v. Mallonee
332 U. S. 245; 67 S. Ct. 1552.

Far East Conference v. United States
342 U. S. 570; 72 S. Ct. 492.

FCC v. Sanders Bros. Radio Station
309 U. S. 470; 60 S. Ct. 693.

FCC v. WJR, The Goodwill Station
337 U. S. 265; 69 S. Ct. 1097.

Federal Radio Commission v. General Electric Co. et al.
281 U. S. 464; 50 S. Ct. 389.

Federal Radio Commission v. Nelson Bros. Bond & Mortgage Co.
289 U. S. 266; 53 S. Ct. 627.

FTC v. Gratz
253 U. S. 421; 40 S. Ct. 572.

Field v. Clark
143 U. S. 649; 12 S. Ct. 495.

Frank v. Mangum
237 U. S. 309; 35 S. Ct. 582.

Frothingham v. Mellon
262 U. S. 447; 43 S. Ct. 597.

Gibbons v. Odgen
9 Wheat 1; 6 L. Ed. 23.

Gray v. Powell
314 U. S. 402; 62 S. Ct. 326.

Grossman, Ex parte
267 U. S. 87; 45 S. Ct. 332.

Hampton Jr. & Co. v. United States
276 U. S. 394; 48 S. Ct. 348.

Heikkila v. Barber
345 U. S. 229; 73 S. Ct. 603.

Hepburn v. Griswold
8 Wallace 603; 19 L. Ed. 513.

Holden v. Hardy, Sheriff
169 U. S. 366; 18 S. Ct. 383.

Hormel v. Helvering
312 U. S. 552; 61 S. Ct. 719.

Hurtado v. People of the State of California
110 U. S. 516; 4 S. Ct. 411.

ICC v. Louisville & Nashville Railroad Co.
227 U. S. 88; 33 S. Ct. 185.

Jordan v. Massachusetts
225 U. S. 167; 32 S. Ct. 651.

Kendall v. United States
12 Peters 524; 9 L. Ed. 1181.

Kilbourn v. Thompson
103 U. S. 168; 26 L. Ed. 377.

Lichter v. United States
334 U. S. 742; 68 S. Ct. 1294.

Marbury v. Madison
1 Cranch 137; 2 L. Ed. 60.

Market Street Ry. Co. v. Railroad Commission of California
324 U. S. 548; 65 S. Ct. 770.

McCulloch v. Maryland
4 Wheat 316; 4 L. Ed. 579.

McGrain v. Daugherty
273 U. S. 135; 47 S. Ct. 319.

McIntire v. Wood
7 Cranch 504.

Morgan v. Tennessee Valley Authority
312 U. S. 701; 61 S. Ct. 806.

Morgan v. United States
298 U. S. 468; 56 S. Ct. 906.

Morgan v. United States
304 U. S. 1; 58 S. Ct. 773.

Munn v. Illinois
94 U. S. 113; 24 L. Ed. 77.

Murray's Lessee v. Hoboken Land and Improvement Co.
18 Howard 272; 7 L. Ed. 242.

Myers v. Bethlehem Shipbuilding Corp.
303 U. S. 41; 58 S. Ct. 459.

Myers v. United States
272 U. S. 52; 47 S. Ct. 21.

National Broadcasting Co. v. United States
319 U. S. 190; 63 S. Ct. 997.

NLRB v. Columbian Enameling & Stamping Co.
306 U. S. 292; 59 S. Ct. 501.

National Mut. Ins. Co. v. Tidewater Transfer Co.
337 U. S. 582; 69 S. Ct. 1173.

New England Division Case
261 U. S. 184; 43 S. Ct. 270.

New York Central Securities Corporation v. United States
287 U. S. 12; 53 S. Ct. 45.

North American Cold Storage Co. v. Chicago
211 U. S. 306; 29 S. Ct. 101.

Ohio Bell Telefone v. Public Utilities Commission
301 U. S. 292; 57 S. Ct. 724.

Ohio Valley Water Co. v. Ben Avon Borough
253 U. S. 287; 40 S. Ct. 527.

OPP Cotton Mills Inc., et al. v. Administrator of Wage and Hour Division of Department of Labor
312 U. S. 126; 61 S. Ct. 524.

Panama Refining Co. v. Ryan
293 U. S. 388; 55 S. Ct. 241.

Paulsen v. City of Portland
149 U. S. 30; 13 S. Ct. 750.

Pennoyer v. Neff
95 U. S. 714; 24 L. Ed. 565.

Perkins v. Lukens Steel Co.
310 U. S. 113; 60 S. Ct. 869.

Pittsburg C. C. & St. L. Ry. Co. v. Backus
154 U. S. 421; 14 S. Ct. 1114.

Ramspeck v. Federal Trial Examiners Conference
345 U. S. 128; 73 S. Ct. 570.

Rathbun (Humphrey's Executor) v. United States
295 U. S. 602; 55 S. Ct. 869.

Reconstruction Finance Corporation v. Bankers Trust Co.
318 U. S. 163; 63 S. Ct. 515.

Red „C" Oil Manufacturing v. Board of Agriculture
222 U. S. 380; 32 S. Ct. 152.

Reetz v. Michigan
188 U. S. 505; 23 S. Ct. 390.

Regents of University System of Georgia v. Carroll
338 U. S. 586; 70 S. Ct. 370.

Schechter Poultry Corporation v. United States
295 U. S. 495; 55 S. Ct. 837.

School of Magnetic Healing v. McAnnulty
187 U. S. 94; 23 S. Ct. 33.

Scott v. Sandford
19 Howard 393; 15 L. Ed. 691.

Scripps Howard Radio Inc. v. FCC
316 U. S. 4; 62 S. Ct. 875.

Shields v. Utah Idaho Central Railroad Co.
305 U. S. 177; 59 S. Ct. 160.

Springer v. Philippine Islands
277 U. S. 189; 48 S. Ct. 480.

St. Joseph Stock Yards Co. v. United States
298 U. S. 38; 56 S. Ct. 720.

Stark v. Wickard
321 U. S. 288; 64 S. Ct. 559.

State of Missouri v. North
271 U. S. 40; 46 S. Ct. 384.

State of Ohio v. Akron Metropolitan Park Dist.
281 U. S. 74; 50 S. Ct. 228.

Sunshine Anthracite Coal v. Adkins
310 U. S. 381; 60 S. Ct. 907.

Switchmens' Union of North America et al. v. National Mediation Board
320 U. S. 297; 64 S. Ct. 95.

Tennessee Electric Power Co. v. TVA
306 U. S. 118; 59 S. Ct. 366.

Texas & Pacific Ry. Co. v. Abilene Cotton Oil Co.
204 U. S. 426; 27 S. Ct. 350.

Toombs v. Citizens Bank
281 U. S. 643; 50 S. Ct. 434.

Tumey v. Ohio
273 U. S. 510; 47 S. Ct. 437.

Twining v. New Jersey
211 U. S. 78; 29 S. Ct. 14.

Union Bridge Co. v. United States
204 U. S. 364; 27 S. Ct. 367.

United States v. Chicago M., St. P. & P. R. Co.
282 U. S. 311; 51 S. Ct. 159.

United States v. Grimaud
220 U. S. 506; 31 S. Ct. 480.

United States v. Lovett, Watson and Dodd
328 U. S. 303; 66 S. Ct. 1073.

United States v. Morgan
313 U. S. 409; 61 S. Ct. 999.

United States v. Rock Royal Cooperatives
307 U. S. 533; 59 S. Ct. 993.

United States v. Shreveport Grain & Elevator Co.
287 U. S. 77; 53 S. Ct. 42.

United States ex rel. Chapman v. FPC
345 U. S. 153; 73 S. Ct. 609.

United States ex rel. Knauff v. Shaugnessy
338 U. S. 537; 70 S. Ct. 309.

Universal Camera Corp. v. NLRB
340 U. S. 474; 71 S. Ct. 456.

Wall, Ex parte
107 U. S. 265; 2 S. Ct. 569.

Wayman v. Southard
10 Wheat. 1; 6 L. Ed. 253.

Wiener v. United States
357 U. S. 349; 78 S. Ct. 1275.

Wong Yang Sung v. McGrath
339 U. S. 33; 70 S. Ct. 445.

Yakus v. United States
321 U. S. 414; 64 S. Ct. 660.

b) Andere Gerichte

Borgnis v. Falk
147 Wis. 327; 133 N. W. 209.

King v. State of Georgia
163 S. E. 168.

Madison Airport Co. v. Wrabetz
231 Wis. 147; 285 N. W. 504.

Mazza v. Cavicchia
15 N. J. 498; 105 A. 2 d 545.

National Coal Ass'n v. FPC
191 F. 2 d 462.

Nord v. Griffin
86 F. 2 d 481.

Red Rover Copper Co. v. Industrial Commission
58 Ariz. 203; 118 P. 2 d 1102.

Sears, Roebuck and Co. v. FTC
258 Fed. 307.

State ex rel. Wisconsin Inspection Bureau v. Whitman
196 Wis. 472; 220. N. W. 929.

State of New Mexico v. Mechem
63 N. M. 250; 316 P. 2 d 1069.

Trustees of Village of Saratoga Springs v. Saratoga Gas, Electric, Light and Power Co.
191 N. Y. 123; 83 N. E. 693.

Wynehamer v. State of New York
13 N. Y. 378.

Kolibri 360 GmbH
Ferdinand-Jühlke-Straße 7
99095 Erfurt, Deutschland
produktsicherheit@kolibri360.de

Druck:
CPI Druckdienstleistungen GmbH
im Auftrag der
Kolibri 360 GmbH
Ferdinand-Jühlke-Str. 7
99095 Erfurt